보건교사 임용고시 완벽대비

2026
김동현 전공보건
암기의 맥

김동현·에스더·이진 편저

지역사회간호학
정신간호학
성인간호학
여성간호학
아동간호학

Prologue_
이 책의 머리말

본 교재는 보건교사 임용시험을 준비하는 선생님들을 위해 만들어졌습니다.
이 책은 기 출간된 맥 I, II, III권으로 공부해온 선생님들이 이해 – 인출 – 암기의 과정을 반복할 수 있도록 준비된 교재입니다. 보건임용의 전 출제영역, 즉 지역사회간호 / 정신간호 / 성인간호 / 여성간호 / 아동간호의 전영역을 압축정리하며, 임용시험 전 가장 효율적이고, 효과적인 학습을 가능하게 하리라 기대합니다.

본 교재는 다음과 같은 특징을 가집니다.

01 본 교재는 제1편 지역사회간호, 제2편 정신간호, 제3편 성인간호, 제4편 여성간호, 제5편 아동간호으로 구성하였습니다.

02 본 교재는 각 전공영역별, 주제별로 구성하였으며 기출표시를 하여 학습의 강약을 고려할 수 있도록 하였습니다. 이는 출제가 되었거나 출제가 예상되는 내용들을 확인하며 정리하는 데 도움이 될 것입니다.

03 본 교재는 보건임용의 **출제영역을 압축, 요약**하여 광범위한 전공영역을 빠르게 **회독**하는 데 **유용**한 도구가 될 것입니다. 남은 기간 반복회독하며 시험에 대비할 때 좋은 교재가 될 것이라 기대합니다.

본 교재가 선생님들의 합격에 도움이 되기를 간절히 바라며....

2025년 3월 31일

저자 김동현, 에스더, 이진

Contents_
차례

제1편 지역사회간호

- Set 001 　지역사회간호 개념화 ······ 14
- Set 002 　지역사회 간호의 주요 논점 ······ 16
- Set 003 　지역사회간호사의 역할 및 기능 /
  　　　　　지역사회 간호 관련 이론 ······ 17
- Set 004 　건강증진 개요 ······ 25
- Set 005 　국민건강증진 종합계획 ······ 28
- Set 006 　건강증진 관련 이론 ······ 33
- Set 007 　보건교육 관련 이론과 원리 ······ 41
- Set 008 　지역사회간호 보건행정 ······ 49
- Set 009 　지역사회간호 과정 ······ 64
- Set 010 　질병발생 3대 원인과 역학모형, 역학연구 ······ 76
- Set 011 　집단면역과 검사의 타당도 / 신뢰도 ······ 83
- Set 012 　가족간호 ······ 85
- Set 013 　학교보건 ······ 96
- Set 014 　학교보건교육과정 / 학교 건강증진 ······ 98
- Set 015 　직업건강간호 ······ 110
- Set 016 　환경과 건강 ······ 119
- Set 017 　재난관리 / 인구 / 모자보건 / 노인보건 ······ 126

제2편 정신간호

- Set 001 　정신간호 개관 / 주요개념 ······ 132
- Set 002 　중추신경계의 구조와 기능 ······ 133
- Set 003 　정신 심리-사회문화적 이해 ······ 135
- Set 004 　방어기전 ······ 137
- Set 005 　정신간호 관련 이론 ······ 140

Set 006	정신상태검사 / 심리학적 검사	······ 142
Set 007	불안장애	······ 148
Set 008	강박 및 관련 장애	······ 152
Set 009	외상 및 스트레스 관련 장애	······ 155
Set 010	해리장애 / 신체증상관련 장애	······ 158
Set 011	조현병 스펙트럼 장애	······ 162
Set 012	우울장애 / 양극성 장애	······ 164
Set 013	인격장애	······ 169
Set 014	섭식장애	······ 174
Set 015	수면장애 / 성관련 장애	······ 177
Set 016	파괴적, 충동조절 및 품행장애	······ 183
Set 017	물질관련 및 중독장애	······ 186
Set 018	신경인지장애 및 아동·청소년 정신장애	······ 194
Set 019	개인정신치료	······ 200
Set 020	인지치료	······ 206
Set 021	가족치료	······ 214
Set 022	정신약물치료	······ 221
Set 023	기타 생물학적 치료	······ 233
Set 024	정신간호 주요 문제	······ 235

제3편 성인간호

Set 001	세포와 염증	······ 238
Set 002	면역반응	······ 239
Set 003	수분과 전해질, 산염기	······ 242
Set 004	위장관 개요	······ 244
Set 005	위식도 질환	······ 245
Set 006	하부 장 질환	······ 248

Contents_
차례

Set 007	간담췌 개요	······ 252
Set 008	간 질환: 간염, 간경변 등	······ 254
Set 009	담도 질환	······ 256
Set 010	췌장 질환	······ 257
Set 011	호흡기계 개요	······ 258
Set 012	상부 호흡기 질환: 비염 등	······ 260
Set 013	하부 호흡기 질환: 폐결핵, 천식 등	······ 262
Set 014	순환계 개요	······ 267
Set 015	울혈성 심질환	······ 269
Set 016	허혈성 심질환: 협심증, 심근경색증	······ 270
Set 017	부정맥	······ 272
Set 018	염증성 심질환	······ 273
Set 019	혈관계 개요	······ 275
Set 020	고혈압	······ 277
Set 021	동맥 질환	······ 279
Set 022	정맥 질환: 심부정맥혈전증	······ 281
Set 023	림프 질환	······ 282
Set 024	혈액계 개요	······ 283
Set 025	적혈구 장애: 빈혈	······ 284
Set 026	백혈구 장애: 호중구 감소증, 백혈병	······ 286
Set 027	지혈장애: 혈우병	······ 288
Set 028	근골격계 개요	······ 289
Set 029	골절: 목발 보행	······ 291
Set 030	류미티스 골 질환: 류마티스 관절염, 통풍	······ 294
Set 031	골 대사성 질환	······ 297
Set 032	요통: 척추측만증	······ 298
Set 033	뇌신경 종류와 기능	······ 299
Set 034	신경계 건강사정	······ 300

Set 035	뇌 감염성 질환	····· 302
Set 036	뇌혈관성 질환	····· 303
Set 037	신경계 외상	····· 304
Set 038	퇴행성 뇌 질환	····· 305
Set 039	경련성 뇌 질환	····· 307
Set 040	말초신경 질환	····· 309
Set 041	내분비계 개요	····· 310
Set 042	뇌하수체 장애	····· 311
Set 043	갑상샘 / 부갑상샘 장애	····· 312
Set 044	부신 장애	····· 315
Set 045	대사 증후군	····· 317
Set 046	당뇨병 개요	····· 318
Set 047	당뇨 합병증, 간호중재	····· 322
Set 048	요로계 개요	····· 324
Set 049	배뇨장애	····· 325
Set 050	염증성 요로 질환: 사구체신염	····· 326
Set 051	요로 결석	····· 328
Set 052	콩팥기능상실	····· 329
Set 053	남성생식기계 건강사정	····· 331
Set 054	전립샘 기능장애	····· 332
Set 055	음경 기능장애	····· 333
Set 056	유방건강 개요	····· 334
Set 057	유방 진단 검사	····· 335
Set 058	유방암	····· 336
Set 059	눈의 구조와 시각전달 경로	····· 337
Set 060	시력 검사, 시야 검사	····· 338
Set 061	감염성 눈 질환	····· 339

Contents_
차례

Set 062	백내장, 녹내장	······ 340
Set 063	망막 박리, 황반 변성	······ 341
Set 064	소리 전달경로와 청력 검사	······ 342
Set 065	귀 질환	······ 343
Set 066	피부 개요, 진단 검사	······ 344
Set 067	원인별 피부 질환	······ 345
Set 068	화상	······ 348
Set 069	응급간호 개요	······ 350
Set 070	기본 심폐소생술, 자동심장충격기	······ 351
Set 071	영아·소아 심폐소생술	······ 353
Set 072	기도 폐쇄	······ 354
Set 073	상황별 응급 간호	······ 355
Set 074	쇼크	······ 357

제4편 여성간호

Set 001	생식기구조	······ 360
Set 002	여성호르몬의 이해	······ 362
Set 003	난소 주기와 월경 주기	······ 364
Set 004	건강사정	······ 365
Set 005	초경과 사춘기 발현 장애	······ 367
Set 006	무월경	······ 368
Set 007	비정상 자궁출혈	······ 369
Set 008	월경전증후군(PMS)	······ 371
Set 009	월경곤란증	······ 373
Set 010	자연피임	······ 375
Set 011	인공피임	······ 376

Set 012	호르몬 피임법	······ 377
Set 013	불임	······ 380
Set 014	임신과 신체 변화	······ 382
Set 015	임신 검사	······ 387
Set 016	산전 간호	······ 389
Set 017	임신 전반기 출혈성 합병증	······ 391
Set 018	임신 후기 출혈성 합병증	······ 393
Set 019	임신 중 고혈압성 장애	······ 395
Set 020	임신과 당뇨	······ 398
Set 021	임신중 갑상샘 문제	······ 400
Set 022	혈액학적 문제들	······ 401
Set 023	태아발달	······ 402
Set 024	태아 건강사정	······ 404
Set 025	분만의 요소	······ 406
Set 026	분만 생리	······ 407
Set 027	고위험 분만	······ 410
Set 028	정상 산욕	······ 412
Set 029	산모 간호	······ 417
Set 030	산후 출혈	······ 418
Set 031	산후감염	······ 419
Set 032	산후 정신 심리적 문제	······ 420
Set 033	모유 수유	······ 422
Set 034	폐경기	······ 424
Set 035	자궁 종양	······ 427
Set 036	난소종양	······ 430
Set 037	자궁내막질환	······ 432
Set 038	질염	······ 433

Contents_
차례

Set 039	기타 감염	······ 435
Set 040	세균성-STD	······ 436
Set 041	바이러스성-STD	······ 438
Set 042	비뇨생식기 구조 이상	······ 439
Set 043	성폭력	······ 441
Set 044	인공임신중절	······ 442

제5편 아동간호

Set 001	성장발달 개요	······ 444
Set 002	성장발달 이론	······ 445
Set 003	신생아 특성	······ 449
Set 004	신생아 심혈관 이해	······ 450
Set 005	신생아 황달	······ 451
Set 006	신생아 호르몬	······ 453
Set 007	신생아 호흡	······ 454
Set 008	신생아 체온조절	······ 455
Set 009	신생아 면역	······ 456
Set 010	신생아 영양	······ 457
Set 011	천문 이해	······ 459
Set 012	이유식	······ 460
Set 013	놀이 발달	······ 461
Set 014	애착 발달	······ 462
Set 015	배변 훈련	······ 463
Set 016	유아기 특성과 이해	······ 464

Set 017 학령전기 특성과 이해 ····· 465
Set 018 청소년기 특성과 이해 ····· 466
Set 019 신생아 사정 ····· 468
Set 020 시력검사 ····· 470
Set 021 청력검사 ····· 472
Set 022 발달검사 ····· 473
Set 023 통증 사정 ····· 474
Set 024 출생시 손상 ····· 476
Set 025 호흡 관련 문제 신생아 ····· 478
Set 026 위장관 문제 신생아 ····· 480
Set 027 미숙아 / 과숙아 ····· 481
Set 028 염색체 이상 ····· 482
Set 029 유전성 대사 질환 ····· 484
Set 030 학대받는 아동 ····· 488
Set 031 신경계 질환 ····· 491
Set 032 호흡기계 질환 ····· 496
Set 033 소화기계 질환 ····· 499
Set 034 순환계 질환 ····· 504
Set 035 혈액계 질환 ····· 506
Set 036 비뇨기계 질환 ····· 510
Set 037 감각계 질환 ····· 514
Set 038 근골격계 질환 ····· 517
Set 039 내분비계 질환 ····· 522
Set 040 감염질환 ····· 524

부록 ····· 527

제1편
지역사회간호

2026 김동현 전공보건 암기의 맥

SET 001

지역사회간호 개념화

(지역사회 정의, 지역사회 간호, 지역사회 보건, 지역사회 간호 관련 이론까지 확장)

1 지역사회의 개념 정의

구분	내용
WHO	지역사회는 지리적 경계, 공통의 가치와 관심에 의해 분류되는 사회집단으로 구성원들끼리 서로 알며 상호작용하고, 특별한 사회구조 내에서 기능하며 규범, 가치, 사회제도를 창출하는 집단
Stanhope와 Lancaster(2008) 조작적 정의	사람, 장소, 기능이라는 측면을 포함하여 정의. 사람은 지역사회의 구성원 또는 거주자, 장소는 지리학적 측면이나 시간적 개념을 의미, 기능은 지역사회의 활동이나 목표
지역사회 기능	생산·분배·소비, 사회화, 통제, 상부상조, 경제적 기능
지역사회 특성	① **지리적** 영역 공유 ② 사회적 **상호작용** ③ 공동 **유대감**
지역사회 유형·분류 [기출]	① **구조적** 지역사회 ② **기능적** 지역사회 ③ **감정적** 지역사회

2 건강한 지역사회

구분	내용
개념	현대사회에서 나타나는 다양한 건강욕구를 효율적으로 충족시키는 사회
정의	지역사회의 물리적, 사회적, 환경적 여건을 지속적으로 개선해 나가면서, 개인의 잠재능력을 최대한 발휘하고, 시민들이 상호 협력하여 최상의 삶을 누리는 도시
건강도시 요건	① 깨끗하고 안전한 도시 ② 안정되고 장기적으로 지속 가능한 생태계를 유지하는 도시 ③ 상호 협조하고 통합적인 지역사회 ④ 건강과 복지정책에 대한 시민 참여 ⑤ 모든 시민의 기본요구(음식, 주거, 안전 등) 충족 ⑥ 광범위하고 다양한 만남, 폭 넓은 경험의 기회 제공

	⑦ 다양하고 활기찬 혁신적인 경제 ⑧ 역사적, 문화적, 생물학적 유산과 개인의 연계 ⑨ 이상의 특성들을 증진시키는 도시 행태 ⑩ 모든 시민이 접근 가능한 적절한 보건사업 및 최적의 치료서비스를 갖춘 도시 ⑪ 주민의 건강수준이 높은 도시
WHO 건강도시 프로파일 [인강생주사물불공부]	**인**구, 건**강**수준, **생**활양식, **주**거환경, **사**회경제적 여건, **물**리적 환경, **불**평등, **물**리적·사회적 하**부**구조, **공**중보건정책 및 서비스(WHO, 1988)

3 지역사회간호 개념틀(Framework)

구분	내용
건강(WHO)	'단순히 질병이나 허약함이 없는 상태가 아니라 신체적, 정신적, 사회적으로 완전한 안녕상태'로 규정하였음
Terris(1975) 건강연속선	① 건강상태 또는 상병상태는 어떤 절대적 것이 아니며 연속된 상태임. 즉, 건강정의에서 질병이라는 용어 대신 상병이 타당하다고 주장 ② 건강과 상병은 배타적, 건강과 상병을 정도의 차이로 연속성을 가지고 표현 가능함

	스미스 -건강모형	모형	건강의 의미	질병의 의미
		행복론	자아실현을 시킬 수 있는 능력 유무	무기력
		적응론	환경과 상호작용이 가능한 적응적 행위	환경으로부터 체계의 소외
		역할수행론	사회적 역할의 수행 유무	역할수행의 실패
		임상적 모형	질병이 없음	질병의 증상, 증후가 있을 때

지역사회간호목표 ▶ 1993·1994	① Froshman 기능연속선(또는 기능연속지표): 자기인시, 대처, 성장, 자아실현, 적정기능수준, 긴장유발요소, 초기 경고 신호, 외상, 장애, 기능장애

기능장애	장애	외상	초기 경고	긴장 유발 요소	중간 지점	자기 인식	대처	성장	자아 실현	적정 기능 수준

② Terris 건강연속선: 건강-상병상태는 어떤 절대치가 아니고 정도의 차이를 가지고 연속된 상태, 질병이 아닌 상병으로 표시

지역사회 간호의 주요 논점

4 적정기능 수준 향상·영향요인 ▶ 1993

구분	내용
요인들	정치적인 영향, 개인적 행동습관과 대처방식, 유전적 영향, 보건의료전달체계, 물리적 환경과 사회·경제적 환경, 교육, 성별 및 유전 등
적정기능수준 영향 결정요인	인구집단의 건강수준에 영향을 미치는 결정요인과 건강평가지표는 실제적인 건강에 영향을 주는 요소로 평가된다. 예 교통, 음식과 농업, 주거, 쓰레기 및 폐기물 처리, 에너지, 산업, 도시화, 수질, 방사선, 영양 및 식생활 등
건강권과 건강형평성	(1) 법에서의 건강권 (i) 헌법 제36조 3항, ii) 보건의료기본법 제10조, iii) 장애인 건강권 및 의료접근성 보장에 관한 법률 제3조

5 건강형평성과 건강결정요인

구분	내용
개념	교육수준, 직업계층, 소득수준, 재산 등과 같은 사회경제적 지위로 인해 발생하는 건강불평등을 줄이려는 노력
중요성	Whitehead와 Dahlgren(2006): 건강비형평성을 불필요하며 회피가능하며 공정하지 않은 건강상의 차이라고 규정하고 통합적 건강결정요인전략, 질병별 전략, 생활터 기반 전략, 집단별 전략을 제안하였음. 국민건강과 건강불평등의 원인이 되는 사회경제적 요인에 대한 직접적인 개입의 필요성이 인식됨.
건강결정요인	건강에 영향을 미치는 요인들로서 생물학적 요인, 생활양식 요인, 환경요인, 보건의료체계와 제도요인 등을 고려할 수 있음(Lalonde 보고서, 1974, 1981)

SET 003

지역사회간호사의 역할 및 기능 / 지역사회 간호 관련 이론

6 지역사회 간호사의 역할 및 기능

구분	명칭	내용
대상자 중심 역할	직접간호 제공자	지역사회 간호대상인 개인, 가족, 지역사회를 대상으로 간호과정을 적용하는 역할
	교육자	교육요구를 사정하고 자가 간호를 위한 교육을 제공
	상담자	대상자의 행동변화를 유도할 수 있는 새로운 인식 가능하게 함
	의뢰자	지역사회 자원을 적절히 활용할 수 있게 하는 역할
	역할모델	바람직한 역할모델로 기능함
	사례관리자	간호대상자의 욕구를 충족, 비용·효과적 자원 활용을 유도하는 역할
서비스 전달중심 역할	조정자	기존의 서비스를 조정, 통합하는 과정에서 역할
	협력자	다른 업무팀들과 협력적으로 일할 수 있도록 돕는 역할
인구집단 중심역할	사례발굴자	대상자 발굴이라고도 함. 지역사회에 거주하는 특정 건강요구를 가진 대상자를 발견해 내는 것
	지도자	다양한 대상자, 건강전문가들과 함께 일하며 조직원의 요구를 파악, 바람직한 해결방안을 모색, 조직의 목표 달성을 위해 영향력 발휘
	변화촉진자	변화에 대한 필요성을 인식하고 다른 사람에게 변화의 필요성을 인식시켜 그들이 변화하도록 동기화하여 개인, 가족, 지역사회 수준의 건강문제에 대처하는 능력을 증진시키는 역할
	옹호자	대변자로서의 역할, 대상자의 유익을 위해 행동하거나 그들의 입장에서 의견을 제시하며, 대상자들이 스스로 정보를 얻고 자원을 파악할 능력이 생길 때까지 안내하고 도와주는 역할을 수행하는 것
	사회적 마케터	마케팅은 상품 또는 서비스를 소비자에게 원활히 유통시키기 위하여 수행되는 활동을 말함

7 체계이론 ▶ 1993·1994·2016

주요개념	내용
경계	체계를 환경으로부터 구분하는 것, 투과성에 따라 체계가 얼마나 개방적인지 결정
환경	경계외부의 세계로서 속성의 변화가 이루어지는 요소
계층	체계의 배열은 계층적 위계질서가 있으며, 하위체계의 계속적인 활동으로 체계가 유지
속성	체계의 부분이나 요소의 특성을 의미(투입, 변환, 산출, 회환)
물질과 에너지	물질은 질량과 물리적 공간에 존재하며 에너지란 활동할 수 있는 능력을 의미함
<u>항상성</u>	유기체가 안정상태로 유지하려고 행동하는 조절(regulation)의 총체 (<u>회환</u>의 개념은 항상성의 한 예로 설명됨)
균등종국	체계의 시작상태와는 상관없이 끝에 도달하게 되는 것이 개방체계의 또 하나의 특성. 체계는 목표 지향적이며, 시작점과 과정이 다를지라도 목표에 도달하게 됨
위계적 질서	모든 체계에는 질서와 양상이 있다. 기능과 구조적인 위계질서와 과정적인 질서로 모든 체계가 복잡한 계열·과정을 통해 상호 연결되며, 모든 체계의 부분이나 구성요소 간에 순차적이고 논리적인 관계가 있음을 의미함
폐쇄체계·개방체계	폐쇄체계에서는 환경과 물질이나 에너지의 상호교환은 없고, 개방체계에서는 환경과 물질이나 에너지의 상호교환이 이루어짐
엔트로피·네겐트로피	<u>엔트로피</u>는 일로 전환될 수 없는 체계 내에 남아 있는 에너지 양으로 폐쇄체계에서 최대한 증가하여 평형 상태를 이룸. 이는 무질서의 에너지, 무질서를 증가시키는 에너지, 이용될 수 없는 에너지로 나타남 <u>네겐트로피</u>는 체계에 의해 활용되는 에너지로서 활동할 수 있는 에너지의 양
자기조절	개방체계의 한 특성은 자기조절능력이며, 체계 내 질서, 예측력, 환경조절 등이 체계의 자기조절에 중요한 영향을 미친다.

8 교환이론

주요개념	내용
성공명제	특정행동이 이익으로 보상되면 그런 행동은 되풀이될 가능성이 높다.
자극명제	일련의 특정자극을 포함한 과거의 행동이 보상을 받으면 이전과 동일하거나 유사한 활동을 많이 하게 된다.
가치명제	특정행동의 결과가 가치가 있을수록 그런 행동가능성↑
박탈포만명제	특정의 보상을 많이 받을수록, 그 이상의 보상은 점차 가치가 없는 것으로 되어간다.
욕구불만· 공격명제	기대한 만큼의 보상을 못 받았을 때 혹은 생각지도 않은 벌을 받았을 때 인간은 분노한다. 그 분노의 공격적 행동의 결과는 결국 보수를 받게 될 것이다.
물질적 교환	물건 값을 주고 물건을 사는 행위와 같은 것
비물질적 교환	물건이 아닌 감정, 고마움, 미소, 등이 전달되는 것
교환	경제적 측면의 교환 뿐 아니라 사회적인 관계에서도 이해 득실 따짐
적용	① 간호과정의 수행단계에서 교환이 가장 잘 이루어짐 ② 지역사회간호 서비스의 제공시 물질적 / 비물질적 교환의 두 측면이 모두 중요함 　예 간호사가 보건소에 방문한 대상자에게 독감예방접종을 시행하고 비용을 받는 경우(물질적 교환), 대상자들에게 단체로 실시한 보건교육에 대한 대상자의 감사의 마음(비물질적 교환)

9 뉴만의 건강관리체계이론 ▶ 2009·2013·2020

주요개념	내용
기본구조	기본구조와 이를 둘러싼 3가지 방어선으로 형성된 체계. 또 인간은 환경과 상호작용하는 개방체계. 대상자의 생존요인, 유전적 특징, 강점 및 약점이 모두 포함된 생존에 필요한 에너지 자원
저항선	핵심원에 가장 가까이 핵심부 위로부터 거리의 그기가 다양한 융통성을 가지는 저항선이 있음. 이는 스트레스 요인에 대해 저항하여 유기체를 돕는 어떤 내적 요인을 나타냄 예 백혈구의 이동, 면역생성반응 등
정상방어선	인간이 안정상태를 유지하기 위해 필수적인 것. 예 개인의 대처기전, 생활양식, 발달상태 등

유연방어선	역동적이며 단시간 내에 신속하게 변화 가능함. 이는 스트레스 요인이 정상방어선을 파괴하는 것을 예방하기 위한 완충지대라고 할 수 있음. 예 영양불량, 불면, 많은 스트레스 등이 완충체계의 효과를 감소시킬 수 있음
스트레스원	개인의 생활 속에서 평형을 깨뜨리거나 상황이나 성장에서의 위기 등 긴장을 유발하는 자극으로 정의됨 ① 인간 내 요인 　(체계 내 요인 = 내적 스트레스원) — 개체 내에서 일어날 수 있는 요소로서 다시 대상체계에 영향을 줄 수 있는 자극을 의미 　예 조건반사, 통증, 불안, 상실 ② 대인관계 요인 　(체계 간 요인 = 대인적 스트레스원) — 개체 간에 일어나는 자극요인 　예 역할기대 ③ 인간 외 요인 　(체계 외 요인 = 외적 스트레스원) — 개체 외부에서 발생하는 요인 　예 경제적 상황, 관습의 변화, 실적 등
예방단계	① 일차예방: 대상체계에서 어떤 증상, 즉 반응이 생기지 않은 상태에서 수행되는 간호중재 ② 이차예방: 스트레스원이 정상방어선을 침입하여 저항에 도달함으로써 증상이 나타나기 시작했을 때 시행하는 중재방법 ③ 삼차예방: 스트레스원에 의하여 대상체계의 균형이 깨진 상태에서 다시 체계의 균형상태를 재구성함으로써 바람직한 안녕상태로 되돌리기 위한 중재

10 오렘의 자가간호이론 ▶ 2007

주요개념		내용
자가간호요구	① 일반적 자가간호요구	인간의 기본적인 욕구를 충족시키는 행동으로 공기, 물, 음식섭취, 배설, 활동과 휴식, 고립과 사회적 상호작용, 생명에 대한 위험으로 부터의 예방, 정상적인 삶 등의 자가간호요구
	② 발달적 자가간호요구	인간의 발달과정과 생의주기의 다양한 단계 동안 발생하는 임신, 미숙아 출생, 가족 사망 등과 같이 성장발달과 관련된 상황에서 필요로 하는 자가간호요구를 말함
	③ 건강이탈 자가간호요구	질병이나 상해 시에 요구되는 것으로 자아상의 정립, 일상생활 과정의 변화, 건강이탈로 인한 진단이나 치료에 대처하거나 새로운 생활에의 적응과 관련되어 나타나는 자가간호요구를 의미
자가간호역량		자가간호를 수행하는 개인의 능력
자가간호결핍		자가간호역량이 자가간호요구를 충족시킬 수 없을 때 발생하는 자가간호역량 부족양상
간호역량		자가간호 결핍이 있는 대상자에게 자가간호요구를 충족시키기 위한 치료적 간호 체계를 계획, 제공하는 간호능력
간호체계		치료적인 자가간호요구를 충족 위해 필요한 간호행위
	① 전체적 보상체계	개인이 자가간호활동을 거의 수행하지 못하는 상황으로 간호사가 전적으로 환자를 위하여 모든 것을 해주거나 활동을 도와주는 경우
	② 부분적 보상체계	개인 자신이 일반적 자가간호요구는 충족시킬 수 있으나 건강이탈요구를 충족시키기 위해서는 도움이 필요한 경우
	③ 교육지지적 체계	환자가 자가간호요구를 충족시키는 자원은 가지고 있으나 의사결정, 행위조절, 지식이나 기술을 획득하는데 간호사의 도움이 필요한 경우(*지지, 지도, 발전적 환경제공, 교육 등의 도움)

11 로이의 이론 ▶ 2008·2019

주요개념		내용
자극	① 초점자극	인간의 행동유발에 가장 큰 영향을 미치고 있는 직접적 사건이나 상황
	② 관련자극 (전후관계)	초점자극에 의해 유발되는 행동과 관련된 다른 모든 자극, 환경으로부터 투입되며 내적 상태에 현존하는 자극
	③ 잔여자극	인간 행동에 간접적으로 영향을 줄 수 있는 요인으로 현 상태와 관련되어 있지만 대부분 측정되기 어려운 신념, 태도, 성격 등 파악하기 어려운 개인의 특성, 통제하거나 사정하기 어려움
대처기전	① 조정기전	자극이 투입될 때 중추신경계를 중심으로 하는 것으로 화학적, 내분비계 반응 등을 통해 자율적으로 반응하는 하부체계 대처기전임(생리적 적응양상과 연관)
	② 인지기전	자극이 투입될 때 인지적 정보처리, 학습, 판단, 정서 등의 복잡한 과정을 통해 반응하는 하부체계 대처기전임
적응양상	① 생리적 양상	환경자극에 대해 인간이 신체적으로 반응하는 방법, 신체의 기본 욕구에 대해 반응하는 방법
	② 자아개념 양상	정신적 통합성을 유지하기 위해 일어나는 적응양상. 자아개념은 신념과 느낌의 복합체로서 신체적 자아와 개인적 자아로 구분할 수 있음 ㉠ 신체적 자아: 신체적으로 자신을 지각하고 형성하는 능력 또는 자신의 신체에 대한 주관적인 생각으로, 감각과 신체상이 포함됨 ㉡ 개인적 자아: 자신의 성격, 기대, 가치에 대한 평가로서 도덕-윤리적 자아, 자아 일관성, 자아이상·기대가 포함됨.
	③ 역할기능 양상	부여된 사회적 지위에 따른 의무의 수행. 역할전이, 역할실패, 역할갈등
	④ 상호의존 양상	의미 있는 타인이나 지지체계와의 관계, 사랑, 존경, 가치를 주고받는 것과 관련 있음. 분리, 고독감
반응	① 효율적 적응반응	초점자극이 개인의 적응수준 범위 안에 주어질 때
	② 비효율적 반응	적응수준을 벗어나는 자극인 경우 → 개인의 통합성과 일반적 목표달성을 방해한다고 봄

12 기획이론

구분	내용
특성	① 연속적 과정이므로 일반적 추세나 여건을 항상 재검토해야 함 ② 과학적·체계적·논리적·합리적인 방법으로 특수한 절차나 기술을 이용하여 사전에 면밀하게 조정된 과정 ⇨ 미래사건에 영향 받아 계획활동 변경
필요성	① 각종 요구와 희소자원의 배분 ② 이해대립의 조정과 결정 ③ 변화하고 발전하는 지식과 기술개발에 따른 적용 ④ 합리적 결정수단 제공
귤릭(Gulick)의 관리과정 (POSDCoRB)	① **기획**(Planning) ② **조직**(Organizing) ③ **인사**(Staffing) ④ **감독**(Directing) ⑤ **조정**(Coordination) ⑥ **보고**(Reporting) ⑦ **예산**(Budgeting) 단계
기획의 순환	① 전제조건의 사정 ② 보건현황 분석 ③ 우선순위 결정과 각종 사업방법의 연구 ④ 계획의 작성 ⑤ 사업수행 ⑥ 평가 및 재계획

13 생태학적 모델

주요개념	내용
개인 수준	① 개인의 건강수준 및 건강행위를 설명하는 가장 기본적인 단위 ② 개인의 인구사회학적 특성, 건강관련 특성, 배경지식, 태도, 신념 등 다양한 심리학적 모델들에 나타난 개인 수준의 개념들이 포함됨
대인관계 수준	① 가족, 직장동료, 친구관계를 포함하고, 공식적, 비공식적 사회적 관계 및 사회적 지지체계가 미치는 영향 ② 사회적 관계는 정서적지지, 정보, 사회적 접촉과 사회적 역할에 대한 접근, 사회적 책임을 다하는데 필요한 도움 등과 같은 사회적 자원[1] 제공
조직 수준	① 개인이 속한 조직의 구조, 운영방식, 문화 등은 건강에 영향을 미침 ② 조직의 경영방식, 의사결정 권한, 의사소통 체계 등도 조직에서 개인의 건강에 영향을 미치는 요인임
지역사회 수준	지역사회 주변의 물리적 시설 및 환경, 교통수단, 이웃과의 관계 등 개인의 활동 등
사회적 수준	지역과 국가의 법률, 정책 등의 거시적인 범위에서의 요인들

---

[1] 사회적 자원은 사회적 지지라고도 명명함. 이는 생활 스트레스의 중요한 완충제이며 건강 유지를 위한 주요 구성요소.

SET 004

건강증진 개요

14 정의

주요개념	내용
건강증진	단순히 질병의 치료나 예방에 그치는 것이 아니라, 건강행위의 실천을 통하여 개인의 건강잠재력이 충분히 발휘될 수 있도록 개발하는 것
역사적 배경	① 1974년 라론드 보고서: 캐나다 정부, 건강증진에 관한 '캐나다 보건에 관한 새로운 조망': 기본 질병예방에서 건강증진으로 초점을 맞추고 숙주와 병원체, 환경으로 구분되는 기존 병인론에서 다수 요인에 의해 질병이 발생되는 것으로 설명 ② 미국 공중위생국 보고서(Surgeon General's Report): 부주의한 습관과 오염된 환경, 유해한 사회적 환경으로 건강에 악영향 주장

15 제1차 오타와 국제회의 ▶ 2000·2015

(1) 3대 원칙

주요개념	내용
옹호	건강에 대한 대중의 관심을 불러일으키고, 보건의료의 수요를 충족시킬 수 있는 건강한 보건정책을 수립해야한다는 강력한 촉구가 필요함
역량강화	자신과 가족의 건강을 유지할 수 있게 하는 것을 그들의 권리로 인정하고, 스스로 건강관리에 적극 참여하며 자신들의 행동에 책임을 느끼게 해야 함
연합	모든 사람들이 건강을 위한 발전을 계속하도록 건강에 영향을 미치는 모든 관련 분야 전문가들의 연합이 필요함

(2) 5대 활동요소

주요개념	내용
건강한 공공정책의 수립	건강증진정책은 다양한 부분에서 상호보완적으로 접근하여야 함
지지적 환경의 조성	자연적·인공적 환경보호나 자연자원의 보존은 건강증진전략에서 기본이 되어야 할 활동임
지역사회 활동 강화	건강증진사업의 목적 달성하기 위해서는 우선순위와 활동 범위를 결정하고, 전략적 계획과 실천방법을 모색하는 데서 구체적이고 효과적인 지역사회활동을 통해 수행되어야 한다.
개인의 기술개발	건강증진활동을 통해 개개인은 건강과 환경에 대한 통제능력을 향상시키고, 건강에 유익한 선택을 할 수 있는 능력을 갖게 된다.
보건의료 서비스의 방향 재설정	보건의료부문의 역할은 치료와 임상서비스에 대한 책임을 뛰어넘어 건강증진 방향으로 전환되어야 한다.

(3) 건강증진 국제회의와 주요 전략

구분	주요 논의 내용
제1차 (캐나다 오타와, 1986)	① 건전한 정책수립에 기여할 수 있어야 함 ② 정책수립과 실천을 가능하게 하는 사회환경의 조성이 필요 ③ 지역사회 조직활동 요구, 개인 및 가족과 사회의 건강을 계속 향상시킬 수 있는 방법과 기술에 대한 교육 및 보건의료제도의 새로운 방향을 정립하기 위한 새로운 보건운동의 필요성을 강조함
제2차 (호주 아들레이드, 1988)	① 건강한 공공정책 수립에 대해 논의 ② 모든 공공정책은 보건의료서비스에 대한 주민의 접근성을 높여 건강을 위협하는 사회적·경제적 불평등을 해소시켜 나가야 한다고 주장
제3차 (스웨덴 선즈볼, 1991)	① 지원환경의 구축에 대해 집중적으로 논의 세계적으로 무력충돌, 인구급증, 불량식품, 자기건강 돌보기 수단 결여, 자연파괴 등 건강에 위협적인 환경요소가 만연하고 있는 상태 ② 지속 가능한 개발과 주민이 참여하는 지역사회 실천의 중요성 강조
제4차 (인도네시아 자카르타, 1997)	① 건강증진은 가치 있는 투자라는 전제 ② 21세기 건강증진을 위한 우선순위로 건강에 대한 사회적 책임 강화, 지역사회의 능력증대 및 개인역량의 강화, 연대를 통한 파트너십 강화, 보건부문 투자 확대, 건강증진을 위한 인프라 구축 등 5대 주제 제시

제5차 (멕시코시티, 2000)	건강과 삶의 질을 향상시키기 위해 건강증진 정책 개발과 확산
제6차 (태국 방콕, 2005)	건강의 결정인자를 규명하고 대처하기 위한 지속적인 정책 및 활동에 대한 투자, 건강을 보장하기 위한 법규의 제정, 동반자 관계 및 연맹 형성을 활동 전략으로 제시
제7차 (케냐 나이로비, 2009)	건강증진 및 개발: '수행역량 격차 해소' 주제 ① 지역사회 권한 부여 ② 건강정보를 획득하고, 이해하고 활용할 수 있는 능력 향상 ③ 보건의료시스템 강화 ④ 파트너십과 각 부서 간의 활동 ⑤ 건강증진을 위한 역량 강화
제8차 (핀란드 헬싱키, 2013)	① 국가 수준에서 건강을 위한 다부문적 활동과 모든 정책에서의 건강 접근방법의 시행을 강조 ② 건강체계의 지속가능성, 건강의 사회적 결정요소들에 관한 권고사항의 실시, 비감염성 질병들의 예방과 관리, UN 새천년개발목표(MDGs: the Millennium Development Goals)에 대한 검토
제9차 (중국 상하이, 2016)	① **"모두의 건강과 건강을 위한 모든 것"**을 모토로 건강도시 2016년 상하이 선언문을 채택 ② **지속 가능한 발전**의 본질이 되는 것은 '**건강**'과 '**웰빙**'임을 인식, 지속 가능 발전을 위한 모든 활동을 통해 건강증진 달성을 검토

국민건강증진 종합계획

16 국민건강증진법 ▶ 1999·2008

주요개념	내용
	국민의 생활수준향상에 따라 급성전염병의 발생은 줄어들고 있으나 식생활 변화·운동부족·흡연·음주 등으로 인하여 만성퇴행성질환이 증가하고 있어 보건정책의 방향을 종래의 치료중심의 소극적 방법에서 보건교육·영양개선·건강생활실천 등 사전 예방적 사업으로 전환하여 국민건강증진을 도모하려는 것임
제정배경	① 절주를 유도하기 위하여 주류의 판매용 용기에 과다한 음주는 건강에 해롭다는 내용이 표시된 경고 문구를 표기하도록 함 ② 금연을 유도하기 위하여 담배자동판매기는 대통령령으로 정하는 일정 장소에만 설치할 수 있도록 제한하고, 19세 미만의 자에 대하여는 담배를 판매할 수 없도록 하며, 공중이 이용하는 시설의 소유자 등은 당해 시설을 금연구역과 흡연구역으로 구분하여 지정하도록 함 ③ 건강한 생활을 위하여 지역사회 주민·단체 및 공공기관이 참여하는 건강생활실천협의회를 구성하여 건강생활실천운동을 전개하도록 함 ④ 시장·군수·구청장은 지역주민의 건강증진을 위하여 보건소장으로 하여금 보건교육·영양관리·건강검진 등 건강증진사업을 수행할 수 있도록 함 ⑤ 건강증진사업의 추진에 필요한 재원을 확보하기 위하여 담배사업자의 공익사업 출연금 및 의료보험 보험자의 부담금으로 조성되는 국민건강증진기금을 설치하도록 함

17 국민건강증진종합계획 2030

(1) 관련 법령

국민건강증진법 제4조 【국민건강증진종합계획의 수립】 ① 보건복지부장관은 제5조의 규정에 따른 국민건강증진정책심의위원회의 심의를 거쳐 국민건강증진종합계획(이하 "종합계획"이라 한다)을 5년마다 수립하여야 한다. 이 경우 미리 관계중앙행정기관의 장과 협의를 거쳐야 한다.
② 종합계획에 포함되어야 할 사항은 다음과 같다.
1. 국민건강증진의 기본목표 및 추진방향
2. 국민건강증진을 위한 주요 추진과제 및 추진방법
3. 국민건강증진에 관한 인력의 관리 및 소요재원의 조달방안
4. 제22조의 규정에 따른 국민건강증진기금의 운용방안
4의2. 아동·여성·노인·장애인 등 건강취약 집단이나 계층에 대한 건강증진 지원방안
5. 국민건강증진 관련 통계 및 정보의 관리 방안
6. 그 밖에 국민건강증진을 위하여 필요한 사항

(2) 국민건강증진 종합계획 2030의 주요 변화

주요개념	내용
기본원칙 (HP 2030)	① 국가와 지역사회의 모든 정책 수립에 건강을 우선적으로 반영한다. ② 보편적인 건강수준의 향상과 건강형평성 제고를 함께 추진한다. ③ 모든 생애과정과 생활터에 적용한다. ④ 건강친화적인 환경을 구축한다. ⑤ 누구나 참여하여 함께 만들고 누릴 수 있도록 한다. ⑥ 관련된 모든 부문이 연계하고 협력한다.
국제적 흐름의 이해	① 건강증진의 3대 축(제9차 국제 건강증진 컨퍼런스, 2016년 상하이) - 좋은 거버넌스, 건강도시, 건강정보 이해능력 ② 생애주기별 건강불평등 정책 필요성 증대

ⓙ 좋은 거버넌스	ⓛ 건강도시와 공동체	ⓒ 건강정보이해능력
건강을 보호하고 안녕을 증진할 수 있는 시스템 구축	다른 도시정책과 상호 도움이 되는 정책을 우선 선택	건강정보 이해능력이 건강의 핵심적 결정 요인임을 인정
• 보편적 의료보장 도입 • 전통의학의 가치 재고	보건, 복지 서비스의 형평성 재정립	건강한 선택을 장려하는 소비환경 조성

중점과제	건강생활실천	금연, 절주, 영양, 신체활동, 구강건강
	정신건강관리	자살예방, 치매, 중독, 지역사회 정신건강
	비감염성질환 예방관리	암, 심뇌혈관질환(고혈압, 당뇨), 비만, 손상
	감염 및 **기후변화성질환** 예방관리	① 감염병예방 및 관리(결핵, 에이즈, 의료관련감염, 손씻기 등 포함) ② 감염병위기대비 대응 (검역 감시, 예방접종 포함) ③ 기후변화성 질환(미세먼지, 폭염, 한파 등)
	인구집단별 건강관리	영유아, 청소년(학생), 여성(모성, 다문화 포함), 노인, 장애인, 근로자, 군인
	건강친화적 환경구축	건강친화적법제도 개선, 건강정보이해력 제고, 혁신적 정보기술의 재원 마련 및 운영, 지역사회자원(인력시설) 확충 및 **거버넌스** 구축
제5차 계획의 비전/목표/ 사업분야	**모든 사람이 평생 건강을 누리는 사회** 건강수명 연장, 건강형평성 제고 **기본원칙** ① 국가와 지역사회의 모든 정책 수립에 건강을 우선적으로 반영한다. ② 보편적인 건강수준의 향상과 건강형평성 제고를 함께 추진한다. ③ 모든 생애과정과 생활터에 적용한다. ④ 건강친화적인 환경을 구축한다. ⑤ 누구나 참여하여 함께 만들고 누릴 수 있도록 한다. ⑥ 관련된 모든 부문이 연계하고 협력한다. **건강생활 실천** / **정신건강 관리** / **비감염성 질환 예방관리** ① 금연 / ① 자살예방 / ① 암 ② 절주 / ② 치매 / ② 심뇌혈관질환 ③ 영양 / ③ 중독 / ③ 비만 ④ 신체활동 / ④ 지역사회 정신건강 / ④ 손상 ⑤ 구강건강 **감염 및 기후변화성 질환 예방관리** / **인구집단별 건강관리** / **건강친화적 환경 구축** ① 감염병 예방 및 관리 / ① 영유아 / ① 건강친화적 법제도 개선 ② 감염병 위기 대비·대응 / ② 아동·청소년 / ② 건강정보 이해력 제고 ③ 기후변화성 질환 / ③ 여성 / ③ 혁신적 정보기술의 적용 　　　　　　　　　　　　　④ 노인 / ④ 재원마련 및 운용 　　　　　　　　　　　　　⑤ 장애인 / ⑤ 지역사회 자원 확충 및 거버넌스 구축 　　　　　　　　　　　　　⑥ 근로자 　　　　　　　　　　　　　⑦ 군인 [출처: 보건복지부 홈페이지]

〈제4차 및 제5차 계획의 기본틀 비교〉

구분		4차 국민건강증진종합계획(HP2020)		5차 국민건강증진종합계획(HP2030)	
비전		온 국민이 함께 만들고 누리는 건강세상		모든 사람이 평생 건강을 누리는 사회	
목표		건강수명 연장과 건강형평성 제고		건강수명 연장, 건강형평성 제고	
기본 원칙		-		① HiAP, ② 건강형평성, ③ 모든 생애과정, ④ 건강친화환경, ⑤ 누구나 참여, ⑥ 다부문 연계	
사업 분야	총6분과	27개 중점과제	총6분과	28개 중점과제	
	I. 건강생활 실천 확산	1. 금연, 2. 절주, 3. 신체활동, 4. 영양	I. 건강생활 실천	1. 금연, 2. 절주, 3. 영양, 4. 신체활동, 5. 구강건강	
	II. 만성퇴행성 질환과 발생위험 요인 관리	5. 암 6. 건강검진(삭제) 7. 관절염(삭제) 8. 심뇌혈관질환 9. 비만 10. 정신보건 (분과 확대) 11. 구강보건 (분과 이동)	II. 정신건강 관리	6. 자살예방, 7. 치매, 8. 중독, 9. 지역사회정신건강	
	III. 감염질환 관리	12. 예방접종 13. 비상방역체계 14. 의료관련감염 15. 결핵 16. 에이즈	III. 비감염성 질환 예방 관리	10. 암 11. 심뇌혈관질환 ① 심뇌혈관질환 ② 선행질환 12. 비만 13. 손상	
	IV. 인구집단 건강관리	16. 모성건강 (→ '여성') 17. 영유아건강 18. 노인건강 19. 근로자건강증진	IV. 감염 및 기후변화성 질환 예방 관리	14. 감염병 예방 및 관리 ① 결핵 ② 에이즈 ③ 의료감염· 항생제 내성	

	20. 군인건강증진 21. 학교보건 22. 다문화가족건강 　(→ '여성') 23. 취약가정방문 　건강(→ '노인') 24. 장애인건강		④ 예방형태 　개선 15. 감염병위기 　대비대응 　① 검역 / 감시 　② 예방접종 16. 기후변화성 질환
V. 안전환경 보건	25. 식품정책 　(삭제) 26. 손상예방	V. 인구집단별 건강관리	17. 영유아 18. 아동·청소년 19. 여성 20. 노인 21. 장애인 22. 근로자 23. 군인
VI. 사업체계 관리	27. 사업치계관리 　(인프라, 평가, 　정보·통계, 　재원)	VI. 건강친화적 환경 구축	24. 건강친화적법 　제도개선 25. 건강정보이해력 　제고 26. 혁신적 정보 　기술의 적용 27. 재원마련 및 　운용 28. 지역사회자원 　(인력, 시설) 　확충 및 거버 　넌스 구축

건강증진 관련 이론

18 타나힐의 건강증진 모형

주요개념	내용
보건교육	적극적으로 건강을 향상시키고 불건강을 예방하기 위한 일련의 의사소통활동이다. 목적은 대상자의 지식, 태도, 행동에 영향을 주고, 건강한 환경을 조성함으로 자기건강관리능력을 개발하는 것임
예방	의학적 개입을 통해 질병과 불건강을 감소시키는 것을 의미, 흔히 3단계의 예방으로 분류(1, 2, 3차 예방)
건강보호	법률적, 재정적, 사회적 방법을 통해 건강에 유익한 환경을 제공함으로서 인구집단을 보호하는 것. 이를 위해 HACCP 제도와 같은 식품안전정책, 자동차 안전벨트착용의 의무화, 공공장소에서의 금연 등의 활동이 있음.
예시	1. 예방서비스: 예방접종, 자궁검진, 고혈압 발견, 금연을 위한 니코틴 껌 사용, 감시체계 2. 예방적인 보건교육: 금연상담과 정보제공 3. 예방적인 건강보호: 수돗물 불소 첨가 4. 예방적인 건강보호를 위한 보건교육: 안전벨트 의무사용 입법을 위한 로비활동 5. 긍정적인 보건교육: 청소년 대상의 생활기술 습득활동 6. 긍정적인 건강보호: 작업장 금연정책 7. 긍정적인 건강보호에 목적을 둔 보건교육: 담배광고 금지를 위한 로비활동

19 건강신념모형 ▶ 2005・2012・2017

주요개념	내용
지각된 민감성	어떤 건강상태가 될 것이라는 가능성에 대한 생각
지각된 심각성	질병에 걸렸을 경우나 치료를 하지 않았을 경우 어느 정도 심각하게 될 것인지에 대한 지각(perception)
지각된 유익성	특정 행위를 하게 될 경우 얻을 수 있는 혜택에 대한 지각. 어떤 상황에 대한 개인의 민감성이 위협감을 느껴 행동을 취하게 될 때, 그 효과가 질병의 위협을 감소시킬 수 있다고 판단될 때만 그 행위가 나타나게 된다는 것

지각된 장애성	특정 건강행위에 대한 부정적 지각으로서 어떤 행위를 하려고 할 때 그 건강행위에 잠재되어 있는 부정적인 측면. 어떤 행위를 하게 될 때 들어가는 비용이나 위험성, 부작용, 고통, 불편함, 시간소비, 습관변화 등이 건강행위를 방해하게 된다는 것
행동의 계기	행동을 일으키는 것, 특정 행위를 만드는데 필요한 자극. '증상'(symptom)과 같은 내적인 것도 있고, 대중매체, 대인관계, 의료정보와 같은 외적인 사항일 수도 있음
기타 변인	다양한 인구학적·사회심리학적·구조적 변인(수)[2]들이 개인의 지각에 영향을 줄 수도 있고, 건강관련 행동에 간접적으로 영향을 줄 수도 있음. 특히 사회 인구학적 요인이나 교육적 성취들은 민감성, 심각성, 유익성, 장애성의 지각에 영향을 주어 행동에 간접적인 작용을 하게 됨
자기효능	주어진 행위가 어떤 성과를 끌어낼 것이라는 개인의 기대로 정의(반두라(A.Bandura)). 로젠스톡·베커(1988): 건강신념모형에 민감성, 심각성, 유익성, 장애성의 초기 개념과 독립적인 구성요소로서 자기효능을 추가함

20 합리적 행위이론 / 계획적 행위이론 ▶ 2004·2008·2022, 25 서술형

주요개념	내용		
의도	개인의 지식, 기술, 능력 등 내적 요인과 시간, 기회, 타인과의 협조 등과 같은 외적요인		
행위에 대한 태도	행위수행에 대한 개인의 긍정적 또는 부정적 평가 정도		
	태도	행위신념	어떤 행위가 특정한 결과를 이끌어 내리라는 기대 혹은 대가에 대한 신념
		결과평가	행동의 결과에 대한 평가
주관적 규범	제시된 행위를 선택하도록 만드는 사회적 기대감을 개인이 지각하는 정도		
	규범	규범신념	주위의 의미 있는 사람들이 행위실천에 대해 지지할지 반대할지에 대한 믿음
		순응동기	준거인(예를 들어 의사)의 생각에 따르려는 정도
지각된 행위통제	특정행위를 수행하는데 있어서 어려움이나 용이함을 지각하는 정도		
	행위통제	통제신념	행위수행에 필요 자원, 기회 및 장애물 존재유무 등에 대한 행위통제에 대한 신념
		지각된 영향력	행동의 촉진요인 또는 장애요인이 행동을 얼마나 쉽게 또는 어렵게 만드는 힘(또는 영향력)을 가지고 있는가에 대한 인식

---

2) 인구학적 변수(연령·성별·인종 등), 사회 심리적 변수(성격, 사회적 지위, 동료의 압력 등), 구조적 변수(질병지식·선행경험)

21 펜더의 건강증진모형 ▶ 2006·2024

주요개념		내용
이론적 근거		① 기대가치이론: 인간의 행동은 합리적이고 경제적이며, 행위의 결과에 대한 긍정적 가치, 행위로 인해 기대하는 결과를 얻게 된다면 그 행동을 실행하고 유지하게 된다. 따라서 개인에게 가치가 없는 행동에는 노력을 들이지 않고, 불가능한 것은 노력하지 않는다. ② 사회인지이론 또는 사회학습이론: 개인의 행위는 인간의 행위나 인지를 포함하는 개인적 측면 또는 요소와 환경 간의 상호작용에 의해 결정됨
개인적 특성과 경험	이전의 관련된 행태	과거에 행했던 행위는 앞으로의 행위를 선택하는데 중요한 예측인자, 이전의 행위는 건강증진행위에 참여할 가능성에 대해 직접, 간접적으로 영향, 사회인지이론측면에서 이전의 관련 행위는 자기효능감, 유익성, 장애성, 행동관련 감정의 지각을 통해 건강증진 행위에 간접적으로 영향
	개인적 특성	생물학적 요인, 심리적, 사회·문화적 요인으로 구성
행위와 관련된 인지와 정서	행위와 관련된 지각된 이익	특정 행위에 대해 개인이 기대하는 이익이나 긍정적인 결과
	행위에 대한 지각된 장애	행동을 할 때 부정적 측면을 지각하는 것. 장애성은 건강증진행위에 직접적으로 영향을 미칠 뿐 아니라 활동계획에 몰입하는 것을 감소시켜 간접적인 영향을 미친다.
	행위에 대한 지각된 자기효능감	수행을 확실하게 성취할 수 있는 개인의 능력에 대한 판단
	행위에 대한 관련 정서	행위에 대한 주관적 느낌으로 행위 시작 전·후·과정 중에 일어난다.
	개인 간의 영향	다른 사람의 태도·신념·행위에 영향을 받는 것을 의미함
	상황적 영향	상황에 대한 개인적 지각과 인지로 행위를 촉진시키거나 방해할 수 있다
행위결과	행위계획 수립	활동계획에 몰입 행위를 수행 또는 강화하기 위해 명확한 전략을 확인하는 것 등을 말한다.
	즉각적 갈등 요구와 선호	계획된 건강증진행위를 하는데 방해되는 다른 행위를 말한다.
	건강증진행위	이 모형의 최종목적으로 이를 통해 대상자가 건강상태에 도달할 수 있게 된다.

22 범이론적 변화단계이론 ▶ 2007·2013·2016·2017·2018·2020·2024, 25 서술형

주요개념	내용		
	단계	정의	잠재적 변화를 위한 전략
변화단계	계획전 단계 = 무관심단계	6개월 이내에 행동을 취할 의도가 없음	변화의 필요성에 대한 인식높이기: 위해와 편익에 대한 개별적인 정보 제공
	계획단계 = 관심단계	6개월 이내에 행동을 취할 의도를 가짐	동기부여하기: 특별한 계획을 세울 것을 격려하기
	준비단계	1개월 이내에 행동을 취할 의도를 가지고, 이 단계에서 몇몇 행동으로 옮겼음	구체적인 행동 계획을 개발하고 수행하는 것을 돕기: 단계적인 목표를 설정하는 것을 돕기
	행동단계 = 실행단계	6개월 미만 동안 행동의 변화가 있음	피드백, 문제해결책, 사회적지지, 재강화 제공하기
	유지단계	6개월 이상 동안 행동을 변화시켰음	대처 돕기, 추후관리 제공, 대안 찾기, 적용가능한 재발에 대한 대처
변화과정3)	의식고취	개인이 가지고 있는 특정 건강행위 문제 뿐 아니라 그 결과나 해결방법에 대한 인식수준을 높이고자 취하는 방법	
	극적완화	적절한 행동을 하게 되면 개인이 느끼는 정서적 경험이 고양되면서 문제행동의 영향정도가 감소되는 변화과정	
	자기재평가	특정한 행동을 할 때와 하지 않을 때의 자아상에 대한 지적이고 정의적인 평가	
	환경재평가	개인의 행동습관의 유무가 자신의 사회적 환경에 어떻게 영향을 미치는지를 인지적, 정서적으로 평가하는 것	
	사회적 개선	상대적으로 취약하거나 억압받는 사람을 대상으로 사회적 기회나 대안을 확대시켜 주는 것	
	협조관계	건강한 행동변화를 위하여 다른 사람들로부터 지지받을 뿐 아니라 돌보아지고 신뢰감과 수용감을 느낄 수 있는 도움을 받는 방법	
	역조건화	문제행동을 대체시킬 건강행위 학습에 필요한 활동	

---

3) 변화과정을 크게 인지적 과정과 행위적 과정으로 구분하고 있으며, 의식고취에서 사회적 해방까지를 인지적 과정으로, 협조관계(또는 지지관계)에서 자극통제까지를 행위적 과정으로 이해한다.

	강화요법	기대되는 특정방향으로 행동을 하게 만드는 즉각적 보상물을 제공해 주는 것
	자기선언	변화할 수 있다는 신념하에 행동할 수 있는 책임과 참여를 포함하는 자신의 결의를 대외적으로 알리는 것
	자극통제	건강하지 않은 습관의 원인요소를 제거하고 건강한 행동 대안을 촉발시키도록 돕는 방안
의사결정균형	① 개인이 어떤 행동을 변화시킬 때 자신에게 생기는 긍정적인 측면(Pros)과 부정적인 측면(Cons)을 비교하고 평가하는 것 ② Pros는 행동변화의 긍정적인 측면에 대한 인식수준 또는 행동변화에 대한 촉진제를 의미하고, Cons는 행동변화의 부정적인 측면에 대한 인식수준 또는 변화에 대한 장애요인을 의미한다. ③ 의사결정균형은 <u>개인이 Pros와 Cons에 부여하는 상대적인 중요성의 정도</u>에 따라 결정됨	
자기효능감	① 사회학습이론의 중요한 개념으로 개인이 직면하게 되는 상황에서 필요한 행동을 성공적으로 수행할 수 있는 스스로에 대한 개인의 신념임. ② 즉, 자기효능감은 행위를 지속해야 하는 상황에서 개인이 긍정적인 행위에 참여할 수 있고 또는 문제 행위에서 탈피하고자 하는 것에 대한 개인의 신념의 정도를 말함	

23 PRECEDE-PROCEED 모형 ▶ 1999·2005·2009·2011·2017

주요개념	내용
<u>사회적 사정</u>	① 지역사회 주민들의 요구 및 삶의 질을 이해하기 위한 과정, 건강과 삶의 질에 영향을 주는 관련 사회적 지표들을 확인한다. ② 즉, 객관적 사정은 범죄율, 고용률, 실업률, 인구밀도, 결근율, 특정질병의 사망률 등이 포함되며 주관적 사정은 대상 인구집단의 적응과 삶의 만족도 등이 포함되며 그들의 삶의 질을 방해하는 주요 장애물이 무엇인지 확인함
<u>역학적 진단</u>	건강, 유전적 특성, 행위, 환경진단 사회적 사정에서의 낮은 삶의 질과 연관 있는 구체적인 건강문제를 찾아내고 우선순위를 설정하여 제한된 자원을 사용할 중요한 문제를 찾아내는 단계임

교육 및 생태학적 진단	① 성향요인 행위에 영향을 주는 내재된 요인, 개인이 가지고 있는 건강에 대한 지식, 태도, 신념, 가치관, 자기효능 등을 확인하는 것 ② 강화요인 보상, 칭찬, 처벌 등과 같이 동기를 부여하는 요인, 사회적·신체적 유익성과 대리 보상, 사회적지지, 친구의 영향, 충고와 보건의료제공자에 의한 긍정적, 부정적 반응을 포함함 ③ 촉진요인 행위가 실제로 나타날 수 있도록 하는 행위 이전의 요인으로 개인이나 조직으로 하여금 행동할 수 있도록 하는 요인임. 보건의료 및 지역사회자원의 이용가능성, 접근성, 시간적 여유, 개인의 기술, 개인 및 지역사회의 자원이 포함됨	
행정, 정책 사정 및 중재계획	• 보건교육 프로그램을 실행하는데 관련된 행정 또는 정책적 문제를 사정하여 프로그램 개발에 반영함 • 건강증진 프로그램의 성공적인 수행을 용이하게 하거나 방해할 수 있는 행정적, 정책적, 조직적 요인을 확인·수정하기 위해 필요함	
수행(실행)	프로그램의 수행. 이전 단계들을 통해 수립한 계획 수행. 계획, 예산, 조직과 정책을 지지하고 인력조정과 감독 포함	
과정평가	사업수행이 정책, 이론적 근거, 프로토콜 등에 적합한지 평가	
영향평가	사업수행이 대상자의 행위 및 성향, 촉진, 강화요인에 미치는 즉각적인 효과에 대해 평가함	
결과평가	진단의 초기 단계에서 사정된 건강상태와 삶의 질 평가	

24 사회인지이론

주요개념	내용
개요	반듀라에 의해 제시된 이론, 행동주의적 관점이면서 사람들의 인지, 그리고 인지에 의한 행위에의 영향을 중요하게 봄. 즉, 인간의 행위, 인지를 포함한 개인적 요소, 환경적 영향, 이 세 가지가 서로 유기적, 역동적으로 상호작용하고, 그 결과 개인의 행위가 결정된다고 설명함
상호결정론	인간, 인간의 행위, 행위가 수행되는 환경 간의 지속적인 상호작용에 따라 행위가 결정되는 것을 상호결정론이라고 함

환경과 상황	환경은 개인의 행위에 영향을 미칠 수 있는 모든 요소로서 물리적이며 외적인 것들 / 상황은 개인이 지각한 환경을 의미 - 즉, 실제 상황은 개인의 사고와 행위를 지도하고 제한함		
행위능력	어떤 행위를 수행하려면 그 행위가 어떤 것인가 하는 지식을 알고 어떻게 수행할 것인가 하는 기술을 알아야 한다는 것		
결과에 대한 기대	행동의 결과가 발생할 확률과 가치에 대한 믿음		
유인 또는 인센티브	행동을 변화시키기 위한 보상이나 처벌의 사용		
자기조절 또는 자기규제	자기 자신에 대한 모니터링, 목적 설정, 피드백, 자기에 대한 보상, 자기 지도, 그리고 사회적 지지의 획득 등을 통해 자기를 통제함		
관찰학습	대중매체나 주변인물을 통한 새로운 행동의 학습		
	주의집중	모델의 특성, 관찰자의 선택적 주의 집중	
	파지과정	인지적 저장 상태	
	재생과정	파지된 기억 실제 행동으로 재연	
	동기화과정	행동에 대한 강화	
강화	직접강화(도구적 조건화), 대리강화(관찰학습), 자기강화(자기조절)의 3가지 강화를 의미함		
	직접 강화	모델의 행동을 성공적으로 재생, 직접적 강화를 받음.	
	대리 강화	간접 강화, 즉 타인의 경험을 관찰한 후 강화를 받음	
	자기 강화	스스로 자신에게 강화를 주거나 자신만의 어떤 강화요인을 통제하는 경우	
자기효능	하나의 주어진 행동을 성공적으로 수행할 수 있다는 신념		
	강화요소	내용	
	수행경험	성공적 수행 경험 → 자기효능감 증가	
	대리경험	타인의 목표행동 수행 관찰	
	언어적 설득	격려의 말/비판의 말에 영향	
	생리적 상태	생리적 상태에 자체/그에 대한 인식	

25 지역사회 파트너십과 역량강화

주요개념		내용
파트너십 매핑		① 목적 달성을 위해 중요한 파트너를 파악, 파트너 기관의 역할과 책임을 확인 ② 파트너십 관계 시각적 제시 용이, 각각 관계를 신속하게 파악할 수 있음
파트너십 유형	교류	상호이익을 위한 정보를 교환하는 것. 서로 간에 신뢰가 있어야 함
	협조	공동의 목적을 위해 서로 정보 교환, 대안 활동 교환
	협력	정보, 대안 활동의 교환뿐만 아니라 자원까지 공유하는 것, 상당한 의지와 시간이 필요
	협동	공동의 목적과 상호 이익을 위해 파트너의 역량을 강화하는 것
파트너십 매핑 방법		① 파트너 기관 목록을 작성 ② 파트너 기관 간 관계를 시각적으로 표시 ③ 파트너 기관의 역할과 책임을 정의함
역량강화	개인	개인의 건강 향상, 통제할 수 있는 능력4) 배양
	지역사회	지역사회 전체 건강수준 향상, 건강과 건강결정요인에 대한 통제력 갖춤

---

4) 건강문제 해결 위한 기술, 자기효능감과 같은 심리적 능력, 비판적인 성찰 능력, 공동체 의식 등

SET 007

보건교육 관련 이론과 원리

26 교수/학습이론의 정리

주요개념	내용
행동주의	인간의 학습 현상을 행동과 그 행동의 발생 원인이 되는 외부 환경에 초점을 맞추는 이론
행동주의의 유형	
Pavlov의 고전적 조건화	종소리(조건자극), 종소리를 듣고 침을 흘리는 것(조건반응) = 학습에 적용, 고전적 조건화, 즉 학습은 학습자가 자극과 반응을 연결함으로 발생한다는 것
Skinner의 조작적 조건형성	고전적 조건화 이론 → 조작적 조건화 이론 제시: 어떤 행동은 그 행동이 일어난 이후 제공되는 강화물의 유무에 따라 증가 또는 감소한다고 설명 즉, 고전적 조건화와 달리 복잡한 후천적 행동이 특정의 자극과 강화에 의해 조건화되었음을 설명
행동주의 학습원리	
즉각적 피드백과 강화	학습을 가능하게 하는 주요 요인은 특정 행동 이후 다음에 그 행동이 다시 나타나는, 즉 강화되게 하는 현상임 즉, 정적 강화와 부적 강화로 구별됨
행동주의-보건교육에의 적용	① 행동목표 제시 ② 외재적 동기의 강화 ③ 수업의 계열 ④ 연습의 기회와 피드백의 제공 ⑤ 변별적 자극의 제공 ⑥ 준거지향평가
인지주의	학습의 내적인 역동을 중요하게 생각.
인지주의 유형	
형태주의 심리학	전체적인 형태를 강조, 행동은 지각적 과정과 인지적 조직의 발생에서 기초하는 것임. 학습은 사물과 그 배경에 의해 전체적인 인식의 장을 조직하는 것임
정보처리이론	인간의 인지를 정보처리 과정으로 보고, 컴퓨터와 비유하여 객관적으로 접근하려 함
	감각등록기 → 단기기억 → 장기기억

	인지주의 학습원리
유의미화	학습자는 기억하고자 하는 정보가 구체적이고 친근하고 의미를 가질수록 더 잘 기억
순서적 위치	기억해야 할 항목이 놓인 위치와 기억의 관계
연습	연습을 많이 할수록 더 잘 기억
정보의 조직	정보 분할 같은 기술에 의해 정보를 단위로 묶으면 더 많은 정보를 기억
전이와 간섭	이전의 학습이 새로운 학습에 영향, 이전의 학습이 새로운 학습을 방해
유의미 학습과 메타인지	유의미학습: 정보를 장기기억 속에 저장하기 위해 유의미 학습이 중요 / 메타인지: 정보를 부호화하고 장기기억에 저장하며 필요할 때 회상하기 위한 체계적인 과정
인지주의의 보건교육에의 적용	① 사고과정과 탐구기능 교육 강조 ② 정보처리 전략 사용 ③ 내적 학습동기 강조 ④ 수업평가
인본주의	인간은 스스로 성장할 수 있는 무한한 잠재능력을 가지고 있다는 관점
	인본주의의 유형
매슬로우 동기이론	① 욕구 5단계: 생리적 욕구, 안전욕구, 소속감과 애정욕구, 존중욕구, 자아실현 욕구 ② 욕구위계의 최상위의 자아실현을 추구하는 것이 학습의 목표라고 봄. 개인의 직접 경험적 지식과 간접 관찰적 지식을 바탕으로 이루어질 수 있다고 봄
로저스의 유의미 학습이론	① 인간의 내재적 역량을 중심으로 대상자들을 긍정적으로 존중하고 그들의 내적 세계를 감정이입으로 이해할 때 변화의 과정이 시작된다는 내담자 중심 학습의 개념 ② 학습자가 자기 주도적이고 자기 의도적인 학습을 하는 자유가 보장된 학습임
인본주의 학습원리	① 개인의 개성과 존엄성, 자아실현을 돕는 것을 목적으로 인간의 속성, 잠재능력, 감정 등을 강조함 ② 학습자가 교육과정의 중심이 되고, 교육자는 촉진적 역할을 하면서, 학습은 발견을 통해 이루어진다는 점에 초점을 맞춤

구성주의의 유형

인지적 구성주의	① 지식 구성은 개인의 정신적 활동을 통하여 이루어진다고 보고, 인간은 경험을 통해 스스로 지식을 구성한다고 봄 ② 현재 존재하는 모든 지식의 도식과 변형은 관련 지식의 동화와 조절을 통해 이루어지는 것으로 봄
사회 구성주의	① 지식 구성에 있어서 개인의 인지과정만이 아니라 사회적 상호작용 또한 중요하다고 봄 ② 학습은 사회적으로 맥락화된 지식을 내면화하는 과정으로, 이는 동료 학습자나 주변 사람들과의 상호작용을 통하여 촉진됨
구성주의 학습원리	① 학습자가 새로운 도식에 대해 개별적 의미를 구성할 수 있는 기회를 제공해야 함 ② 학생의 발달단계에 알맞은 형태와 내용의 과제를 제공해야 함 ③ 교사는 학생의 새로운 지식·기술 습득시 사회적 상호작용 기회를 제공해야 함 ④ 교사는 효과적 학습이 이루어질 수 있도록 알맞은 비계(scaffolding)을 제공해야 함

27 보건교육의 원리

주요개념	내용
보건교육계획의 원칙	보건교육 계획 과정에서 지켜야할 원칙 ① 각 절차를 계획하는 것이어야 함 ② 보건교육자와 해당 관리자 뿐 아니라 보건교육 대상자도 참여해야 함 ③ 자료 분석 결과를 기초로 계획해야함 ④ 교육적 목표 성취를 고려해야 함 ⑤ 우선순위를 설정해야 함 ⑥ 교육의 효과를 측정하기 위한 계획이 수립되어야 하고, 평가항목에 계획 단계에 대한 평가를 포함해야 함.
대상자의 학습요구 [내규외상]	**보건교육을 위한 사정과 분석**
	㉠ 규범적 요구 (normative needs)	보건의료전문가의 전문적인 판단에 의해 규정되는 요구로, 표준이나 준거에 의해 설명되고 제시되며, 교육대상자의 주관적 느낌이나 생각과는 차이가 발생할 수 있다.
	㉡ 내면적 요구 (perceived need, felt needs)	학습자의 개인적인 생각이나 느낌에 의하여 인식되는 요구에 따라 규정된다.
	㉢ 외향적 요구 (expressed needs)	다른 사람들은 어떠한 방법으로 그 문제를 해결하는가 등과 같이 학습자가 언행으로 표현하는 요구로 내면적 요구가 행위로 전환된 것이다.
	㉣ 상대적 요구 (comparative needs)	다른 집단과 달리 특정 집단만이 가지는 고유한 문제로 각기 다른 집단의 특성에서 비롯되는 요구이다.
대상자의 준비정도 [신·정제·경·지] ▶ 2008	PEEK ① 신체적 준비정도(Physical readiness): 신체적 기능정도, 과업의 복잡한 정도, 환경의 영향, 건강상태 등을 사정 ② 정서적 준비정도(Emotional readiness): 불안수준, 지지체계, 동기화 정도, 위험 행위, 마음 상태, 발달단계를 사정함. ③ 경험적 준비정도(Experimental readiness): 학습자의 바램정도, 과거 대처기전, 문화적 배경, 통제위, 지향점 등을 파악. ④ 지식적 준비정도(Knowledge readiness): 현재 지식정도, 인지적 능력, 학습장애, 대상자에게 적합한 학습유형을 사정함.
사정방법	면접, 초점그룹기법, 자가보고 질문지, 시험, 관찰, 의무기록지 검토의 방법

28 보건교육의 목표 설정 ▶ 2004

주요개념	내용
목표설정 영역	
인지적 영역	보건교육을 통해 지식의 증가, 지식을 이용하는 능력의 증가를 나타내는 영역 ① 지식 ② 이해 ③ 적용 ④ 분석 ⑤ 합성 ⑥ 평가
정의적 영역	보건교육을 통해 대상자의 느낌이나 정서가 변화하고 대상자의 성격이나 가치체계로 통합되는 것을 말함 ① 수용 ② 반응 ③ 가치 ④ 조직화 ⑤ 인격화
심동적 영역	보건교육을 통해 머리에서 생각하고 판단하여 시행하는 기술을 획득하는 것으로 근육이 발달되고 신체의 운동조절능력이 길러지는 것 뿐 아니라 이러한 행동이 정신적인 영역과 연결되어 익숙하게 수행하게 되는 기술을 갖게 되는 것 ① 지각 ② 태세 ③ 안내에 따른 반응 ④ 기계화 ⑤ 복합 외적 반응 ⑥ 적응 ⑦ 창조
보건교육 진행과정 계획	
도입	도입단계는 보건교육에 대한 흥미를 유발하고, 동기를 부여하며, 교육에 대한 개괄을 알려주어 대상자를 준비시킴
전개	① 보건교육계획안에 따라 본격적으로 학습활동을 함 ② 효과적인 학습을 위해 다양한 교수학습매체를 활용하는 것이 좋고, 학습 내용이 체계적 조직화에서 고려한 바와 같이 쉬운 것에서 어려운 것으로, 간단한 것에서 복잡한 것으로 진행하는 것이 좋음
정리	진행단계에서의 교육내용을 종합하고 정리하며 결론을 맺음

29 보건교육 평가

(1) 평가의 목적과 과정

구분		내용
개요		① 교육평가는 학습목표가 무엇인지에 따라 다르게 이루어짐. 즉, 평가의 기준으로 설정하는 것에 따라 상이할 수 있음 ② 평가계획은 목표달성 정도 및 각종 척도에 따라 측정된 정도로 평가가 진행될 수 있음 ③ 건강에 대한 의식, 관심, 흥미변화, 건강에 대한 태도 변화, 건강태도 변화, 건강행동 변화, 사회적 변화
평가목적		① 학습자의 학습수행 정도 확인 ② 학습에 대한 동기 부여, 격려 ③ 교육과정의 강점과 약점의 파악 및 개선 ④ 학습자 이해 ⑤ 피드백을 통해 학습을 촉진할 수 있으며, 교육방법이나 매체 개선
평가과정	평가대상과 기준 설정	무엇을 평가할 것인지 평가대상을 결정하고, 보건교육의 목표 달성 여부를 어떤 기준으로 평가할 것이지 결정하는 단계 예 학습자, 교육담당자, 교육과정, 학습환경 등
	관련자료 수집	평가대상과 관련된 다양한 자료를 수집하는 과정으로 가장 적절한 자료수집방법을 결정하여 자료 수집
	결과 해석	수집된 자료를 분석한 결과를 설정된 목표와 비교하여 그 도달 여부를 확인한 후, 이러한 결과에 영향을 미친 요인들과 직접, 간접적인 원인 등을 분석하여 명확히 하는 과정
	재계획의 반영 (피드백)	평가결과 분석을 통해 얻어진 영향요인과 원인을 해결하기 위한 방법을 모색하며, 그 결과를 향후 보건교육을 계획 시에 반영하는 것

(2) 평가유형

분류기준	구분	내용
평가기준	절대평가	기준에 따른 평가로 보건교육 계획시 목표를 설정해 놓고, 교육을 실시한 후 목표 도달 여부를 확인하는 방법으로, 이 평가는 무엇을 할 수 있는지를 알려고 하는 목적을 두고 있기 때문에 학습자의 점수를 비교하지 않음
	상대평가	다른 학습자에 비해 어느 정도 수행하고 있는지를 평가하는 것으로, 학습자 개인의 상대적인 위치와 우열의 파악이 가능하며 경쟁을 통해 학습동기를 유발하는 방법. 평가의 주된 대상은 학습자로 교육자가 아닌 다른 사람이 평가자가 될 수도 있는 방법

평가시점	진단평가	사전평가라 불리며, 교육을 실시하기 전에 교육대상자들이 보건교육 주제에 대해서 갖고 있는 지식, 태도 및 행동의 수준을 파악하여 학습자들의 요구를 확인하는 방법. 이 평가를 통해 대상자의 지식, 태도, 동기, 준비도, 흥미 등을 파악할 수 있고 어떤 주제의 교육이 필요한지 확인 가능
	형성평가	교육이 진행되는 동안 교육내용, 교육방법, 교육효과를 향상시키기 위하여 무엇을 조정하거나 추가하는 것이 필요한지를 확인하는 방법. 교육이 진행되는 동안 학습자에게 형성되는 교육의 결과를 알려주고 학습이 이루어지는 영향요인들을 찾아서 개선함으로써 학습목표에 도달하게 됨
	총괄평가	보건교육 후 학습자가 교육주제에 대한 지식, 태도의 변화가 있는지, 행동에 대한 동기부여가 생겼는지를 확인하는 방법. 또한 교육방법, 학습자의 욕구충족, 장점과 단점 등 교육과정에 대한 전반적인 평가를 통해 다음 교육에 재반영하게 되며, 이런 평가과정에 학습자의 참여도 중요
평가성과	과정평가	프로그램이 계획한 대로 시행되었는지를 사정하여 프로그램을 관리하는 데 필요한 기초정보와 평가의 영향 또는 성과적 결과를 해석하는 기초를 마련함
	영향평가	프로그램을 투입한 결과로 단기적으로 나타난 바람직한 변화를 평가. 즉, 대상자의 지식·태도·신념의 변화, 기술 또는 행동의 변화, 기관의 프로그램, 자원의 변화, 사업의 수요도 등 측정
	성과평가	프로그램을 시행한 결과로 얻어진 건강 또는 사회적 요인의 개선점, 이환율이나 사망률의 감소, 삶의 질 향상 등을 평가하는 것

(3) 평가방법 5)

구분	내용

질문지법	① 지적 영역의 학습을 평가하는 데 적합함. 질문지 문항을 작성하는 데 시간과 노력이 필요하지만, 타당도와 신뢰도가 높은 문항일 경우 효과적
	② 선택형과 서답형이 있음
	   ㉠ 선택형: 진위형, 배합형, 선다형
	   ㉡ 서답형: 단답형(기입형), 완결형

구두질문법	관찰방법과 구두질문을 함께 조합하여 사용하는 것이 한 가지 방법만을 사용하는 것보다 정확하게 평가할 수 있음
관찰법	① 직접관찰 ② 도구사용 관찰

---

5) 평가방법은 평가내용에 따라 달라질 수 있다.

자가보고서 및 자기감시법		① 설문지, 개방식 질문지, 진술식의 자가보고서는 대상자의 태도, 가치, 흥미, 선호, 불안, 자존감 등 정의적 영역을 평가할 때 유용 ② 자기감시법은 대상자가 내면적 행위나 외향적 행위를 한 후 자신의 행위를 기록하는 방법으로 외부에서 관찰한 자료와는 다를 수 있음
평가도구	행동 목록표 06 서술형, 21 기입형	① 행동목록표(check list)는 대상자의 행동을 관찰시 사용 가능 ② 심리운동영역의 기술뿐 아니라 정의적 영역의 태도평가에도 활용할 수 있음 ③ 기술을 학습하는 과정에서는 주기적으로 행동목록표를 사용할 수 있으며, 잘못 수행하는 과정을 학습자와 교육자는 행동목록표를 통해 알 수 있음
	평정 척도	① 평가자가 평가내용을 숫자나 내용으로 연속선 위에 분류하는 측정도구. 평가자의 주관이나 편견, 가치관 때문에 오는 편이의 문제를 해결하기 위해 복잡한 내용을 세분화하여 평가하는 것이 목표 ② 평정척도의 종류에는 여러 가지가 있으나 보건교육에서 활용할 수 있는 종류에는 기술평정척도, 숫자평정척도, 기술도표척도 등이 있음 ㉠ 기술평정척도: 평가하려는 척도의 내용이나 단계를 간단한 단어·구·문장으로 표시하여 평정하는 방법 ㉡ 숫자평정척도: 평정하려는 특성의 단계를 숫자로 표시하는 방법 ㉢ 기술도표척도: 기술척도와 도표척도를 합쳐서 나타내는 것

(4) 평가오류

구분	내용
후광효과 21 기입형	피평정자의 긍정적 인상에 근거하여 특정 요소가 우수한 경우 다른 평가요소도 높게 평가받는 경향
혼효과	평정자가 피평정자의 부정적인 면에 주목하여 지나치게 비판적인 경우로 실제보다 낮게 평가되는 경우
중심화 경향	평가자의 평점이 모두 중간치에 집중되는 경향
관대화 경향	대부분의 피평정자에게 좋은 평점을 주는 것
시간적 오류(근시오류)	평가 직전에 있었던 일들이 평가에 영향을 미치는 경우
총체적 착오	평가자가 가진 가치 판단상의 규칙적인 심리적 오류로 평가자가 다른 평가자에 비해 항상 후하게 평가를 하거나 낮은 평가점수를 주는 경우
논리적 착오	두 가지 평가요소 간에 논리적인 상관관계가 있는 경우 한 요소가 우수하면 다른 요소도 우수하다고 쉽게 판단하는 경우
대비오류	평가자가 무의식적으로 한 피평가자를 다른 피평가자와 비교하게 되면서 대비적으로 낮게 혹은 높게 평가하는 경우

지역사회간호 보건행정

30 국가보건의료체계 개념 / 구성요소 ▶ 2003·2022

구분	내용
개념	**국가보건의료체계**는 국민의 **건강**을 **회복**하고 **유지**하며 **증진**시키는 일차적인 목적을 달성하기 위하여 행하는 **모든 활동**(WHO)[6]
보건의료자원의 개발	인적, 물적 자원의 개발 필요 * 인력, 시설, 장비 및 물자, 지식
자원의 조직적 배치	공공보건의료조직, 기타정부기관, 비정부기관, 독립민간부문 등으로 구분
보건의료의 전달 (제공)	건강요구수준에 따라: **1차, 2차, 3차 예방활동**으로 구분 = 보건의료 서비스 제공수준에 따라: 1차, 2차, 3차 진료로 나눔
경제적 지원	① 공공재원(보건복지부, 건강보험기관, 기타 관련 정부기관) ② 고용주 ③ 조직화된 민간기관(자선단체, 임의보험 등) ④ 지역사회의 기부 ⑤ 외국의 원조 ⑥ 가구별 부담(의료비) ⑦ 기타 가능 재원들(복권, 기부금)
관리	행정적, 기능적 수준에서 수행하는 업무체계를 말하며 **지도력, 의사결정, 규제**의 3가지 측면으로 나눔

---

[6] WHO(2000) 보건의료체계의 3가지 본질적인 목표로서 **건강수준 향상, 보건의료체계에 대한 반응성, 재정의 형평성**을 제시하고 있음.

국가보건의료체계 유형	내용			
	구분	자유방임형	사회보장형	사회주의형
Fry(1970)	특징	① 자유기업형으로 민간주도의 시장 경제원리로 국가의 개입이 최소화됨 ② 수요자의 선택의 자유가 있으며, 의료제공자는 서비스 질 향상 및 기술개발에 집중할 수 있음 ③ 개인의 능력과 자유를 존중함	① 정부가 보건의료서비스 기획, 관리하여 효율적 활용 ② 자유방임형과 사회주의형의 중간 형태 ③ 정부 및 사회가 주도하여 의료서비스에 영향을 미침(특히 재원조달 - 세금 〉 의료보험)	① 개인에게 선택의 자유 없음 ② 보건의료자원의 배분, 기획에 중앙정부가 직접 관여 → 형평성 높임
	장점	① 국민의 의료서비스에 대한 자유선택권 보장 ② 보건의료서비스의 질적 수준이 높게 유지될 수 있음 ③ 자유경쟁으로 의료서비스의 효율적 운영이 가능	① 의료서비스 이용과 의료비 통제가 용이함 ② 공공재로서 보건의료서비스를 이용할 수 있도록 하여 균등한 이용 보장 ③ 예방을 포괄하는 의료서비스를 제공함	① 의료비 절감과 의료서비스의 포괄성이 높음 ② 의료의 균등분포, 형평한 서비스 기회 제공
	단점	① 의료서비스 제공의 불균형 ② 의료비 상승 및 형평성이 저해될 수 있음 ③ 국가적 통제의 어려움으로 국민의료비의 증가	① 행정적 복잡성, 경직성 유발 ② 의료인의 인센티브 미약 → 동기부여가 잘 안됨 ③ 의료수준 저하, 효율성 저하	① 의료서비스의 질적 수준 낮음 → 개선의 의지 ↓ ② 국민의 의료서비스 선택권 없음 ③ 관료체계의 문제 심각

	구분	자유기업형	복지지향형	포괄적 보장형	사회주의 계획형
Roemer (1991)	특징	① 자유시장에 의존, 정부개입 최소화 ② 정부 보건의료 취약 → 보장성 ↓	① 정부/준정부(*제3자 지불자)의 보건의료시장 개입 ② 공공주도의 의료보험 제도	① 시장개입의 정도: 복지지향형보다 더 심함 ② 보건의료 재원: 중앙정부와 지방정부의 조세로 조달 ③ 전국민 보건의료서비스 무상제공 - 공평한 배분에 대한 정치적 의지↑	① 정부의 시장개입 최고 ② 정부 중앙계획을 통해 통제하는 체제
	선진국	미국	독일, 캐나다, 일본, 한국	영국, 뉴질랜드, 노르웨이	구소련, 구동구권
	개발도상국	태국, 필리핀, 남아공	브라질, 이집트, 말레이시아	이스라엘, 니카라과	쿠바, 북한
	빈곤한 나라	가나, 방글라데시, 네팔	인도, 미얀마	스리랑카, 탄자니아	중국(개방전), 베트남
	자원 풍부 나라		리비아, 가봉	쿠웨이트, 사우디아라비아	

구분		공공부조형 (공적부조형)	건강보험형	국민보건서비스형
Terris	특징	① 국민들이 보건의료비 조달능력이 없음 → 정부의 조세에 의존 ② 재원부족 → 정부 제공 서비스 1차 보건의료 중심	① 국민들의 소득수준이 어느 정도 높음 → 보험방식에 따라 보건의료비 조달 가능 ② 의료보험제도를 통해 재원 조달 - 나라마다 제도적 차이는 있음	① 건강권의 개념이 보편화된 국가의 유형 ② 보건의료서비스 수혜자는 전체 국민 - 원칙적으로 모든 보건의료서비스는 무료 - 재원은 조세 ③ 보건의료자원 국유화가 일반적
	해당 국가	아시아, 아프리카, 남미의 저개발국가	한국, 독일, 프랑스, 일본	영국, 뉴질랜드, 이탈리아

31 사회보장제도와 의료보장제도 ▶ 2022·2024

구분			내용
사회보장 제도			사회보험, 공공부조, 사회복지서비스
사회보장	사회보험	소득보장	고용보험, 연금보험, 산재보험
		의료보장	건강보험, 산재보험, 노인장기요양보험
	공공부조	소득보장	기초생활보장
		의료보장	의료급여[7]
	사회복지서비스		노인복지, 아동복지, 장애인복지, 가정복지
의료보장제도	사회보험방식 (NIH)		정부기관이 아닌 보험자의 보험료로 재원 마련 → 의료보장 방식
	국가보건서비스 방식(NHS)		정부가 일반 조세로 재원 마련하여 모든 국민에게 의료를 제공하는 국가의 직접적인 의료관리방식

---

7) 의료급여제도: 공적부조방식의 의료급여에 의해 생활유지능력이 없거나 생활이 어려운 자에게 필요한 보호를 행하여 이들의 최저생활을 보장하고 자활을 조성하는데 목적을 두고 국가가 보호하고 있는 저소득층을 대상으로 자력으로 의료문제를 해결할 수 없는 경우 국가 재정으로 의료혜택을 주는 제도

32 의료보장 - 건강보험 - 재원조달

구분	보험방식	조세방식
재원조달의 용이성	조세저항을 피하면서 재원 조달 용이	조세저항 있음
비용부담	사용자와 근로자가 공동으로 비용을 부담하므로 비용조달이 쉬우며, 예산의 안정적 공급 가능	보건정책의 우선순위가 바뀌면 예산지원이 달라져 재원조달이 불안정
대상	임금근로자의 의료보장으로서 알맞은 방법	의료를 공공수요로 간주하여 전국민에게 적용가능
의료기관 선택권	의료기관 자유선택권 보장에 유리	선택권 제한받음
적용의 한계	보험료를 낼 수 없는 취약계층에 대한 문제를 해결할 수 없음	계층 간, 보험제도 간 차이 없음
관리운영비	관리운영비 지출 큼	지출 최소화
의료의 질	재원조달이 비교적 용이하여 질이 높음	재원부족으로 질 저하 가능
의료비 통제	의료이용량을 증가시켜 의료비 앙등의 요인	예산의 한계로 의료비 통제가능

33 일차보건의료의 관점 ▶ 1998·2000·2006

구분		내용
일차보건의료 접근 4A		① **접**근성 ② **수**용가능성 ③ **유**용성(주민참여) ④ **지**불부담능력
일차의료	대상	지역사회주민(수요자)
	목적	일차적인 보건의료 서비스, 병원서비스, 응급치료, 외래 등에서의 전문 의료서비스, 가정간호서비스, 예방서비스, 학교에서의 질병예방프로그램, 집단검진, 약물처방, 의료기기제공, 검사, 재활 - 의료서비스에 대한 불평등한 접근도
	방법론	• 의료접근의 장애요인의 제거 • 개인, 가족에 대한 직접 간호 • 간접간호(교육자, 행정자, 감독자, 상담자, 연구자) • 제공자 중심으로 진행, 지역사회를 힘의 중개인으로 규정함
	접근성	의료서비스에 대한 이용 제한, 제3자 지불에 대한 자격에 의해 제한될 수 있음

일차보건의료	대상	지역사회주민(전체)
	목적	건강문제 교육, 음식의 공급, 안전한 물의 공급, 적절한 영양, 환경위생, 모자보건, 풍토병의 예방과 관리, 흔한 질환과 상해에 대한 적절한 치료, 정신건강의 증진, 기본적인 약에 대한 공급 - 사회적, 정치적, 경제적 환경
	방법론	• 총체적 환경의 변화 • 지역사회 일상생활 중심자원의 역할이 중요함 • 간호사의 주도적 역할 - 관리자, 리더, 감독자의 역할
	접근성	의료서비스와 자원에 대한 보편적인 이용가능성과 이용자격이 있음

34 진료비 지불보상제도 ▶ 1998·2022

구분	내용
행위별수가제	① 제공된 의료서비스의 단위당 가격에 서비스의 양을 곱한 만큼 보상하는 방식. 반면 과잉진료, 의료남용의 우려가 있고, 행정적으로 복잡하며 의료비 상승이나 의료인과 보험자간에 갈등요인을 소지하고 있다. ② 행위별 수가제 → 치료위주의 의료행위에 대한 수가 책정 → 진료량의 증가, 의료비용 상승 가속화의 요인
포괄수가제	① 환자의 종류당 총괄보수단가를 설정하여 보상하는 방식. 경제적인 진료수행을 유도하고, 의료기관의 생산성을 증대시키며 행정적으로 간편하다는 것이 장점. 반면, 서비스의 양이 최소화되고 규격화되며 행정직의 진료진에 대한 지나친 간섭이 단점 ② 행위별 수가제 문제점 개선의 방안 → 질병군별 포괄수가제 도입(2003년부터 정상 분만을 제외한 7개 질병군8)을 선택하여 적용, 현재 종합병원급 이상 모든 의료기관에 확대 적용)
신포괄수가제	① 입원환자에 대하여 **질병군에 따라** 미리 정해진 **포괄수가를 적용**하는 제도로, 의사가 직접하는 시술과 일부 고가진료에 대해서는 각각의 금액을 별도로 계산하는 방식 ② 즉, 진료비 지불시 **포괄수가제와 행위별 수가제를 병행**하며, 건당 포괄 방식에 일당 수가 개념을 도입하여 입원일수에 따라 진료비를 가감하는 방식을 적용한 것

---

8) 수정체수술, 편도선수술, 항문수술, 탈장수술, 맹장수술, 자궁수술, 제왕절개수술

구분	7개 질병군 포괄수가제	신포괄수가제
대상기관	7개 질병군 진료가 있는 전체 의료기관	국민건강보험 공단일산병원 국립중앙의료원, 지역거점 공공병원 등 총 42개 기관
적용환자	7개 질병군 입원환자(백내장수술, 편도수술, 맹장수술, 항문수술, 탈장수술, 제왕절개분만, 자궁수술)	559개 질병군 입원환자
장점	• 포괄수가 • 의료자원의 효율적 사용	• 포괄수가(묶음) + 행위별수가(건당) • 의료자원의 효율적 사용 + 적극적 의료서비스 제공

봉급제	제공된 서비스의 양이나 제공받는 사람의 수에 **상관없이** 일정기간에 따라 **보상받는 방식**. 의사의 수입이 안정되고 불필요한 경쟁을 억제할 수 있다는 장점이 있는 반면 진료의 형식화, 관료화가 우려
일당 지불제	주로 병원의 입원진료에 적용되는 방식으로 투입자원이나 서비스 강도의 차이를 두지 않고 **진료 1일당 수가를 책정**하여 **진료기간에 따라 진료비 총액**이 결정되는 제도로 일당진료비 방식도 **일종의 포괄수가**제로 보는 경우도 있음
인두제	① 등록된 환자 또는 주민 수에 따라 일정액을 보상받는 방식. 진료의 계속성이 증대되어 비용이 상대적으로 저렴하며 예방에 대한 관심이 커진다는 장점. 단점으로는 환자의 선택권이 제한되고 서비스의 양이 최소화하는 경향이 있으며 환자후송, 의뢰가 증가하는 경향이 있다는 것이 지적됨 ② 영국 등에서 시행하고 있는 제도로 질병발생을 예방, 과잉진료 방지 효과 있음
총괄계약제	① 지불자 측과 진료자 측이 진료보수 **총액의 계약을 사전에 체결**하는 방식으로 총진료비의 억제가 가능하며 과잉진료에 대한 자율적 억제가 가능하다는 장점 ② 매년 진료비 계약을 둘러싼 교섭의 어려움으로 의료제공의 혼란을 초래할 우려가 있으며 새로운 기술의 도입이 지연될 수 있음
총액예산제	① 보험자가 1년간의 의료비를 예상하여 공급자단체에 주면 이를 각각의 의료공급자에게 배분하는 방식, 의료비의 절감을 가져올 수 있는데, 정확히는 보험자측이 예측한 의료비 범위에서 벗어날 가능성이 낮아짐 ② 이 경우 **과소진료가** 우려될 수 있고, **비급여 진료의 증가**가 **가능**

구분	
보너스지불제	① 특정목표를 달성하기 위한 유인책으로서 보너스를 공급자에게 지불하는 제도 ② 예를 들어 약품비 지출을 감소시키기 위해 의사들로 하여금 약품의 처방을 줄일 수 있도록 유인책을 마련하는 것으로 약품 소비량 감소를 위해 환자 당 처방 비용이 평균 처방비용보다 낮은 의사들에게 보너스를 지불하는 방안을 고려할 수 있음

(1) 국민건강보험 재원조달체계 24 서술형

구분		농어민, 도시 지역 자영업자	직장근로자
재원 조달	보험료	① 소득·재산(자동차 포함) 등 등급별 적용점수를 합산한 보험료 부과 점수에 점수당 단가를 곱한 금액 ② 세대의 지역가입자가 연대하여 납부 * 보험료부과점수에 점수당 단가 곱하여 산정	① 보수월액의 6.67% ② 사용자, 근로자가 각각 50%씩 부담 *소득비례정률제
	국고	해당 연도 보험료 예상수입액의 14%	
	건강증 진기금	해당 연도 보험료 예상수입액의 65% 이내	

(2) 의료급여 제도

구분	내용
의료급여	① 의료급여법에 근거할 때 자력으로 의료문제 해결할 수 없는 경우 국가재정으로 의료혜택을 주는 제도 ② 의료급여 수급권자 중 『국민기초생활보장법』에 의한 수급자는 1종 및 2종 수급권자로 구분하여 본인부담금에 차등을 둠 ③ 1종과 2종을 구분하는 근거는 근로능력의 유무인데 기초생활보장수급자 중 근로능력이 없는 자는 1종, 근로능력이 있는 자는 2종이 된다.
의료급여 수준과 본인부담금	① 1종 수급권자는 외래진료에 대해서만 본인부담금을 부과, 입원진료는 식대(20%)를 제외하고는 전액무료 ② 1종 수급권자의 외래 본인부담금은 1차 의료급여기관 방문시 1,000원, 2차 의료급여기관 방문시 1,500원, 3차 의료급여기관 방문시 2,000원, 약국은 처방전 당 500원을 부과 ③ 2종 수급권자는 입원과 외래 모두 본인부담금 부과, 입원시 총 진료비 10%, 1차 의료급여기관 방문시 1,000원, 2차 의료급여기관·3차 의료급여기관 방문시 총 진료비 중 15%, 약국은 처방전 당 500원을 부과

35 보건사업기획 모형들 / 우선순위 결정 ▶ 2017·2018·2019

구분	내용
PATCH 모형	① 미국 CDC 지역보건요원의 보건사업 기획지침서로 개발됨 ② 지역사회조직화 → 자료수집 및 자료분석 → 우선순위 설정 → 포괄적인 중재계획 개발 → 평가
MAPP 모형 (Mobilizing for Action through Planning and Partnership)	지역보건체계 → 보건문제 대응 역량 개발에 초점 ① 1단계: 기획의 성공을 위한 조직화와 협력체계의 개발(조직화 + 파트너십 개발) ② 2단계: 비전의 확립(설정) ③ 3단계: 지역현황 평가 (종합적 MAPP 사정: 4 MAPP assessments) ⠀⠀㉠ 지역의 **건강수준** 평가 → ㉡ 지역사회의 **관심과 장점** → ㉢ 지역 공중보건체계의 평가 → ㉣ 변화의 **영향요인** 사정 ④ 4단계: 전략적 과제의 확인(전략적 이슈 선정) ⑤ 5단계: 목표와 전략의 개발(목적과 전략 설정) ⑥ 6단계: 행동(Action) - 순환적 활동(계획-실시-평가)
MATCH (Multilevel Approach to Community Health) 모형	개인의 행동과 환경에 영향을 주는 요인들을 개인에서 조직, 지역사회, 정부, 공공 정책 등 여러 수준으로 나누어 프로그램을 계획하는 모형

① 목적 설정	② 중재 계획	③ 프로그램 개발	④ 실행	⑤ 평가
• 건강상태의 목적 설정 • 우선순위 설정 • 건강행위의 목적 확인 • 환경요소의 목적 확인	• 중재대상 확인 • 중재목적 설정 • 중재목적 확인 • 중재전략 선택	• 프로그램 (또는 사업) 단위 결정 및 구성 요소 확인 • 지역사회 보건사업 계획안 수립	• 변화를 위한 계획안 작성 • 실무자 훈련	• 과정평가 • 영향평가 • 성과평가

구분	내용
쌍비교(Paired Comparisons)	대안을 비교할 기준(예 문제의 중요성)을 결정, 결정된 기준을 이용하여 대안을 2개씩 상호 비교 후 가장 많이 선택된 대안이 높은 우선순위를 가지게 됨
사분면 분석	의사결정을 위한 두 가지 명백한 판단기준이 있고, 2개의 기준이 양분될 수 있는 경우 사용가능

구분	내용

BPRS
(Basic Priority Rating System)
	① 건강문제의 크기에 따라 우선순위가 정해지는 방법이며, 지역사회 내의 보건문제를 목록화하여 문제별 평가항목을 기준공식에 따라 점수화
	② BPRS = (A + 2B) × C
	• A: 문제의 크기
	• B: 문제의 심각도
	• C: 사업(해결책)의 추정효과
	㉮ 문제의 크기: 만성질환은 유병률, 급성질환은 발생률의 크기를 활용하여 점수화, 건강문제를 지닌 인구비율을 반영하여 0-10점까지 점수를 부여하는 방식으로 유병률 및 발생률의 크기를 점수화하는 것
	㉯ 건강문제의 심각도: 긴급성, 중등도, 경제적 손실, 해결의지
	   ⓐ 각 항목별로 상대적 중요성을 결정
	   ⓑ 각 항목에 포함될 고려요인을 반영한 측정지표 선정 및 척도를 결정
	   ⓒ 계산된 점수를 항목의 종점을 고려하여 보정
	㉰ 사업(해결책)의 추정효과: 사업의 효과에 대한 최대효과와 최소효과를 추정하여 점수부여

PATCH (Planned Approach to Community Health)	① 건강문제의 우선순위를 결정하기 위한 기준으로 **중요성**과 **변화가능성**을 선정함 ② 건강문제의 중요성을 판단하기 위해서는 ㉮ 유병률 또는 발생률을 이용하여 비교, ㉯ 건강문제의 위중도 = 질병의 사망률이나 장애발생률, DALY[9] ③ 변화가능성은 건강문제가 얼마나 쉽게 변화될 수 있는가를 평가하는 기준 { 표: 구분 / 중요함 / 중요하지 않음 / 변화 가능성이 높음 / 변화 가능성이 낮음 }
브라이언트 (Bryant)	BPRS에 주민의 관심도 항목이 추가된 것을 말하는데, 보건문제의 크기, 보건문제의 심각도, 보건사업의 기술적 해결 가능성, 주민의 관심도의 4가지 결정기준에 대해 해당 점수를 부여한 후 총점이 높게 나온 건강문제 순으로 우선순위를 매기는 방식이다. { 표: 건강문제 / 문제의 크기 / 문제의 심각도 / 문제해결 가능성 / 주민의 관심도 / 총점 / 우선순위 — 1. 고혈압, 2. 당뇨, 3. 암 }

---

9) 장애보정 생존연수(Disability adjusted life years, DALYs): 질병부담을 측정하는 지표의 하나로 상병이나 장애, 조기사망에 의해 손실된 연수를 표시함.

PEARL
(Propriety,
Economic
Feasibility,
Acceptability,
Resource,
Legality)
	① BPRS의 계산 후 사업의 실현 가능성 여부 판단 기준으로 사용
	② PEARL: 0 또는 1 (P × E × A × R × L)
	   ⊙ 적절성(Propriety): 해당기관의 업무 범위
	   ⓒ 경제적 타당성(Economic Feasibility): 문제를 해결하는 것이 경제적으로 의미가 있는지, 손실인지 유무
	   ⓒ 수용성(Acceptability): 지역사회나 대상자들이 문제해결이나 사업을 수용할 것인가?
	   ⓔ 자원의 이용가능성(Resource): 사업에 사용할 재원이나 자원의 유무
	   ⓜ 적법성(Leaglity)
	[PEARL에 의한 결정기준의 보완결과]
	
	| 구분
		운동부족	비만	불규칙한 식사습관	잘못된 운동습관

---	---	---	---	---
적절성	1	1	1	1
경제성	1	0	1	1
수용성	1	1	1	1
자원	1	1	1	1
적법성	1	1	0	1	
미국 Maryland 주의 "황금 다이아몬드" 방식	① 사분면 분석(PATCH)의 변형: 즉, 2가지 결정기준을 사용하나 척도의 측정을 이분법이 아니라 3점 척도로 한다는 점이 상이함 ② 예를 들어 A 지역 유병률 조사결과 1위는 암, 2위는 순환기계 질환, 3위는 사고로 나왔음. 이중 사고가 전국 평균치보다 1.5배가 높은 경우 암과 사고 중 어떤 문제가 더 우선시 되어야 할 것인지의 판단시 '황금다이아몬드' 방식 활용가능

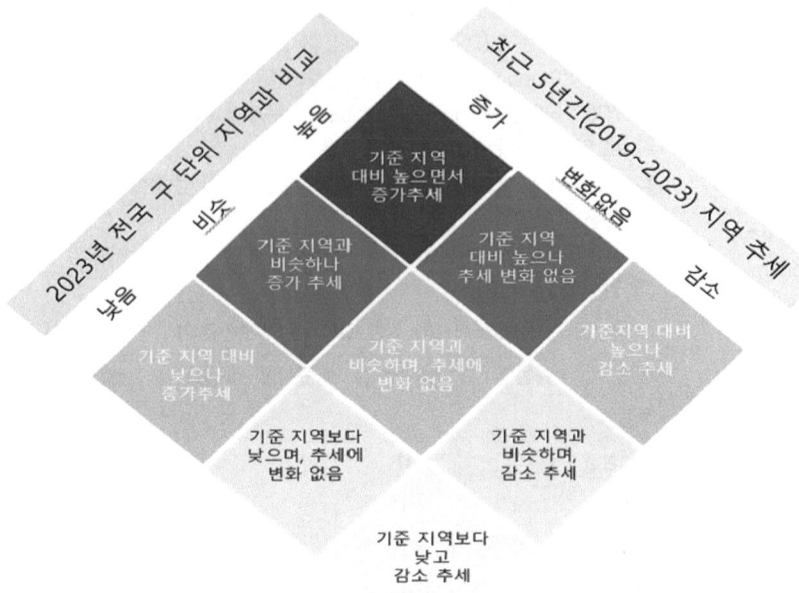

※ 황금다이아몬드를 이용한 보건사업 우선순위 지역사회건강지표

		필요의 크기		
	구분	높음	보통	낮음
효과의 추정	매우 좋음	반드시 실행	반드시 실행	실행
	좋음	반드시 실행	실행	실행
	효과 있을 것 같음	시행 검토 또는 연구 촉진	시행 검토 혹은 연구 촉진	연구 촉진
	효과 없음	사업 중지 혹은 시작 금지	사업 중지 또는 시작 금지	사업 중지 혹은 시작 금지

NIBP(Needs/Impact-Based Planning)
25 서술형

① 우선순위의 결정기준으로 건강문제의 크기(need)와 해결을 위한 방법의 효과(impact) 사용
② '황금다이아몬드'방식처럼 이 방법 역시 두 가지 결정기준을 사용하나 척도의 측정이 이분법이 아니라 3점 척도 및 4점 척도로 한다는 점

구분	
CLEAR	CLEAR는 지역사회의 역량, 합법성, 효율성, 자원의 활용성 등을 기준으로 NIBP에서 결정된 건강문제의 우선순위가 사업의 수행 가능성 측면에서도 효과를 나타낼 수 있는 지를 확인하는데 활용되는 기준
	① Community Capacity: 지역사회 역량 ② Legality: 합법성 ③ Efficiency: 효율성 ④ Acceptability: 수용성 ⑤ Resource Availability: 자원의 활용가능성

36 지역보건체계의 역량분석 SWOT 분석 ▶ 2019

구분	특징
정의	조직이나 사업의 강점과 약점, 주위 환경의 기회요인과 위협요인을 분석하여 조직체나 조직의 강점과 약점을 발견하고 외부환경의 기회와 위기를 찾아내어 이를 토대로 사업의 전략 방향을 채택하는 것
특성	강점은 최대한 살리고 약점은 보완하며, 사업의 목표달성에 도움이 되는 외부환경인 기회요인을 살리는 것이 바람직함
SWOT 분석을 통한 전략의 도출	<table><tr><td>구분</td><td>외부기회(O)</td><td>외부위협(T)</td></tr><tr><td>내부강점(S)</td><td>S-O(강점-기회) 전략</td><td>S-T(강점-위협) 전략</td></tr><tr><td>내부약점(W)</td><td>W-O(약점-기회) 전략</td><td>W-T(약점-위협) 전략</td></tr></table> ① 내부역량 분석: 조직의 강점과 약점을 분석 ② 외부환경 분석: 기회와 위협의 분석 → 조직의 노력과 상관없이 조직이 통제할 수 없는 미래의 환경적 요인 ③ 전략방향 도출: 조직의 강점과 약점, 환경의 기회요인과 위협요인분별 → 전략방향 설정
SO	내부역량의 강점과 외부환경의 기회요인을 살리는 전략
ST	내부역량의 강점을 가지고 외부환경의 위협요인을 최소화하는 전략
WO	내부역량의 약점을 보완하고 기회요인을 살리는 전략
WT	내부역량의 약점을 보완하고 외부환경의 위협요인을 최소화하거나 대비하는 전략

37 국제보건 이슈 - 지속가능 발전 목표

구분	내용
지속가능발전 목표(SDGs: Sustainable Development Goals) 25 기입형	① 지속가능발전목표는 2016~2030년 모든 나라가 공동으로 추진해 나갈 목표 ② 17개의 목표 +169개 세부목표 ③ 대상: (보편성) 개도국 중심이나 선진국도 대상이다. ④ 분야: 경제성장, 기후변화 등 경제·사회·환경통합을 고려(변혁성) ⑤ 참여: 정부, 시민사회, 민간기업 등 모든 이해관계자의 참여(포용성) 
17개 목표	Goal 1. 모든 곳에서 모든 형태의 빈곤 종식 Goal 2. 기아종식, 식량안보와 개선된 영양상태의 달성, 지속 가능한 농업 강화 Goal 3. 모든 연령층을 위한 건강한 삶 보장과 복지 증진 Goal 4. 모두를 위한 포용적이고 공평한 양질의 교육 보장 및 평생학습 기회 증진 Goal 5. 성평등 달성과 모든 여성 및 여아의 권익신장 Goal 6. 모두를 위한 물과 위생의 이용가능성과 지속가능한 관리 보장 Goal 7. 적정한 가격에 신뢰할 수 있고 지속가능한 현대적인 에너지에 대한 접근 보장 Goal 8. 포용적이고 지속가능한 경제성장, 완전하고 생산적인 고용과 모두를 위한 양질의 일자리 증진 Goal 9. 회복력 있는 사회기반시설 구축, 포용적이고 지속가능한 산업화 증진과 혁신 도모

Goal 10. 국내 및 국가 간 불평등 감소
Goal 11. 포용적이고 안전하며 회복력 있고 지속가능한 도시와 주거지 조성
Goal 12. 지속가능한 소비와 생산 양식의 보장
Goal 13. 기후변화와 그로 인한 영향에 맞서기 위한 긴급 대응
Goal 14. 지속가능발전을 위한 대양, 바다, 해양자원의 보전과 지속가능한 이용
Goal 15. 육상생태계의 지속가능한 보호·복원·증진, 숲의 지속가능한 관리, 사막화 방지, 토지황폐화의 중지와 회복, 생물다양성 손실 중단
Goal 16. 지속가능발전을 위한 평화롭고 포용적인 사회 증진, 모두에게 정의를 보장, 모든 수준에서 효과적이며 책임감 있고 포용적인 제도 구축
Goal 17. 이행수단 강화와 지속가능발전을 위한 글로벌 파트너십의 활성화

지역사회간호 과정

38 지역사회 간호사정

(1) 사정영역

구분	내용
지역사회 건강사정 영역별 지표	① 인구: 인구수, 성별, 연령별 분포, 교육 ② 사망양상: 사망률, 비례사망지수 ③ 유병양상: 유병률(시점, 기간)
인구의 건강상태	건강행태, 생활양식
자원과 환경	물리적 자원, 인위적 자원, 사회적 자원, 인적 자원, 보건의료시설 및 건물, 보건의료기기·기구 및 자료, 예산, 시간
상호작용 또는 과정(능력)	몰입, 자신 - 타인에 대한 지각과 상황파악, 의사표명, 의사소통, 갈등해소와 조화, 참여, 더 큰 사회와의 관계유지, 참여적인 상호작용과 의사결정을 촉진하는 기전
목표와 경계	기능: 사회화, 생산 - 소비 - 분배, 사회통합, 사회통제, 상부상조

(2) 사정자료 분석

사정자료 분석		범주화 ⇨ 요약 ⇨ 확인·비교 ⇨ 결론
		지역사회간호사는 수집된 자료를 기초로 지역사회의 건강요구를 찾아내고, 지역사회의 건강관리의 양상, 지역사회의 강점 등을 분석하여야 한다. 자료분석은 분류단계, 요약단계, 확인·비교단계, 결론단계로 이루어짐
	분류 (범주화) 단계	① 지역사회사정에서 수집된 모든 정보를 특성별로 범주화하여 서로 연관성 있는 것끼리 분류하는 단계 ② 분류방법은 지역사회간호사가 사용하는 자료수집의 개념틀과 경험 등에 따라 달라질 수 있는데, 일반적으로 지역사회의 특징, 인구특성, 건강상태, 환경특성, 지역사회자원 등으로 범주화
	요약단계	분류된 자료를 근거로 지역사회의 전반적인 분위기, 역사적 배경 및 지리적 특성을 요약·서술하고, 지도에 표시(위치, 가구 및 공공시설 분포, 지역사회자원의 분포)하거나 자료의 특성에 따라 비율을 구하고 표·그림·그래프 등을 작성하여 자료를 요약하는 단계

구분	
확인 · 비교단계	① 규명된 자료 간의 불일치, 누락된 자료, 자료 간의 차이 등을 고려하면서 수집된 자료에 대해 부족하거나 더 필요한 자료가 무엇인지 재확인. 다른 지역의 자료나 전국 규모의 자료, 과거의 통계치와 비교하여 포괄이고 총체적인 지역사회의 문제를 평가하기 위한 단계 ② 이때 지역주민의 견해나 동료의 의견을 들어보는 것이 도움이 됨
결론(추론) 단계	자료가 분석되고 합성되는 과정을 통하여 수집된 자료의 의미를 찾는 단계이며, 지역사회간호사의 전문적 견해를 포함하여 지역사회의 건강 요구 및 구체적 문제를 찾아 결론내리는 단계

39 지역사회 간호진단

(1) 오마하 분류체계의 틀 11 선택형, 25 서술형

구분	내용
오마하 분류체계의 종류	진단(문제)분류체계와 중재체계 및 결과에 대한 등급척도를 위한 체계 등 3가지가 있어 지역사회진단에 가장 유용하게 사용됨 ① 진단(문제)분류체계: 대상자 문제 진단시 활용 ② 중재분류체계: 간호사가 서비스를 하는 간호활동 목록 ③ 결과에 대한 문제등급 척도: 특정 문제나 간호진단과 관련된 대상자의 경과를 측정하는 평가도구
오마하 분류체계의 틀	① 다양한 대상자의 건강 관련 문제들을 규명하기 위해 고안된 포괄적·순서적·상호배타적·비소모적 분류법 ② 영역, 영역별 문제, 문제별 수정인자 그리고 증상·징후의 4개 수준으로 구성 • 수준 1 - 영역: 환경, 사회심리, 생리, 건강 관련 행위 등 4가지 • 수준 2 - 문제: 현재나 미래에 개인이나 가족의 건강상태에 영향을 미칠 수 있는 어려움으로 42가지 대상자 문제로 구성 • 수준 3 - 진단명(수정인자): 개인이나 가족의 실재적·잠재적 문제로 구성 • 수준 4 - 증상 및 징후: 각각의 문제와 관련된 독특한 증상과 징후로 구성

(2) 오마하 분류체계의 구성 11 선택형

구성	영역	문제(진단)	수정인자		증상·징후
문제 분류틀	Ⅰ. 환경	4종	Ⅰ. 대상자	Ⅱ. 심각도	문제의 증상 및 징후
	Ⅱ. 심리사회	12종	• 개인	• 건강증진	
	Ⅲ. 생리	18종	• 가족	• 잠재적 결핍/손상	
	Ⅳ. 건강 관련 행위	8종	• 집단	• 실제적 결핍/손상	
	Ⅴ. 기타	기타	• 지역사회		
중재틀	① 범주: 1) 건강교육 2) 처치와 시술 3) 사례관리 4) 감독 ② 중심내용: 간호중재와 활동내용(알파벳으로 된 62개 목록) ③ 대상자에 대한 구체적 정보				
결과	① 서비스 전 과정을 통하여 대상자의 발전과정을 측정 ② 5점 Likert 척도로 점수가 높을수록 양호한 상태				

40 지역사회 간호계획 13 선택형, 24 서술형

(1) 목표 분류

구분	내용
투입-산출모형에 따른 목표 분류	① 투입목표: 사업기반 조성에 관한 지표로, 사업관계자가 사업에 투입하는 인력, 시간, 돈, 장비, 시설 등의 자원 ② 산출목표: 사업의 결과 나타나는 활동, 이벤트, 서비스 생산물 등(의도하는 사업량, 즉 목적을 성취하기 위한 활동) ③ 결과목표: 사업의 결과 나타나는 건강수준이나 건강결정요인의 변화 예 보건교육 • 투입목표: 인력, 시설, 예산, 정보 등 • 산출목표: 이용건수, 교육건수, 사업건수 등 • 결과목표: 지식, 태도, 행동의 변화, 사망률 저하, 평균수명 연장, 삶의 질 향상 등
인과관계에 따른 목표 분류	① 과정목표: 산출(활동)의 양적 수준과 투입 및 산출의 적절성 ② 영향목표: 건강결정요인과 기여요인의 변화 ③ 결과목표: 건강수준(사망률, 유병률, 장애 등)의 변화
시간에 따른 목표 분류	① 단기목표: 2~3개월 이내의 변화, 지식, 태도, 신념 등의 변화 ② 중기목표: 2년 이내의 결과 변화, 행동의 변화 ③ 장기목표: 5~10년이 소요되는 목표

(2) 평가계획

구분	내용
평가계획 구성요소 05 서술형	① 평가자: 평가를 누가 할 것인가를 정하는 것 ② 평가시기: 언제 할 것인지 ③ 평가도구: 무엇을 가지고 평가할 것인지 결정하는 것으로 타당성과 신뢰성이 있어야 함 ④ 평가범주: 사업의 성취도, 투입된 노력, 사업진행 정도, 사업의 적합성, 사업의 효율성으로 나눠짐
평가절차	① 평가대상과 기준 ⇨ ② 평가자료 수집 ⇨ ③ 비교 ⇨ ④ 가치판단 ⇨ ⑤ 재계획
평가계획의 예 ▶ 1994 선택형· 2018·2023 서술형	① 평가영역: 투입평가, 산출평가, 결과평가 ② 평가자: 건강증진 자문요원, 건강증진 담당요원, 사업대상자 대표들 ③ 평가자료: 사업수행기록, 전산자료 및 각종 통계, 지역 언론 및 공공기관 홈페이지 자료 등 ④ 평가범주: 최종평가, 중간평가, 수시평가 시기 ⑤ 평가방법: 영역별 평가지표에 의함 ⑥ 평가지표 {평가지표 표 아래 참조}

평가영역	평가항목
투입	사업계획서
	예산
	인력, 조직
산출(과정)	평가 및 기술지원
	인력교육
	정보생산
	지역사회 자원활용도
	사업의 효율화 및 개선 노력
결과	실천율
	만족도
	지식, 태도 및 신념, 행위의 변화

41 지역사회 간호수행

구분	내용
개념	간호수행에 대한 접근시 어떤 모델 또는 모형, 이론에 근거하는가에 따라 업무의 흐름이나 실행수준이 달라질 수 있음
지역사회 간호사업의 관리	① 조정: 분담된 업무활동을 수행함에 있어 업무의 중복이나 오류, 결손들이 발생하지 않도록 수행자들 간의 관계를 명확히 하고, 업무분담과 결정사항에 대해 의사소통을 통한 조정을 시행함 ② 감시 ㉠ 사업의 목적달성을 위하여 계획대로 진행되는지를 확인하는 것 ㉡ 업무활동 표준(standard)을 유지하기 위한 업무의 수행수준, 수행절차, 수행결과에 대한 결여를 규명하고 결여의 원인 규명 등을 하는 것 ㉢ 크게 투입, 과정, 결과에 대한 감시가 있음 ㉣ 계속적인 관찰, 기록의 검사, 물품 또는 자원의 점검, 요원과 지역사회와의 토의 등이 있음

구분	내용
투입에 대한 감시	• 규정에 따라 기대되는 기능, 활동 및 업무수행 여부 • 맡은 업무의 적절성 여부 • 자원의 소비와 비용 계획에 따른 진행 여부 • 필요한 정보전달 여부 • 대상 주민이나 지역사회 참여 정도
과정에 대한 감시	• 규정에 따라 기대되는 기능, 활동 및 업무수행 여부 • 업무기준의 달성 여부 • 회의 개최 여부 및 의사소통 여부
결과에 대한 감시	• 결과의 달성 정도 • 계획에 따른 서비스 전달 정도 • 새로운 기술이나 고도의 훈련에 대한 성과 정도 • 의사결정 시기의 적절성 여부 • 기록의 신뢰성 여부 • 보고서 정기발간 여부 • 업무상 발생된 갈등해소 여부 • 대상 주민이나 지역사회의 만족도

③ 감독: 목표 진행 정도의 평가, 수행수준의 모니터링, 사업 진행 동안 발생한 문제점과 개선방안 등을 논의하고 필요시 조언을 수행하는 활동을 의미함

42 지역사회 간호평가 ▶ 2024

구분		내용
체계모형에 따른 평가의 범주 05·16 서술형, 12 선택형	투입자원 평가 (투입)	간호사업에 투입된 전체 노력의 정도를 측정하는 것으로 지역사회간호사를 포함한 간호제공자들의 간호시간이나 가정방문 횟수, 인력, 물품소비 정도를 모두 포함한 소비량을 산출하는 것
	사업진행 평가 (과정/변환)	계획된 일정대로 사업이 수행되었는지 순서와 진행 정도를 파악
	목표의 달성 정도 평가(산출)	계획된 목표 수준에 어느 정도 도달했는지 구체적 목표성취 여부를 평가
	사업효율성 평가 (산출/투입) 94 선택형, 24 기입형	효율성의 평가는 사업을 수행하는 데 투입된 노력, 즉 인적·물적 자원 등을 비용으로 환산하여 그 사업의 단위 목표량에 대한 투입 비용이 어느 정도인가를 산출함
	사업적합성 평가	지역사회의 요구충족 정도를 평가함. 사업의 목표나 사업 자체가 지역사회의 요구에 적합한지, 투입된 노력에 대한 사업의 결과는 합당한지 등에 관한 전반적인 평가
논리모델에 의한 평가유형 09 선택형		로직모델이라고도 하는데, 이 모델 또는 모형에서는 장·단기목적의 설정과 중요성 및 목표의 단계별 활동에 대한 기본적인 가정을 강조
	구조평가	보건사업에 투입된 자원과 인프라, 재원 등에 대해 적절성을 평가하는데 시설, 장비, 물자, 예산, 정보 등이 포함
	과정평가	사업의 진행과정에서 일정대로 진행되고 있는지, 투입된 자원은 적절하게 사용되고 있는지를 평가하는 것, 대상자의 만족도를 확인할 수 있음
	결과평가	보건사업이 종료된 후에 수행된 사업결과와 산출물이 예상대로 목표를 달성했는지를 평가하는 것

	구분	조건	비용측정	결과측정지표
경제성 평가	비용편익분석 24 기입형	동일하거나 다른 형태의 산출효과 비교	화폐단위	화폐단위
	비용효과분석	동일한 산출효과 비교	화폐단위	비화폐단위(또는 자연단위) (연장된 수명, 혈압의 변화, 예방접종 완료자 수 등 화폐단위로 표시하기 어려운 지표)
	비용효용분석	동일하거나 다른 형태의 산출효과	화폐단위	QALY, DALY(건강일수 혹은 질보정수명연수 등)

43 사례관리와 방문간호

구분	내용
가족보호모형	① **부모, 성인자녀 또는 배우자**에게 발달장애아동, 기능적 장애를 가진 노인, 신체장애인, 만성 정신장애인 등을 적절히 보호할 수 있는 사례관리과정에 대한 교육과 훈련을 시켜 적절한 보호를 연속적으로 제공할 수 있도록 하며 가족구성원이 제공하지 못하는 서비스를 보충적으로 사례관리자가 직접적 또는 간접적 방법으로 제공하는 것 ② 이 모형에서 사례관리의 기능은 가족의 보호능력의 극대화, 대상자의 사회적 기능 향상, 대상자와 가족의 상호작용 촉진, 대상자와 서비스와의 연결, 옹호 등
지역사회 지원모형	① 전제: 가족의 보호를 받지 못하는 대상자에게 **사회적 지지**와 필요한 서비스를 제공할 수 있는 **자원**이 지역사회 내에 존재할 것 ② 서비스 범위: 지역사회 거주하는 사회적 취약계층에게 사회적 지지와 서비스를 제공하는 역할을 수행 ③ 사례관리의 기능: 가족을 제외한 지역사회 내 일차집단의 보호능력 향상, 대상자와 지역사회 내 비공식 지원체계와의 상호작용 촉진, 비공식 지원체계와 공식 지원체계의 상호작용 촉진, 대상자와 서비스와의 연결, 대상자에 대한 상담과 옹호 등
포괄모형	① 전제: **복합적인 욕구**를 가진 대상자에게는 서비스의 단편적인 접근보다 포괄적인 접근이 그들의 요구를 더 잘 충족시킬 수 있다는 것 ② 서비스 범위: 가족과 지역사회의 지지적 보호자에 의해서 해결될 수 없는 **다차원적이고 복합적인 욕구**를 가진 만성 정신장애인, 발달장애인, 지체장애인, 만성 질환 노인 등에게 사례관리 기관이 포괄적인 서비스를 제공하는 것 ③ 사례관리의 기능: 대상자와 서비스의 연결, 사례관리 기관 상호간의 조정, 대상자와 비공식 지원체계와의 상호작용 촉진, 대상자에 대한 상담과 옹호 등

44 지역사회간호와 문화적 다양성

(1) 문화적 역량과 사정영역

구분	내용
다문화 역량	① 문화적 차이가 있는 다른 사람을 이해하고 공감하는 능력 ② 다문화사회에서 자신의 문화에 대한 정체성을 찾고 문화적 차이를 유연하게 받아들일 수 있는 공감하는 능력

가이거와 다비드 하이저 (Giger & Davidhizar)의 문화 사정 자료와 영역	① 횡문화사정 모형은 5가지 메타 패러다임을 제시함
	② 5가지 메타 패러다임:
	횡문화간호와 문화적으로 다양한 간호, 문화역량 간호, 문화적으로 독특한 개인, 문화적으로 민감한 환경, 문화적인 질병과 건강 행위에 근거한 건강과 건강상태
	③ 6가지 문화현상: 의사소통, 공간, 사회조직, 시간, 환경통제 및 생물학적 차이(이 6가지 문화현상은 상호배타적이지 않아 서로 관련이 있고 상호작용한다고 설명)
	
	간호사정
	• 수집 자료 요약
	
	의사소통
	• 말하는 언어
	• 목소리 특징
	• 억양
	• 침묵의 사용
	• 비언어적 의사소통
	
	문화적으로 독특한 개인의 특성
	• 대상자 문화와 인종 확인
	• 출생지
	• 거주기간
	
	공간
	• 편안한 정도
	• 타인과 근접성
	• 신체 움직임
	• 공간 지각
	
	생물학적 차이
	• 신체구조
	• 피부색
	• 머리색
	• 기타 신체특징
	• 특정 질환에 대한 효소와 유전자 존재
	• 질병, 질환의 취약성
	• 심리특성, 대처와 사회지지
	
	환경통제
	• 문화적 건강관습
	  - 효과적
	  - 중립적
	  - 역기능적
	  - 불확실
	• 가치
	• 건강과 질병의 정의
	
	시간
	• 시간 사용
	• 측정
	• 정의
	• 사회적 시간
	• 작업시간
	• 시간개념
	  - 미래
	  - 현재
	  - 과거
	
	사회조직
	• 문화
	• 인종
	• 민족
	• 가족
	  - 역할
	  - 기능
	• 직업
	• 여가
	• 교회
	• 친구

| 레이닝거의 문화, 간호, 다양성 그리고 보편성에 대한 간호이론 | ① 횡문화간호의 목표는 사람들의 건강과 안녕을 추구하고 질병 예방 및 죽음을 잘 준비하도록 돕기 위해 문화적으로 의미 있는 방법을 이용하여 특수하면서도 보편적인 간호실무 제공하는 것
② <u>7가지 요인들</u>(기술, 종교와 철학, 혈연 및 사회, 문화적 가치관과 삶의 방식, 정책 및 법, 경제, 교육)이 개인, 가족, 집단의 건강과 질병에 영향을 미친다고 함.
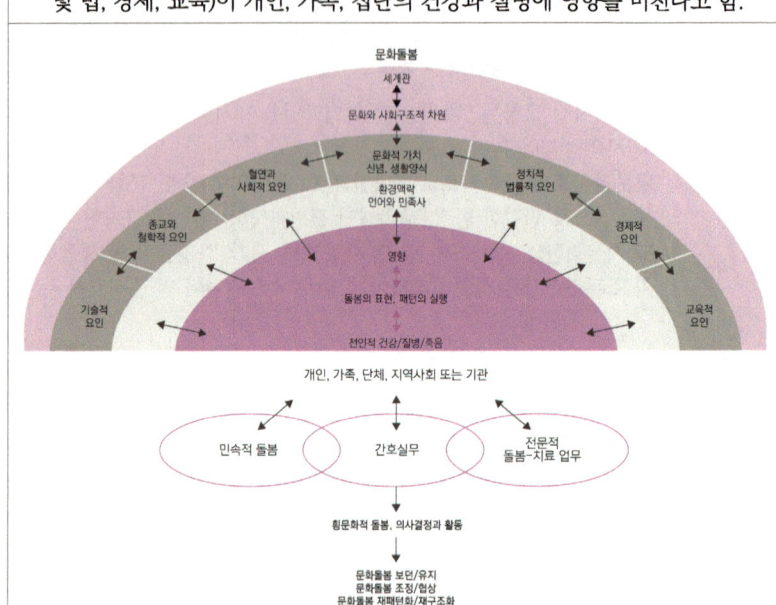
자료원: 노인숙 등(2012). 다문화사회와 건강간호., 현문사. |

(2) 중재수레바퀴 모델

구분	내용
중재수레바퀴	① 인구집단 중심의 중재로서 인구중심적 보건 간호실무를 시각화함 ② 지역사회와 지역사회 구성하고 있는 개인, 가족, 집단에 제공될 중재가 어떠해야 지역사회건강수준이 높아질 수 있는지를 보여주는 것임 ③ 17가지 간호중재 도출 → 개인, 집단, 전체(지역사회) 모두에 적용-도식화 [중재수레바퀴 도식: 바깥 원에 17가지 간호중재 - 정책 개발, 감시, 질병과 건강 문제 조사, 아웃리치, 스크리닝, 의뢰 및 추후관리, 사례관리, 위임 가능, 보건 교육, 상담, 자문, 협력, 연합 형성, 지역사회 조직화, 지지, 사회적 마케팅 / 안쪽 원: 인구에 근거함, 사례발견, 개인 중심적, 지역사회 중심적, 체계 중심적] 자료원: 이인숙 등(2014), 지역사회간호중재, 현문사
중재수레바퀴 모델의 가정	① 지역사회 보건간호는 간호학, 사회학, 공중보건학적 지식을 이용하여 인구집단의 건강을 보호 증진하기 위한 실무이다. ② 지역사회 보건간호 실무는 인구중심적이다. ③ 지역사회 보건간호 실무는 건강의 결정요인을 중요시한다. ④ 지역사회 보건간호 실무는 지역사회 건강사정을 통해 결정된 우선순위에 따라 진행한다. ⑤ 지역사회 보건간호 실무는 예방을 강조한다. ⑥ 지역사회 보건간호사는 모든 실무수준(개인, 집단, 지역사회 혹은 1차 예방, 2차 예방, 3차 예방)에 맞는 중재를 제공한다.

	⑦ 지역사회 보건간호사는 모든 수준의 실무에 간호과정을 적용한다. ⑧ 지역사회 보건간호 실무에서는 실무 장소와 상관없이 공통중재들이 사용된다. ⑨ 지역사회 보건간호 실무에서는 10가지 공중보건 핵심서비스수행에 기여한다. ⑩ 지역사회 보건간호 실무는 공동의 가치와 신념에 근거한다.
지역사회보건 핵심서비스 10가지	① 지역사회 건강문제를 확인하기 위해 건강상태를 모니터링한다. ② 지역사회의 건강문제와 건강위험을 진단하고 조사한다. ③ 건강이슈에 대해 사람들에게 알리고, 교육하고, 역량을 강화한다. ④ 건강문제를 발견하고 해결하기 위해 지역사회 파트너십을 동원한다. ⑤ 건강을 위한 개인과 지역사회의 노력을 지지하는 정책과 계획을 개발한다. ⑥ 건강보호 및 안전확보를 위한 법률과 정책을 집행한다. ⑦ 개인에게 필요한 서비스를 연결해주고, 필요한 서비스를 이용할 수 있도록 보장한다. ⑧ 능력 있는 공중보건인력과 개인을 대상으로 하는 보건의료인력을 확보한다. ⑨ 개인 및 인구집단에 근거한 보건서비스의 효과, 접근성, 질을 평가한다. ⑩ 건강문제에 대한 새로운 통찰과 혁신적 해결을 위해 연구한다.
중재수레바퀴에 포함된 17가지 간호활동	① 감시: 지역사회보건 간호중재를 계획, 수행, 평가하기 위해 지속적이고 체계적으로 자료를 수집, 분석, 정보를 해석하여 건강상태를 기술하고 모니터링하는 것 ② 질병과 건강문제 조사 ③ 아웃리치: 보건의료 서비스에 대한 접근성이 낮은 위험군이나 관심 인구집단을 찾아내고, 건강문제의 원인과 문제해결 방법, 서비스 이용방법 등에 대한 정보를 제공하는 것 ④ 스크리닝: 건강위험 요인, 증상이 없는 질병상태에 있는 개인을 찾아내는 것 ⑤ 사례발견: 건강위험인자를 가진 개인과 가족을 찾아내어 필요한 자원을 연결해주는 것 ⑥ 의뢰 및 추후관리: 실제적, 잠재적 문제를 예방하거나 해결하는데 필요한 자원을 찾아내고, 개인, 가족, 집단, 조직, 지역사회 등이 이러한 자원들을 이용하도록 돕는 것 ⑦ 사례관리: 각 서비스를 서로 조정하여 체계적으로 제공함으로써 서비스 중복 및 누락을 막고, 개인과 가족의 자가간호능력, 체계와 지역사회의 역량을 최적화하는 것 ⑧ 위임: 법에 보장된 간호사의 역할에 근거하여 지역사회간호사가 수행하는 직접적 보건업무. 예 의사의 정기처방에 따라 지역사회 클리닉에서 예방접종을 한다.

⑨ 보건교육: 지식, 태도, 행위습관을 변화시키기 위한 중재
⑩ 상담: 자가간호나 대처역량 강화를 목적으로 대상자와 지지적, 정서적 상호관계를 수립하는 것
⑪ 자문: 대상자와 상호작용하며 문제를 해결하는 과정에서 필요정보를 찾고, 최적의 해결방법을 이끌어 내는 것
⑫ 협력: 둘 이상의 사람 혹은 조직이 건강증진 및 유지를 위한 역량을 강화함으로써 공동목표를 달성하도록 하는 것
⑬ 협약체결: 둘 이상의 기관의 공동의 목적을 달성하기 위해 협약을 통해 긴밀한 관계를 형성하고 문제해결 및 지역사회 리더십을 강화한다.
⑭ 지역사회 조직화: 지역사회가 공동의 문제나 목표를 설정하고 자원을 개발하며, 공동의 목표를 성취하기 위한 전략들을 개발하고 실행할 수 있도록 돕는 것이다.
⑮ 옹호: 대상자들이 자신을 스스로 변호하고 자신의 이익을 위해 행동할 수 있는 역량을 개발할 수 있도록 지역사회 간호사가 대상자를 변호하거나 그들의 이익을 위해 행동하는 것
⑯ 사회적 마케팅: 관심인구집단의 지식, 태도, 가치, 신념 등에 영향을 주기 위해 기획한 프로그램에 대해 상업적 마케팅 원칙과 기술을 적용하는 것
⑰ 정책개발: 지역사회 건강수준을 향상할 수 있는 중요한 기전 중 하나로 보건분야 공공정책은 인구집단의 요구를 파악하고 공공의 이익을 위해 개인의 선택을 제한하기도 함.

SET 010

질병발생 3대 원인과 역학모형, 역학연구

45 질병발생의 3대 원인 ▶ 1992·1994·1999·2015

구분	내용
병원체 요인	① 감염력 병원체가 숙주에 침입하여 숙주에 질병 혹은 면역 등의 반응을 야기하는 것으로 '병원체가 숙주에 침입하여 감염을 일으킬 수 있는 최소량의 병원체 수'로 측정됨 ② 병원력 병원체가 감염된 숙주에서 질병을 일으키는 힘을 말하는 것으로 병원성 또는 발병력으로도 표현하며 '감염된 모든 사람들에 대한 환자수'로써 산출되며 현성증상을 발현하게 하는 정도를 의미함 ③ 독력 임상적으로 증상을 발현한 사람들 중에서 매우 심각한 임상증상이나 장애를 초래하게 하는 힘을 말하는 것으로 사망은 가장 심각한 질병의 결과로 병원체의 독성을 평가하는데 포함됨
계산식	• 감염력 = $\dfrac{A+B+C+D+E}{N}$ • 병원력 = $\dfrac{B+C+D+E}{A+B+C+D+E}$ • 독력 = $\dfrac{D+E}{B+C+D+E}$

<table>
<tr><td colspan="5" align="center">감염</td></tr>
<tr><td rowspan="3">무증상(A)</td><td colspan="4" align="center">질병</td></tr>
<tr><td colspan="3" align="center">증상의 정도</td><td rowspan="2">사망(E)</td></tr>
<tr><td>경미(B)</td><td>중등도(C)</td><td>심각(D)</td></tr>
</table>

46 역학모형 ▶ 1993·2014·2016

구분	내용
생태학적 모형 = 지렛대 모형	① 질병과정은 숙주(인간), 환경, 병원체의 세요인 사이에 상호관계로 이루어지며, 이 요인 중 하나에 변화가 오면 다른 요인의 상황에도 변화를 가져와 서로 간의 균형이 깨어져서 질병이 발생하기 쉬워짐 ② 건강은 숙주 - 병인 - 환경이라는 변인이 평형상태를 유지할 때 가능함 ③ 생물병원체 요인(외계에서 생존 및 생식능력, 숙주에로의 침입 및 감염능력, 질병을 일으키는 능력, 전파의 난이성) / 숙주요인(*생물학적 요인, 행태적 요인, 체질요인) / 환경요인(생물학적, 물리학적, 사회경제적 요인)
수레바퀴 모형	① 숙주인 인간과 환경의 상호작용에 의해 만성병이 발생하는 것을 설명하는 모형 ② 인간은 유전적 소인을 갖고 있으며, 서로 다른 유전적 소인으로 인하여 질병이 발생할 수 있다. ③ 인간을 둘러싼 환경은 생물학적, 물리적, 사회경제적 환경으로 이들 환경은 인간에게 만성병 발생의 원인을 제공하며 질병에 따라 한 가지 환경이 질병을 일으키는 원인이 되기도 하고 2가지 이상의 환경이 복합적으로 작용하여 질병을 일으키기도 한다. ④ 유전적 소인 - 생물학적, 물리적, 사회경제적 환경과의 상호작용에 의해 질병이 발생 ⑤ 원인망 모형의 근본적인 개념을 가지고 있음 → 숙주와 환경을 명확하게 분리하여 역학적 분석의 개념과 통합
거미줄 모형	① 만성병이 사람의 내, 외부의 여러 환경이 서로 복잡하게 연결되어 발생됨을 설명하는 모형임 ② 특정한 질병의 발생과 관련된 여러 요인들을 보여줄 수 있음. 특히, 비감염성 질환의 발생을 이해하는데 유리 ③ 원인망에 관련된 요소 중 몇 가지를 제거하면 질병 예방이 가능할 수 있음

47 전파 방법

구분	내용
전파 22 서술형	① 직접전파: 병원소에서 탈출한 병원체가 새로운 숙주로 옮겨지는 과정 ② 간접전파: 무생물매개전파, 생물매개전파

분류	중분류	세부분류	감염병 예
직접전파	직접접촉	피부	피부탄저, 단순포진
		점막	임질, 매독
		수직감염	선천성 매독, 선천성 HIV 감염
		교상	공수병
	간접접촉	비말	인플루엔자, 홍역
간접전파	무생물매개 전파	식품	콜레라, 장티푸스
		수인성	콜레라, 장티푸스
		공기	수두, 결핵
		개달물	세균성 이질
	생물매개 전파 25서술형	기계적	세균성 이질, 살모넬라증
		생물학적	말라리아, 황열

48 상대위험비/교차비 ▶ 2008·2013·2017·2021·2024

구분	내용
상대 위험비	• 질병의 원인으로 추정되는 요인(위험요인)에 노출된 군(group)에서의 발생률과 노출되지 않은 군에서의 발생률을 비교하는 것 • 상대위험비 = $\dfrac{\text{위험요인에 노출된 군에서의 질병발생률}}{\text{위험요인에 노출되지 않은 군에서의 질병 발생률}} = \dfrac{\dfrac{A}{A+B}}{\dfrac{C}{C+D}}$

요인	질병 있다	질병 없다	계
노출	A	B	A+B
비노출	C	D	C+D
계	A+C	B+D	A+B+C+D

교차비	• 질병에 이환된 군(patient group)에서 위험요인에 노출된 사람과 그렇지 않은 사람의 비, 질병이 없는 군(control group)에서 위험요인에 노출된 사람과 그렇지 않은 사람의 비를 구하고, 이들의 비의 비(ratio)를 구한 것이다. • 교차비 = $\dfrac{\text{질병이 있는 군에서 위험요인에 노출된 사람과 그렇지 않은 사람의 비}}{\text{질병이 없는 군(대조군)에서 위험요인에 노출된 사람과 그렇지 않은 사람의 비}} = \dfrac{A/C}{B/D} = \dfrac{AD}{BC}$
기여위험도 (귀속 위험도)[10]	위험요인을 가지고 있는 집단의 해당 질병발생률의 크기 중 위험요인이 기여하는 부분을 추정하기 위해 개발된 통계량 기여위험도(또는 귀속위험도)(Attributable risk) = 노출군의 발생률 - 비노출군의 발생률
기여 위험분율 (AF, Attributable fraction)	① 노출집단 발생률 중에서 해당 위험요인의 노출이 질병발생에 기여한 정도(분율)가 얼마나 되는 지를 알 수 있음 ② 기여위험분율 = $\dfrac{\text{노출군의 발생률} - \text{비노출군의 발생률}}{\text{노출군의 발생률}} \times 100(\%)$ = $\dfrac{\text{기여위험도}}{\text{노출군의 발생률}} \times 100$ 또는 $\dfrac{\text{비교위험도}-1}{\text{비교위험도}} \times 100$

49 직접표준화/간접표준화 ▶ 2020

구분	내용
조율	전체 모집단 중 사건의 비율
표준화율	보정률(adjusted rates)[11] 또는 율의 표준화[12]라고 함
직접표준화	연령군 별 조율(조사망률 등), 해당 연령군 표준인구(인구구성) ① 먼저 율(사망률, 발생률 등)을 구함 ② 표준인구를 결정함(여러 가지 방법이 있음. 두 집단의 인구를 합하거나, 한 집단의 인구를 표준인구로 하거나 두 집단의 평균인구로 할 수도 있음) ③ 표준인구에 율을 곱하여 표준화시켜 비교함

---

10) 발생률의 차(Risk difference)
11) 여러 집단 간의 사건비율을 비교하고자 할 때, 비교하고자 하는 집단 간의 인구학적 특성의 차이를 고려함으로써 좀 더 정확하게 집단간의 사건발생수준을 비교하기 위해 사용한다. 예를 들어 노령 인구층이 많은 농촌과 청년층이 많은 도시의 사망률을 조율로 비교하여 농촌의 사망률이 높게 나타났다면 노령층이 많아 사망이 높은 것인지 아니면 환경이 열악하여 도시보다 사망이 많은 것인지를 알 수 없다. 이때 연령과 같이 해석에 영향을 주는 변수를 혼란변수(confounding factor)라 하며 이러한 변수의 영향을 제거하려면 두 집단의 연령구성비를 동일하게 만들어 사망률을 비교하면 된다. 이때 표준화가 필요하다. 직접표준화, 간접표준화의 이해를 요한다.
12) SMR >1이면 표준인구집단에 비해 더 많은 사망자 발생을 의미, <1이면 표준인구집단에 비해 더 적은 사망자 발생을 의미

구분	내용
간접표준화	표준인구의 연령별 특수율(이하에서 사망률로 설명), 비교집단의 연령구조 ① 두 군을 비교함에 있어 그 중 한 쪽의 연령별 특수사망률을 알지 못하는 경우 사용됨 ② 먼저 표준 연령별 특수사망률을 대상 집단의 인구구성에 곱하여 기대사망수를 구함 ③ 표준 사망비(Standardized mortality ratio)를 계산 $$SMR = \frac{어떤\ 집단에서\ 관찰된\ 총\ 사망수}{이\ 집단에서\ 예상되는\ 총\ 기대\ 사망수}$$ ④ 간접법이 쓰이는 이유: 전체 인구 집단의 사망률은 한 번 조사해 놓으면 계속 반복하여 사용할 수 있고, 관찰 사망수는 기록에서 찾기만 되므로 간단하게 산출할 수 있기 때문임

50 역학연구-기술역학연구

구분		내용
개념		인구집단에서의 질병의 발생과 관계되는 모든 현상을 기술하여, 질병발생의 원인에 대한 가설을 얻기 위해서 시행되는 연구 의미
특성		• 건강과 건강 관련 상황이 발생했을 때 있는 그대로의 상황을 기술하기 위해 관찰을 기록하는 연구방법 • 대규모의 기술역학연구는 구체적인 질문에 대답해주는 풍부하고 중요한 자료를 제공 가능
변수	인적 변수	연령, 성, 종족, 결혼상태, 경제상태, 교육수준, 직업, 종교, 출산순위, 부모의 연령, 가족 수 등
	지역적 변수	대유행성(범세계적), 유행성(한 국가에 전반적으로 토착적 이상으로 발생하는 질환), 토착성(편재적), 산발성(시간이나 지역에 따라 어떤 경향성도 없음)
	시간적 변수	추세변동(장기변화), 주기변동(순환변화), 계절변동, 불시유행(불규칙변화)
분석역학과 차이		기술역학은 연구자가 질병의 발생양상에서 추측할 수 있는 가정을 원인에 입각하여 검증하기 위해 원인변수별 질병분포의 변동을 기술하는 연구이지만, 분석역학은 이 연구를 통하여 발생빈도나 분포를 결정하는 이유나 관련 요인 중에서 설정된 원인을 증명하기 위한 연구 즉, 기술역학 - 분석역학의 선후관계가 있다고 볼 수도 있음

51 역학연구 - 단면연구 / 환자대조군 연구 / 코호트 연구

▶ 2008·2010·2013·2015·2017·2021·2022

구분	내용	
단면연구 정의	개인의 위험요인 노출여부와 질병 유무를 한 시점에서 동시 조사하는 연구, 유병률 연구라고 함	
	장점	단점
	• 비교적 단시간 내 결과를 얻을 수 있음 • 해당 질병의 유병률 구할 수 있음 • 동시에 여러 종류의 질병과 요인과의 관련성을 연구할 수 있음	• 질병과 관련요인과의 인과관계(선후관계)가 불분명 • 복합요인들 중에서 원인에 해당하는 요인만을 찾아내기 어려움 • 대상 인구집단이 커야 하며, 유병기간이 긴 환자가 상대적으로 유병기간이 짧은 환자에 비해 자료에 포함될 가능성이 상대적으로 높음 • 발생률은 구할 수 없음
환자대조군 연구	연구하고자 하는 질병에 걸린 집단과 질병이 없는 대조군을 선정하여 질병의 원인 또는 위험요인이라고 의심되는 요인에 노출된 분율을 구하여 비교, 요인과 질병과의 상관관계를 제시하는 연구	
	장점	단점
	• 시간과 비용이 적게 듦(코호트 연구 대비 대상자 규모 등 고려할 때) • 필요한 연구대상자의 숫자가 적음 • 단기간 내에 연구를 수행할 수 있음 • 희귀질병 또는 잠복기가 매우 긴 질병도 연구할 수 있음	• 대조군 선정이 어려움 • 정보편견이 크다(기억력 또는 과거의 기록에 의존하므로) • 통제가 필요한 변수에 대한 정보를 구하지 못할 때가 많음
코호트 연구	특정 인구집단을 선정하고 그 연구대상으로부터 특정질병 발생에 관계될 것으로 추정되는 어떤 특성 혹은 질병의 원인이라 생각되는 요인에 노출된 정보를 수집, 시간경과에 따라 질병의 발생을 전향적으로 추적, 관찰함으로써 특정요인에 노출된 경우와 노출되지 않은 집단에서의 발생률을 비교하는 연구	

장점	단점
• 위험요인에의 노출여부를 질병이 발생하기 이전에 측정하므로 질병 발생에 있어서 왜곡된 정보의 개입을 방지 • 질병의 발생을 노출군과 비노출군에서 직접 측정할 있음 • 하나의 노출요인에 대해 다수의 결과(질병)을 동시에 연구할 수 있음	• 전향적으로 수행되므로 비용과 시간이 많이 듦 • 시간이 흐름에 따라 노출 상태와 진단기준이 변하게 되어 대상자 분류에 영향을 미칠 수 있음 • 추적관찰 누락으로 선택편견이 개입될 수 있음

코호트 연구설계 ▶ 2024	모집단 → 표본집단 → 요인 폭로자 → 질병발생 / 질병비발생 요인 비폭로 → 질병발생 / 질병비발생 ① 전향적 코호트 연구: 연구시작 시점에서 특정 건강문제에 대한 원인요인이 있는 코호트와 요인이 없는 코호트로 나누어 시간의 흐름에 따라 각 코호트집단에서의 질병발생률을 비교하는 방법으로 긴 추적 관찰기간이 필요함 (코호트 연구 전체를 대별하기도 함) ② 후향적 코호트 연구: 코호트 연구의 특별한 경우로 연구자가 연구시작 시점에서 질병발생을 파악하고 위험요인 노출여부는 과거의 기록을 이용하는 경우, 즉 특수한 역사적 사건에서만 가능하므로 역사적 코호트 연구(historical cohort study)라고도 하며, 과거로 거슬러 올라가며 연구한다는 측면에서 환자-대조군 연구의 장, 단점을 두루 가짐
실험역학 연구	① 실험적 방법을 사용하여 질병의 원인을 규명하고자 하는 연구로 실험군과 대조군을 선정해야함 ② 선정할 때는 반드시 모집단을 대표할 수 있도록 무작위로 대상군을 각각 선정하여 선택적 편이를 없애야 하며, 또한 실험군의 독립변수의 성질을 임의로 조작하여 대조군과의 차이를 검증 ③ 실험연구에는 순수 실험연구와 유사 실험연구의 방법이 있는데, 위 조건이 모두 갖추어진 상태의 연구를 순수 실험연구, 그 중 하나의 조건이라도 이루어지지 않은 상태에서의 연구를 유사 실험연구라고 함

SET 011

집단면역과 검사의 타당도 / 신뢰도

52 집단면역

구분	내용	참고
집단면역	지역사회 혹은 집단에 병원체가 침입하여 전파하는 것에 대한 면역성이나 저항성을 나타내는 지표	

기본감염 재생산수	만약 어떤 질환의 기본감염재생산수가 4라고 할 때[13]
	㉮ 50%가 면역: R = 4 - 0.5 × 4 = 2
	    각 단계마다 감염원 1인당 2명씩의 새로운 감염자를 만든다 - 질병의 유행이 발생
	    * 1 → 2 → 4 → 8 → 16 → ……
	㉯ 75%가 면역: R = 4 - 0.75 × 4 = 1
	    * 1 → 1 → 1 → 1 → 1 → ……
	㉰ 75%보다 많이 면역되어 있는 경우 R < 1
	    * 1 → → → 0으로 수렴 → 질병의 유행은 소멸	

한계밀도	어떤 집단에 유행이 일어나면, 집단면역이 높아져 그 후 몇 년간 유행이 일어나지 않는다. 그동안 면역이 없는 신생아가 계속해서 태어나면서 집단면역의 정도는 점차 감소하다가 일정한 한도 이하로 떨어지면 유행이 일어나게 되는데 이 집단면역의 한계를 한계밀도(Threshold density)라고 한다.	

---

[13] 지역사회에서 비면역집단이 있어서 이들에 의해 질병의 유행이 가능할 것처럼 생각되지만 감염재생산수가 1보다 작으면 유행은 일어나지 않고 소멸된다. 마치 지역사회 전체가 면역된 것처럼 행동하는데 이것이 집단면역의 개념이다.

53 검사방법의 타당도 / 신뢰도 ▶ 2005, 2007, 2009, 2011, 2015

구분	내용	참고
정확도	집단검진에서 민감도, 특이도, 예측도	
민감도	질환자를 양성으로 검출하는 정도(환자를 환자로)	
특이도	건강한 사람을 음성으로 검출하는 정도(정상을 정상으로)	
예측도	검사방법이 그 질병이라고 판단한 사람 중에서 실제로 그 질병에 걸린 사람들의 비율 또는 질병이 없다고 판단한 사람 중에서 실제로 질병이 없는 사람들의 비율	
계산식	• 민감도 = $\dfrac{a}{a+c} \times 100(\%)$ • 특이도 = $\dfrac{d}{b+d} \times 100(\%)$ • 양성예측도 = $\dfrac{a}{a+b} \times 100(\%)$ • 음성예측도 = $\dfrac{d}{c+d} \times 100(\%)$ • 위양성률 = 1 - 특이도 • 위음성률 = 1 - 민감도 	검사 \ 질병	있음	없음	합계
---	---	---	---
양성	a	b	a+b
음성	c	d	c+d
합계	a+c	b+d	a+b+c+d		

가족간호

54 가족간호 대상 ▶ 2009

구분	내용
프리드만의 관점	가족간호의 대상에 대한 접근 방법 = 개인 환경으로서의 가족간호, 대인관계체계로서의 가족간호, 전체체계로서의 간호(Friedman, 1989)
개인환경으로서의 가족간호	① 이 접근법에서 간호사들은 가족 내 각 개인과 관계를 맺고 각 개인을 하나의 대상자로서 다룬다. 개인적 수준에서의 간호수행에 대한 목표는 가족구성원의 신체적 건강과 개인적 안녕 ② 가족체계는 하부구조인 각 대상자 개인에 대한 직접적이고, 연관된 환경으로서 관심 ③ 이러한 가족간호에서 간호목표는 개인에게 초점을 맞춤
대인관계체계로서의 가족간호	① 서로 상호작용하는 가족의 수에 근거하여 둘이나 그 이상의 개인체계를 가족간호의 대상으로 하는 개념 ② 대인관계체계는 전체 가족체계의 한 하위체계로서 간호수행을 위한 대상자가 됨 ③ 여기서 간호요구란 개인과 개인 간의 갈등 등 가족구성원 간의 잘못된 오해가 있을 때 발생 → 가족간호는 가족의 상호작용에 개입함으로써 중개자로서의 역할을 수행함
전체체계로서의 간호	① 가족을 환경체계 및 하위체계와 상호작용하는 구조적·기능적 요소를 갖춘 체계로 보는 수준 ② 간호대상자는 전체체계로서의 가족이다. 이러한 접근에서는 가족 내 상호관계나 가족역동 또는 가족기능이 중심이 되고 이를 파악하기 위하여 개인이나 다른 사회조직과의 관계를 파악 ③ 체계 수준에서 간호의 목표는 하나의 체계로서의 가족체계 내의 변화, 체계-환경 간이 체계-하위체계 사이의 조화의 증진으로 이루어짐 ④ 다만 이 경우 앞의 두 단계에서 간호수행의 구상이 용이한 것과 달리 개념화가 어렵다는 한계가 있음
한슨과 보이드의 관점	배경 또는 구조로서의 가족, 대상자로서 가족, 체계로서의 가족, 사회구성원으로서 가족(Hanson, S.M.H & Boyd, S.T., 1996)

배경 또는 구조로서의 가족	① 개인이 먼저이고 가족은 그 다음이다. ② 환자: 인슐린, 식이·운동에 대해 잘 이해하고 계십니까? 가족: 환자가 가진 당뇨병의 질환특성과 식이, 운동 등에 대해 잘 이해하고 계십니까?
대상자로서의 가족	① 가족이 먼저이고, 개인은 그 다음이다. 가족은 개별 가족구성원의 합이다. ② 환자: 당신의 고혈압 진단 이후 집안 의사결정권이 변화되었나요? 가족: 가장의 고혈압 진단 이후 가족 구성원들의 역할이 변화되었나요?
체계로서의 가족	① 부분의 합 이상인 가족 간의 상호작용 체계에 초점을 둔다. 이 관점은 개인과 가족 전체 모두에 초점을 두는 것 ② 환자: 당신의 뇌졸중 발생이 아내에게 어떤 부담을 주고 있나요? 가족: 환자를 간호할 때 당신의 느낌은 어떻습니까?
사회구성원으로서의 가족	가족을 사회의 많은 조직 중에 하나로 보는 것. 사회의 일차적 조직인 가족은 보다 큰 체계의 부분이 되며, 가족은 다른 조직들과 상호작용 함.

55 가족간호이론 ▶ 2002·2007·2010·2013·2021

구분	내용
일반체계이론 적용	① 가족을 체계라는 관점에서 이해하는 것 ② 가족의 각 부분의 특성을 합한 것 이상의 특징을 지닌 체계. 즉, 가족은 가족구성원의 개인적 특성을 단순히 합친 것 이상의 하나의 체계 ③ 가족은 그 자체가 하위체계로 구성되어 있고, 더 큰 상위체계의 일부인 하나의 체계임. 즉, 가족은 국가와 지역사회라는 상위체계의 하위체계가 됨. 따라서 가족을 하나의 체계로 보고 사정하려 할 때는 가족과 상호작용하는 내외적 환경에 대하여 먼저 파악하고, 그 이하의 하위체계에 관해 사정 ④ 모든 체계는 환경과 끊임없이 상호작용. 가족체계는 외부체계와의 지속적인 상호작용과 교류를 통하여 변화와 안정 간의 균형→ 환경의 속성이 체계에 영향을 주고, 또한 환경의 속성은 체계의 행동에 의해 변화됨 ⑤ 가족체계 일부분이 받은 영향은 다른 부분에 영향을 주며, 또 전체 체계에 영향을 줌. 즉, 체계 한 부분의 변화는 체계 전체의 변화를 초래 ⑥ 가족에서 사건은 어떤 원인이 곧 결과가 된다는 직선적 인과관계보다는 원인이 결과이며, 결과가 원인이 될 수 있다는 순환적 관계로 보는 것이 더 이해하기 쉬움

특성	① 체계론적 관점은 다른 체계와 가족의 상호관계 뿐 아니라 가족 내 개인의 상호의존성과 상호작용을 이해하기 위한 수단을 제공 ② 체계론적 관점으로부터 가족에 대해 조망할 때 가족체계 내 구성원의 상호관련성이 개념화되고 변화에 대한 이해가 증진 ③ 체계이론은 내부 상호작용의 결과와 외부체계와의 관련에 중점을 두는 접근법, 가족구성원 간의 상호작용, 가족 내 하위체계와의 관계에서 더 나아가 외부환경체계와의 교류에 의한 균형에 초점
구조·기능이론의 적용	① 가족과 사회를 연관시켜 해야 할 일이 무엇인가에 목표방향을 두고, 특히 거시적 차원에서 가족이 사회통합에 어떻게 기여하는 가에 초점 ② 가족구성원 간 다양한 내적인 관계 뿐 아니라 가족과 더 큰 사회와의 관계를 강조 → 가족과 내외적 환경 간 상호작용을 포괄적으로 인식 ③ Parsons는 구조 기능론적 개념을 이용하여 가족현상을 설명하고자 함 (→ 남녀의 역할을 도구적·표현적인 역할로 이분했다는 점에서 비판받음)
가족구조 (family structure)	가족구조를 가족형태의 유형으로 정의하기도 하고, 권력지위 또는 결혼유형으로 보기도 함 ① Caplan(1965)은 가족의 구조를 가족의 생활양식으로 정의하면서, 이것이 가치체계, 의사소통망, 역할체계의 상호의존적 요소로 분류된다고 봄 ② Friedman(1986)은 가족구조를 의사소통 유형, 역할, 가치체계, 권력구조로 봄
가족기능 (family functions)	가족구조에 따른 결과 또는 가족이 한 일에 대한 결과, 가족기능의 완수는 가족구조 또는 조직의 유형을 통해 달성 ① Friedman(1986) 정서적 기능, 재생산 기능, 사회화 기능, 건강관리기능, 의식주제공 기능, 경제적 기능. 가족은 가족대처 전략에 의해 이러한 기능을 수행 ② 가족의 대처전략에는 가족의 상호신뢰, 유머, 공동참여, 문제의 의미를 재구성하고 또는 조절, 공동 문제해결 그리고 융통성 있는 역할 등(내적 가족대처전략)과 스트레스원에 대한 인식, 지역사회집단과의 연계 증가, 사회적 지지체계의 사용, 자조집단 형성과 영적지지 등(외적 가족대처 전략)이 있음
가족발달이론의 적용	가족생활주기의 단계별로 가족의 다양한 역할과 발달과업을 가족구성원이 어떻게 실행하는지, 즉 시간에 따른 변화의 과정에 초점을 맞추며, 가족이 각 단계의 과업을 효과적으로 달성하는가를 중심으로 가족문제를 파악하는 관점

	단계		내용
가족생활 주기의 8단계	1단계	신혼기	• 결혼에 적응 • 자녀 출생에 대비
	2단계	양육기 가족	• 부모의 역할과 기능 • 각 가족구성원의 역할의 조정 • 산아제한, 임신, 자녀 양육 문제에 대한 배우자 간의 동의
	3단계	학령전기 가족	• 자녀들의 사회화교육 및 영양관리 • 안정된 결혼 관계유지 • 자녀와의 관계
	4단계	학령기 가족	• 자녀들의 사회화 • 학업성취의 증진 • 만족스러운 부부관계 유지
	5단계	청소년기 가족	• 안정된 결혼관계 유지 • 10대의 자유와 책임의 균형을 맞춤 • 자녀들의 성문제 대처 • 직업의 안정화 • 세대간의 충돌 대처
	6단계	진수기 가족	• 부부관계의 재조정 • 자녀들의 출가에 따른 부모의 역할적응 • 새로운 흥미의 개발과 참여
	7단계	중년기 가족	• 경제적 풍요 • 출가한 자녀가족과의 유대관계유지 • 부부관계의 재확립
	8단계	노년기 가족	• 만족스러운 생활 유지 • 건강문제에 대한 대처 • 사회적 지위 및 경제적 감소의 대처 • 배우자 상실, 권위의 이양, 의존과 독립의 권한
상징적 상호작용이론 개요			① 상호작용 과정 속에 있는 가족구성원들의 행위들과 상징들(symbols)이 가지는 의미들(meanings)에 초점을 두고 있으며, 가족 간의 상호작용이 어떻게 시작되고 지속되는지 그리고 가족생활에 어떤 상호작용과정들이 일반적이고, 근본적이며 반복적인지를 이해하고 설명하는 이론 ② 가족구성원간의 상호작용에 대한 개인의 중요성을 강조하는데, 각 개인은 할당된 역할을 지각하고 다른 가족구성원이 그 역할에 대한 역할기대를 받게 된다고 봄

	③ 가족의 상호작용은 외부관찰만으로 설명할 수 없으며 반드시 가족구성원이 그 상황을 지각하는 방식으로 이해되어야 한다는 점 강조
이론의 전제	① 인간은 외부의 대상에 대해 그것이 자신에 대해 갖는 의미에 근거하여 행동 ② 그 대상이 가지는 의미는 다른 사람들과의 사회적 상호작용으로부터 생겨나고 도출 ③ 이러한 의미는 대상물에 맞닥뜨려 사람들이 사용하는 해석적 과정을 통해 다루어지고 수정
상황정의	① 두 사람이 지속적이고 반복적인 상호작용을 통해서 두 사람 간의 일정한 관계가 형성된다. 즉, 두 사람은 서로에 대한 적합한 지위(status)가 생겨나고, 이러한 지위에는 역할(role)이 부여 ② 상호작용하는 공동체의 구성원 사이에서 공유하는 상징을 통해 상황을 규정하고 해석하는 것
역할기대	위의 상황정의 하에서 각 개인에게 할당되는 지각된 역할
위기이론	가족간호의 접근에서는 가족의 문제를 '위기'로 보는 것
성숙위기 상황위기	성숙위기와 상황위기, 즉 성숙위기는 성장발달 과정 중에 있는 사람들이 경험하고 예견할 수 있는 위기로서 발달에 따른 신체변화, 결혼, 출산 등과 관련된 위기이며, 위기의 출현이 점진적임. 상황위기는 우발적으로 발생한 예견할 수 없는 위기, 즉 기형아 출생, 이혼, 실직, 질병, 사고 등과 관련된 위기

56 가족사정도구 ▶ 2002·2009·2013·2015·2021

구분	내용
가계도	3세대 이상에 걸친 가족구성원에 관한 정보와 그들 간의 관계를 도표로 기록하는 방법. 가족에 관한 정보가 도식화되어 있기 때문에 복잡한 가족유형의 형태를 한눈에 볼 수 있음
가족밀착도	① 가족을 이해하는 데는 가족구조만이 아니라 구조를 구성하고 있는 관계의 본질을 파악하는 것 ② 자신들의 가정생활에 영향을 미치는 근본적인 문제를 확인하면서, 가족구성원 간의 밀착관계와 상호관계를 그림으로 도식화하는 것

예시	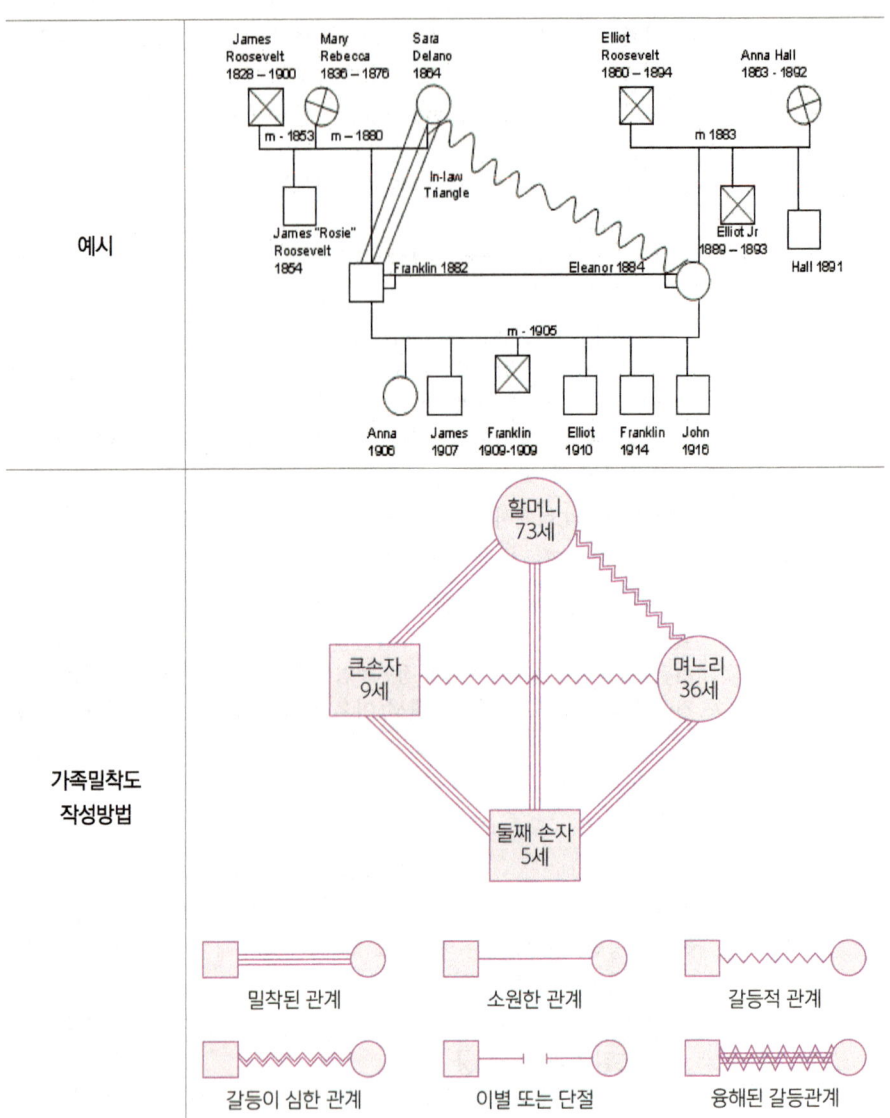
가족밀착도 작성방법	

외부체계도	가족을 둘러싼 다양한 외부체계와 가족구성원과의 관계를 그려봄으로써 가족과 외부와의 다양한 상호작용을 한눈에 파악할 수 있도록 한 것 **사회사업단체**: 장판, 도배 서비스, 도시락 배달, 쌀, 밑반찬 지원 **병원**: 무료검사 및 진료 **방문보건센터**: 방문간호사업 대상으로 월1회 방문 **동주민센터**: 수급자로 생계비 지원 **복지관**: 한글교육, 한국음식 강좌 **아동센터**: 무료급식, 컴퓨터, 한자 교육 **결혼 이민자쉼터**: 무료숙식, 다른 이민자들과 상호작용 **학교**: 학교에 가기 싫어하며 하위 성적 **친정**: 거리상의 문제로 정서적 도움을 받을 수 없음 **어린이집**: 친구들과 원만한 관계 **여가활동**: 종교생활 **직장**: 필리핀 식당 보조로 일하여 급여가 적음 가족구성원: 할머니 73세, 큰손자 9세, 며느리 36세, 둘째 손자 5세 → 에너지 흐름 — 교류 강함 -------- 소원 ⱵⱵⱵⱵ 스트레스
가족연대기	① 가족의 역사 중 중요한 사건들을 기록, 해당 사건들이 가족구성원에게 미친 영향력을 확인함. 특히 건강문제가 발생했을 때 사건과의 관련성을 파악할 수 있게 함 ② 가족연대기와 개인연대기를 연결하여 분석해보면, 가족구성원과 가족의 관계를 분석해볼 수 있음. 중요한 시기만의 특별한 연대표를 작성하여 효율적으로 이용하는 경우도 있음
가족생활사건	스트레스가 신체적, 정신적 장애에 주요한 요인임을 고려하여 가족이 경험하는 일상사건의 수를 표준화한 도구가 가족생활사건 도구임

사회지지도	사회지지도는 가족 중 가장 취약한 구성원을 중심으로 부모형제관계, 친척관계, 친구와 직장동료 등 이웃관계, 그 외의 지역사회와의 관계를 그려봄으로써 취약가족구성원의 가족 하위체계뿐 아니라 가족 외부체계와의 상호작용을 파악할 수 있음. 실제 사회지지도는 가족의 지지체계를 이해함으로써 가족중재에도 활용됨 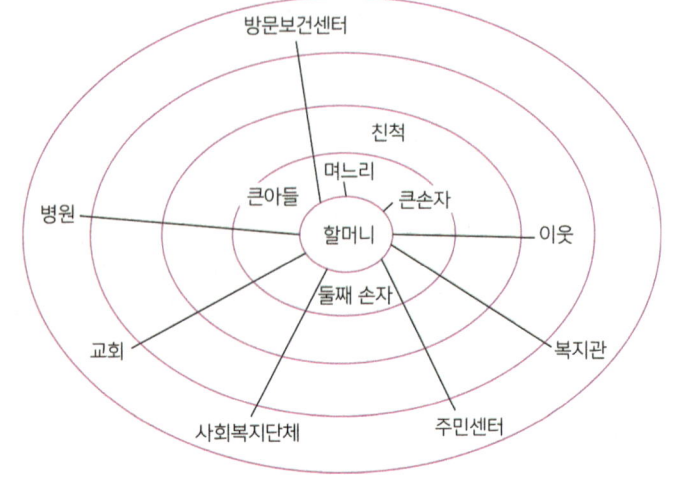
가족기능 평가도구	가족이 문제에 대처하여 해결해 나가는 데 가족의 자가관리능력과 더불어 가족기능 수준을 사정해보는 것. Smilkstain(1980)은 가족의 적응능력(adaptation), 가족 간의 동료의식 정도(partnership), 가족 간의 성숙도(growth), 가족 간의 애정 정도(affection), 해결(resolve) 등 5가지 가족기능 영역(APGAR)을 평가하는데, 항목당 최고 2점을 배정하여 총 7~10점을 받은 경우 가족기능이 좋은 것으로 봄

57 가족폭력의 유형 / 아동학대 / 폭력주기이론 ▶ 2004·2016

구분		내용
아동학대 유형	① 신체적 학대	양육자가 아동의 신체에 의도적으로 타박상, 화상, 좌상, 골절, 두골 및 복부의 상해 등과 같은 간단한 것에서부터 심한 상처를 주는 것
	② 정서적 학대	신체적 학대와 함께 일어나는 경우가 많으며, 아동에게 협박과 언어적 공격을 일삼고, 심한 수치심과 모욕을 주기도 함 또한 감금하는 등 적대적이고 거부적인 처우를 가하여 인성발달의 저하와 같이 정서적 양육과 정상적인 심리·사회적 발달이 부정되는 행위
	③ 성적 학대	아동의 발달상 아직 준비되지 못한 성적 활동에 아동을 타의로 관련시키는 것을 말하며, 실제적인 성교뿐 아니라 애무하기, 노출, 착취와 근친상간·추행·강간 등이 이에 포함
	④ 방임	㉠ 신체적 방임과 정서적 방임이 포함 ⓐ 신체적 방임: 아동의 기본적 요구, 즉 의·식·주·위생상태 및 건강관리 등을 제대로 제공하지 않는 것 ⓑ 정서적 방임: 자녀에 대한 애정·관심·지지를 제공하지 않아 아동의 사회, 교육, 발달상의 요구를 무시하는 것 ㉡ 기타 ⓐ 물리적 방임: 아동의 유기, 아동에게 적절한 의식주를 해결해주지 않는 양육태만 의미 ⓑ 교육적 방임: 교육활동에 필요한 정신적, 물질적 지원을 제대로 제공하지 못하는 상태 ⓒ 의료적 방임: 신체적 및 정신적인 아픔이나 증상을 호소해도 적절한 의료적인 보호조치를 취해주지 않는 것 ⓓ 성적방임: 부모나 성인의 성관계 또는 그런 전파매체 등에 노출되도록 방치된 아동
Walker(1979)의 폭력주기이론		학대 받는 여성이 어떠한 과정으로 희생자가 되고, 무기력한 행동을 하게 되는지 그리고 그러한 상황에서 왜 벗어나려는 시도를 하지 않는지를 설명

긴장형성기	① 사소한 일에 남편이 흥분하기 시작하고 물건을 던지는 등 아내가 느끼는 긴장이 고조되는 시기 ② 이때 여자는 더욱 수동적이 되고 유순해지며, 남편의 기분을 거스르지 않기 위해 고분해짐. 아내는 또한 이에 대해 자신도 약간의 책임이 있다고 생각하여 남편의 사랑을 받기 위해 과도하게 신경 쓰며, 이러한 분위기가 남에게 노출되는 것이 싫어서 이웃·친구 등 타인과의 관계를 멀리하고 사회적으로 고립 ③ 남편은 자신이 이러한 행동 때문에 부인이 자신을 떠날까봐 부인에게 더 압력을 가하고, 아내가 자신의 소유라는 강압적 행동을 하게 됨
폭력발생기	① 남편의 분노가 사소한 일로 촉발되어 폭력이 발생. 시간은 2~24시간 지속되며 남편이 정서적·신체적으로 힘이 빠져 더 이상 폭력을 가할 수 없을 때 종결 ② 아내는 자신을 보호하려는 시도나 안전한 장소로 도망가려는 시도를 할 수 없음. 특히 어린 아동이 있을 때는 더욱 그러함. 아내의 자존감은 극도로 떨어지고 더욱 무기력해지는 순간. 그리고 아내는 자신과 타인에게 손상의 심각성을 부인하며, 의학적 도움이 필요한 상황에서도 도움을 청하지 않으며 손상의 정도는 의료기관에 가야만 확인됨
참회기[14]	① 남편이 아내에게 용서를 구하고 선물을 주면서 다시는 폭력을 행사하지 않겠다는 맹세를 하며 관계를 유지하기 위해 노력하는 사과단계로 이 시기는 매우 짧음 ② 이 단계가 지나면 다시 1단계로 들어가게 됨. 한편 학대자의 폭력은 학습된 행동이라고 해석되며, 폭력행동을 예측할 수 있게 하는 중요한 특성들을 보여주게 됨 ③ 반면에 피해자인 아내는 신체적인 증상과 고통 외에도 다양한 특징 보임. 예를 들면, 자존심 손상과 수치심, 굴욕감, 정서적 억압(자신에 대한 이해 부족과 정체감 혼돈, 상대에 대한 적개심, 분노, 억울함), 불안과 긴장, 스트레스 장애(다시 폭력을 당할 것에 대한 두려움, 가슴 두근거림, 가슴 답답함, 정신둔화, 자율신경과민, 울화와 속열, 우울, 알코올중독, 자해, 불면증), 정신 신체화 증상(손발마비, 소화불량, 실어증), 환경 통제 능력 결여(위축, 고립감, 무기력감, 일상생활이나 가사 일을 못함, 식사불능), 자녀에 대한 폭력과 죄책감 등

---

14) 예를 들면, 어린 시절 가정에서 학대 행위를 목격하였거나 받았을 때, 이전에도 여성에 대한 폭력을 썼을 때, 분노발작의 과거 경험, 사소한 혼란 상태에서도 쉽게 위협 받는 불안정한 성격, 병리적인 질투와 소유욕, 매력적·유혹적인 능력이 있지만 자신의 의도대로 되지 않을 때는 적대적이고 비열한 성격을 드러내는 것, 알코올중독과 그 밖의 물질남용 등이 있다.

취약가족 경험하는 공통적 문제	① 가족구조의 변화 ② 가족 상호작용의 변화 ③ 가족 구성원 역할 변화 ④ 경제적 기능의 변화 ⑤ 건강수준의 변화
	취약한 기간의 장기화로 인해 위험해질 수 있으며, 장기간의 스트레스와 가족해체의 위험, 정상적인 가족발달의 어려움, 자녀 양육의 어려움, 재정의 어려움 등을 공통적인 문제로 고려할 수 있음

학교보건

58 학교보건 범위 ▶ 2000·2002

구분	내용
학교보건봉사	건강평가, 건강상담, 감염병관리, 응급처치, 요양호자 건강관리 등
학교보건교육	보건교과 지도, 보건교과 수업
학교환경관리	환경관리, 생활관리
지역사회와의 관계	지역사회 내 보건사업과 일치, 학생 및 교직원의 보건조직 활동

59 학교간호과정 ▶ 2004·2005·2006·2007·2011·2013

구분	내용		
개념틀15)	① 대상 : 학교지역사회, 구조적 - 감정적 - 기능적 지역사회 ② 목표(학교간호): 적정기능수준의 향상 ③ 행위 – 방법 – 수단(학교간호활동)		
간호사정	① 지역사회간호 사정과 동일한 과정임 ② **지역사회 = 학교**로 치환하여 이해하고 정리하면 됨		
간호진단 [ICNP에 따른 학교간호현상]	이론적으로 **간호진단 = 간호현상 = 간호문제**가 모두 동일한 의미로 사용됨		
	인간행위와 관련된 학교간호현상	• 척추질환의 위험성 • 부적절한 스트레스 관리 • 부적절한 체중관리 • 성에 대한 부적절한 대처	• 부적절한 식습관 • 부적절한 응급관리 • 흡연 및 약물남용
	인간기능과 관련된 학교간호현상	• 부적절한 시력관리 • 소화기질환 위험성 • 전염병 관리 미비	• 구강건강관리 • 호흡기계 질환 위험성 • 성정체감 부족
	학교환경과 관련된 학교간호현상	• 교실 내 사고 위험성 • 학교주변 사고 위험성 • 부적절한 쓰레기 관리 • 학교적응장애	• 교실 외 사고 위험성 • 유해환경 노출 위험성 • 부적절한 학습환경

간호계획	① 학생과 교직원의 건강요구에 초점을 둠. ② 목표, 방법과 수단 선택, 수행계획, 평가계획까지 포함
간호수행	① 직접간호수행 ② 간접간호수행
간호평가	① 평가대상과 기준 선정 ② 자료수집 ③ 계획과 실적 비교 ④ 결과분석: 학교보건사업의 가치 판단 ⑤ 재계획 실시

---

15) 지역사회간호의 개념틀로 이해함

학교보건교육과정 / 학교 건강증진

60 2023년 개정 보건교육과정 ▶ 2019·2020

[고등학교]

주요개념	내용
성격	① 고등학교 보건 과목에서는 중학교에서 습득한 건강에 대한 가치, 지식, 태도, 기술 및 역량을 강화하는 한편, 건강 영향요인과 건강정보 및 자원을 분석하고 평가하여, 건강증진과 질병 예방의 개인적·사회적 실천을 탐색한다. ② 또, 약물, 성, 정서에 대한 조절 능력을 강화하고 협력적으로 건강문제와 위험에 대처하며 서로의 건강을 옹호하고 건강지향적 사회 환경을 추구함으로써 개인과 공동체의 건강역량을 강화하고 삶의 질을 높인다.
목표	① 건강의 가치와 다양한 건강 개념, 몸과 마음에 대한 균형 있는 지식과 태도, 기술을 발전시키는 한편, 건강 영향요인을 고려하여 일상생활을 행복하고 건강하게 관리할 수 있다. ② 이를 기반으로 건강 안전을 위협하는 건강문제 상황에서 건강생활기술과 건강자원, 정보를 유연하게 활용하여 건강문제를 해결하고 질병 상태에서도 친구와 가족, 공동체와 함께 건강하게 살아가며 안전하게 대처할 수 있다. ③ 또한, 개인과 공동체의 건강증진에 기여하고 급변하는 환경과 미래 세대 건강문제에 창의적으로 대응하고, 공감적 이해력, 협력적 의사소통 등을 바탕으로 건강을 옹호하고 건강지향적 환경을 추구하며 포용성, 종합성, 시민성을 갖추어 삶의 질을 높인다.

내용체계

	범주	건강증진과 질병예방
건강증진과 질병예방	핵심 아이디어	① 건강은 우리 삶의 질에 중요한 가치를 가지며 총체적으로 행복한 상태를 추구하는 공통성이 있지만 여러 측면이 있으므로 해석과 수용이 다양함 ② 개인과 공동체의 건강증진은 건강에 영향을 미치는 다양한 요인을 고려한 포용성, 시민성을 토대로 건강관리 역량을 강화하고, 공동체가 함께 전략을 수립하며 협력적으로 실천할 때 가능함

		지식·이해
	건강과 건강증진	• 다차원적 건강개념과 건강영향요인 • 건강지표와 건강평가 • 건강관리의 역사와 제도 및 모델 • 건강에 대한 사회적 지지와 역할 및 책임
	신호와 생활주기	• 몸과 마음의 신호와 변화 • 생애주기별 건강특성과 건강관리 및 제도
	질병예방과 건강생활 기술	• 개인과 공동체, 국가의 질병예방과 건강관리 • 건강생활기술과 건강자원 • 개인·공동체·국가의 건강옹호와 협력 및 네트워크
		과정·기능
	건강이해	• 건강의 가치와 다차원적 개념 탐구하기 • 건강요구와 지지·장애요인 분석하기 • 생애주기별 건강특성을 제도와 연관하여 이해하기
	건강탐구	• 몸과 마음의 신호를 평가하고 해석하기 • 건강상태 및 건강관리 모델을 평가하여 건강관리 계획하기 • 건강지표를 분석하여 활용하기
	실천적용	• 건강관리하기 • 네트워크 활용 및 건강옹호하기
	가치·태도	• 건강가치화와 건강관리 및 건강증진 실천 의지 • 건강지향적 환경 개선 의지 • 소통과 협력하며 반성과 개선 인식 • 건강관리의 생활화
	범주	정서와 정신건강
정서와 정신건강	핵심 아이디어	① 물질 오·남용과 행위 중독은 개인과 사회의 건강 및 사회 문제와 관련이 있으므로 문제에 대처할 수 있는 내적인 힘, 생활기술과 지지체계 및 환경조성이 중요하다. ② 감정, 성격, 유대 등 정신성상을 이루는 요소들은 개인적 특성과 사회, 문화, 환경적 요인의 상호 작용에 영향을 받으며 삶의 질에 영향을 준다.

		지식·이해
	중독과 건강	• 의약품 오·남용 • 물질 및 행위중독
	정서· 정신건강	• 정서·정신건강 이해 • 감정과 성격의 이해와 관리 • 우울 및 불안과 스트레스 관리 • 삶과 죽음·상실의 개인적·사회·문화적 의미
		과정·기능
	개념이해 건강탐구 실천적용	• 정서·정신건강의 의의와 영향 요인을 탐색하여 관리하기 • 약물과 중독의 기전을 이해하고 조절하기 • 건강하고 안전한 선택을 지지하고 다양성을 존중하며 지지체계 및 제도 개선하기 • 정서·정신건강의 문제와 위험을 사회적 환경과 연계하여 관리하기 • 감정과 성격을 사회적 조건과 관련지어 이해하고 행복한 삶의 양식 발전시키기 • 내적인 힘, 생활기술 및 미디어와 자원을 활용하여 유혹과 압력, 폭력에 대처·옹호하기
		가치·태도
	• 건강한 자아상과 유대 및 행복 추구 • 자아 존중감과 회복탄력성 • 위험요인 감수성 및 중독에 대한 사회적 관점과 비판적 태도	
성과 건강	범주	성과 건강
	핵심 아이디어	① 성 건강은 개인과 가족의 행복과 국가 발전에 중요한 토대가 된다. ② 성의 다양한 측면에 대해 사회적 맥락을 고려하여 평등하고 균형 있는 시각으로 이해하는 것이 성 건강관리의 기초가 된다.
		지식·이해
	성과 성발달	• 성의 다양한 개념 • 생애주기별 성적 특성과 관리 • 성적 발달과 건강관리 • 신체상과 몸에 대한 권리

	사랑, 권리와 책임	• 사랑과 성적자기결정권 • 성 건강 및 권리와 임신·피임·미혼부모 • 성 역할과 성인지 감수성
	성문화와 성적 위험	• 성 건강문제와 성매개감염병 및 위험 이슈 • 성문화와 성폭력·성매매 예방대책 • 성미디어 문해력 • 성 건강 관련 제도와 정책
	과정·기능	
	건강이해 실천적용	• 성 건강문제를 균형 있게 탐색하여 건강을 관리하고 개선하기 • 성과 건강, 발달, 사랑, 위험, 담론에 작용하는 요인 탐색하기 • 안전하고 행복한 선택이 가능한 조건을 탐색하여 관리하고 실천하기 • 성 건강 관련 제도와 정책 및 환경을 탐색하여 건강관리에 적용하고 개선·옹호하기
	가치·태도	
	• 개인과 공동체의 행복과 안전·평등 추구 • 비판적이고 균형 있는 태도 • 공감과 객관화 및 균형 • 건강을 저해하는 편견과 차별 및 위험요인 감수성 • 취약성에 대한 주의	
	범주	건강안전과 응급처치
건강안전과 응급처치	핵심 아이디어	① 생활 속에는 늘 위험이 있을 수 있고, 이러한 건강위험은 문제가 되기 전에 대체로 신호가 있으며, 도미노처럼 주변의 문제로 이어질 수 있으므로, 건강 안전을 위해서는 개인과 공동체의 안전감수성, 사전 위험요인 평가, 참여와 협력에 기반한 예방 및 대비 체계가 필요하다 ② 위급 상황에서 골든타임 내 안전 수칙 및 응급처치의 신속하고 정확한 적용 및 적절한 자원 및 협력 체계는 사망 및 손상 악화 방지와 질병 회복의 결정 요인으로 작용한다
	지식·이해	
	건강안전	• 건강 안전과 개인적 사회적 위험요인 • 암·심혈관계 질환 등 주요 급·만성 질병과 직업병 안전관리·제도 • 면역과 감염병 관리체계 및 제도

	사고예방 응급처치	• 공동체 문화와 건강 안전 및 자원 • 안전수칙과 응급처치·협력체계 및 제도
	과정·기능	
	건강이해	• 개인과 공동체의 위험요인을 평가하고 예방·대처방안 탐색하기 • 인체와 주요 급만성 질병의 기초 생리와 병리 이해하기 • 질병과 함께 건강하게 살아가며 건강한 환경 추구하기
	건강탐구 실천적용	• 위험 상황에서 협력적으로 건강과 안전을 지키는 수칙, 제도를 탐색하여 활용하기 • 다양한 응급처치와 심폐소생술 및 자동심장충격기 사용을 익히고 협력 체계와 자원을 탐색하여 다양한 응급상황에 대처하기
	가치·태도	
	• 건강과 안전에 대한 공동체 감수성 • 공감과 협력적 소통 • 응급처치 및 협력적 대처 방안 탐색 및 실천 의지	
건강자원과 건강문화	범주	건강자원과 건강문화
	핵심 아이디어	① 건강 수준은 성, 가정환경, 경제 수준 등에 따라 차이가 있으므로 건강에 대한 권리의식과 책임의식, 균형 있는 가치관에 기반한 건강옹호와 사회적 환경 개선이 필요하다. ② 디지털 기술과 미디어, 인공지능 시대의 보건의료 환경 및 의료서비스의 급격한 변화는 사람들의 건강 정보와 건강자원의 선택 및 활용에 영향을 미친다. ③ 인류의 건강을 위협하는 부적절한 관행 및 기후·생태환경의 변화는 지속가능한 사회를 위한 건강문화와 환경조성에 공동체의 책임감과 연대를 필요로 한다.
	지식·이해	
	건강권과 건강자원	• 건강권의 역사와 의료보장 • 건강정보와 보건의료서비스 체계 • 건강자원과 건강정책 및 제도·건강지향적 환경 • 디지털·인공지능 시대 건강자원
	건강문화	• 건강 문해력과 건강 데이터·디지털 문해력 • 기후변화와 사회적 건강문제 및 국제 연대 • 건강 신념·규범·관행 등 건강문화와 지속 가능한 환경

	과정·기능
건강이해 건강탐구 실천적용	• 건강권 보장을 위한 사회·제도적 노력과 건강지향적 환경 개선을 탐색하고 제안하기 • 디지털·인공지능 건강정보와 보건의료서비스를 포함한 건강자원의 변화와 활용 방안을 제안하기 • 건강문화와 기후변화가 개인과 공동체의 건강과 윤리에 미치는 영향을 탐색하여 지속가능한 발전을 위한 협력과 연대, 옹호하기
	가치·태도
	• 건강정보·자원의 비판적 탐색과 활용 생활화 • 건강과 상호 작용하는 사회적·문화적 요인에 대한 감수성 • 공동체 건강문제에 대한 심미적 감수성

[중학교]

주요개념	내용
성격	① 중학교 보건 과목에서는 초등학교에서 습득한 건강생활습관을 강화하는 한편, 몸과 마음에 대한 이해와 존중을 배우고, 건강 지식과 기술, 정보, 자원을 토대로 건강생활을 실천할 수 있도록 한다. ② 약물과 성, 정서에 대한 조절 능력을 기르고 협력적으로 건강문제와 질병의 위험에 대처하며 자신과 주변의 건강을 옹호하도록 한다. 개인과 공동체의 건강역량을 발전시킴으로써 지금보다 더 높은 상태의 건강, 즉 행복을 추구하도록 한다.
목표	① 건강의 가치와 개념, 지식을 바탕으로 몸과 마음에 대한 이해와 건강관리 능력을 높여 일상생활에서 건강생활을 실천할 수 있다. ② 이를 토대로 건강문제 상황에서 건강정보와 자원을 활용하여 건강문제를 해결하고 질병 상태에서도 친구와 가족, 공동체와 함께 위험을 관리하며 행복하고 안전하게 살아갈 수 있다. ③ 한편, 서로의 건강을 옹호하며 개인과 공동체의 건강증진에 기여하고 급변하는 환경에 창의적으로 대응하며 건강역량을 함양하고 건강 지향적 환경을 추구하여 삶의 질을 높인다.

내용체계

범주	건강증진과 질병예방
핵심 아이디어	① 우리 삶의 질에 중요한 건강을 유지, 증진하기 위해서 건강의 연속성과 항상성 및 다양한 영향요인을 고려한 건강관리가 중요하다. ② 건강관리의 생활화를 위해서는 몸과 마음의 신호를 알아차리고, 건강관리 모델과 전략, 건강생활기술, 정보, 자원을 활용할 수 있는 건강관리 역량과 사회적 지지가 중요하다.

지식·이해	
건강과 건강증진	• 건강 개념과 영향요인 • 건강관리모델 • 건강에 대한 사회적 지지
신호와 생활주기	• 몸과 마음의 신호와 건강지표 • 생활주기와 건강생활습관
질병예방과 건강생활 기술	• 건강문제 및 질병 예방과 건강관리 • 건강생활기술 • 건강옹호와 협력

과정·기능	
건강이해	• 건강개념 및 가치와 영향요인 탐색하기 • 몸과 마음의 신호 이해하기
건강탐구	• 건강상태를 확인하고 건강관리 방안 제시하기 • 건강관리 모델을 알아보고 생활에 적용하기 • 건강관리 목표와 전략을 세우고 평가하기
실천적용	• 건강문제와 건강생활기술을 탐색하여 건강관리 실천하기 • 건강옹호활동을 이해하여 사례에 적용하기
가치·태도	• 건강과 행복의 소중함 • 건강의 가치 내면화 및 건강을 관리하려는 태도 • 몸과 마음의 신호에 대한 민감성 • 건강생활기술 활용 및 옹호와 협력에 대한 적극성

(좌측 전체 범주: 건강증진과 질병예방)

범주		
정서와 정신건강	핵심 아이디어	정서와 정신건강
		① 자신과 삶의 소중함에 대한 인식, 다양성 존중, 적절한 유대와 지지적 환경은 청소년기와 성인기의 건강하고 행복한 삶의 기초가 된다. ② 흡연·음주 및 의약품의 오·남용은 개인과 사회의 건강 및 사회문제와 관련이 있으므로 내적인 힘과 생활기술 및 지지체계가 중요하다.
		지식·이해
	중독과 건강	• 흡연·음주·약물 오·남용 • 행위중독
	정서· 정신건강	• 감정·공감 및 지지 • 자아 존중감 • 스트레스 관리 • 삶·죽음·상실의 의미
		과정·기능
	개념이해 건강탐구 실천적용	• 정서와 정신건강 및 영향요인 알아보기 • 약물과 중독의 기전을 이해하고 조절하기 • 건강하고 안전한 선택 지지하기 • 감정을 이해하고 적절하게 표현하여 행복한 관계 맺기 • 유혹과 압력 등에 대처 및 옹호하기 • 다양성을 존중하며 유대 강화 및 환경 개선하기
		가치·태도
		• 자신과 타인의 삶을 소중히 여기고 존중하는 태도 • 건강한 자아상·유대와 행복 추구 • 위험요인 감수성과 중독에 대한 비판적 태도
성과 건강	범주	성과 건강
	핵심 아이디어	① 성 건강은 개인과 가족의 행복, 국가 발전에 기본이 된다. ② 성 건강관리는 성인지 관점 및 서로 다른 입장에 대한 균형 있는 접근과 이해를 필요로 한다.
		지식·이해
	성과 성발달	• 성의 개념 • 성적 발달과 신체상

	사랑, 권리와 책임	• 성적자기결정권 • 이성교제와 경계존중 • 성역할 및 임신과 피임
	성문화와 성적 위험	• 성폭력·성매개감염병 등 성 건강위험 • 성 건강문제와 관리·옹호 • 성문화
	과정·기능	
	건강이해 실천적용	• 성 건강에 관련된 생리와 주제, 제도, 권리 탐색하기 • 성적 발달과 관계에 대해 알아보고 건강하게 관리하기 • 디지털 미디어와 성문화를 탐색하여 개선하기 • 안전하고 행복한 선택을 위한 균형 있는 관점으로 대처전략 세우기 • 청소년 성 건강문제를 알아보고 예방·관리하기 • 성과 관련된 차별과 고정 관념, 평등과 존중에 대해 알아보고 평가하기
	가치·태도	
	• 안전하고 행복한 성의식과 성문화 함양 • 성인지 감수성 및 차이를 존중하고 공감·배려하는 자세 • 성 건강을 근거를 가지고 관리하는 태도 • 성 미디어 문해력 함양	
건강안전과 응급처치	범주	건강안전과 응급처치
	핵심 아이디어	① 생활 속에는 늘 위험이 있을 수 있고, 다양한 건강위험은 문제가 되기 전 대체로 신호가 있으며, 도미노처럼 주변의 건강문제로 이어질 수 있으므로, 개인과 공동체의 안전 감수성 및 참여와 협력에 기반한 예방과 관리가 중요하다. ② 위급 상황에서 공동체의 준비된 안전수칙 및 응급처치의 적용과 협력은 개인과 공동체의 사망 및 손상 악화 방지와 질병 회복의 결정 요인으로 작용한다.
	지식·이해	
	건강안전	• 건강 안전의 의미와 위험요인 • 급·만성 질병 및 관리 • 면역과 감염병 예방 및 관리
	사고예방 응급처치	• 공동체의 문화와 건강 안전 및 관리 • 건강수칙·응급처치·협력

		과정·기능
건강이해		
	건강탐구 실천적용	• 건강 안전의 개념 및 위험요인을 탐구하여 예방·대처방안 탐색하기 • 질병과 면역의 원리를 이해하고 건강수칙 탐색하기 • 위급 상황에서 협력적 건강 안전 관리 방안을 탐색하고 실천하기 • 질병과 함께 건강하게 살아갈 방안을 탐색하여 생활에 적용하기 • 다양한 응급상황에서 협력적 응급처치와 심폐소생술·자동심장충격기 사용 방법을 익히고 실천하기
		가치·태도
		• 건강과 안전에 대한 감수성 내면화 • 건강안전 관리 방안에 대한 탐색적 태도 • 질병 예방과 응급처치에 대한 관심과 참여
건강자원과 건강문화	범주	건강자원과 건강문화
	핵심 아이디어	① 건강 수준은 가정환경, 성, 경제 수준 등에 따라 차이가 있으므로 건강을 옹호하고 지지하는 건강지향적인 사회 환경이 필요하다. ② 디지털 기술과 미디어, 인공지능 시대의 보건의료 환경 및 의료서비스의 변화는 사람들의 건강정보와 건강자원의 선택 및 활용에 영향을 미친다. ③ 인류의 건강을 위협하는 기후변화는 지속가능한 사회를 위한 건강문화 조성 및 공동체의 책임감과 연대를 필요로 한다.
		지식·이해
	건강권과 건강자원	• 건강권 • 건강정보와 보건의료서비스건강자원 • 디지털·인공지능 시대 건강자원의 변화·위험
	건강문화	• 건강 문해력과 디지털 문해력 • 기후변화와 사회적 건강문제 • 건강 신념과 규범·관행 등 건강문화와 지속가능한 환경

	과정·기능
건강이해 건강탐구	• 건강권을 위한 노력과 자원 탐색하기 • 디지털·인공지능 건강정보와 보건의료서비스 및 건강자원의 변화와 활용 탐색하기 • 문화와 기후변화가 건강에 미치는 영향 탐색하기
실천적용	• 건강옹호활동 주도하기 • 건강지향적 문화와 환경 지지·옹호하기

가치·태도
• 건강에 대한 권리와 책임 인식 • 건강한 문화와 환경 변화를 위한 참여 의식 내면화 • 건강의 가치화와 다양성 존중

61 보건과 교육과정 설계의 개요

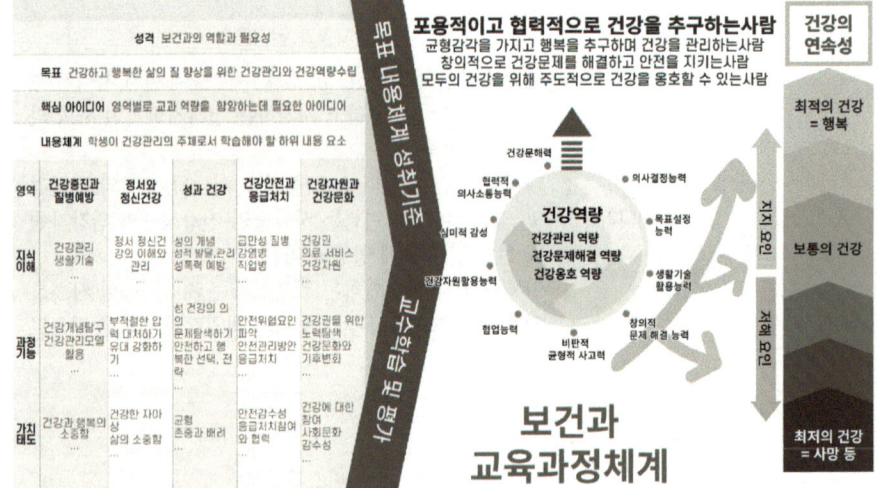

62 WHO 건강증진학교 ▶ 2017

구분	특징
WHO 건강증진학교 정의	학교 구성원들의 신체적, 정신적, 사회적 그리고 영적 건강 및 안녕을 증진시키기 위해 학교와 지역사회의 협력된 노력을 통하여 체계적이고 포괄적인 서비스를 지속적으로 제공하는 총체적이며 포괄적인 접근법(WHO, 2009)
WHO 건강증진학교 원칙	① 학교건강증진은 학생들이 건강문제 원인이나 결정요인에 초점을 둔 활동 ② 학교건강증진은 학생들이 건강유해요인들을 감소시키기 위한 의사소통, 교육, 학교 활동, 경제적 지원, 학교조직의 변화, 그리고 학교 개발 등의 다양한 활동들을 포함 ③ 학교건강증진은 효과적이고 확실한 학생들의 참여를 목표로 함 ④ 학교건강증진의 활성화에 가장 중점적인 역할을 하는 사람은 일차건강관리자인 보건교사
WHO가 제시한 6가지 건강증진학교 전략	① 학교건강 정책 : 학생들의 건강관리에 필요한 학교건강정책을 포함 학교에서 학생들의 건강을 향상하기 위한 모든 정책, 즉 급식, 금연, 운동정책 등 건강생활실천을 강화하는 정책들이 우선적으로 시행되어야 함
	② 물리적 환경 : 건물, 실내외 시설, 학교 주변 구역 등
	③ 사회적 환경 : 교직원의 관계, 학생 상호관계, 교직원-학생 상호관계가 모두 고려된 관계를 포함
	④ 지역사회 유대관계 : 학교와 학생들의 가족 그리고 학교와 지역의 주요기관이나 개개인과 연결됨. 적절한 지역사회의 참여와 의뢰는 건강증진학교 프로그램을 강화할 수 있고, 학생과 교직원들을 지지
	⑤ 개인건강 기술 : 건강생활실천을 할 수 있도록 하는 것, 즉 운동을 할 수 있는 기술, 금연을 할 수 있는 기술, 스트레스에 대처할 수 있는 기술 등을 학습시키는 것
	⑥ 학교 보건 서비스 : 질병관리부터 예방적 접근으로서 건강생활실천 확대까지의 내용으로 학교보건서비스를 재설정

SET 015

직업건강간호

63 보건관리자의 업무

주요개념	내용

보건관리자	제22조【보건관리자의 업무 등】① 보건관리자의 업무는 다음 각 호와 같다.
	1. 산업안전보건위원회 또는 노사협의체에서 심의·의결한 업무와 안전보건관리규정 및 취업규칙에서 정한 업무
	2. 안전인증대상기계등과 자율안전확인대상기계등 중 보건과 관련된 보호구(保護具) 구입 시 적격품 선정에 관한 보좌 및 지도·조언
	3. 법 제36조에 따른 위험성평가에 관한 보좌 및 지도·조언
	4. 법 제110조에 따라 작성된 물질안전보건자료의 게시 또는 비치에 관한 보좌 및 지도·조언
	5. 제31조제1항에 따른 산업보건의 직무(보건관리자가 별표 6 제2호에 해당하는 사람인 경우로 한정한다)
	6. 해당 사업장 보건교육계획의 수립 및 보건교육 실시에 관한 보좌 및 지도·조언
	7. 해당 사업장의 근로자를 보호하기 위한 다음 각 목의 조치에 해당하는 의료행위(보건관리자가 별표 6 제2호 또는 제3호에 해당하는 경우로 한정한다)
	  가. 자주 발생하는 가벼운 부상에 대한 치료
	  나. 응급처치가 필요한 사람에 대한 처치
	  다. 부상·질병의 악화를 방지하기 위한 처치
	  라. 건강진단 결과 발견된 질병자의 요양 지도 및 관리
	  마. 가목부터 라목까지의 의료행위에 따르는 의약품의 투여
	8. 작업장 내에서 사용되는 전체 환기장치 및 국소 배기장치 등에 관한 설비의 점검과 작업방법의 공학적 개선에 관한 보좌 및 지도·조언
	9. 사업장 순회점검, 지도 및 조치 건의
	10. 산업재해 발생의 원인 조사·분석 및 재발 방지를 위한 기술적 보좌 및 지도·조언
	11. 산업재해에 관한 통계의 유지·관리·분석을 위한 보좌 및 지도·조언
	12. 법 또는 법에 따른 명령으로 정한 보건에 관한 사항의 이행에 관한 보좌 및 지도·조언

13. 업무 수행 내용의 기록·유지
14. 그 밖에 보건과 관련된 작업관리 및 작업환경관리에 관한 사항으로서 고용노동부장관이 정하는 사항

② 보건관리자는 제1항 각 호에 따른 업무를 수행할 때에는 안전관리자와 협력해야 한다.
③ 사업주는 보건관리자가 제1항에 따른 업무를 원활하게 수행할 수 있도록 권한·시설·장비·예산, 그 밖의 업무 수행에 필요한 지원을 해야 한다.
④ 보건관리자의 배치 및 평가·지도에 관하여는 제18조제2항 및 제3항을 준용한다. 이 경우 "안전관리자"는 "보건관리자"로, "안전관리"는 "보건관리"로 본다.

64 산업재해 / 산업재해 통계지표 ▶ 2021

주요개념	내용
산업재해 정의	산업장에서 발생하는 사고로 인해 발생하는 인적, 물적 피해를 총칭함. 주로 당사자의 과로나 기기 상태의 열악 등 불완전한 작업환경으로 인해 발생
산업재해 원인	① 제1단계: 유전적 요소, 사회적 환경 유전적 결함이 있거나 사회적 환경 요소가 개인의 성장과정에서 왜곡된 사회적 분위기 등은 결함의 원인 ② 제2단계: 인간의 결함 인간의 후천적인 결함은 불안전한 행동을 유발시키고 기계적, 물리적인 위험 존재의 원인이 되기도 함 ③ 제3단계: 불안전한 행동, 불안전한 상태 권한 없는 조작, 불안전한 속도 조작, 안전장치 고장, 결함이 있는 장비, 물자, 공구, 차량 등의 운전, 불안전한 적재, 배치, 결함, 정리 정돈을 하지 않음, 불안전한 자세와 장난 등이 있음 ④ 제4단계: 사고 인적 손실을 주는 인적사고, 물적 손실을 주는 물적 사고 등 ⑤ 제5단계: 재해 사망, 골절, 건강의 장해 등에 의해 발생하는 재해

하인리히 이론	산업재해방지론(Industrial Accident Prevention)에서 재해예방의 원칙 10가지를 제시함. 이를 4가지로 요약하여 '**재해예방의 4원칙**'으로 부름	
	① 손실 우연의 원칙	재해로 인한 손실은 사고 발생시 사고 대상의 조건에 따라 달라지므로, 한 사고의 결과로서 생긴 소실은 우연적으로 결정
	② 원인 연계의 원칙	재해 발생은 반드시 원인이 있다. 즉, 사고와 손실과의 관계는 우연적이지만 사고와 원인과의 관계는 필연적
	③ 예방 가능의 원칙	재해는 원칙적으로 원인만 제거되면 예방이 가능
	④ 대책 선정의 원칙	재해 예방 대책은 기술적 대책, 교육적 대책, 규제적 대책으로 구분할
하인리히 법칙	하인리히는 산업재해에 의한 피해 정도를 분석하여 큰 재해와 작은 재해 그리고 사소한 재해의 발생비율을 발표. 이 비율이 1 : 29 : 300이었고, 이를 '하인리히의 법칙'이라고 부르는데 이 법칙에 따르면 산업재해는 어떤 우연한 사건에 의해 발생하는 것이 아니라 그러할 개연성이 있는 경미한 재해가 반복되는 과정에서 발생하는 것	
도미노 이론	불안정한 사회 환경과 근로자의 개인적 결함이 불안정한 행동, 즉 부주의로 이어지고, 부주의가 사고를 일으켜 재해를 발생시킨다. 하인리히는 **제3요소인 불안전한 행동 및 불안전한 상태**를 제거하면 재해를 예방할 수 있다고 함	
건수율 (Incidence rate)	조사 기간 중 산업체 종업원 1,000명당 재해 발생건수를 표시, 발생률 또는 천인율(총괄적 파악에 적합하나 작업시간에 대해 고려되지 못하는 한계점이 있음) $$\frac{재해 건수}{상시 근로자수} \times 1,000$$	
도수율 (Frequency rate)	위험에 노출된 단위시간당 재해가 얼마나 발생하였는가를 보는 표준지표이며 연작업 100만 시간당 재해 발생건수를 말함 $$\frac{재해건수}{연 근로시간수} \times 1,000,000$$	
강도율 (Severity rate)	연작업 1,000시간당 작업 손실일수로서 재해에 의한 손상의 정도를 나타냄. 도수율은 분모의 밀도를 고려한 발생 밀도인데 반해, 강도율은 분모와 분자의 강도를 모두 고려한 발생밀도임 $$\frac{손실작업일수}{연 근로시간수} \times 1,000$$	
평균손실일수	$$\frac{손실 작업 일수}{재해 건수}$$	

재해율 (천인율)	근로시간이나 가동일수를 전혀 고려하지 않은 방법으로, 근로자 수 100(또는 1,000)명당 발생하는 재해자 수의 비율 $\dfrac{\text{재해자 수}}{\text{상시 근로자수}} \times 100(1,000)$

65 산업재해보상 ▶ 2021

주요개념	내용
산업재해보상 업무 담당기관 ▶ 2024	근로복지공단: 산업재해보상보험법에 따라 근로자의 업무상 재해에 대한 보상과 재해근로자의 재활 및 사회복귀 촉진을 위한 보험시설의 설치·운영 그리고 재해예방 등을 위해 설립된 기관 **MISSION** 산재보험과 근로복지서비스로 일하는 삶의 보호와 행복에 기여한다 산재·고용보험과 근로복지서비스로 일하는 모든 사람이 걱정 없이 계속 일할 수 있도록 하며, 경제적 안정을 지원하고 일과 여가의 균형으로 일하는 사람의 삶의 질을 제고하겠습니다. 업무상 재해 보상 및 산재병원 운영 / 산재·고용보험 가입 및 부과 / 근로자 복지증진 / 중소기업 퇴직연금 운영 / 체불임금 보장 산업재해보상보험법, 정관
요양급여	근로자가 업무상의 사유에 의해 부상을 당하거나 질병에 걸린 경우에 당행 근로자에게 지급
휴업급여	업무상 사유로 부상을 당하거나 질병에 걸린 근로자에게 요양으로 인해 취업하지 못한 기간에 대해 지급하되, 1일에 대하여 평균 임금의 100분의 70에 해당하는 금액을 지급 다만, 취업하지 못한 기간이 3일 이내인 때에는 이를 지급하지 않음
부분휴업급여	요양 또는 재요양을 받고 있는 근로자가 그 요양기간 중 일정기간 또는 단시간 취업을 하는 경우에는 그 취업한 날에 해당하는 그 근로자의 평균임금에서 그 취업한 날에 대한 임금을 뺀 금액의 100분의 80에 상당하는 금액을 지급할 수 있다. 다만, 최저임금액을 1일당 휴업급여 지급액으로 하는 경우에는 최저임금액에서 취업한 날에 대한 임금을 뺀 금액을 지급할 수 있다.

장해급여	근로자가 업무상의 사유로 부상을 당하거나 질병에 걸려 치유 후 신체등에 장해가 있는 경우에 해당 근로자에게 지급
간병급여	요양급여를 받은 자가 치유 후 의학적으로 상시 또는 수시로 간병이 필요한 경우에 대통령령이 정하는 지급기준과 방법에 따라 간병을 받는 자에게 지급
유족급여	업무상 사망에 대하여서는 유족급여로서 유족보상연금 또는 평균 임금 1,300일분에 해당되는 유족보상일시금으로 하되, 유족보상일시금은 유족급여를 연금의 형태로 지급하는 것이 곤란한 경우로서 대통령령이 정하는 경우에 한하여 지급
상병보상연금	요양급여를 받는 근로자가 요양개시 후 2년이 경과된 날 이후에 다음 각 호의 요건에 해당하는 상태가 계속되는 경우에는 휴업급여 대신 상병보상연금을 해당 근로자에게 지급 ① 해당 보상 또는 질병이 치유되지 아니한 상태에 있을 것 ② 그 부상 또는 질병에 의한 폐질의 정도가 대통령령이 정하는 폐질등급기준에 해당할 것 ③ 상병보상연금은 별도의 표에 의한 폐질 등급에 따라 지급할 것
장의비	업무상 사유에 의한 사망일 경우 지급하되 그 장제를 행한 사람에게 평균임금 120일 분의 장의비가 지급되며 대통령령이 정하는 바에 따라 고용노동부장관이 고시하는 최고 금액을 초과하거나 최저 금액에 미달하는 경우에는 그 최고 금액 또는 최저 금액을 각각 장의비로 함
직업재활급여	장해급여 또는 진폐보상연금을 받은 자나 장해급여를 받을 것이 명백한 자로서 대통령령으로 정하는 자(이하 "장해급여자"라 한다) 중 취업을 위하여 직업훈련이 필요한 자(이하 "훈련대상자"라 한다)에 대하여 실시하는 직업훈련에 드는 비용 및 직업훈련수당 또는 업무상의 재해가 발생할 당시의 사업에 복귀한 장해급여자에 대하여 사업주가 고용을 유지하거나 직장적응훈련 또는 재활운동을 실시하는 경우(직장적응훈련의 경우에는 직장 복귀 전에 실시한 경우도 포함한다)에 각각 지급하는 직장복귀지원금, 직장적응훈련비 및 재활운동비

66 유해물질 허용기준 ▶ 2021

주요개념	내용
시간가중 평균노출 (TWA)	TLV-TWA: 1일 8시간, 주 40시간 반복하여 폭로되어도 거의 모든 작업자에서 건강장해가 없는 평균농도. - 산출공식: TWA 환산값 = $\dfrac{C1 \cdot T1 + C2 \cdot T2 + \cdots\cdots + Cn \cdot Tn}{8}$
단시간 노출기준 (STEL)	TLV-STEL: 근로자가 1회 15분간 유해요인에 노출되는 경우를 기준으로, 이 기준 이하에서는 1회 노출간격이 1시간 이상인 경우 1일 작업 시간 동안 4회 노출이 허용될 수 있는 기준
최고노출기준 (C)	근로자가 1일 작업시간 동안 잠시라도 이 농도 이상으로 노출되었을 때 건강장해를 초래하는 유해요인에 적용되는 기준으로 순간적으로라도 절대로 이 농도를 초과해서는 안됨
혼합물의 기준산정	혼합물의 경우 노출기준 사용상 유의사항으로 다음과 같은 산식이 중요 혼합물 = $\dfrac{C1}{T1} + \dfrac{C2}{T2} + \cdots \dfrac{Cn}{Tn}$ - C: 화학물질 각각의 측정치 - T: 화학물질 각각의 노출기준 * 2종 또는 그 이상의 유해요인이 혼재하는 경우 각 유해요인의 상승작용으로 유해성이 증가할 수 있으므로 2종 이상 또는 혼재하는 경우 위의 수치가 1을 초과하지 않도록 함

67 사업장 / 근로자 건강관리 / 건강진단 ▶ 2011·2017·2018·2022

주요개념	내용
일반 건강진단	• 상시 근로자의 건강관리를 위하여 사업주가 주기적으로 실시하는 건강진단 • 사무직 종사자는 2년에 1회 이상, 비사무직 근로자는 1년에 1회이상 일반건강진단을 실시해야함 ② 제196조【일반건강진단 실시의 인정】법 제129조제1항 단서에서 "고용노동부령으로 정하는 건강진단"이란 다음 각 호 어느 하나에 해당하는 건강진단을 말한다. 　1. 「국민건강보험법」에 따른 건강검진 　2. 「선원법」에 따른 건강진단 　3. 「진폐의 예방과 진폐근로자의 보호 등에 관한 법률」에 따른 정기 건강진단 　4. 「학교보건법」에 따른 건강검사 　5. 「항공안전법」에 따른 신체검사
특수건강진단	특수건강진단 대상 유해인자에 노출되는 업무에 종사하거나, 근로자 건강진단 실시 결과 직업병 유소견자로 판정받은 후 작업 전환을 하거나 작업장소를 변경하고, 직업병 유소견 판정의 원인이 된 유해인자에 대한 건강진단이 필요하다는 의사의 소견이 있는 근로자의 건강관리를 위해 사업주가 실시
배치 전 건강진단	특수건강진단대상업무에 종사할 근로자에 대하여 배치 예정업무에 대한 적합성 평가를 위하여 사업주가 실시하는 건강진단
수시 건강진단	특수건강진단대상업무로 인하여 해당 유해인자에 의한 직업성 천식, 직업성 피부염, 그 밖에 건강장해를 의심하게 하는 증상을 보이거나 의학적 소견이 있는 근로자에 대하여 사업주가 실시하는 건강진단
임시 건강진단	다음 각 목의 어느 하나에 해당하는 경우에 특수건강진단 대상 유해인자 또는 그 밖의 유해인자에 의한 중독 여부, 질병에 걸렸는지 여부 또는 질병의 발생 원인 등을 확인하기 위하여 필요하다고 인정되는 경우로서 다음 각호에 해당하는 경우의 건강진단 　가. 같은 부서에 근무하는 근로자 또는 같은 유해인자에 노출되는 근로자에게 유사한 질병의 자각·타각증상이 발생한 경우 　나. 직업병 유소견자가 발생하거나 여러 명이 발생할 우려가 있는 경우 　다. 그 밖에 지방고용노동관서의 장이 필요하다고 판단하는 경우

건강관리 구분			건강관리 구분 내용
건강관리 구분	A		건강관리 상 사후관리가 필요 없는 근로자
	C	C1	직업성 질병으로 진전될 우려가 있어 추적 검사 등 관찰이 필요한 근로자(직업병 요관찰자)
		C2	일반질병으로 진전될 우려가 있어 추적 관찰이 필요한 근로자(일반질병 요관찰자)
		Cn	질병으로 진전될 우려가 있어 야간작업 시 추적관찰이 필요한 근로자(질병 요관찰자)
	D	D1	직업성 질병의 소견을 보여 사후관리가 필요한 근로자(직업병 유소견자)
		D2	일반 질병의 소견을 보여 사후관리가 필요한 근로자(일반 질병 유소견자)
		Dn	질병의 소견을 보여 야간작업시 사후관리가 필요한 근로자(질병 유소견자)
	R		1차 건강진단 결과 건강수준의 평가가 곤란하거나 질병이 의심되는 근로자

	구분	검사항목	실시대상 근로자
일반건강진단 제1차 검사항목 중 실시대상 근로자(제9조 제2항 관련)	1	혈당 검사	직전 일반건강진단에서 "당뇨병 의심(R)" 판정을 받은 근로자
	2	총콜레스테롤 검사	가. 직전 일반건강진단에서 "고혈압 요관찰(C)" 판정을 받은 근로자 나. 일반건강진단시 실시한 혈압측정에서 수축기 또는 이완기 혈압이 각각 150mmHg 또는 95mmHg 이상 초과한 근로자
	3	감마지·티·피 검사	35세 이상인 근로자

	구분	사후관리조치 내용(1)
사후관리조치 판정	0	필요없음
	1	건강상담(2)(　　　　　)
	2	보호구지급 및 착용지도 (　　　　　　　)

	3	추적검사(3) ( )검사항목에 대하여 20 년 월 일경에 추적검사가 필요
	4	근무중 ( )에 대하여 치료
	5	근로시간 단축( )
	6	작업전환( )
	7	근로제한 및 금지 ( )
	8	산재요양신청서 직접 작성 등 해당 근로자에 대한 직업병확진의뢰 안내(4)
	9	기타(5)( )

(1) 사후관리조치 내용은 한 근로자에 대하여 중복하여 판정할 수 있음
(2) 생활습관 관리 등 구체적으로 내용 기술
(3) 건강진단의사가 직업병 요관찰자(C1), 직업병 유소견자(D1) 또는 "야간작업" 요관찰자(CN), "야간작업" 유소견자(DN)에 대하여 추적검사 판정을 하는 경우에는 사업주는 반드시 건강진단의사가 지정한 검사항목에 대하여 지정한 시기에 추적검사를 실시하여야 함
(4) 직업병 유소견자(D1)중 요양 또는 보상이 필요하다고 판단되는 근로자에 대하여는 건강진단을 한 의사가 반드시 직접 산재요양신청서를 작성하여 해당 근로자로 하여금 근로복지공단 관할지사에 산재요양신청을 할 수 있도록 안내하여야 함
(5) 교대근무 일정 조정, 야간작업 중 사이잠 제공, 정밀업무적합성평가 의뢰 등 구체적으로 내용 기술

	구분	업무수행 적합여부 내용
업무수행 적합여부 판정	가	건강관리상 현재의 조건하에서 작업이 가능한 경우
	나	일정한 조건(환경개선, 보호구착용, 건강진단주기의 단축 등)하에서 현재의 작업이 가능한 경우
	다	건강장해가 우려되어 한시적으로 현재의 작업을 할 수 없는 경우(건강상 또는 근로조건상의 문제가 해결된 후 작업복귀 가능)
	라	건강장해의 악화 또는 영구적인 장해의 발생이 우려되어 현재의 작업을 해서는 안되는 경우

SET 016

환경과 건강

68 환경호르몬 / 환경영향평가 / 건강영향평가 제도 ▶ 2014

주요개념	내용
내분비계 장애물질	수컷의 정자수를 감소시키거나 수컷의 암컷화, 다음세대 성장억제 등 환경 중에 배출된 화학물질이 생물체 내에 유입되어 마치 호르몬처럼 작용하는 것 = 환경호르몬
환경영향평가	해당 사업으로 인하여 환경에 미치는 해로운 영향을 미리 예측 및 분석하여 부정적인 환경영향을 줄이는 방안을 마련하는 계획과정의 일부
건강영향평가 제도	환경유해인자를 사전에 평가하여 환경문제와 국민건강에 미치는 영향을 사전 예방적 차원에서 접근할 수 있게 함

69 환경요인과 건강 / 개념 / 정의 ▶ 2014·2016·2019

주요개념	내용
온열조건	기상요소 중 인체의 체온조절작용과 관련된 요소. 온열상태 또는 온열조건을 구성함. 기온, 기습, 기류, 복사열로 설명됨
온열지수	① 감각온도(체감온도) • 기온, 기습, 기류를 종합하여 인체에 주는 온감을 지수로 표시함 • 포화습도(즉, 습도가 100%인 상태)나 정지공기 하에서 동일한 온도를 느끼게 하는 기온 ② 쾌감대 옷을 입은 상태에서 안정시 가장 쾌적하게 느끼는 기후범위 ③ 불쾌지수 습도와 온도의 영향으로 인체가 느끼는 불쾌감을 숫자로 표시힘. ㉠ 불쾌지수(DI) = 0.4(건구온도 + 습구온도) + 15 (℉ 사용 경우) ㉡ 불쾌지수(DI) = 0.72(건구온도 + 습구온도) + 40.6 (℃ 사용 경우)
광화학적 오염	1차 오염물(질소산화물, 탄화수소, 휘발성 유기화합물)이 태양광선의 에너지에 의하여 오존을 형성하는 과정(광화학 반응)

기온역전	① 복사성 역전: 낮 동안 태양복사열이 큰 경우 지표의 온도가 높아졌다가 밤에는 복사열이 적어 지표의 온도가 낮아지면서 발생하는 현상. 지표 가까이에서 발생하기에 접지역전, 지표성 역전 또는 방사성 역전이라고 하며, 역전층은 주로 지표로부터 120~250m 정도의 낮은 상공에서 발생하고, 아침 햇빛이 비치면 쉽게 파괴되는 야행성이 특징이다. ② 침강성 역전: 맑은 날 고기압 중심부에서 공기가 침강하여 압축을 받아 따뜻한 공기층을 형성하는데, 보통 1000m 내외의 고도에서 발생하여 역전층의 두께는 약 200~300m에 이름. 전선성 역전(한랭, 온난)과 LA의 대기오염이 침강성 역전이 주원인이었고 이는 태평양의 지속적인 고기압 지대의 영향을 받고 있기 때문이다.
열섬현상	열섬이란 주변의 온도보다 높은 특별한 기온현상을 나타내는 지역을 말함. 특히 인구가 밀집되어 있고 건물이 들어선 도심지에서 지표를 덮고 있는 대기성질과 상층의 오염층, 건물·도로 등에서의 복사열 등에 의해 영향을 받아 온도가 상승되는 것으로 나타남.
온실효과	전 대기권의 수증기와 온실가스에 의해 반응하는 일종의 절연효과이다. 태양에너지의 흡수와 지구의 방출 에너지의 균형이 깨지고 지구의 평균 지상기온(15℃가 적당)이 상승하는 것임. 온실가스가 증가하면 대류권의 기온은 상승해서 기후가 온난하게 됨.

대기오염 비교	구분	런던스모그	LA 스모그
	발생시 기온	0~5℃	24-32℃
	발생시 습도	85% 이상	70% 이하
	발생 시간	아침 일찍	주간
	계절	겨울(12-1월)	여름(8~9월)
	풍속	무풍	3m/sec
	기온역전 유형	복사성 역전(방사성)	침강성 역전(하강형)
	주 오염 성분	아황산가스, 부유먼지	탄화수소, NOx, PAN, O3
	시야거리	100m 이하	1.6~0.8km 이하
	건강피해	폐렴, 호흡기 자극 등, 만성기관지염	눈, 코, 기도의 점막 자극

구분	완속여과법	급속여과법
침전법	보통침전법	약품침전법
청소방법	사면대치	역류세척
여과속도	3m/일	120m/일
사용일수	20~60일	12시간~2일
탁도, 색도가 높을 때	불리	유리
이끼류가 발생하기 쉬운 장소	불리	유리
수면이 동결하기 쉬운 장소	불리	유리
면적	넓은 면적	좁은 면적
비용	건설비 높고, 경상비 낮음	건설비 낮음, 경상비 높음
세균제거율	98~99%	95~98%

(위 표는 "여과법 비교"에 해당함)

불연속 염소소독
① 물에 염소를 주입시 주입량에 비례하여 잔류염소의 양도 증가함.
② 그러나 암모니아와 같은 물질을 포함한 물의 경우 증가한 잔류염소가 어느 지점에서 감소하여 거의 0에 가깝게 하강했다가 다시 증가하기 시작함 = 불연속점.
③ 이 불연속점 이상에서 처리하면 경제적이고 소독효과가 크며, 물의 냄새와 맛도 제거할 수 있음

수질오염 지표

구분	내용
생화학적 산소요구량 (BOD)	물 속의 유기물질을 미생물이 분해할 때 필요한 산소의 양을 나타낸 것
용존산소(DO)	물속에 녹아 있는 산소의 양을 말함
화학적 산소요구량 (COD)	물 속에 포함되어 있는 유기물을 화학적 산화제에 의해 분리시킬 때 소비되는 산소요구량
부영양화	가정의 생활하수나 가축의 배설물 등이 하천에 한꺼번에 많이 유입되어 물속에 유기물과 무기물이 증식하게 되는 현상
적조현상	질소나 인산을 많이 함유한 생활하수나 비료성분이 유입되면 쌍편모류가 다량으로 번식하여 바다나 호수가 붉게 변하는 현상

녹조현상	영양염류의 과다로 호수에 녹조류가 다량으로 번식하여 물빛이 녹색으로 변하는 것
미나마타병	메틸수은(사지마비, 청력장애, 시야협착, 언어장애 등)
이타이타이병	아연의 선광, 카드뮴(골연화증, 보행장애, 심한 요통 등)
가네미 사건	PCB(poly chlorinated biphenyl)(식욕부진, 구토, 안질 등)
Mills-Reincke 현상	① 강물을 여과급수하면 수인성 전염병 발생률이 현저하게 감소하는 현상 ② 1983년 9월 미국 메사추세스 주 Lawrence시에서 수돗물을 여과하여 급수하였더니 그 결과로 장티푸스의 환자와 사망률이 감소하였고 일반 사망률도 현저하게 저하한 것을 Mills가 발견함 ③ 1983년 5월 독일 함부르크시에서 Elbe 강의 물을 여과하여 공급하였을 때 같은 결과를 Reincke가 발견함

70 대기오염경보발령/대기오염 측정항목 ▶ 2003

대상 물질	경보 단계	발령기준	해제기준
미세먼지 (PM-10)	주의보	기상조건 등을 고려하여, 해당지역의 도시대기측정소 PM-10 시간당 평균농도가 150㎍/㎥ 이상 2시간 이상 지속인 때	주의보가 발령된 지역의 기상조건 등을 고려하여, 도시대기측정소의 PM-10 시간당 평균농도가 100㎍/㎥ 미만인 때
미세먼지 (PM-10)	경보	기상조건 등을 고려하여, 해당지역의 도시대기측정소 PM-10 시간당 평균농도가 300㎍/㎥ 이상 2시간 이상 지속인 때	경보가 발령된 지역의 기상조건 등을 고려하여, 도시대기측정소의 PM-10 시간당 평균농도가 150㎍/㎥ 미만인 때는 주의보로 전환
초미세먼지 (PM-2.5)	주의보	기상조건 등을 고려하여, 해당지역의 도시대기측정소 PM-2.5 시간당 평균농도가 75㎍/㎥ 이상 2시간 이상 지속인 때	주의보가 발령된 지역의 기상조건 등을 고려하여, 도시대기측정소의 PM-2.5 시간당 평균농도가 35㎍/㎥ 미만인 때
초미세먼지 (PM-2.5)	경보	기상조건 등을 고려하여, 해당지역의 도시대기측정소 PM-2.5 시간당 평균농도가 150㎍/㎥ 이상 2시간 이상 지속인 때	경보가 발령된 지역의 기상조건 등을 고려하여, 도시대기측정소의 PM-2.5 시간당 평균농도가 75㎍/㎥ 미만인 때는 주의보로 전환

오존	주의보	기상조건 등을 고려하여 해당지역의 도시대기측정소 오존농도가 0.12 ppm 이상일 때	주의보가 발령된 지역의 기상조건 등을 고려하여 도시대기측정소의 오존농도가 0.12ppm 미만일 때
	경보	기상조건 등을 고려하여 해당지역의 도시대기측정소 오존농도가 0.3 ppm 이상일 때	경보가 발령된 지역의 기상조건 등을 고려하여 도시대기측정소의 오존농도가 0.12ppm 이상 0.3ppm 미만일 때는 주의보로 전환
	중대 경보	기상조건 등을 고려하여 해당지역의 도시대기측정소 오존농도가 0.5 ppm 이상일 때	중대경보가 발령된 지역의 기상조건 등을 고려하여 도시대기측정소의 오존농도가 0.3ppm 이상 0.5ppm 미만일 때는 경보로 전환

[비고]
1. 해당 지역의 도시대기측정소 PM-10 농도 또는 PM-2.5의 권역별 농도가 경보 단계별 발령기준을 초과하면 해당 경보를 발령할 수 있다.
2. 오존 농도는 1시간 평균농도를 기준으로 하며 해당지역의 도시대기측정소 오존 농도가 1개소라도 경보단계별 발령기준을 초과하면 해당 경보를 발령할 수 있다.

항목	기준	측정방법
아황산가스 (SO_2)	• 연간 평균치: 0.02ppm 이하 • 24시간 평균치: 0.05ppm 이하 • 1시간 평균치: 0.15ppm 이하	자외선 형광법 (Pulse U.V. Fluorescence Method)
일산화탄소 (CO)	• 8시간 평균치: 9ppm 이하 • 1시간 평균치: 25ppm 이하	비분산적외선 분석법 (Non-Dispersive Infrared Method)
이산화질소 (NO_2)	• 연간 평균치: 0.03ppm 이하 • 24시간 평균치: 0.06ppm 이하 • 1시간 평균치: 0.10ppm 이하	화학 발광법 (Chemiluminescence Method)
미세먼지 (PM-10)	• 연간 평균치: $50\mu g/m^3$ 이하 • 24시간 평균치: $100\mu g/m^3$ 이하	베타선 흡수법 (β-Ray Absorption Method)
미세먼지 (PM-2.5)	• 연간 평균치: $25\mu g/m^3$ 이하 • 24시간 평균치: $50\mu g/m^3$ 이하	중량농도법 또는 이에 준하는 자동 측정법
오존 (O_3)	• 8시간 평균치: 0.06ppm 이하 • 1시간 평균치: 0.1ppm 이하	자외선 광도법 (U.V Photometric Method)
납 (Pb)	연간 평균치: $0.5\mu g/m^3$ 이하	원자흡광 광도법 (Atomic Absorption Spectrophotometry)
벤젠	연간 평균치: $5\mu g/m^3$ 이하	가스크로마토그래피 (Gas Chromatography)

71 먹는물의 수질항목 ▶ 2003

먹는물의 수질기준	먹는물 수질기준 및 검사 등에 관한 규칙 [별표 1](부록 참고)
주요 내용	미생물에 관한기준, 건강상 유해영향 무기물질, 건강상 유해영향 유기물질, 소독제 및 소독부산물질, 심미적 영향 물질, 방사능

72 식중독 분류 및 유형 ▶ 2010·2015·2016·2022

식중독	내용
세균성 식중독	① 감염형: 식품에서 미리 증식한 균이 식품과 함께 섭취되어 소장에서 더욱 증식한 후, 중독증상을 일으키는 것. 대표적인 원인균은 살모넬라, 장염 비브리오, 캄필로박터, 장관병원성 대장균 등 ② 독소형: 식품에 들어 있던 균이 증식하면서 독소를 생산하고 그 식품을 섭취함으로써 그 독소에 의한 중독증상을 일으킴. 대표적인 원인균 보툴리누스 중독, 황색포도상구균 식중독 등
바이러스성 식중독	① 노로바이러스: 급성 위장관염을 유발하는 원인 바이러스(신종병원체), 최근 식품매개 집단식중독의 가장 주요한 원인체로, 임상적 증상은 오심, 구토, 설사, 복통이 주로 나타남 ② 전파력이 매우 높아 학교, 양로원, 캠프, 요양원, 지역사회에서 발생하는 비세균성 위장염의 주요 원인체이며, 예방을 위해서는 개인위생, 음식물에 대한 관리가 중요하고, 손씻기, 과일채소 철저히 씻어 먹고, 굴은 가능한 익혀 먹는 것이 권장됨
자연독에 의한 식중독	동식물의 일부기관 내에 인체에 유해한 독성물질 - 이러한 식품을 오용함으로 자연독에 의한 식중독 발생. 복어(tetrodotoxin), 홍합(mytilotoxin), 굴-모시조개(venerupin), 감자싹(solanin), 청매중독(amygdalin)

병인	증상	감염경로
복어(tetrodotoxin)	구토, 설사, 지각이상, 언어장애, 시력장애, 호흡근마비, 의식불명	복어의 난소, 고환, 내장, 피부 섭취
홍합(mytilotoxin)	말초신경, 호흡중추 마비	
굴, 조개(venerupin)	권태, 오한, 구토, 두통, 뇌증상, 피하출혈	
버섯류(muscarine)	위장형 구토, 설사, 위장산통	독버섯의 사용
감자(solanine)	복통허탈, 현기증, 호흡중추 마비	

청매(amygdaline)	오심, 구토, 복통, 설사, 두통, 지각이상	
독초(식물성 알칼로이드)	침흘림, 신경형 동공산대, 호흡마비	쌀, 보리, 밀 등
맥각(ergotoxin)	임산부의 경우 조산, 유산, 위통, 구토, 경련	
독미나리(cicutoxin)	위통, 구토, 현기증, 경련	

SET 017

재난관리 / 인구 / 모자보건 / 노인보건

73 재난 분류 / 개요 ▶ 2016·2017

주요개념	내용
정의	국민의 생명·신체·재산과 국가에 피해를 주거나 줄 수 있는 것
자연재난	태풍, 홍수, 호우(豪雨), 강풍, 풍랑, 해일(海溢), 대설, 낙뢰, 가뭄, 지진, 황사(黃砂), 조류(藻類) 대발생, 조수(潮水), 화산활동, 소행성·유성체 등 자연우주물체의 추락·충돌, 그 밖에 이에 준하는 자연현상으로 인하여 발생하는 재해
사회재난	화재·붕괴·폭발·교통사고(항공사고 및 해상사고를 포함함)·화생방사고·환경오염사고 등으로 인하여 발생하는 대통령령으로 정하는 규모 이상의 피해와 국가핵심기반의 마비, 감염병의 예방 및 관리에 관한 법률에 따른 감염병 또는 가축전염병예방법에 따른 가축전염병의 확산, **미세먼지 저감 및 관리에 관한 특별법에 따른 미세먼지 등으로 인한 피해**
해외재난	대한민국의 영역 밖에서 대한민국 국민의 생명·신체 및 재산에 피해를 주거나 줄 수 있는 재난으로서 정부차원에서 대처할 필요가 있는 재난
재난관리	재난의 예방·대비·대응 및 복구를 위하여 하는 모든 활동
안전관리	재난이나 그 밖의 각종 사고로부터 사람의 생명·신체 및 재산의 안전을 확보하기 위하여 하는 모든 활동
안전기준	각종 시설 및 물질 등의 제작, 유지관리 과정에서 안전을 확보할 수 있도록 적용하여야 할 기술적 기준을 체계화한 것을 말하며, 안전기준의 분야, 범위 등에 관하여는 대통령령으로 정함
긴급구조	재난이 발생할 우려가 현저하거나 재난이 발생하였을 때에 국민의 생명·신체 및 재산을 보호하기 위하여 긴급구조기관과 긴급구조지원기관이 하는 인명구조, 응급처치, 그 밖에 필요한 모든 긴급한 조치
안전문화활동	안전교육, 안전훈련, 홍보 등을 통하여 안전에 관한 가치와 인식을 높이고 안전을 생활화하도록 하는 등 재난이나 그 밖의 각종 사고로부터 안전한 사회를 만들어가기 위한 활동
안전취약계층	어린이, 노인, 장애인 등 재난에 취약한 사람

74 인구통계 / 생정통계 ▶ 2011·2012

주요개념	내용
조출생률	$\dfrac{같은 해의 총출생아수}{특정 연도의 연앙인구} \times 1,000$
일반출산률	$\dfrac{같은 해의 총출산아수}{특정 연도의 가임여성(연령 15-44세, 혹은 15-49세)의 수} \times 1,000$
연령별(특수) 출생률	$\dfrac{같은 해 그 연령군에서의 출생수}{특정 연도의 어떤 연령군의 가임여성 인구수} \times 1,000$
합계출산율	$\dfrac{\sum 그 연령층 여성의 연간 출생수}{가임연령 중 5세 간격 한 연령층의 여성인구} \times 5$
총 재생산율	합계 출산율 $\times \dfrac{여아 출생수}{총 출생수}$
조사망률	인구 1000명당 1년 동안 발생한 사망수
특성별 사망률	성, 연령, 직업 등 인구의 특성별로 구한 사망률
영아사망률	$\dfrac{당해연도 0세 사망아수}{당해연도 연간출생아수} \times 1,000$
평균수명	출생 시 기대여명으로 현재의 건강과 사망수준을 종합적으로 나타내는 지표
인구의 자연증가율	자연증가율 = 출생률 - 사망률
인구성장률	인구성장률 = 자연증가율 + 사회적 증가율
모성사망비	모성사망비 = $\dfrac{당해 연도의 모성사망자 수(임신, 분만, 산욕으로 인한 모성사망수)}{당해 연도의 출생아 수} \times 100,000$
모성사망률	모성사망률 = $\dfrac{모성사망자수}{15-49세 가임기 여성수} \times 100,000$
주산기사망률	주산기 사망률 = $\dfrac{후기 사산 수(임신 28주 이후)와 초생아 사망수(출생 후 1주 이내)}{일년간의 출생자 수} \times 1,000$

75 노인장기요양 급여 종류 및 내용 ▶ 2012·2022

구분		내용
시설급여		요양시설에 장기간 입소한 경우 신체활동 지원 등을 제공함.
재가급여		가정을 방문하여 신체활동 및 가사활동 등 지원, 목욕, 간호 등 제공, 주간보호센터 이용, 복지용구 구입 또는 대여할 수 있는 제도임
특별현금급여	가족요양비	방문요양에 상당한 장기요양급여를 받은 대통령령으로 정하는 기준16)에 따라 당해 수급자에게 가족요양비를 지급할 수 있음
	특례요양비	수급자가 장기요양기관이 아닌 노인요양시설 등의 기관 또는 시설에서 재가급여 또는 시설급여에 상당한 장기요양급여를 받은 경우 대통령령으로 정하는 기준에 따라 당해 장기요양급여비용의 일부를 당해 수급자에게 특례요양비로 지급
	요양병원간병비	요양병원에 입원한 때 대통령령으로 정하는 기준에 따라 장기요양에 사용되는 비용의 일부를 요양병원간병비로 지급

76 장기요양급여 제공 기준 및 급여비용 산정기준 ▶ 2022

목적	장기요양급여 제공기준 및 급여비용 산정방법 등의 사항을 규정함을 목적으로 한다.
급여제공의 일반원칙 (제2조)	① 장기요양급여는 수급자가 가족과 함께 생활하면서 가정에서 장기요양을 받는 재가급여를 우선으로 제공한다. ② 수급자 중 장기요양등급이 1등급 또는 2등급인 자는 재가급여 또는 시설급여를 이용할 수 있고, 3등급부터 5등급까지인 자는 재가급여만을 이용할 수 있다. 다만, 3등급부터 5등급에 해당하는 자 중 다음 각 호의 어느 하나에 해당하여 등급판정위원회로부터 시설급여가 필요한 것으로 인정받은 자는 시설급여를 이용할 수 있다. 1. 주수발자인 가족구성원으로부터 수발이 곤란한 경우 2. 주거환경이 열악하여 시설입소가 불가피한 경우 3. 치매 등에 따른 문제행동으로 재가급여를 이용할 수 없는 경우 ③ 수급자 중 인지지원등급 수급자는 주·야간보호급여(주·야간보호 내 치매전담실 포함), 제36조의2 제2항에 따른 단기보호급여 및 기타재가급여만을 이용할 수 있다.

---

16) 도서·벽지 등 장기요양기관이 현저히 부족한 지역, 천재지변으로 장기요양급여 이용 어려워진 경우, 신체·정신 또는 성격 등으로 가족 등으로부터 장기요양을 받아야 하는 자

적정급여제공 (제3조)	① 장기요양급여는 장기요양인정서의 장기요양급여의 종류 및 내용에 따른 개인별장기요양이용계획서(장기요양 욕구, 장기요양 목표, 장기요양 필요 영역, 장기요양 필요내용, 수급자 희망급여, 유의사항, 장기요양 이용계획 및 비용 등)에 따라 필요한 범위 안에서 적정하게 제공하여야 한다. ② 수급자와 장기요양기관은 「노인장기요양보험법」(이하 "법"이라 한다) 제28조의2에 따라 수급자의 가족만을 위한 행위, 수급자 또는 그 가족(이하 "수급자 등"이라 한다)의 생업을 지원하는 행위, 그 밖에 수급자의 일상생활에 지장이 없는 행위를 요구하거나 제공하여서는 아니 된다. ③ 「노인장기요양보험법」 시행령(이하 "영"이라 한다) 제9조에 따른 복지용구(이하 "복지용구"라 한다)의 적정 급여범위 및 기준 등에 대하여는 이 고시에 특별한 규정이 있는 경우를 제외하고는 「복지용구 급여범위 및 급여기준 등에 관한 고시」에서 정한 바에 따른다.

급여의 중복제공 금지	장기요양기관은 다음 각 호에 따라 장기요양급여를 중복하여 제공하여서는 아니 된다.
	1. 타 법령에 따른 사회복지시설(「사회복지사업법」 제34조 제2항의 규정에 의한 신고를 하지 아니하고 설치·운영되는 시설을 포함한다)에 입소중인 수급자에게는 장기요양급여를 제공할 수 없다. 다만, 다음 각 목에 해당하는 수급자에게는 필요한 경우 재가급여를 제공할 수 있다.
	  가. 국가나 지방자치단체로부터 「사회복지사업법」 제42조 제1항에 따른 보조금을 지원받지 않는 사회복지시설에 입소중인 수급자
	  나. 「노인복지법」 제32조에 따른 노인복지주택에 입소중인 수급자
	2. 의료기관(공공보건의료기관을 포함한다)에 입원 중인 수급자에게는 장기요양급여를 제공할 수 없다.
	3. 시설급여를 제공하는 장기요양기관(노인요양시설, 노인요양공동생활가정을 말하며, 이하 "시설급여기관"이라 한다)에 입소한 수급자에게는 재가급여 및 특별현금급여를 제공할 수 없다.
	4. 방문간호(치과위생사가 제공하는 것은 제외한다)는 「국민건강보험 요양급여의 기준에 관한 규칙」 별표1의 가정간호와 동일한 날에 제공하여서는 아니 된다.
	5. 인지지원등급 수급자가 「치매관리법」 제17조에 따라 설치된 치매안심센터에서 인지기능향상을 위한 쉼터 프로그램 등을 제공받는 기간 동안에는 주야간보호급여를 제공할 수 없다.

Memo

차원이 다른 노하우를 전수한다

제2편
정신간호

정신간호 개관 / 주요개념

구분	내용
정신장애 개념	정신장애란 현존하는 고난, 불능 혹은 확연하게 증가된 죽음의 가능성, 통증, 무능, 현저한 자유의 상실 등과 관련하여 개인에게 임상적으로 유의하게 나타나는 **행동적 및 심리적 증후군** 또는 양상(APA)
정신건강 평가기준 (마리야호다) ▶ 2009	① 자신에 대한 긍정적 태도 ② 성장과 발달, 자기실현 ③ 통합력 ④ 자율성 ⑤ 현실지각 ⑥ 주변환경 지배
정신간호 원리	① 자기인식 ② 치료적인 자기이용 ③ 상호작용 ④ 간호과정

SET 002

중추신경계의 구조와 기능

구분	내용
전두엽 증후군	의욕, 계획력 및 사회적 판단력의 손상을 나타내게 된다. 예를 들어 대인관계 부적절, 미숙, 무책임, 목적지향적인 행동 능력의 결함 등을 포함
신경전달물질	신경전달물질의 종류는 크게 **아민계**와 **신경펩티드**로 분류됨 • 아민계: 티로신, 트립토판, 히스타민과 같은 아미노산 분자에서 생성되는 신경전달물질로서 모노아민, 아세틸콜린, 아미노산 • 모노아민: 노르에피네프린, 도파민, 세로토닌, 멜라토닌 포함됨
도파민 ▶ 2024	① 주로 뇌간의 흑질에 있는 **도파민**은 복잡한 운동, 동기화, 인지와 쾌락, 정서적 반응의 조절과 관련. 도파민은 식이성 아미노산인 티로신에서 생성 ② 도파민 신경회로 4 dopamine pathway: 항정신병 약물 - 이 모두에 비선택적으로 D2 수용체 차단 ㉠ mesolimbic pathway (중변연계 경로) — 양성증상 등의 정신 증상 호전시키는 치료효과와 관련 ㉡ mesocortical pathway (중피질계 경로) — 음성증상의 악화 또는 인지 기능의 저하와 관련 ㉢ nigro-striatal pathway (흑질선조체 경로) — 추체외로 부작용과 관련 ㉣ tubero-infundibular pathway (결절 누두 경로) — 프로락틴 증가되어 무월경 등의 내분비계 부작용과 관련
세로토닌	① 합성: 트립토판에서 합성됨 ② 기능: 억제성 물질로 작용. 기분, 감정, 공격성, 불안, 강박장애, 조현병의 음성증상, 각성과 수면, 음식섭취, 체온조절, 통증조절, 성행동 조절 등과 관련됨 ③ 시냅스 내 세로토닌의 기능 저하는 우울증, 강박증과 관련되며, 아동-청소년의 자살이나 공격성, 난폭한 충동적 행동과도 관련 있는 것으로 추정

아세틸콜린	① 아세틸콜린은 뇌와 척수에 존재하나 말초신경계, 특히 근골격계 근육의 신경근육접합부에 더 광범위하게 분포되어 있는 흥분성 혹은 억제성 신경전달물질 ② 항콜린제 복용시 증상: 학습, 기억의 장애, 착란, 환각, 지남력 장애 등이 나타남. 즉 항콜린성 효과가 있는 약물의 경우 섬망 또는 인지기능 저하를 유발할 가능성 높음
GABA	① 글루타민산 유도체로서 억제성 아미노산계 신경전달물질로 직접적인 자극을 주기보다 다른 신경전달물질 시스템을 조절하는 역할을 함. ② 불안이나 공황장애가 GABA 수용체의 결손과 연관되는 것으로 밝혀지고 있어 GABA 기능을 증가시키는 벤조디아제핀과 같은 약물이 사용됨 ㉠ 기능: 억제성 신경전달을 함 ㉡ 진정 - 최면 - 항불안제, 항경련제, 근이완제의 작용기전

SET 003

정신 심리-사회문화적 이해

구분	내용
정신역동	인간 내부의 **정신적인 힘**(psychic energy)이 상호작용하여 나타내는 결과와 현상의 기전
정신결정론	인간의 모든 정신현상과 행동, 그리고 병적인 장애들은 우연히 일어나는 것이 아니라 반드시 **원인(이유)**이 있어서 일어난다는 이론
정신역동적 간호	① 모든 행동이 의미가 있고 이해할 수 있음 ② 사람은 자신의 행동이나 행동에 대한 이유를 항상 인식하지는 못함 ③ 모든 행동은 변화될 수 있음 ④ 모든 사람은 변화할 것인지 변화하지 않을 것인지 선택할 수 있으며, 이 결과, 사람은 건강 또는 질병을 향할 수 있음 ⑤ 사람은 건강을 지향하고 질병을 멀리하려는 경향이 있음
의식의 수준	
의식(consciousness)	주의(attention)이라고 알고 있는 부분, 즉 알고 있는 부분
전의식 (preconsciousness)	의식과 무의식 사이에 존재하는 영역, 평소에 의식하지 못하지만 주의집중하면 의식할 수 있는 기억이나 저장된 지식의 영역
무의식 (unconsciousness)	억압된 사고와 감정, 성적욕구나 공격성, 이기적이고 비도덕적인 또는 비이성적인 욕망, 공포, 원망, 수치스러운 경험과 기억 등과 같은 본능적 욕구와 충동들이 무의식을 이룸
성격의 구조	
이드(id)	① 인간의 본능. 성적본능, 공격적 본능, 자기보호의 본능 등으로 구성되며 **쾌락원칙**(pleasure principle)에 따름. 개인으로 하여금 현실을 고려하지 않고 본능적 욕구의 즉각적인 만족을 얻도록 함 ② 이드에 의해 나타나는 사고를 **일차사고과정**(primary process thinking)이라고 하는데 이는 무의식적 사고과정으로 불쾌감을 피하고 욕구만족과 해소에 집중되며 비논리적이고 비현실적
자아(ego) ▶ 2021	① **현실원칙**(reality principle)에 입각하여 모든 정신현상을 총괄하는 기능 ② 즉 본능적 충동을 즉각적으로 만족시키려는 이드와 억압적인 초자아 사이에서 조정자 역할

초자아(superego)	① 도덕적 기준에 따라 행동하도록 하는 것 **사회적 원칙**(social principle)에 따라 작동 ② 대개 부모의 양심, 가치관을 내면화하게 됨 ③ 초자아의 위협과 비난이 지나치면 불안, 우울, 후회, 죄책감, 자살 등 유발

SET 004

방어기전

구분	구별
방어기전 ▶ 2011·2015·2018· 2022·2024	① 프로이드는 **본능적 욕구**가 **좌절**되면 불안이 생기고 이 불안에 대한 대처가 부적절할 때 또는 해소되지 않을 때 내적인 방어기전이 작동되게 된다고 봄 ② 자아가 이드나 초자아 및 현실 환경으로부터 오는 요구들 간의 균형을 맞추고자 하는 하나의 **자동적 조작임**
방어기전의 종류	
억압	용납되지 않은 욕구나 충동, 사고 등이 의식 밖으로 밀려나 **무의식** 속에 잠기게 됨. 전형적인 예가 기억상실
억제	받아들이고 싶지 않은 욕구나 기억에 대해 주의를 주는 것을 **의도적 또는 반무의식적**으로 연기하는 것. 무의식적 억압과 구별됨
승화	원시적이고 **용납되지 않는 충동**이나 행위를 사회적으로 **용납되는 활동**으로 방향을 바꾸어 표현하게 하는 것. 성적인 욕망을 예술행위, 문화, 종교, 과학 및 직업 활동으로 승화
전치	정서적 감정, 예를 들어 적개심, 좌절 등이 원래 대상에서 다른 대상으로 향해 표현되는 것
대치 (substitution, 대리형성)	욕구불만으로 생긴 긴장을 감소시키기 위해, 원래 대상과 유사하고 동시에 사회적으로 받아들여질 수 있는 **다른 대상**으로 만족하는 것
부정	의식적으로 감당할 수 없는 생각이나 충동 등을 회피하고 편안한 상태를 유지하려는 것. 말기 암 환자가 자기 병을 의식하지 못하거나 심지어 부정하는 것
이동	어떤 한 사람에 대해 가진 적개심, 좌절 등의 감정을 그 사람보다 **덜 위협적인** 다른 대상에게 이동하는 것
보상	자신이 가지고 있는 실제의 혹은 상상 속의 결점을 보완하기 위해 다른 부분에 전력을 다하여 자존감을 유지하려는 것
해리	마음을 불편하게 하는 자신의 성격 일부가 그 사람의 의식적인 지배를 벗어나, **별개의 독립적인 성격**을 지닌 존재처럼 행동하는 것

격리	고통스런 경험과 관련된 **감정을 차단**하는 방어기전으로, 고통스런 경험을 한 사실은 의식에 있지만 그 경험과 관련된 감정은 **분리**되어 무의식에 남아 있도록 하는 것
주지화(또는 지식화)	지적 활동에 몰두함으로써 감정적 불편을 **회피**
분리	자신이나 타인에 대해 가질 수 있는 서로 상반된 정서나 이미지를 통합적인 이미지로 통합하지 못하고, 긍정적이거나 아니면 부정적인 것으로 인식하는 것
취소	용납할 수 없는 감정이나 갈등을 **중화**하기 위한 상징적 행동
투사(projection)	어떤 생각이나 행동의 책임을 다른 사람에게 돌리는 것
투사적 동일시	자신에게 있는 속성이지만, 받아들이기 힘든 속성(감정, 충동, 사고)을 다른 사람이 가진 속성으로 잘못 돌리는 것
합리화(rationalization)	용납할 수 없는 감정과 행동에 이유를 붙여 정당화 하는 것
합일화	넓은 의미로 동일시에 포함되며, 원시적 행태의 동일시. 어떤 대상을 상징적으로 **삼켜** 동화하여 변형없이 그대로 자신의 **자아구조 속**으로 들어오게 하는 원시적 동일시를 말함
함입, 섭취 (incorporation)	자신에게 중요한 사람의 성격특성, 태도, 사고방식 등을 자신의 자아구조에 융합하는 것. 함입은 어떤 생각이나 행동의 책임을 자신에게 돌리는 것을 말하는 것으로 **투사의 반대**임. 즉 타인에게 느끼는 감정을 표현하지 못하고 그 대신 그 감정을 자신에게 돌려 자학이나 우울 등의 감정을 유발
동일시 (identification)	다른 사람으로부터 닮고 싶은 속성이나 태도를 자신에게 가지고 와 **자신의 성격의 일부**로 삼는 것. 이는 개인이 다른 사람들이나 어떤 집단과의 강한 정서적 유대감을 형성하여 만족감을 얻으려 하는 모습으로 나타나기도 함. 주로 동일시는 3세에서 6세 사이의 **아동이 부모를 동일시**하는 시기부터 시작됨
반동형성	개인이 실제로 느끼는 것과 **반대**되는 태도, 행동을 보이는 것. 즉 받아들이기 어려운 감정을 억압하는 대신 그 상황에서 통상적으로 기대되는 것과 반대되는 태도나 행동을 보이는 것
행동화	소망이나 충동이 즉시 만족되지 못하고 연기됨으로 인해 생기는 좌절감이나 갈등을 해소하기 위해 즉각적인 행동으로 표출하는 것

전환	정서적 갈등이 신체증상으로, 특히 **신체감각기관이나 수의근계 증상**으로 무의식적으로 표출되는 것. 즉 정신내적인 갈등은 신체증상으로 위장되며, 대신 신체증상을 호소함으로써 심리적인 갈등을 신체적 증상으로 상징적으로 표출하는 것
고착	발달이 그 다음 단계로 진행되지 못하고, 어느 시기에 **멈추어버리는 것**
퇴행	현재의 갈등이나 고통을 감소시키기 위해 현재 겪고 있는 어려움이 없는 **이전의 발달단계로 후퇴**하여 의존적인 모습을 보이는 경우
수동공격적	다른 사람에 대한 공격심이나 부정적인 감정을 간접적으로 표현하는 것
저항	불안을 유발하는 정보가 의식 수준으로 나오게 되면 힘들기 때문에 나오는 것을 막는 것
혼동하기 쉬운 방어기제	**구별**
억압과 억제	• 억압: **무의식적 과정** • 억제: **의식적 과정**
퇴행과 행동화	• 퇴행: 나이나 상황에 맞지 않게 이전 발달단계로 되돌아간다는 점이 특징적 • 행동화: 욕망이 통제되지 않고 분출되는 점에 주목하는 것
취소, 반동형성, 이타주의	• 취소: 불편한 욕구나 기억을 지우거나 중화하는 상징적 행동 • 반동형성: 욕구와 정반대로 행동 • 이타주의: 갈등을 유발하지 않으며 만족감을 주는 발전된 형태의 반동형성
고립과 해리	• 고립: 사고와 기억에서 감정을 분리하는 것 • 해리: 인격의 일부와 나머지를 분리하는 것
전치와 상징화	• 전치: 특정 대상에 가지는 불편한 감정을 덜 불편한 대상으로 이동시키는 것 • 상징화: 특정 대상에 대한 불편한 감정을 대상과 연관된 상징적 의미를 지닌 사물에 옮겨 표현하는 것으로 전치의 일종
합일화와 함입 동일시	• 동일시: 다른 사람의 특성을 자기의 것으로 받아들이는 것(긍정적) • 함입: 발달과정에서 타인의 것을 받아들여 자기의 것으로 함 (부정적) • 합일화: 자신과 외부의 구별이 없는 시기에 발생하는 가장 원시적 동일시

정신간호 관련 이론

모형	행동 일탈에 대한 견해	치료과정
정신분석 모형 ▶2021	초기 아동기에 해결되지 않은 갈등이 근원이 되어 자아가 불안에 대해 부적절한 방어(증상)을 보이는 것	자유연상, 꿈 분석, 전이 형성, 저항 해석 등 • 환자: 능동적 참여자 • 치료자: 음영자
대인관계 모형	대인관계에서 거부에 대한 두려움으로 불안을 보이는 것	교정적 대인관계 경험 심리적·모성적 돌봄 과정 • 환자: 적극적 참여자 • 치료자: 참여적 관찰자 * 환자와 치료자 간의 파트너십이 중요
사회모형	사회적, 환경적 스트레스로 인해 생긴 불안과 이로 인해 행동장애	위기중재, 환경적 조작, 사회적 지지체계, 사용가능한 지원 탐색 • 환자: 소비자 • 치료자: 지역사회에 기반을 둔 전문가나 비전문가
실존모형	자신과 환경으로부터 소원해지는 것	진정한 자기를 배울 수 있는 의미 있는 경험에 참여 • 환자: 능동적 참여자 • 치료자: 안내자
의사소통 모형	왜곡된 의사소통	언어적·비언어적 의사소통의 분석과 피드백 상호교류분석 • 환자: 변화의 책임자 • 치료자: 효과적 의사소통자
행동모형	불안 감소를 위한 바람직하지 않은 학습의 결과	훈련을 통한 생산적 행위의 강화, 숙제: 탈감작화, 이완요법, 자기주장 훈련 등 • 환자: 학습자 • 치료자: 교사

스트레스- 적응모형 ▶ 2005·2009	만성적인 스트레스에 적응하는 과정에서 나타나는 비효율적 반응	문제중심대처, 선제적 대처, 정서중심적 대처, 이완법, 명상, 약물치료, 인지치료, 자조집단, 사회적 지지 • 환자: 자기관리 주체 • 교육자: 자기관리를 돕는 지지자, 교육자
지지치료 모형	생물·정신·사회적 요소의 결과로 인한 현재의 부적응적 대처	현실검증, 자긍심 증진, 사사회적 지지 • 환자: 동참자 • 치료자: 적극적 지지자
생물학적 모형	생물학적 질병과정으로 생리적, 유전적, 환경적, 사회적 요소의 결함	진단검사 신체적 치료 약물치료 • 환자: 수동적 참여자 • 치료자: 의사
간호모형	잠재적·실제적 건강문제에 대한 개인의 부정적 반응	간호과정(사정, 진단, 계획, 중재, 평가) 함께 참여하는 협동적 과정 • 환자: 능동적 참여자 • 치료자: 간호숙련가

SET 006

정신상태검사/심리학적 검사 ▶ 2014·2015·2017·2019·2020·2021

구분	정신상태검사
개요	정신상태사정은 대상자에 대한 일반적인 기술, 정서상태, 경험, 사고, 감각 및 인지에 관한 사정으로 구성
일반적 기술	외모, 행동양상, 언어양상 및 태도
외모	• 대상자의 머리에서 발끝까지 전반적인 외모를 사정 • 키와 몸무게를 확인하고, 옷차림이 계절이나 신분, 나이에 적절한지, 화장 정도가 어떠한지, 머리는 단정한지 헝클어져 있는지 관찰 • 개인위생 상태, 머리카락 색깔이나 결의 상태, 문신, 손톱 상태 살피기 • 서있는지, 누워 있는지 등과 같은 자세에 대해 관찰하고 눈 맞춤을 잘하는지 피하는지, 동공 크기와 동공 빛 반사에 대해서도 사정
행동양상	• 자동증: 불안의 표현으로 나타나며, 목적 없이 반복되는 행동 • 정신운동지체: 전반적으로 행동이 느린 것 • 납굴증: 자세나 위치가 어색하거나 불편한데도 계속 지속되는 것 • 초조: 긴장감과 각성 수준이 높은 신체적 상태 • 틱: 불수의적 운동이 갑자기 빠르게 나타나는 것 • 근육긴장 이상증: 불수의적으로 나타나는 근육 긴장도의 증가
언어양상	말의 속도, 크기, 양, 특성을 파악하고, 양적, 질적 특성과 비정상적인 요소를 사정
일반적 태도	협조적/비협조적, 전반적으로 태도가 어떠한지를 파악(관심, 불안정성, 의심 여부 등)
정서상태	기분, 정동이 포함
기분	• 우울: "아무것도 하고 싶지 않아요. 아무도 날 돌봐주지 않아서 우울해요" • 들뜬 기분: "(밝게 웃으며)오늘은 무슨 일을 해도 다 잘될 것 같아요. 기분이 너무 좋아요" • 불안정한 기분변화: "(밝은 표정으로)제가 쓴 이 글이 상을 받을 것 같아요. (화를 내며) 내가 못할 것 같아요? (울면서) 저는 정말 잘할 수 있어요."

정동	• 무감동: 주관적 느낌도 없고 객관적인 반응조차도 없어진 상태 • 둔마된 정동: 얼굴표정이 거의 없거나 천천히 반응하는 것처럼 보이는 것 • 단조로운 정동: 자극에 대해 주관적인 느낌이 없어 보이고 얼굴표정이 없이 감정표현의 강도가 많이 감소된 무딘 감정상태 • 제한된 정동: 표정의 한 가지 형태로 나타남. 일반적으로 심각하거나 침울 • 부적절한 정동: 상황에 적절하지 않은 감정을 보이며 부적절하게 감정을 표현함. 종종 어리석고 주변상황에 무관심 • 광범위한 정동: 다양한 내용의 감정표현
사고	사고과정과 사고내용으로 분류
사고과정	사고의 체계성과 논리성을 확인
사고과정의 예	• 우회적 사고: 사고나 언어가 주어진 질문에 대한 답변과 관련이 있지만 지나치게 세밀하고 부수적임. 많은 불필요한 세부설명을 한 후에야 말하고자 하는 목적에 결국 도달함. 조현병, 기질성 정신장애, 정신지체 등에서 흔히 볼 수 있음 • 사고의 비약: 한 생각에서 다른 생각으로 계속 연상이 빨리 진행되는 것 • 사고의 이탈: 한 생각에서 다른 생각으로 연상이 진행되며 목적에 도달하지 못하는 것으로, 우회적 사고와 유사하지만 중심주제로 돌아오지 못한다는 점과 원래의 질문에 대한 답을 하지 못한다는 점이 다름. 가속적인 내적 욕구와 주의산만 때문이며 조증에서 흔히 관찰됨 • 연상의 해이: 연상이완이라고도 하며 사고 진행이 와해되어 논리적 연결이 없이 하나의 생각에서 다른 생각으로 바뀌는 경우이며, 심한 경우 언어에 지리멸렬이 있음 • 지리멸렬: 사고나 말에 있어서 논리나 문법적으로 앞뒤가 서로 연결되지 않아 줄거리가 없고 일반적으로 이해할 수 없는 상태 • 말비빔: 단어와 문구를 이해 할 수 없게 지리멸렬하게 뒤섞는 것으로, 듣는 사람에게 아무 의미가 없는 말을 함 • 동문서답: 질문에 맞지 않는 대답을 하는 경우 • 음연상: 말의 의미보다 단순히 소리의 음향에 따라 새로운 사고가 끊임없이 연결되는 연상의 장애 • 음송증: 말이 토막토막 끊어져 완전히 낱말들만 되풀이 하는 경우, 언어의 상동증 • 보속: 새로운 자극이 주어져도 사고가 더 이상 진행되지 못하고 이전 자극에 머물러 한 관념이 지속적으로 반복 표현되어 다른 질문에도 같은 대답을 함 • 반향언어: 다른 사람의 단어나 문구를 병리적으로 반복하는 것 • 신어조작증: 자기만 뜻을 아는 독특한 새로운 말을 조합하거나 만들어 내는 현상. 두가지 말을 합쳐서 하나의 말로 압축시킨 경우가 많음 • 사고의 차단: 연상의 진행이 갑자기 중단되는 것으로 강한 감정으로 인해 나타나기도 함

사고내용	대상자의 언어에 표현된 구체적인 의미, 일반적 생각이 아닌 정신증적(psychotic) 사고(thought)가 있는지 사정함
사고내용의 예	• 관계사고: 인과적인 사건이나 외부사건들을 자신과 직접적인 관련이 있는 것으로 잘못 해석하는 것. • 사고 투입: 다른 사람이 대상자의 머릿속에 어떤 관념이나 생각을 집어넣는다는 망상적인 믿음 • 사고 전파: 다른 사람이 대상자가 생각하는 것을 듣고 있거나 알고 있다고 여기는 망상적 믿음 • 망상: 현실에 맞지 않는 잘못된 생각을 말하며 현실 상황에서 사실과 맞지 않으며, 논리적인 설명에도 불구하고 시정되지 않으며, 그 사람의 교육정도나 문화적인 환경에 걸 맞지 않는 잘못된 믿음 또는 생각을 의미함 • 괴이한 망상: 망상내용이 매우 괴이하고 엉뚱한 경우 • 허무 망상: 자신은 죽었다. 뇌가 없다는 등의 망상 • 빈곤 망상: 자신은 가진 것이 없다 또는 망했다는 망상 • 신체 망상: 에이즈나 암에 걸렸다고 비현실적으로 믿는 경우나 자신의 얼굴이 비뚤어졌다고 여기는 망상 • 편집 망상: 누군가 자신을 해치려 한다는 망상으로 보통 자신의 증오와 공격성이 투사된 결과. 피해망상, 과대망상, 관계망상이 이에 속함 • 피해망상: 주변 환경이나 사람이 자신을 괴롭히거나 감시, 독살, 미행, 추적 등 해치려한다고 믿는 망상 • 과대 망상: 자신이 신, 대통령, 중요인물, 특수인, 도사, 지도자, 초능력 보유자 등 특별하고 신비한 힘, 능력이나 신분에 있는 것으로 믿는 망상 • 관계 망상: 현실적으로 아무런 관계가 없는 타인이나 사건, 사물에 대하여 자신과 모종의 연관이 있다고 믿는 망상 • 자책 망상: 죄의식과 자기 징벌을 내용으로 하는 망상. 초자아가 심하게 비판적일 때 나타남 • 조종 망상: 자신이 타인에 의해 또는 미지의 존재에 의해 조종당한다는 망상 • 부정 망상: 사랑하는 사람이나 배우자를 믿지 않고 병리적으로 질투하는 망상 • 색정 망상: 누군가 자기를 몹시 사랑하고 있다고 믿는 것 • 자살사고: 낙담 또는 절망한 대상자가 자살 생각이나 구체적인 실행계획을 세웠는지 확인하는 것이 중요
지각	외부의 자극을 인식, 조직화, 해석하는 과정
환각	실제 외적인 자극이 없는데도 실제처럼 지각하고 체험을 하는 것을 말함

지각 관련 용어	• 환청: 실제 외부의 청각 자극이 없는데도 실제처럼 들리는 것 → 친근하거나 낯선 사람의 목소리, 신과 악마의 목소리 등이 들리고 편안하거나 즐거운 소리이거나 과거와 현재의 죄를 호되게 꾸짖거나 비난하는 목소리가 들림 • 환시: 실제 외부의 시각 자극이 없는데도 실제처럼 보이는 것 → 빛이나 죽은 사람, 동물 등 현재 존재하지 않는 것의 형상이 보임. 위협적이고 놀라운 괴물이나 광경이나 광경이 보이기도 함 • 환후: 실제 외부의 후각 자극이 없는데도 실제처럼 냄새를 맡게 되는 것 → 냄새나 악취가 나는 것처럼 느껴 코를 쥐고 냄새 맡는 것처럼 킁킁거림 • 환미: 실제 외부의 미각 자극이 없는데도 실제처럼 맛을 느끼게 되는 것 → 쓴맛, 독특한 맛을 느낀다고 표현하거나 음식이나 음료를 거절하고 뱉어내며 식사를 거부하는 증상으로 이어짐 • 환촉: 실제 외부의 자극이 없는데도 실제처럼 자신의 피부와 접촉하거나 누르거나 압박 하는 등의 촉감을 경험하는 것 → 몸에 전기가 흐르고 있는 느낌, 피부에 벌레가 기어가고 있는 것 같은 느낌 • 입면 시 환각: 잠이 들 때 나타나는 환각 • 왜소환각: 물체가 실제보다 작게 보이는 것 • 신체환각: 느낄 수 없는 장기 기능을 느끼는 것 → 소변이 만들어지는 느낌이나 충동이 뇌를 통해 전해지는 느낌을 호소 • 운동환각: 환자가 움직이지 않으나 신체 움직임을 느끼는 것 • 실인증: 어떤 자극의 중요성이나 의미를 파악하고 이해하는 능력을 상실하여 사물을 정확하게 인지하지 못하는 상태 • 이인증: 자기 자신이나 평소 익숙하던 주변 상황이 처음 접하는 것처럼 갑자기 생소하게 느껴지는 상태 • 착각: 감각자극을 잘못 인식하는 지각장애
감각과 인지과정	지남력과 의식수준, 기억력, 집중력과 계산능력, 추상적 사고와 지적능력, 판단력과 통찰력
지남력과 의식수준	• 지남력은 대상자의 사람, 장소, 시간에 대한 인식을 의미. • 의식수준은 각성정도와 주의력, 섬망상태 등을 판단하는 것
기억력	• 기억과다: 기억의 회상 능력이 항진되는 현상. 특정기간에 일어난 일에 대해 자세한 것 까지 지나치게 많이 기억 • 기억상실: 기질적, 심인성으로 인하여 부분 또는 전체를 기억할 수 없는 상태로, 사고 시점 이후 특히 최근의 기억을 상실하는 전진성 기억상실과 사고 시점 이전의 기억을 상실하는 후진성 기억상실이 있음 • 기억착오: 전에 없었던 일을 있었던 것처럼 기억하는 회상의 왜곡 • 기시감: 낯선 상황이나 사람이 친숙하게 느껴지는 것

	• 미시감: 실제 경험한 친숙한 일이 낯설게 느껴지는 현상 • 작화증: 자신이 기억하지 못하는 부분을 조작적으로 메우는 현상
집중력과 계산능력	정확한 업무를 수행할 수 있는지를 확인하기 위한 집중력 사정으로 "태극기를 거꾸로 말해보세요.", "일주일의 요일을 거꾸로 다시 말해세요." 등의 질문으로 집중력을 사정
추상적 사고와 지적능력	추상적 사고 능력은 상황과 설명에 대하여 관련성을 만들거나 해석하는 능력이며, 지적 능력이란 새로운 상황에 대해 과거 경험을 토대로 적절한 반응을 할 수 있는 능력
판단력과 통찰력	• 판단력: 대상자가 환경의 상황을 올바르게 해석하고, 그 환경과 상황에 적응하고 올바른 결정을 하는 능력 • 통찰력: 대상자가 자신의 문제나 질병의 특성을 이해할 수 있는 능력, 대상자가 자신의 행동에 있어서 실질적인 강점과 약점을 묘사하는 능력으로 통찰력을 추론

구분	심리학적 검사 특징
간이 정신상태검사	• 인지적인 정신 상태에 대해서 간략하게 점수를 매길 수 있는 형태 • 11개의 질문으로 되어 있으며 5분에서 10분 정도 소요되며 짧은 시간에 그리고 규칙적으로 사용하려고 할 때 도움이 됨
지능검사	• 시간지남력, 장소지남력, 기억 등록, 주의 집중력, 기억회상, 이름대기, 명령실행 등 • 스텐포드 비네 지능검사: 연령 수준에 따라 검사 문항이 구성되어 있어서 각 연령층에 속하는 문항들이 따로 구별되어 있음. 4~14세 연령층에 실시하도록 되어 있고, 각 연령층에 따라 6개 문항으로 구성되어 있음. 검사는 생활연령과 동일한 연령이나 생활연령보다 1세 아래의 연령에서부터 시작 • 웩슬러 지능검사: 성인을 대상으로 한 표준화된 개인용 지능검사로 정신지체뿐만 아니라 기질적 장애, 정신증, 신경증 및 정신병적 성격장애의 진단분류에도 유용
성격검사	• 다면적 인성검사: 구조화된 검사로서 진단용 성격검사이며, 정상으로부터 이탈된 이상행동의 진단을 분류하는 목적으로 사용됨. 다면적 인성검사는 25개 영역과 관련된 566개 문항으로 구성되어 있으며, 이러한 문항들은 다시 4개의 타당성 척도와 10개의 임상 척도로 구성되어 있음 • MMPI(Minnesota multiphasic personality inventory) 검사: 대표적 객관적 인성검사. 4개의 타당도 척도는 무반응척도, 허구척도(L), 신뢰도 척도(F), 교정척도(K)로 구성됨. 10개의 임상 척도는 다음과 같음

임상척도	내용	임상 척도	내용
Hs(Hypochondriais)	건강염려증	Pa(Paranoia)	편집증
D(Depression)	우울증	Pt (Psychasthenia)	강박증
Hy(Hysteria)	히스테리	Sc (Schizophrenia)	정신분열증
Pd(Psychopathic deviate)	반사회성	Ma(Hypomania)	경조증
Mf (Masculinity-feminity)	남향성, 여향성 흥미 척도	Si (Social Introversion)	사회적 내향성

- 로샤검사: 개인 성격검사로 자극은 대칭적이며, 표준화된 10개의 잉크반점으로 구성. 검사는 카드를 순서대로 제시하고, 지시는 가능한 한 간단히 하며 대상자에게 그림이 무엇으로 보이는지를 이야기하도록 하는 것

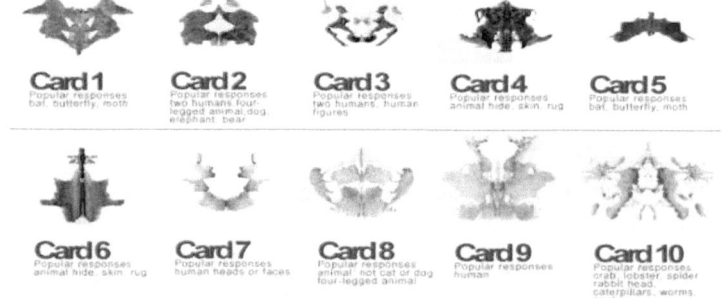

- 주제통각 검사: 20장의 인물자극 그림을 한 장씩 보여주면서 대상자가 상상을 하며 이야기를 구성하도록 함. 피검사자는 이야기를 구성하면서 자신의 개인적인 경험, 소원, 요구, 관심, 갈등, 방어, 상상 등을 투사하게 됨
- 문장완성 검사: 미완성 문항으로 되어 있어 이 미완성 문장을 피검자가 완성하도록 하는데 각 문항에는 가족, 대상자의 욕구, 과거와 현재의 능력, 미래목표, 소원 등이 포함

불안장애

구분	진단명 또는 질환명
불안장애	**분리불안장애**
	선택적 함구증
	특정공포증
	사회불안장애
	공황장애
	공황발작 명시자
	광장공포증
	범불안장애

1 분리불안장애

1. 애착 대상으로부터의 분리에 대해 느끼는 불안과 공포가 발달수준에 비해 일상생활을 위협할 정도로 심하고 지나칠 경우 나타나는 장애
2. 호발연령 7-8세, 남녀의 차이는 없음
3. 소아와 청소년에서 최소 4주, 성인에서 6개월 이상 계속될 때 진단
4. 주요 증상
   - 애착된 사람으로 부터 분리되는 것에 대해 발달적으로 볼 때 부적절하고 과도한 공포와 불안
   - 집으로 부터 또는 주요 애착대상으로 부터 분리를 예상하거나 경험할 때 재발하는 과한 고통
   - 주요 애착 대상을 잃거나 그들에게 질병, 외상, 재난 또는 죽음 같은 손해가 발생할 것에 대한 과도한 걱정
   - 주요 애착대상으로부터 분리가 일어날 수 있는 부정적 사건(납치를 당하거나, 사고를 당하거나 병에 걸리는 등)을 경험하는 것에 대해 지속적으로 과도한 걱정
   - 집을 떠나 잠을 자는 것이나 주요 애착대상이 가까이 있지 않은 상태에서 잠자러 가는 것에 대한 지속적 거부
   - 분리와 관련된 반복적 악몽

- 주요 애착대상과 떨어져야 하는 것이 예상될 때 반복해서 신체증상을 호소함
  (예 두통, 복통, 오심, 구토 등)

2 선택적 함구증 ▶ 2018

1. 말을 이해하고 할 줄 알면서도 특정 상황(학교 등)에서 일관되게 말을 하지 않는 장애
2. 주로 4-8세에 발병, 대부분 5-6세에 시작, 남아보다 여아에서 더 빈번
3. 주요 증상
   - 집이나 친밀한 사람들과는 말을 하지만 낯선 사람과 장소에서는 말을 하지 않음
   - 이런 증상이 학업적 또는 직업적 성취 또는 사회적 의사소통을 방해하며 장애의 기간이 최소한 1개월 이상임

3 특정공포증

1. 특정한 대상이나, 행동, 상황에서 비현실적인 두려움이나 불안 등이 발생하여 그 대상이나 상황을 피해버리는 장애
2. DSM-5-TR에서는 공포증을 특정공포증, 사회불안장애, 광장공포증으로 구분함
3. 주요 증상
   - 특정 대상이나 상황에 대해서 과도한 공포나 불안, 공포가 나타남
   - 공포의 대상이나 상황은 거의, 대부분 즉시 공포 또는 불안을 자극함
   - 공포대상 또는 상황은 회피되거나 심한 공포와 불안으로 견뎌짐
   - 공포와 불안은 사회문화적 정황에서 수용될 수 있는 수준을 넘음
   - 공포, 불안, 회피는 일시적이지 않고, 전형적으로 6개월 이상 지속됨
   - 특정형으로 동물형(거미, 곤충, 개), 자연환경형(고공, 폭풍, 물), 혈액-주사-상처형(혈액, 주사 및 수혈, 상처, 기타 의학적 치료에 대한 공포), 상황형(비행기, 승강기, 개방된 장소, 터널, 다리 등)

4 사회불안장애(사회공포증) ▶ 2021

1. 다른 사람들 앞에서 당황하거나 평가받을 것에 대해 불안해하고 두려워함.
2. 다양한 사회적 활동을 피하거나 사회적 기능이 저하되는 장애
3. 사회적 상황에 대해 창피해하고 과도한 두려움을 가짐.
4. 10대 후반에 많이 발생, 이 중 1/3은 우울증 가지는 것으로 추측됨
5. 주요 증상
   - 많은 사람앞에서 이야기 하는 것, 대중 화장실을 이용하는 것, 이성에게 만남을 신청할 때 심한 불안감 경험
   - 사회적 상황에 대한 회피 반응
   - 회피가 불가능하여 노출을 각오한 경우에도 예기불안이 있어 긴장하게 됨
   - 이 공포나 예기불안 등이 일상생활에 지장을 줌

5 공황장애 ▶ 2010·2018, 25 서술형

1. 실제적으로 생활을 위험하는 자극이 없이 예기치 않게 반복적으로 공황발작이 나타나는 장애
2. 공황발작은 극도의 불안으로 숨이 막히고 심장이 두근대고 죽을 것만 같은 극단적인 공포증세임.
3. 대개 20대 중반에 시작하며 유발인자는 발견되지 않았으나 부정적인 삶의 사건 이후 발생하기도 함.
4. 주요 증상
   - 강한 공포와 죽지 않을까 하는 불안
   - 이와 동반하여 호흡곤란, 심계항진, 흉부 통증, 흉부 불쾌감, 질식감 혹은 숨이 답답함
   - 현기증이나 휘청거리는 느낌
   - 비현실감, 손발 저림 등의 감각이상, 몸의 떨림이나 진전
   - 열감이나 냉감, 땀흘림
   - 어떤 사고를 저지르지 않을까 하는 공포

6 광장공포증

1. 공공장소, 사람이 많은 곳, 열린 공간(시장, 다리), 밀폐된 공간(영화관, 터널, 엘리베이터 등) 또는 내리기 어려운 운송수단(지하철, 버스, 기차, 배, 비행기) 등의 상황에서 곤경에 처할 것에 대한 두려움
2. 급히 빠져나갈 수 없는 상황에 도움없이 있게 되는 것에 대한 공포
3. 공포 상황에 노출될 때 자율신경계의 반응으로 증상 악화
4. 주요 증상
   - 외출시 누군가 동반하거나 심한 경우 집 밖으로 나가려 하지 않음
   - 공포 대상의 장소에 가는 것을 최대한 피하려고 함

7 범불안장애 ▶ 2011

1. 만성적이며 광범위한 지속적인 불안상태를 나타냄
2. 거의 모든 일에 불안을 느끼며 그 느낌이 과도하고 광범위하게 다양한 신체증상을 동반하여 지속되는 경우
3. 보통 6개월이나 그 이상 지속되며 불안은 느끼는 날이 그렇지 않은 날보다 많아야 함.
4. 주요 증상
   - 불안감과 운동성 긴장(tension) 이 지속되는 것이 주 양상
   - 그 외 피로감, 근육긴장과 통증, 눈꺼풀 경련이나 이마 찌푸림
   - 자율신경계 기능항진으로 인한 신체증상 즉, 심계항진, 빈맥, 손발 저림, 구갈, 빈뇨, 오심, 위불편감, 과호흡 등
   - 우유부단하여 사소한 일에도 지나치게 염려
   - 주의산만, 집중곤란, 초조감, 불면증 등

강박 및 관련 장애

구분	진단명 또는 질환명
강박 및 관련 장애	**강박장애**
	신체이형장애
	수집광
	발모광(털뽑기장애)
	피부뜯기장애

8 강박장애 ▶ 2015·2020·2024

1. 자신의 의지와 상관없이 반복적인 사고와 반복적인 행동이 되풀이되는 장애로 강박사고와 강박행동이 핵심 증상
2. 이런 사고와 행동은 병적이고 저항할 수 없는 충동이며 불안의 표현임.
3. 본능이나 초자아의 내적인 심리적 갈등의 결과로 대부분 강박적 사고는 강박적인 행동을 통해 일시적으로 완화됨
4. 주요 증상
   - 반복적인 사고(강박사고)와 반복적인 행동(강박행동)의 두 가지가 따로 또는 동시에 나타남
   - 어떤 하나의 생각, 이미지나 충동이 의식으로 침투하듯 나타남
   - 이때 불안이나 두려움이 동반하여 이를 막기 위한 수단을 취하게 됨
   - 환자는 강박증상이 불합리하고 어리석은 것으로 인식하고 있음

특정형
① 좋은 혹은 양호한 병식을 가진 경우: 강박증상이 전적으로 혹은 아마도 사실이 아닐수 있다고 인식하는 경우
② 병식이 불량한 경우: 강박증상이 아마도 사실이라고 믿고 있는 경우
③ 병식이 없는 경우 혹은 망상적 신념을 가진 경우: 강박증상이 사실이라고 확신하는 경우

9 신체이형장애 25 서술형

1. 정상적 용모를 가진 사람이 자신의 용모에 대해 문제가 있다고 보는 경우 또는 사소한 외모의 문제를 과장되게 변형된 것으로 보는 생각 등에 집착하는 장애
2. 우울장애와 공존하고 기분장애나 강박장애와 높은 가족력이 있음.
3. 주요 증상
   - 얼굴 즉 코, 눈, 입, 턱 등에 문제나 결함이 있다고 생각
   - 그 외에도 몸 전체의 모양에 문제가 결함이 있다고 생각
   - 그런 생각에 집착되어 있고 반복해서 거울을 보거나 남과 비교하고 결함을 숨기려 하고 남들이 놀릴까봐 밖에 나가지 않음
   - 심한 경우 자살시도를 하기도 함

특정형
① 근육이형증 동반: 자신의 체격이 너무 왜소하거나 근육질이 부족하다는 믿음에 사로잡힘
② 신체변형에 대한 병식의 수준: 좋거나 양호한 병식을 가진 경우/ 병식이 불량한 경우/ 병식이 없거나 망상적 신념을 가진 경우

10 수집광(또는 저장장애, 저장강박증)

1. 소유물의 실제 가치와 상관없이 계속해서 버리지 못하고 모으는 행동이 특징
2. 물건을 보전하려는 욕구와 동시에 물건을 버리는 것에 대한 고통에서 기인
3. 만약 실제 생활공간에 물건을 쌓아두지 않았다면 제3자의 개입에 의한 것임(가족, 청소부, 기관 등)
4. 주요 증상
   - 물건이 여전히 가치가 있다고 여기거나 미학적 가치가 있다고 여기거나 소유물에 대한 강한 감상적 애착을 가짐

특정형
- 과도한 습득이 있는 경우 좋거나 양호한 병식/ 좋지 않은 병식/ 병식 없음 또는 망상적 믿음

11 발모광 ▶ 2014

1. 자신의 털을 뽑으려는 충동을 억제하지 못하는 것
2. 행위를 줄이거나 멈추려는 반복적인 시도
3. 이로 인한 사회적·직업적인 또는 다른 중요한 기능에서 현저한 고통이나 손상 초래
4. 주요 증상
   - 두피에 드문드문 불완전한 탈모 증상
   - 보통 머리털, 눈썹, 속눈썹, 턱수염 등을 뽑으며 삼키기도 함.
   - 털이 빠진 부위를 감추려고 함
   - 통증을 호소하지는 않으나 가려움이나 따끔거림을 호소함

12 피부뜯기장애

1. 자기 자신의 피부를 계속해서 반복적으로 뜯어내는 행동을 보임
2. 행위를 줄이거나 멈추려는 반복적인 시도
3. 피부 병변을 일으키며 임상적으로 유의한 고통 수반됨
4. 주요 증상
   - 자신의 피부를 뜯어내는 데 얼굴이 가장 흔하며 팔, 손 등 어느 부위라도 뜯어냄
   - 건강한 피부부터 여드름, 뾰루지, 굳은살과 같이 가벼운 피부 병변이나 이전에 뜯어내어 딱지가 생긴 것도 뜯어냄
   - 피부를 뜯는 것은 물론 문지르거나 쥐어짜고 째거나 물기도 함

SET 009

외상 및 스트레스 관련 장애

구분	진단명 또는 질환명
외상 및 스트레스 관련 장애	반응성 애착장애
	탈억제성 사회적 유대감 장애
	외상후 스트레스 장애
	급성 스트레스 장애
	적응장애

13 외상 및 스트레스 관련 장애 ▶ 2007·2012·2016

(1) 반응성 애착장애

1. 성인 양육자에 대해 억제적, 감정적으로 내성적 행동이 지속적으로 나타나는 장애
2. 긍정적 정서나 타인에 대한 사회적·감정적 반응성의 부족이 특징
3. 양육자에게 충족되는 기본적인 감정적 요구에 대한 지속적인 결핍과 양육자의 잦은 교체, 애착 형성 기회가 적은 특수한 양육 환경(보육기관 등)
4. 발달 연령이 최소 9개월 이상된 아동으로 5세 이전에 증상이 시작되어야 함.
5. 주요 증상
   - 핵심 증상은 소아가 타인과 사회적 관계를 맺지 못하는 것
   - 유아가 자연스러운 움직임이 없고 웃지 않거나 표정이 멍하고, 무감동하거나 슬퍼보임
   - 놀란 상태에서 두리번거리는 표정, 자극을 주어도 반응이 느림
   - 돌봄 제공자로부터 편안함, 먹는 것, 보호받음 등을 얻으려는 노력이 보이지 않음
   - 체중도 정상 미달이며 피부가 창백하고 근육도 약하고 위상상태도 나쁨

특정형
- 이러한 장애가 12개월 이상 지속되어 왔음.

(2) 탈억제성 사회적 유대감 장애

1. 양육자로부터 충족되는 기본적인 감정적 요구가 지속적으로 결핍되었을 때 나타나는 장애
2. 주로 양육자의 잦은 교체, 애착 형성의 기회를 갖지 못한 독특한 양육 환경(보육기간 등)
3. 광범위한 비선택적으로 초점이 맞추어진 무분별한 탈억제적 애착행동으로 주의끌기, 분별없는 친근한 행동, 통제가 빈약한 또래관계 등
4. 경계를 넘는 비정상적 사회적 기능의 특별한 양상이 환경적 상황의 뚜렷한 변화에도 불구하고 지속되는 것
5. 최소 9개월 이상된 소아에게서 나타나며 증상은 12개월 이상 지속되어야 함
6. 주요 증상
   - 친하지 않은 낯선 성인과 과도하고 부적절한 친밀한 행동 반응
   - 낯선 사람으로부터 위안을 얻으려 하고 안기고 귀염받는 행동을 하며 따라감
   - 돌보는 이와 재회했을 때 예측 못한 반응을 보이기도 하는데 얼어붙은 것처럼 가만히 있기도 함.
   - 이러한 행동은 문화적 및 사회적으로 적절성을 침해하는 것임.

특정형
이러한 장애가 12개월 이상 지속되어 왔음.

(3) 외상후 스트레스 장애

1. 실제적이거나 위협적인 죽음, 신체적인 외상 또는 성폭력 등에 의해 정상적인 수준 이상의 심한 감정적 스트레스를 경험하였을 때 나타나는 장애
2. 이러한 외상을 (1) 직접 경험하거나 (2) 이러한 사건을 직접 목격하거나 (3) 가까운 가족이나 친구에게 일어나 실제적인 사건에 직면하거나 (4) 혐오스러운 사건에 반복 노출되는 경우(경찰, 소방구조대 등)에 발생하는 반응증상
3. 외상 사건은 인간에 의해 가해지는 사건이나 대형 산업재해나 기차와 비행기 등의 교통사고, 홍수, 지진 같은 자연재해 등을 포함
4. 이러한 기간이 1개월 이상이어야 함
5. 증상이 임상적으로 심각한 고통이나 사회적·직업적, 다른 중요한 기능 영역에서 장애를 초래함.
6. 주요 증상
   - 외상의 장면이 떠오르거나 꿈을 꾸거나 하면서 반복적으로 사건을 재경험하는 침입적 증상
   - 그 사건과 관련된 경험과 느낌, 자극을 지속적으로 회피하려는 증상
   - 외상 사건과 관련된 인지의 부정적인 변화와 기분(흥미감소, 관계 위축)
   - 이자극성이나 잘 놀람, 분노 반응, 공격적 행동, 집중장애 등 각성과 반응의 현저한 변화

특정형
• 해리증상 동반
① 이인증: 자신이 외부의 관찰자인 것처럼 자신의 정신체계나 신체로부터 떨어져 있는 듯한 느낌을 지속적 혹은 반복적으로 경험함
② 비현실감: 환경에 대한 비현실적인 경험이 지속적이고 반복적으로 생김

(4) 급성 스트레스 장애

1. 매우 위협적인 상황이나 사건을 경험하거나 목격했을 때 나타나는 증상
2. PTSD와 같지만 기간만 2일 이상 4주 이내로 증상이 지속되는 경우에 진단
3. 장애가 사회적·직업적 또는 다른 중요한 기능영역에서 임상적으로 현저한 고통이나 손상을 초래
4. 주요 증상
   • 증상은 외상후 스트레스 장애와 유사함
   • 외상 사건 노출후 일찍 증상이 나타나고 경과도 2일~4주 사이에 회복함

(5) 적응장애

1. 삶을 위협하는 수준이 아닌 일상의 스트레스 요인을 겪은 후에 나타나는 비적응적 반응
2. 임상적으로 의미있는 우울증, 불안 같은 감정적 장애 또는 업무장애 같은 행동적 장애가 나타남.
3. 스트레스 요인의 크기에 비례하여 사회적으로나 직업적으로 기능적 장애를 나타냄
4. 스트레스 요인이 시작된지 3개월 이내 나타나며 6개월 이상 지속되지 않음
5. 주요 증상
   • 우울이나 불안이 혼합되어 나타나며 사회적·직업적 기능장애가 나타남
   • 수면장애가 동반되며 강박행동이 흔히 나옴
   • 청소년의 경우 행동장애로 나타나며 학업의 문제 특히 성적 저하로 문제가 발생
   • 증상은 정상 애도 반응을 나타내는 것은 아님

SET 010

해리장애 / 신체증상관련 장애

구분	진단명 또는 질환명
해리장애	해리성 정체성 장애
	해리성 기억상실
	이인성/비현실감 장애

14 해리장애

(1) 해리성 정체성 장애

1. 다중인격이라 함. 정체감이 그 연속성을 잃게 된 상태로 자아감과 주체감을 상실한 심각한 단절의 상태
2. 동일한 사람에게서 두 가지 또는 그 이상의 다른 인격이 존재하며 그 중 우세한 인격이 행세하며 독특한 행동을 나타냄
3. 다른 인격으로 변할 때 이전 인격 때의 일을 망각하는 경우가 대부분
4. 주요 증상
   - 자아 이질적인 해리된 목소리, 해리된 행동과 말, 침범적 생각들, 평소와 다른 감정과 충동, 의식기능과 자아감(self of sense)이 갑자기 통제없이 침범함
   - 임상적으로 증상들이 유의한 고통과 사회적·직업적 또는 다른 기능의 중요한 영역들에서 장애를 초래함

(2) 해리성 기억상실

1. 과거 심인성 기억상실로 불렸던 장애(해리장애 중 가장 흔함). 자전적 정보에 대한 회상 불능한 상태가 정상범위를 넘어 일상적으로 유의하게 지속되거나 재발하는 장애
2. 단순한 건망증으로 설명할 수 없는 상태로 뇌기능장애 때문이 아님
3. 주요 증상
   - 이미 저장되어 있는 그리고 정상적으로 쉽게 기억할 수 있는 중요한 자전적 정보(심지어 자신의 이름)를 회상하지 못함
   - 갑자기 증상이 나타나며 수 분 내지 수일간, 그 이상 지속됨

- 스트레스가 심하거나 상처가 컸던 사건에 대해 이전에 대한 기억 등이 망각되며 새로운 정보의 학습 능력은 남아 있음
- 일반적 지식은 유지하고 있어 치매와 같은 일상생활의 지장은 없음

특정형
- 해리성 둔주: 자신의 과거나 이름, 신분이나 직업 등 정체성에 대한 기억을 상실하여 가정 및 직장을 떠나 방황하거나 예정에 없던 여행을 하게 되는 장애

(3) 이인성/비현실감 장애 25 기입형

1. 이인증은 자기 또는 자신의 신체가 비현실적이거나 자신과 분리된 것 같은 경험
2. 비현실감은 자신의 주변환경이 비현실적이거나 자신과 분리된 것 같은 경험
3. 이러한 경험의 변화중에서도 현실검증능력(reality testing)은 정상적임
4. 증상이 자아 이질적이어서 환자는 고통을 느낌
5. 주요 증상
   - 핵심 증상은 지속적 또는 재발성 이인증, 비현실감 또는 양쪽 모두 경험하는 것
   - 주로 청소년기나 청년기에 첫 발병하며 증상이 급격히 나타나 불안이 동반됨

구분	진단명 또는 질환명
신체증상 및 관련 장애	신체증상장애
	질병불안장애
	전환장애
	인위성 장애

15 신체증상관련장애

(1) 신체증상장애 ▶ 2017

1. 진단 또는 신체적 병리소견과 무관하게 건강에 대해 과도하게 반응하거나 부정적인 반응을 나타내는 장애
2. 다양한 신체적 증상이 지속적으로 나타나는 복합적 장애로 통증, 소화기계 증상, 성적 증상, 신경계 증상 등이 조합되어 나타남
3. 증상이 자주 과장되고 극적이며 애매모호하고 감정적으로 나타내는 경우가 많고 대개 여성에게 흔함
4. 신체 증상과 관련한 건강문제에 대한 지나친 생각(사고), 지속적인 불안(감정), 이에 대해 바친 시간과 에너지의 과도함(행동)

5. 주요 증상
   - 모든 장기에 걸친 다양한 신체 증상으로 주로 신경계, 위장관, 심폐기능, 여성의 생식기계 등의 증상을 호소함
   - 증상 표현에도 일관성이 없이 과장되며 다양하게 표현됨

특정형
① 주된 통증 동반형
② 지속형: 지속적 경과가 심한 신체 증상, 현저한 기능저하, 그리고 장기간(6개월 이상)

특정형
① 경도: 사고, 감정, 행동 중 하나만 있는 경우
② 중등도: 사고, 감정, 행동 중 2개 이상인 경우
③ 고도: 사고, 감정, 행동 중 2개 이상의 증상과 함께 여러 개의 신체 증상을 호소하는 경우

(2) 질병불안장애 ▶ 2017·2020

1. 신체적 증상이나 감각을 비현실적으로 부정확하게 인식하여 자신이 심한 질병에 걸렸을 것이라는 생각에 집착과 공포를 가지는 장애
2. 환자는 신체적 질환이 없다는 확진을 받아도 믿지 않으며 여러 의사를 찾아 다니며 전전긍긍함
3. 집착으로 인한 과도한 건강 관련 행동이나 비적응적인 회피 행동을 나타냄
4. 주요 증상
   - 신체적 질환에 대한 신념에 사로잡혀 증상이나 기능장애 호소
   - 사소한 징후에도 의학용어를 사용하며 타당성 설명하려 함
   - 불안과 우울이 동반되며 대인관계나 사회적·직업적 장애가 나타남

특정형
① 치료추구형: 잦은 병원 방문이나 검사를 자주 시행하는 경우
② 치료회피형: 병원 방문이나 검사를 드물게 하는 경우

(3) 전환장애 ▶ 2012

1. 정신적 갈등이 원인이 되어 신경계 증상, 즉 감각기관(실명, 감각상실)이나 수의운동기관(팔, 다리 마비)의 증상이 생기는 현상
2. 이러한 증상은 의학적으로나 신경학적으로 설명이 되지 않음(통증만을 호소하면 신체증상장애로 진단됨)
3. 주요 증상
   - 수의적 근육운동이나 체성 감각기관의 갑작스러운 기능의 변화가 나타남

- 대개 한 번에 한 가지 증상이 나타나며 한 증상이 없어지면 얼마 후 다른 새로운 증상이 생김
- 보통 마비, 말을 못함, 운동이상증, 가성 의식상실, 경련발작, 기립보행 불능증(전환장애 특유의 보행장애)
- 경련시에도 동공반사나 구역반사는 정상임
- 감각 장애로 이상감각, 이물감, 손목 아래 마비(마비 시에도 건반사는 정상)

특정형(증상 유형)
① 무력 혹은 마비 동반
② 비정상적인 운동 동반
③ 삼키기 증상 동반(연하곤란 증상)
④ 언어증상 동반
⑤ 발작 또는 경련 동반
⑥ 무감각증 또는 감각상실 동반
⑦ 특정 감각증상 동반
⑧ 혼합증상 동반

특정형
① 정신적 스트레스 요인 동반형
② 정신적 스트레스 요인 비동반형

(4) 허위성 장애

1. 자신이 의도적으로 신체적 또는 정신적 증상을 유발하거나 가짜로 꾸며 내는 것
2. 이러한 행동의 이유는 외적인 보상이 아니라 무의식적으로 단지 환자의 역할을 하려는 것
3. 자신이 병들어 있음을 납득시키려 애쓰고 있으나 자신의 진짜 병이 인위성 장애임을 모르는 역설적 상태임
4. 대리 인위성 장애는 다른 사람에게 이러한 장애가 생기도록 만드는 것으로 예를 들어 어머니가 어린아이에게 이 장애를 자극함으로써 아이를 반복하여 입원하게 하는 것
5. 주요 증상
   - 신체 증상이 없음에도 심한 신체적 증상을 극적으로 호소함
   - 질병의 거짓 증거를 조작하는데 체온계 온도를 높이거나 소변을 오염시키거나 약을 사용하기도 함.

특정형
- 일회성 삽화, 반복성 삽화 등이 있음.

조현병 스펙트럼 장애

구분	진단명 또는 질환명
조현병 스펙트럼 및 기타 정신병적 장애	**망상장애**
	단기 정신병적 장애
	조현양상장애
	조현병
	조현정동장애
	긴장증

16 조현병 스펙트럼 장애

(1) 조현병 ▶ 2017

1. 인지, 기능, 정동, 행동, 사회활동 등 다양한 정신기능에 이상을 초래하는 주요 정신병(psychosis)
2. 주된 양상은 인지와 감정장애로 진단의 특징적 증상은 망상, 환각, 와해된 언어(빈번한 일탈, 지리멸렬), 전반적으로 혼란스러운 또는 긴장성 행동, 음성 증상(감퇴한 감정표현 또는 무의욕증)
3. 주요 증상
   - 망상, 환각, 와해된 언어와 행동 등 정신병적 증상
   - 양성 증상: 정신 기능의 왜곡과 과도함을 보이는 것이며 있으면 안되는 증상으로 즉 망상, 환각, 공격성, 흥분하고 소리지름, 난폭성, 지리멸렬한 사고과정, 괴이한 행동 등
   - 음성 증상: 정상적인 정신기능의 소실이나 결핍·감소로서 없으면 안되는 증상으로 즉 무언증, 감정 또는 정동의 둔마, 무쾌감증, 무의욕증, 극도로 움직임이 없고 조용하고 위축됨, 신체활동 적음, 사회적 위축, 사고차단, 주의집중능력 감소 등

(2) 망상장애

1. 정교하게 체계화된 지속적인 망상이 주 특징
2. 인격 기능은 유지한 채 망상은 괴이하지 않으며 망상내용에 적절한 감정을 동반함
3. 조현병의 진단기준에 맞지 않아야 함.
4. 망상들이 최소한 1개월간 있어야 함.

(3) 단기(적) 정신병적 장애

1. 조현병의 기준에 맞을 수도 있고 맞지 않을 수도 있는 증상
2. 망상, 환각, 자주 벗어나거나 지리멸렬한 혼란된 언어, 현저하게 혼란된 또는 긴장성 행동 중 하나 이상이 있어야 함. 대체로 기분장애의 증상이 더 뚜렷함.
3. 짧은 기간 장애가 지속되는데 기간은 1일 이상에서 1개월 이내여야 함.

(4) 조현양상장애(조현형 장애)

1. 조현병의 증상이 나타나지만 경과가 매우 좋은 환자군으로 갑자기 발병하나 정신사회적 스트레스가 동반되고 예후가 좋음
2. 기간은 1개월 이상 6개월 이내여야 함

(5) 조현정동장애

1. 조현병과 기분(정동)장애 양쪽 모두의 증상을 가지고 있는 장애
2. 전체 질병 기간중 절반 이상은 정동장애를 보여야 함.

특정형
- 양극성 형과 우울형 두 가지 아형이 있음

(6) 긴장증

1. 비정상적 움직임이나 행동, 움직임이 고정됨, 위축 등의 증상이 나타남
2. 아래 여러가지 중에 3가지 긴장증이 지배적일 때 진단됨
   - 혼미(정신운동성 활동 부재: 외부환경에 대한 반응 없음)
   - 강경증(중력에 반하는 자세를 수동적으로 취함)
   - 납굴증(검사자에 의해 취해진 자세를 유지함)
   - 함구증(실어증이 아닌 상태에서 언어반응이 거의 없음)
   - 거부증(지시나 외부자극에 대한 거부 또는 무반응)
   - 자세(중력에 반하는 자세를 자발적·적극적으로 유지)
   - 매너리즘(개인의 특성과 연관된 것 같은 행동을 일반적이지 않은 형태로 취함)
   - 상동증(비정상적으로 반복적이고 목적이 없는 행동)
   - 초조(외부자극에 영향 받지 않음)
   - 얼굴 찡그림
   - 반향언어
   - 반향행동

SET 012

우울장애 / 양극성 장애

구분	진단명 또는 질환명
우울장애	파괴적기분조절부전장애(기분조절곤란)
	주요우울장애
	지속성 우울장애
	월경전불쾌감장애

17 주요 우울장애 ▶ 2007·2011·2012·2015·2017

1. 아래 증상 중 5가지 이상의 증상이 2주 이상 거의 매일 나타나고 우울한 기분이나 즐거움의 상실 중 하나가 나타나는 경우
   ① 주관적으로 매일 또는 거의 하루 내내 우울한 기분
   ② 거의 매일 모든 것에 대한 하루 중 대부분의 시간동안 활동의 현저한 흥미 감소
   ③ 식이요법 하지 않는 상태에서 체중 감량과 체중 증가
   ④ 거의 매일 나타나는 불면이나 과수면
   ⑤ 거의 매일 나타나는 정신운동 흥분이나 지체
   ⑥ 거의 매일 나타나는 피로나 에너지 상실
   ⑦ 거의 매일 나타나는 무가치감이나 과도하고 부적절한 죄책감
   ⑧ 거의 매일 나타나는 사고와 집중능력의 감소나 결정 곤란
   ⑨ 죽음에 대한 반복적인 생각, 구체적 계획없는 자살사고나 자살시도 또는 자살수행에 대한 구체적인 계획

18 지속적 우울장애

1. 주요우울장애 증상보다 완화된 경우로 하루 대부분 지속되는 우울한 기분이 주관적으로 표현되고 객관적으로 관찰됨
2. 기간이 적어도 2년 이상 지속되어야 함
3. 주요 증상
   - 식욕부진 또는 과식
   - 불면 또는 과도한 수면
   - 에너지 감소 또는 피로
   - 낮은 자존감
   - 집중력 감소 또는 우유 부단
   - 절망감

19 파괴적 기분조절 곤란장애 ▶ 2018

1. 소아나 청소년에서 우울상태에 있다가 간헐적으로 파괴적 감정 발동을 보이는 경우
2. 기분의 변동없이 극도의 이자극성(irritability)과 빈번한 행동조절장애가 나타남
3. 분노발작이 발달수준에 적절하지 않고 일주일동안 평균 3회 이상 발생함.
4. 주요 증상
   - 만성적이고 심각한 지속적인 이자극성
   - 반복적인 분노 표출과 그 사이에 존재하는 만성적이고 지속적인 짜증스럽고 화난 기분
   - 부정적 정서를 경험하는 역치가 낮은 것으로 가족과 학교·사회생활에 상당한 곤란 야기

20 월경전 불쾌장애

1. 우울증이 월경과 관련하여 나타나는 것
2. 월경 주기 중 월경 시작 1주전에 나타나며 우울한 기분, 과도한 불안, 불안정, 긴장감 등이 나타남
3. 이러한 감정과 함께 활동에 대한 흥미 감소, 집중력 저하, 무기력, 식욕의 현저한 변화, 과도한 수면이나 불면, 압도되거나 자제력을 잃을 것 같은 주관적 느낌, 유방의 압통이나 부종, 두통, 관절통이나 근육통, 체중이 증가된 느낌 등의 신체적 증상

구분	진단명 또는 질환명
양극성 장애	제 I 형 양극성 장애
	제 II 형 양극성 장애
	순환성 장애

21 지속적 비탄장애

1. 최근 12개월 이내(소아·청소년은 6개월 이내) 가까운 사람의 죽음이 있은 후에 임상적으로 유의한 애도 반응이 발생하는 장애
2. 아래의 증상이 거의 매일 적어도 1달간 발생하는 경우에 해당함
   [죽은 사람에 대한 강한 갈망이나 동경, 그 사람에 대한 생각과 기억 등에 집착]
3. 죽음 이후 아래의 증상 중 3개 이상이 거의 매일 적어도 1달간 발생하는 경우에 해당
   [정체성의 혼란, 죽음에 대한 강한 불신, 사망한 자를 상기시키는 것을 회피, 죽음과 연관된 강한 정서적 고통, 죽음의 사건이후 자신의 관계와 활동으로 회복의 곤란함, 정서적 무감각, 인생이 무의미하다는 느낌, 강한 외로움]
4. 이러한 이유로 사회적, 직업적으로 중요한 기능 영역에서 어려움과 장애 발생
5. 사별 이후의 반응과 그 심각도가 개인이 속한 문화나 맥락보다 확실히 과도함

22 양극성 장애 I ▶ 2010

1. 조증 삽화(manic episode)와 우울증 삽화(depressive episode)가 교대로 나타나는 장애
2. 최소한 하나 이상의 조증 삽화가 있어야 하며 이는 경조증이나 주요 우울증 삽화 뒤에 혹은 앞에 올 수도 있음.
3. 조증삽화시 정신병적 양상이 나타날 수 있음
4. 조증 삽화
   ① 고양된 과대적인 불안정한 기분으로 즐겁고 열정적, 의기양양, 기고만장, 흥분상태 등을 보임
   ② 1주일 이상의 비정상적이며 지속되는 목적지향적 활동과 두드러진 에너지의 상태가 거의 매일 그리고 하루 내내 지속됨
   ③ 사고 과정의 비약 연상이 빠르고 말이 힘차고 높낮이가 자주 변하고 강조되는 악센트가 두드러짐
   ④ 신어증, 말비빔, 음향연상, 지리멸렬 등의 장애가 나타남
   ⑤ 잠도 거의 자지 않고 피로를 느끼지도 않음

⑥ 기괴한 몸치장을 하고 벽에 온통 그림을 붙여 장식하기도 함
⑦ 고통스러운 결과가 초래될 쾌락 활동(과도한 물건 구입, 성적 분별없음, 어리석은 사업추진 등)을 하며 자신의 상태에 대해 병식이 없음

5. 경조증 삽화
  ① 조증보다 가벼운 상태로 조증 대신 혹은 조증의 전후에 나타나기도 함
  ② 4일 이상의 비정상적인 고양되고 팽창된 이자극적인 기분이 나타남
  ③ 증가된 에너지와 활동을 보임
  ④ 자존심 팽창과 과대성, 산만, 수면 요구 감소
  ⑤ 말이 많아짐, 정신운동성 초조, 사고의 비약
  ⑥ 고통스러운 결과가 초래될 쾌락 활동에 몰두

6. 주요 우울증 삽화
  ① 우울한 기분이나 흥미와 즐거움의 상실이 동일한 2주 기간 동안 나타나야 하며 과거의 기능과의 차이가 있음
  ② 매일 또는 거의 하루 내내 우울한 기분
  ③ 식이요법 하지 않는 상태에서 체중 감량과 체중 증가
  ④ 거의 매일 나타나는 불면이나 과수면
  ⑤ 거의 매일 나타나는 정신운동 흥분이나 지체
  ⑥ 거의 매일 나타나는 피로나 에너지 상실
  ⑦ 거의 매일 나타나는 무가치감이나 과도하고 부적절한 죄책감
  ⑧ 거의 매일 나타나는 사고와 집중능력의 감소나 결정 곤란
  ⑨ 죽음에 대한 반복적인 생각, 구체적 계획없는 자살사고나 자살시도 또는 자살수행에 대한 구체적인 계획

23 양극성 장애 Ⅱ ▶ 2021

1. 우울증과 경조증이 교대로 나타나는 경우로 적어도 하나 이상의 경조증 삽화와 하나의 주요 우울증 삽화가 나타나는 장애
2. 경조증 삽화는 가벼운 형태의 조증상태가 일정 기간 지속되는 것
3. 경조증 삽화
   ① 조증보다 가벼운 상태가 일정 기간 지속되는 것
   ② 4일 이상의 비정상적인 고양되고 팽창된 이자극적인 기분이 나타남
   ③ 증가된 에너지와 활동을 보임
   ④ 자존심 팽창과 과대성, 산만, 수면 요구 감소
   ⑤ 말이 많아짐, 정신운동성 초조, 사고의 비약
   ⑥ 고통스러운 결과가 초래될 쾌락 활동에 몰두
4. 주요 우울증 삽화
   ① 우울한 기분이나 흥미와 즐거움의 상실이 동일한 2주 기간 동안 나타나야 하며 과거의 기능과의 차이가 있음
   ② 매일 또는 거의 하루 내내 우울한 기분
   ③ 식이요법 하지 않는 상태에서 체중 감량과 체중 증가
   ④ 거의 매일 나타나는 불면이나 과수면
   ⑤ 거의 매일 나타나는 정신운동 흥분이나 지체
   ⑥ 거의 매일 나타나는 피로나 에너지 상실
   ⑦ 거의 매일 나타나는 무가치감이나 과도하고 부적절한 죄책감
   ⑧ 거의 매일 나타나는 사고와 집중능력의 감소나 결정 곤란
   ⑨ 죽음에 대한 반복적인 생각, 구체적 계획없는 자살사고나 자살시도 또는 자살수행에 대한 구체적인 계획

24 순환기분장애

1. 조증 삽화보다 가벼운 경조증과 주요 우울증 삽화보다 가벼운 경우울 증상이 여러차례 주기적으로 교대로 나타나는 장애
2. 적어도 2년 이상의 기간 동안 나타나야 하고 그 기간의 반 이상은 우울 기간임
3. 증상이 없는 기간이 2개월을 넘지 않아야 함.
4. 주요 우울삽화, 조증 삽화, 경조증 삽화는 없어야 함.

SET 013

인격장애

구분	진단명 또는 질환명
성격장애	**A군 성격장애**
	편집성 성격장애
	조현성 성격장애
	조현형 성격장애
	B군 성격장애
	반사회성 성격장애
	경계성 성격장애
	연극성 성격장애
	자기애성 성격장애
	C군 성격장애
	회피성 성격장애
	의존성 성격장애
	강박성 성격장애

25 일반적 인격장애 ▶ 2012

1. 개인이 속한 문화적 기대를 현저히 벗어난 지속적인 내적 경험 행동 양식을 보이는 장애
2. 다음의 2가지 이상에 해당되는 경우 진단됨
    ① 자신과 타인, 환경에 대해 지각하는 인지 방식
    ② 감정의 반응이 불안정하고 적절성이 떨어지는 등 정동의 문제 즉, 공감능력의 **부족**
    ③ 타인과의 관계맺는 대인관계적 장애
    ④ 충동 조절의 문제
3. 지속적으로 평생동안 나타나므로 사회 전 영역에서 결핍을 초래함

26 편집성 인격장애

1. 만성적으로 타인에 대해 악의적 동기를 가지고 있다고 의심하고 불신하는 인격장애
2. 광범위한 불신과 의심이 특징이며 충분한 근거없이 타인이 자기에게 해를 주고 속인다고 의심함
3. 의심과 두려움 때문에 터놓고 이야기하기 꺼려하고 사소한 말이나 사건에 대해 숨겨진 의도가 있다고 여김
4. 종종 부당하게 취급받는다고 여겨 쉽게 논쟁적이고 위협적이되며 복수를 꿈꾸기도 함.
5. 이유없이 배우자를 의심하고 병적 질투심을 갖음
6. 망상장애나 망상형 조현병과 달리 현저하고 지속적인 망상은 없음

27 조현성 인격장애

1. 대인관계를 맺거나 의미있는 방식으로 반응하는 능력이 결핍 상태인 인격장애
2. 감정적 접촉으로부터 고립, 제한된 감정표현이 특징임.
3. 타인에게 냉담하고 사회적 초연(social detachment)이 일생에 걸쳐 나타남
4. 기계적, 과학적인 것, 미래적인 것이나 비인간적인 주제와 관련되어 혼자서 하는 일을 하는 경향이 있음
5. 타인에게 무관심하고 관여하지 않음
6. 조용하고 혼자 지내며 사회성이 없어 보임
7. 감정적 교류에 대한 갈망이 없고 그들 스스로의 삶을 추구함

28 조현형 인격장애

1. 대인관계에서 떨어져 있으려 하고 엉뚱하고 괴이한 사고, 인지 또는 지각에서 기이한 형태의 왜곡이 특징이며 조현병과 유전적 연관성을 보이는 성격장애
2. 사회적으로 격리되고 신체적 관심, 대인관계에서의 의심을 보임
3. 마술적 사고, 경한 정도의 편집증, 부적절하고 제한된 감정, 사회적 불안이 특징임
4. 현저한 사고장애는 없지만 말이 독특하고 기묘하며 때로는 해석이 필요하기도 함.
5. 지각적 착각, 신체적 착각, 관계 사고(망상은 아님) 등을 보이기도 함.
6. 친구가 있다해도 단지 몇몇 친구만 있을 뿐이며 관계가 가까워지면 급성 불편감을 나타내기도 함.

29 반사회성 인격장애

1. 소아·청소년 시기부터 사회적 규범을 따르지 않는 행동이 성인기까지 지속해 오는 것이 특징인 성격장애
2. 공격적·위협적인 활동, 사기, 반복적인 절도, 폭행, 채무 불이행, 거짓말이 주요양상
3. 충정이나 의리, 정직이 없기 때문에 지속적인 친밀한 관계 형성이 어려움
4. 또래에 비해 부적절하고 무모하며 무책임한 행동들을 하며 후회가 없음(나이가 들면서 증상의 심각도는 줄어듦)
5. 연령이 적어도 18세 이상이어야 진단되며 15세 이전에 품행장애가 시작된 증거가 있음
6. 반사회적 행동이 조현병 또는 조증 삽화 경과 중에 나타나는 것이 아니어야 함.

30 경계성 인격장애

1. 전형적으로 불안정한 정동, 무모한 충동적 행동, 강렬하며 불안정한 대인관계, 조작, 의존성 및 자기 부정 등이 특징인 성격장애
2. 항상 불안정한 위기 상태에 있는 것처럼 보임
3. 기분의 요동(mood swing)이 흔하며 매우 논쟁적이었다 금세 우울해지며 아무 느낌도 들지 않는다고 호소함
4. 혼자 남겨지는 것을 두려워함, 고독감, 공허감이나 분노 감정, 반복적인 자해, 물질 남용, 성적인 문란, 기타 무모한 충동적 행동 등
5. 일과성인 스트레스에 의한 편집적 사고나 해리 증상
6. 지속적인 정체성을 느끼지 못함(정체성 혼동)

31 히스테리성 인격장애

1. 주변 관심을 끌기 위한 과도한 행동, 외모, 정동 등의 표현의 과도함이 특징인 인격장애
2. 화려하고 극적이며 외향적 표현으로 주변 사람들의 관심의 중심이 되고자 함
3. 반면 감정의 깊이가 없고 대인관계 또한 표면적이고 성실하지 못함.
4. 허영적이며 조작하려(manipulate)하고 요구적(demanding)임
5. 감정 폭발과 눈물을 자주 보임.
6. 피암시성이 높아 다른 사람이나 환경에 쉽게 영향받음
7. 칭찬을 받지 못한다면 주변을 비난하고 성적으로 도발하려는 행동을 보임

32 자기애성 인격장애

1. 자신의 중요성과 성취에 대한 지속적이고 비현실적인 과대평가가 특징인 인격장애
2. 과대성과 공감 능력의 부족, 타인의 평가에 예민함
3. 거만, 특권의식, 관심이나 숭배 받고자 하는 욕구, 자신의 목적을 위해 주변 사람을 착취함
4. 비난, 거절, 무관심을 못 견디며 이런 것을 자신에 대한 모욕으로 받아들이고 분노함
5. 대인관계가 감정적으로 협소하고 자신의 과대성에 지지하는 타인과만 관계 유지함
6. 겉으로 보기에는 매력적이나 인간관계는 표면적이고 냉담함

33 회피성 인격장애

1. 실패나 거절 또는 강한 감정이 일어날 것 같은 상황이나 사람을 두려워하여 회피하는 것이 특징인 인격장애
2. 동시에 대인관계를 강하게 원함
3. 사회활동의 억제, 부적절감, 내향성, 부정적 평가에 대한 과민성을 보임
4. 낮은 자존감, 거절에 대한 과민성, 염려와 불신, 사회적으로 서툴고 소심함
5. 인간관계를 불편해 하고 자의식이 강하여 공공장소에서 바보같이 행동할까봐 두려워함
6. 사회적 상황과 인간관계를 원하지만 거절당하거나 창피를 당할까봐 두려워서 대인관계를 회피함

34 의존성 인격장애

1. 감정적 지지를 받는 것에 대해 과도한 욕구가 특징인 인격장애
2. 대개 복종적, 타인으로부터 지지를 받으려 하며 지속적인 재확인에 대한 요구가 있음
3. 타인의 지지가 없으면 어떠한 결정도 내리지 못함.
4. 책임지는 위치를 피하고 스스로 과제수행을 힘들어 함.
5. 혼자 있는 것을 원치 않아 늘 의존할 대상을 찾으며 욕구가 타인에게 달려 있기에 대인관계의 왜곡이 나타남.
6. 열등감, 자기불신, 피암시성, 인내심 결여 등의 모습을 보여 상대방이 불편감을 느끼며 피하게 되므로 더욱 상처를 받음

35 강박성 인격장애

1. 융통성과 개방성이 결여되어 있으며 완벽주의, 과도한 양심, 제한된 감정, 통제와 정리정돈이 심한 것이 특징인 성격장애
2. 감정 표현이 제한되고 질서정연하며 인색하고 완고한 모습
3. 규칙, 원칙, 질서, 세부사항, 정리정돈 및 완벽에 사로잡혀 있음
4. 규칙 위반을 견디지 못하며 순응과 저항 사이에서 지속적으로 갈등함
5. 대인관계 기술이 부족하여 늘 심각하고 격식을 따름
6. 어색한 농담을 하거나 농담을 받아들이지 못하고 타협을 못하며 자신의 요구에 복종할 것을 주장함
7. 실수를 두려워하여 결정을 내리는 것을 곰곰이 곱씹어 생각하여 우유부단함을 보임
8. 친구가 별로 없고 스스로 일상을 위협하는 것에 상당한 불안을 느낌
9. 물리적으로나 대인관계적으로 환경을 자기 방식으로 조절하지 못할 때 심한 스트레스를 느끼며 매우 당황하거나 분노 표출함

섭식장애

구분	진단명 또는 질환명
급식 및 섭식장애	이식증
	되새김 장애
	회피적/제한적 음식섭취 장애
	신경성 식욕부진증
	신경성 폭식증
	폭식장애

36 신경성 식욕부진증 ▶ 2005·2011·2017·2020

1. 신체상(body image)의 심한 장애로 체중 증가에 대한 강한 두려움으로 음식을 먹지 않아 체중이 지나치게 감소하는 상태
2. 성장 수준에 비해 지나치게 저체중 유지
3. 체중을 줄이기 위한 반복적으로 심한 운동을 하거나 왕성한 활동 유지
4. 특정형
    ① 제한형: 지난 3개월 동안 폭식 또는 제거행동이 정기적이지 않은 경우
    ② 폭식/제거형: 지난 3개월 동안 폭식 또는 제거행동이 반복적으로 있었던 경우

특정형(심각한 정도 BMI)
① 경도　　　　$\geq 17 \text{kg/m}^2$
② 중등도　　　$16 \sim 16.99 \text{kg/m}^2$
③ 고도　　　　$15 \sim 15.99 \text{kg/m}^2$
④ 극도　　　　$< 15 \text{kg/m}^2$

37 신경성 폭식증 ▶ 2006·2011

1. 빨리 많은 양의 음식을 먹는 반복적인 폭식(binge eating)삽화와 그 뒤의 자가 유발 구토, 하제나 이뇨제 남용 등의 제거행동이라는 부적절한 보상행동이 특징
2. 필수적인 3대 증상은
   ① 반복적인 폭식 삽화
   ② 체중증가 억제하기 위한 반복적이고 부적절한 보상행동
   ③ 체형과 체중이 자아평가에 과도한 영향을 끼침
3. 후기 청소년기, 초기 성인기에 시작됨

특정형(심각한 정도)
① 경도: 평균 주 1~3회의 부적절한 보상행동 삽화
② 중등도: 평균 주 4~7회의 부적절한 보상행동 삽화
③ 고도: 평균 주 8~13회의 부적절한 보상행동 삽화
④ 극도: 평균 주 14회 또는 그 이상의 부적절한 보상행동 삽화

38 폭식장애

1. 반복되는 조절감이 상실된 폭식삽화가 나타나지만 뒤따르는 보상행동은 없는 것이 특징
2. 평균적으로 3개월동안 적어도 1주일에 1회 이상 나타남
3. 정상보다 매우 빠른 속도로 음식을 먹고 배가 부를 때까지 먹고, 배가 불편할 정도로 먹기, 배고프다고 느끼지 않을 때에도 많은 양의 음식을 먹기, 많이 먹는다는 것이 부끄러워 혼자 먹기, 폭식 후에 자신에 대한 혐오감이나 우울감 또는 심한 죄책감을 느낌
4. 사회적응 문제, 건강문제, 삶의 질 저하, 내과적 합병증 등이 나타남

특정형(심각한 정도)
① 경도: 평균 주 1~3회의 부적절한 폭식행동 삽화
② 중등도: 평균 주 4~7회의 부적절한 폭식행동 삽화
③ 고도: 평균 주 8~13회의 부적절한 폭식행동 삽화
④ 극도: 평균 주 14회 또는 그 이상의 부적절한 폭식행동 삽화

39 이식증

1. 비영양성 물질(흙, 쓰레기, 벽토, 종이, 머리카락 등)을 지속적으로 먹는 상태
2. 성인보다 소아에서 흔하며 24개월 이후 발병하나 나이가 들면서 감소함
3. 적어도 1개월 이상 지속되어야 하며 문화적으로 지지를 받지 못함

40 반추장애

1. 섭취한 음식을 위에서 입으로 역류시켜 다시 씹은 후에 도로 삼키거나 뱉음
2. 계속해서 먹어도 체중감소, 탈수, 성장저하 등이 나타남
3. 적어도 1개월 이상 음식물의 반복적인 역류가 나타남

41 회피성 / 제한성 음식섭취장애

1. 섭식이나 급식이 지속적으로 회피되거나 제한되는 상태
2. 필요 영양이 공급되지 않으면 체중이 심각하게 감소되고 영양 결핍이 나타남
3. 심각한 성장장애가 있어 튜브 영양공급을 해야 할 상태에 이름
4. 소아나 청소년은 정서곤란과 관련된 경우가 많음
5. 섭식장애가 신경성 식욕부진이나 신경성 폭식증의 경과 중에 나타나지 않아야 함.

수면장애 / 성관련 장애

구분	진단명 또는 질환명
수면-각성장애	불면장애
	과다수면장애
	기면증
호흡관련 수면장애	폐쇄성 수면 무호흡 저호흡
	중추성 수면 무호흡증
	일주기리듬 수면-각성장애
사건수면	NREM 수면 각성장애
	악몽장애
	REM 수면 행동장애
	하지불안증후군

42 불면장애 ▶ 2004

1. 뚜렷한 신체적, 정신적 원인이 없이 잠을 자지 못하거나 잠을 유지하는 못하는 장애
2. 일차적 불면증으로 잠이 잘 들지 않으며 중간에 자주 깨는 것이 특징
3. 수면문제로 인한 사회적, 직업적, 교육적, 학업적 또한 다른 영역에서의 임상적으로 유의한 곤란과 장애를 초래
4. 수면문제가 적어도 일주일에 3회 이상 발생하며 3개월 이상 지속되어야 함
5. 적절한 수면의 기회가 있음에도 불구하고 수면문제가 발생함

43 과다수면장애

1. 잠을 충분히 잤음에도 불구하고(수면시간 7시간 이상) 낮에 자꾸 졸리며 정신이 멍하고 쉽게 깨어나지 못하는 상태
2. 하루에 수면삽화가 9시간 이상 지속되어도 피로가 해소되지 않음
3. 낮에도 졸리고 낮잠을 자며 잠을 깨도 개운하지 않음
4. 과다수면이 적어도 일주일에 3회 이상 발생하며 3개월 이상 지속되어야 함
5. 이러한 이유로 일상생활에 곤란을 겪으며 손상을 초래함

44 기면증

1. 낮 동안에 저항할 수 없는 수준의 졸림을 호소하는 현상
2. 자기도 모르게 10-20분동안 갑자기 REM수면에 빠짐
3. 수면후 각성이 되나 잠시 후에 다시 졸리는 증상을 보임
4. 탈력발작이 나타나며 입면환각이나 각성상태에서 자동증이 나타남
5. 기면증 증상이 적어도 일주일에 3회 이상 발생하며 3개월 이상 지속되어야 함

45 호흡관련 수면장애

① 폐쇄성 수면무호흡
1. 수면 중 호흡노력에도 불구하고 생기는 무호흡증
2. 큰소리의 코골이가 특징적이며 여러 차례 무호흡과 숨막힘 또는 호흡곤란 호소함
3. 충분한 시간 잠을 잤음에도 피곤함, 개운하지 못함
4. 수면다원검사상 수면 시간당 5회 이상의 폐쇄성 무호흡 또는 저호흡이 나타남

② 중추성 수면무호흡
1. 호흡중추의 기능장애로 인한 간헐적 또는 주기적인 호흡 중단 상태
2. 기본적으로 폐쇄성 무호흡 증상과 비슷하나 최대 2분 정도 호흡중단 후에 다시 시작되기도 함
3. 무호흡에 이어 나타나는 빠른 과호흡
4. 수면다원검사상 수면 시간당 5회 이상의 중추성 수면무호흡이 나타남

③ 수면관련 호흡저하(저환기)
1. 수면과 관련한 저호흡증상으로 높은 이산화탄소에 대한 반응의 저하로 인함
2. 대개 동반된 의학적, 신경학적 장애나 약물의 사용, 물질사용장애에 의해 나타나는 장애임

46 일주기리듬 수면각성장애

1. 수면과 각성의 일정이 바뀌어 나타나는 수면장애
2. 원하는 수면시간과 실제 잠자는 시간사이의 어긋남을 포함하는 여러형태의 수면장애임
3. 수면문제로 인한 지나친 졸림, 불면증이 나타남
4. 수면장애의 이유로 일상생활에 곤란을 겪으며 손상을 초래함

47 사건수면 (수면수반증, Parasomnia) ▶ 2023

① NREM 수면각성장애(비렘수면 각성장애)
1. 수면보행증(몽유병)
   ① 수면의 첫 1/3기간 중에 발생하며 수면상태에서 잠자리에서 벗어나 이상한 행동을 보임
   ② 대개 10분 이내로 짧지만 잠을 깨우기 힘들며 잠이 깬 후에도 기억하지 못함
2. 야경증
   ① 수면의 첫 1/3기간 중에 발생하며 잠을 자다가 무서운 소리를 지르거나 심한 자율신경항진 증상을 보임
   ② 심장박동의 과한 증가, 빠른 호흡을 보이며 잠을 깨어나도 막연한 무서움을 느끼지만 꿈의 내용을 기억하지 못함

② 악몽장애
1. 생존을 위협하는 혹은 신체 손상에 대한 생생한 꿈을 꾸게 되고 불안과 극도의 불쾌감으로 잠을 깨게 되는 증상
2. 악몽은 REM수면(주로 새벽에 많음) 중에 발생하며 깨우거나 자기 정신이 돌아오면 꿈의 내용을 기억함

③ REM 수면행동장애(급속안구운동 수면행동장애)
1. REM 수면 중에 있어야 할 근육 이완증이 소실되고 소리 지르기와 난폭하고 복합적인 행동이 나타나는 것
2. 꿈의 내용을 행동화하며 자신의 옆에 자는 사람에게 상처를 주기도 함
3. 깨우면 금방 각성하고 꿈의 내용을 기억함
4. 만성 진행성 장애임

④ 하지불안(편)증후군
1. 다리에 매우 괴로운 불편감이나 근질거리는 것 같은 이상한 감각을 느끼는 것
2. 가만히 있을 때 더욱 심하게 느껴지며 다리를 계속 움직여야 좀 나아지는 것 같은 증상
3. 저녁이나 밤에 심해지며 다리를 움직이는 증상이 수면 중에도 나타나고 잠을 방해함
4. 이러한 증상이 1주일에 적어도 3회 이상 발생하고 3개월 이상 지속적으로 있어야 함

48 성기능 장애의 분류

구분	진단명 또는 질환명
성기능부전	사정지연
	발기장애
	여성극치감장애
	여성 성적 관심/흥분장애
	성기-골반통증/삽입장애
	남성성욕감퇴장애
	조기사정
성도착장애 (변태성욕장애)	관음장애
	노출장애
	마찰도착장애
	성적피학장애/성적가학장애
	소아성애장애/**물품음란장애/복장도착장애**
성별 불쾌감	아동에서의 **성별불쾌감**
	청소년과 성인에서의 **성별불쾌감**

(1) 성기능부전

■ 지연사정
적절한 성적 흥분상태 후 사정이 지연되거나 결여

■ 발기장애
성적 활동 중에 발기하는데 심각한 어려움을 겪음

■ 여성극치감장애
적절한 성적 자극과 노력에도 불구하고 절정감이 없거나, 현저한 지연, 감소 또는 극치감의 강도가 현저하게 줄어드는 경우

■ 여성성적관심 / 흥분장애
성행위에 대한 관심, 성적 사고나 환상이 감소하거나 결여되어 있고, 성행위를 먼저 시작하려는 시도가 감소하거나 전혀없을 뿐 아니라 성행위를 시작하려는 파트너의 시도를 받아들이지 않음

- 생식기 – 골반통증 / 삽입장애
성교 중 질 삽입이 어렵거나, 성교를 시도하는 동안 질이나 골반에 심한 통증이 있을 때, 질 삽입이 예상될 경우 질이나 골반의 통증에 대한 심한 불안이나 공포를 느끼거나, 질 삽입을 시도하는 동안 골반 저부 근육이 심하게 긴장하거나 수축되는 증상이 지속되거나 반복됨.
- 남성성욕감퇴장애
성적 사고나 환상, 그리고 성행위에 대한 욕구가 지속적, 반복적으로 부족하거나 전무한 상태
- 조기사정
파트너와 성행위 시 질 삽입 1분 이내에 그리고 사정을 원하기 전에 일찍 사정하게 되는 일이 반복적, 지속적일 때

(2) 성도착장애(변태성욕장애) [17]

- 관음장애
18세 이상에서 다른 사람의 성기나 성행위를 동의 없이 몰래 훔쳐봄으로써 성적흥분과 만족을 얻는 것
- 노출장애
경계하지 않고 있는 낯선 사람에게 자신의 성기를 노출하고 싶은 충동이나 노출함으로써 성적 흥분을 하거나 노출 후 자위를 하며 만족을 얻는 변태성욕 장애
- 마찰도착장애
동의하지 않는 사람에게 접촉하거나 자신의 성기를 문지르는 행위나 공상을 하면서 성적인 쾌감을 느끼는 것
- 성적피학장애
상대방에게 잔인한 학대나 고통을 당함으로써 성적 흥분과 만족을 느끼는 변태성욕장애
- 성적가학장애
동의하지 않은 상대방에게 성적 흥분을 얻기 위해 심리적, 신체적 고통을 준 적이 있거나(1), 성적 흥분을 위하여 동의한 상대방에게 가벼운 상처를 주고 괴롭히면서 고통을 주는 것이 애용되거나(2), 성적 흥분에 도달하기 위해 동의한 상대방에게 치명적일 수 있는 신체적 상해를 가하는 경우(3)
- 소아성애장애
13세 이하 아동을 대상으로 한 성도착증

---

[17] 변태성욕증은 이 장애와 비병리적 성적 선호(변태성욕증)와의 구별에 도움을 주기위해 변태성욕장애로 명칭이 변경됨

■ 물품음란장애
상대의 전인격이 아닌 신체의 일부나 혹 브래지어, 팬티, 스타킹 등과 같은 특정 사물에서 성적 흥분을 느끼는 것을 말함.

■ 복장도착장애
성적 흥분을 얻기 위해 이성의 옷을 입고 자위행위하며 성적 오르가슴에 도달하거나, 파트너와의 성행위시 이성의 옷을 입음으로써 흥분을 일으켜 만족을 증대시키고자 하는 것

(3) 성별 불쾌감

■ 아동 성별 불쾌감
아동기에서부터 자신의 해부학적 성에 대한 불편감과 부적절성을 지속적으로 가지며 반대의 성이 되고 싶다는 욕망을 갖는 경우

■ 청소년 및 성인 성별 불쾌감
소아기 성별 불쾌감과 같은 양상이 청소년기나 성인기에 처음으로 나타나는 것을 말함

SET 016

파괴적, 충동조절 및 품행장애

구분	진단명 또는 질환명
파괴적, 충동조절 및 품행장애	적대적 반항장애
	간헐적 폭발장애
	품행장애
	반사회성 성격장애(인격장애)
	병적 방화
	병적 도벽

49 적대적 반항장애 ▶ 2022

1. 분노폭발, 규칙에 대한 순응 거부, 지나친 거부적·적대적·반항적 행동이 주 증상임
2. 반면에 사회적 규범을 위반하거나 타인의 권리를 침해하는 반사회적이고 공격적인 행동은 많지 않음
3. 어른들과 논쟁을 하고 신경질적이며 화를 내고 성질을 부리며 반항하고 보복적임
4. 자신의 문제를 정당화하기 위해 친구나 다른 사람의 탓을 하기도 함
5. 자주 고의성을 가지고 다른 사람을 귀찮게 함
6. 지난 6개월 동안 적어도 2회 이상 악의에 차거나 앙심을 품을 적이 있음

50 간헐적 폭발장애 ▶ 2014

1. 공격적인 충동을 조절하지 못하여 심한 폭력사태나 재산의 파괴를 가져오는 장애
2. 이런 삽화는 촉발요인이나 스트레스에 비해 과도함
3. 발작적이고 폭발적인 행동은 사소한 정신사회적 자극에 의해 일어남
4. 자신의 행동에 대해 책임을 져야 한다는 것을 알고 있음에도 불구하고 강렬한 충동이 일어나면 발작적 행동을 하게 됨
5. 분노발작에서 나타나는 언어적 공격성이나 신체적 공격성이 3개월 동안 적어도 1주일에 2회 이상 발생함
6. 직장생활이나 가정 생활에 어려움을 겪으며 위법행동으로 인해 곤란을 겪기도 함
7. 최소 연령은 6세 이상이어야 하며 이에 상응하는 발달수준이어야 함.

51 품행장애

1. 소아, 청소년이 비사회적이고 공격적이거나 반항적인 행실을 반복적으로 지속적으로 나타내는 것
2. 사람과 동물에 공격적
   ① 사람을 괴롭히고 위협함
   ② 자주 싸움을 검
   ③ 타인을 해칠 수 있는 무기를 사용함
   ④ 사람에게 잔인하게 대함
   ⑤ 동물에게 잔인하게 대함
   ⑥ 피해자 눈 앞에서 도둑질을 함
   ⑦ 다른 사람에게 성적 행위를 강요함
3. 물건을 파괴
   ① 고의로 불을 지름
   ② 방화 이외에 타인의 재산을 파괴하는 행동
4. 사기와 절도
   ① 타인의 집, 건물, 자동차를 파손함
   ② 거짓말을 함
   ③ 남의 물건을 훔치는 행위
5. 사회적 규범 위반
   ① 13세 이전에 부모가 금지하는 늦은 시간의 외출
   ② 부모와 같이 사는데도 불구하고 2회 이상의 가출
   ③ 13세 이전에 시작된 잦은 무단 결석

52 병적 방화(방화광)

1. 불을 지르고 싶은 충동을 억제하지 못하고 반복적으로 목적에 따라 신중하게 불을 지름
2. 그러한 방화의 상황을 보며 긴장을 완화하고 강한 희열을 느낌
3. 방화에 대한 상당한 사전 준비를 함
4. 대개는 분노나 복수심 때문이며 불을 지르면 강렬한 쾌감, 만족감을 느낌
5. 화재가 나지 않았음에도 화재비상벨을 누르기도 함
6. 인명피해나 재산 피해에는 무관심하고 화재에 의한 파괴를 즐김

53 병적 도벽(절도광)

1. 개인적으로 필요하지도 않고 금전적 가치가 없음에도 불구하고 물건을 훔치고 싶은 충동을 반복적으로 억제하지 못하는 상태
2. 물건이 목적이 아니라 훔치는 행동이 목적임
3. 필요하지 않은 하찮은 물건을 충동적으로 훔침
4. 행위를 미리 계획하거나 훔칠 기회를 노리는 것도 아니며 즉흥적이며 언제나 혼자서 저지름
5. 복수나 분노 때문은 아니며 망상이나 환각 때문도 아님
6. 훔치고 나면 쾌감과 만족을 느끼고 긴장이 풀린다고 함.

물질관련 및 중독장애 ▶ 2024

구분	진단명 또는 질환명
물질관련 및 중독장애	**알코올관련장애**
	카페인관련장애
	대마관련장애
	환각제관련장애
	흡입제관련장애 ▶ 2010
	아편계관련장애
	진정제, 수면제 또는 항불안제 관련장애
	자극제관련장애
	담배관련장애

54 물질관련 및 중독장애

(1) 물질사용장애의 진단기준

임상적으로 심각한 장애나 고통을 일으키는 부적응적인 물질사용 양상이 다음에 열거한 항목으로 지난 12개월 동안에 나타난다(2~3개: 약한 정도, 4~5개: 중간 정도, 6개 이상: 심한 정도).

1~4): <u>조절 장애</u>
1) 원래 의도되었던 것보다 더 많은 양이 사용되거나 보다 장기간 사용됨
2) 물질 사용을 중단하거나 조절하기 위해 지속적인 욕구가 있거나 노력해도 성공하지 못함
3) 물질을 얻기 위해 필요한 활동, 물질을 사용하는데 필요한 활동 또는 그 효과로부터 회복하는데 많은 시간이 소모됨
4) 갈망 또는 물질을 사용하고 싶은 강한욕망이나 충동

5~7): <u>사회적 장애</u>
5) 거듭되는 물질사용으로 인해서 직장, 학교 또는 집에서 주요 역할임무를 수행할 수 없게 됨
6) 물질의 영향들이 원인이 되거나 이로 인해 악화가 되는 계속적이거나 반복적인 사회적 또는 대인관계의 문제들에도 불구하고 계속되는 물질사용

7) 중요한 사회적, 직업적 또는 휴식활동이 물질 사용 때문에 단념되거나, 감소됨

8~9): <u>위험한 사용</u>
8) 신체적으로 해가 되는 상황에서도 거듭된 물질 사용
9) 물질을 사용함으로써 유발되거나 악화될 가능성이 있는 지속적이거나 재발되는 신체적 또는 심리적 문제를 가진다는 인식에도 불구하고 물질 사용이 지속됨

10~11): 약리학적 기준
10) 다음 중 어느 하나의 의해서 정의 되는 <u>내성</u>
   (1) 중독이나 원하는 효과를 얻기 위해서 물질의 현저한 양적 증가를 요구할 때
   (2) 물질을 동일한 양으로 계속 사용 시 효과가 현저하게 감소된 경우
11) 다음 중 어느 하나에 의해서 발현되는 <u>금단</u>
   (1) 물질에 대한 특징적인 금단증후군
   (2) 금단증상들을 완화시키거나 회피하도록 동일 물질이 사용될 때

용어	설명
물질 중독	강박적이거나 지속적인 물질에 대한 요구를 말하는 것으로 충족되지 않으면 신체적 또는 심리적인 고통을 유발시킬 만큼 강한 필요를 말한다.
물질급성중독	물질의 과다 사용으로 인해 신체적, 정신적으로 심각한 변화와 부적응적인 행동을 보이는 가역적이고 물질 특이적인 증후군이 발생하는 것을 말한다.
물질금단	장기간 과도한 사용으로 인해 중독된 특정물질의 중단에 대한 개인의 생리적, 정신적인 재적응 변화를 말한다.
내성	약물을 주기적으로 계속 사용한 결과 이전과 같은 용량으로 동일한 효과가 나타나지 않고, 약물의 효과가 감소하기 때문에 약물의 용량을 점차 증가해 가는 것을 말한다.
교차내성	특정 약물에 내성이 생긴 경우 비슷한 종류의 다른 약물에도 내성이 생기는 것을 말한다. 예를 들어 알코올 내성이 생긴 경우 다른 진정수면제에도 내성이 생긴다.
복합물질남용	물질사용에서 금단증상을 줄이거나 중독의 성질을 변화시키려고 동시에 또는 결과적으로 두 개 이상의 물질을 함께 사용하는 것이다. 예를 들면 헤로인 남용자가 알코올이나 마리화나를 함께 사용하는 경우이다.
이중진단	물질관련 장애와 함께 다른 정신장애 진단이 동시에 내려지는 경우이다.
공동의존	물질관련 중독자와 함께 장기간 생활해온 가족구성원이 대상자에 대한 생각과 행동에만 초점을 두고 관여함으로 인해 자신의 삶과 감정에 대해서는 돌보지 않게 되면서 나타나는 역기능적인 행동을 말한다.

Wernicke 뇌증	급성 발현, 정신착란, 운동실조, 안구진탕 등의 증상이 나타남(응급으로 Thiamine을 투여해야함)
Korsakoff 증후군	알코올에 의해 유발된 심각한 기억장애(전향적 기억상실)로 작화증이 특징적으로 나타날 수 있음

55 알코올사용장애

임상적으로 현저한 손상이나 고통을 일으키는 문제적 알코올 사용 양상이 지난 12개월 사이에 다음의 항목 중 최소한 2개 이상으로 나타난다.
1. 알코올을 종종 의도했던 것보다 많은 양, 혹은 오랜 기간 동안 사용함
2. 알코올 사용을 줄이거나 조절하려는 지속적인 욕구가 있음. 혹은 사용을 줄이거나 조절하려고 노력했지만 실패한 경험들이 있음
3. 알코올을 구하거나 사용하거나 그 효과에서 벗어나기 위한 활동에 많은 시간을 보냄
4. 알코올에 대한 갈망감, 혹은 강한 바람, 혹은 욕구
5. 반복적인 알코올 사용으로 인해 직장, 학교 혹은 가정에서의 주요한 역할 책임 수행에 실패함
6. 알코올의 영향으로 지속적으로, 혹은 반복적으로 사회적 혹은 대인관계 문제가 발생하거나 악화됨에도 불구하고 알코올 사용을 지속함.
7. 알코올 사용으로 인해 중요한 사회적, 직업적 혹은 여가 활동을 포기하거나 줄임
8. 신체적으로 해가 되는 상황에서도 반복적으로 알코올을 사용함.
9. 알코올 사용으로 인해 지속적으로, 혹은 반복적으로 신체적, 심리적 문제가 유발되거나 악화될 가능성이 높다는 것을 알면서도 계속 알코올을 사용함.
10. 내성, 다음 중 하나로 정의됨.
    (1) 중독이나 원하는 효과를 얻기 위해 알코올 사용량의 뚜렷한 증가 필요
    (2) 동일한 용량의 알코올을 계속 사용할 경우 효과가 현저히 감소
11. 금단, 다음 중 하나로 나타남.
    (1) 알코올의 특징적인 금단 증후군(알코올 금단의 진단기준 A, B를 참조)
    (2) 금단 증상을 완화하거나 피하기 위해 알코올 사용

■ CAGE Screening: 다음 중 2가지 이상일 경우 진단
- C(Cut-down): 음주를 줄여야 한다고 결심한 적이 있는가?
- A(Annoyed): 음주 문제에 대해 주위 사람들이 간섭하여 귀찮은가?
- G(Guilt): 음주 문제 때문에 스스로 죄책감을 느끼곤 하는가?
- E(Eye-opener): 아침에 일을 시작하기 전에 해장술을 마시는가?

56 알코올 중독

1. 최근의 알코올 섭취가 있다.
2. 알코올을 섭취하는 동안, 또는 그 직후에 임상적으로 심각한 문제적 행동 변화 및 심리적 변화가 발생한다.
3. 알코올을 사용하는 동안 또는 그 직후에 다음 징후 혹은 증상 중 한 가지(혹은 그 이상)가 나타난다.
   ① 불분명한 언어
   ② 운동실조
   ③ 불안정한 보행
   ④ 안구진탕
   ⑤ 집중력 또는 기억력 손상
   ⑥ 혼미 또는 혼수

57 알코올 금단

1. 알코올을 과도하게 장기적으로 사용하다가 중단한다.
2. 진단기준 A에서 기술된 것처럼 알코올을 사용하다가 중단한 지 수시간 혹은 수일 이내에 다음 항목 중 2가지가 나타난다.
   ① 자율신경계 항진
   ② 손 떨림 증가
   ③ 불면
   ④ 오심 또는 구토
   ⑤ 일시적인 시각적, 촉각적, 청각적 환각이나 착각
   ⑥ 정신운동 초조
   ⑦ 불안
   ⑧ 대발작

특정형
지각 장애(또는 장해) 동반: 드물게 환각(주로 환시 혹은 환촉)이 현실 검증력이 손상되지 않은 상태에서 생기거나 청각적, 시각적 혹은 촉각적 착각이 섬망 없이 발생할 때 적용함.

58 카페인 관련 장애 ▶ 2022

■ 카페인 중독
1. 최근 대량의 카페인(하루 최소 250mg 이상)을 섭취하는 동안이나 직후에 나타남
2. 다음의 임상 증상 중 5가지 이상
   [침착하지 못함, 과민함, 흥분, 불면, 얼굴 홍조, 이뇨, 소화기 장애, 근육 연축, 사고와 언어의 산만함, 심계항진과 부정맥, 피곤함 없는 시기, 정신운동 초조]
3. 이로 인한 사회적, 직업적 기능의 손상 초래함

■ 카페인 금단
1. 장기간 매일 카페인을 섭취하다 중단하거나 감량했을 때 24시간 이내에 증상이 나타남
2. 다음의 임상 증상중 3가지 이상
   [두통, 뚜렷한 졸림과 피곤함, 불쾌감, 우울기분이나 이자극성, 주의집중곤란, 독감 같은 증상(오심, 구토, 근육통)]
3. 이로 인한 사회적, 직업적 기능의 손상 초래함

59 대마계 관련 장애 - 대마계 제제(마리화나, 해시시)

구분	내용
일반명	Tetrahydrocanabinoids(Marijuana, Hashish)
증상	인식의 변화, 이완, 가벼운 다행감, 억제감소, 충혈된 눈, 구강건조, 식욕부진, 맥박증가, 반사작용 감소, 공황반응
과용량증상	독성 정신증
금단증상	없음
고려점/사용결과	폐문제, 생산적인 호르몬의 억제, 태아기형 등을 일으킬 수 있음

60 아편류 관련 장애 - 아편류(헤로인, 모르핀, 메페리딘, 코데인, 아편, 메사돈)

구분	내용
일반명	① 천연아편: Opium, Codeine, Heroin ② 아편유도체: Meperidine(Demerol), Hydromorphone(Dilaudid), Hydrocodone(Vicodin) ③ 합성아편물질: Methadone(Dolophine), Phentazocine(Talwin), Propoxyphene(Darvon), Fentanyl(Actiq, Duragesic)

증상	다행감, 이완, 진통, 무감동, 현실감 결여, 판단장애, 졸림, 동공축소, 오심, 변비, 불분명한 발음, 호흡감소
과용량증상	무의식, 혼수, 호흡감소, 순환감소, 호흡마비, 심장마비, 사망
금단증상	① 금단 후 6~12시간: 약에 대한 갈망, 눈물, 콧물, 하품, 땀 ② 12~72시간: 수면장애, 산동, 식욕부진, 안절부절, 진전, 허약, 오심, 구토, 설사, 오한, 열, 근경련, 얼굴 붉어짐, 자연적 사정, 복부통증, 고혈압, 호흡 깊이와 수 증가 ③ 금단증상은 28~72시간에 최고조에 달함 ④ 금단 3일 후 감소하여 7~10일 정도 계속됨
고려점/사용결과	① 혈관주입은 혈액 자체의 병인(HIV, B형간염)에 의한 감염위험성이 있음. 그 이외의 감염들이 무균결핍 및 감염된 물질로 인해 발생(피부농양, 정맥염, 봉와직염, 폐농양, 급성 세균성 내막염) ② 장기간 사용 ⇨ 신체적 안녕감 결여, 영양부족, 탈수, 범죄적 행동이 약물을 얻기 위한 돈 마련 수단으로 자행됨
펜타닐 ▶ 2024 기입형	마약성 진통제로서 중추신경계에서 통증의 전달을 억제하여 진통효과를 나타낸다. 지속적 사용시 내성, 탐닉성과 약물의존성이 생겨 남용의 우려가 있다. 이 의존성은 정신적 의존성과 신체적 의존성이 있다.

61 비물질관련 장애

1. 지속적이고 반복적인 도박으로 인해 경제적 문제나 개인적, 사회적, 직업적 기능의 문제를 일으키는 상태
2. 다음의 내용 중 4개 이상이 지난 12개월 동안 나타남
   - 바라던 흥분감 성취를 위한 돈의 양적 증가 필요
   - 도박을 하지 않으려는 시도나 노력으로 인한 무력감이나 과민해짐
   - 줄이거나 포기하려고 하지만 반복적으로 실패함
   - 도박에 자주 집착함
   - 심리적 불쾌감, 우울감 등을 느낄 때 잦은 도박
   - 돈을 잃은 후에 만회하기 위해 다시 도박장을 찾음
   - 도박에 대한 것을 숨기기 위한 거짓말
   - 중요한 관계나 직업, 교육, 여러 가지 기회를 상실함
   - 극단적인 재정상태를 해결하기 위해 타인에게 의지함

62 물질중독의 약물치료

(1) 치료약물

구분	내용
디설피람	① 알코올 중독의 혐오제제인 디설피람은 알코올의 신진대사를 차단해 중간 대사물질인 아세트알데히드를 축적시켜 독성 수준에 이르게 함 ② 혈중에 디설피람이 있을 때 술을 마시면 5~10분 이내 매우 불편한 신체적 반응, 즉 피부 홍조, 심계항진, 호흡곤란, 오심, 구토, 발한, 저혈압, 허약감, 혼돈을 일으켜 알코올을 혐오하게 만드는 작용 ③ 혈중 디설피람 농도가 증가하면 호흡억제, 심근경색, 급성 울혈성 심부전, 경련, 의식소실, 사망에 이를 수도 있음
날트렉손	① 아편 길항제인 날트렉손을 알코올 중독과 헤로인 및 기타 아편제제 중독의 치료제로 사용하는데 알코올 중독의 재발과 갈망, 음주량 감소에 효과 ② 혐오제제가 승인된 이래 알코올 의존자의 치료로 FDA에서 처음으로 승인한 약물
아캄프로세이트	특별히 디설피람과 같은 신체적 불편감 없이 음주 갈망이나 음주 재발 감소효과를 보임
메사돈	① 아편류 약물이지만 다른 아편류의 금단증상 치료를 위해 대체 투여되는 합법적인 약물 ② 장기간 아편에 중독된 사람의 해독과 금단치료를 위해서 메사돈을 적정량 투여하여 유지
기타 약물	① 최면 마취제인 레보메타딜: 메사돈과 같은 식으로 아편류 의존의 치료에 사용 ② 고혈압 치료제인 클로니딘: 아편류 금단증상인 오심, 구토, 설사에 효과 ③ 5-HT$_3$ 길항제인 온단세트론: 소장에서 세로토닌의 미주신경 자극효과를 차단해 금단증상을 보일 때 항구토제로 사용 ④ 그 외에도 알코올 중독 환자의 베르니케-코르사코프 증후군의 치료와 예방을 위해 Vit B$_1$, Vit B$_{12}$, 엽산 등이 사용

(2) **치료약물의 용도 및 용량**

일반명	상품명	용도	용량	주의사항
Lorazepam	Ativan	알코올 금단증상 치료	2~4mg/2~4hr	기초 활력징후 측정과 어지러움, 졸림 증상을 확인
Chlordiazepoxide	Livrium		50~100mg/2~4hr (필요시 반복 사용하나 1일 총 300mg 넘지 않음)	
Disulfiram	Antabuse	알코올 중단 유지	500mg/day(2주간) 2주 후 250mg/day 유지	알코올이 함유된 제품이나 음주가 유발하는 혐오증상에 대해 사전교육
Methadone	Dolophine	헤로인 중단 유지	120mg/day 유지	오심, 구토 증상을 확인
Levomethadyl	Orlaam	아편류 중단 유지	60~90mg, 3회/week	연속적 투약해서는 안됨
Naltrexone	ReVia, Trexan	아편류 효과 차단	350mg/week 3회 분할 투여	음식이나 우유와 함께 복용 두통, 무기력, 불안정감을 확인
		알코올 갈망 감소	50mg/day 12주까지 투여 가능	
Clonidine	Catapres	아편류 금단증상 억제	0.1mg/6hr(필요시)	투약 전 혈압 측정하고, 저혈압시에는 보류
Acamprosate	Campral	알코올 갈망 감소	666mg, 3회/day	설사, 구토, 소양감, 복부팽만감을 관찰
Thiamine	Vit B$_1$	베르니케-코르사코프 증후군의 예방과 치료	100mg/day	적절한 영양교육
Folic Acid	Folate	영양결핍 치료	1~2mg/day	적절한 영양의 중요성과 소변의 색이 진해질 수 있음을 교육
Cyanocobalamin	Vit B$_{12}$	영양결핍 치료	25~250mg/day	적절한 영양교육

SET 018

신경인지장애 및 아동·청소년 정신장애

구분	진단명 또는 질환명
신경인지장애	섬망
	주요 경도 신경인지장애

63 신경인지장애 ▶ 2022

1. 뇌조직의 일시적 또는 영구적인 손상이나 기능장애에 기인한 기억, 추상적 사고, 판단 등의 정신장애
2. 복합집중력, 수행능력, 학습 및 기억능력, 언어능력, 지각-운동능력, 사회적 인지능력 등 6개 인지기능영역에서의 기능 저하를 의미함.
3. 원인을 알기위한 이학적 검사와 표준화된 신경심리검사 또는 정량적 임상평가에 의해 입증 필요
4. 인지 결손이 다른 정신질환에 의해 잘 설명되지 않음

64 섬망

1. 급성의 비특이적인 기질적 뇌증후군으로 주의의 장애(주의 집중과 전환 능력의 감소)와 의식의 장애(환경에 대한 지남력 감소)
2. 광범위한 인지기능의 상실로 병의 경과중에 변동적으로 나타남
3. 기본적으로 의식이 흐릿해져 주의집중력의 곤란이 핵심증상이며 의식의 장애로 환경, 시간, 자신에 대한 지남력의 감소
4. 비교적 단기간에 나타나며 하루동안에도 악화와 완화를 반복하고 주로 외부자극이 줄어 드는 밤에 악화됨

65 아동·청소년 정신장애[18]

구분	진단명 또는 질환명
신경발달장애	지적장애
	의사소통장애
	자폐스펙트럼 장애
	주의력결핍 과잉행동장애
	특정학습장애
	운동장애
	틱장애

(1) 지적장애 ▶ 2010

구분	진단명 또는 질환명
지적장애	지적장애 [19]
	전반적 발달지연

1. 지능점수만이 아니라 적응기능평가 측면에서 환경 요구에 대한 대응하는 능력, 개인적 자립성의 획득 능력, 나이나 문화적 배경에 근거하여 사회적 책임을 완수하는 능력을 모두 포함하여 평가하는 것으로 이러한 기능의 장애를 말함
2. 낮은 지능과 적응행동의 장애로 각종 정서나 행동의 장애, 신경학적 장애를 동반함
3. 지능은 문제해결력, 계획, 추상적 사고와 판단, 학업성취도의 저하로 나타남
4. 일반적으로 표준화된 지능검사로 추정될 수 있으나 사회적 적응을 평가하는 척도로 보완되어야 함

구분	경도	중등도	고도	최고도
IQ	50-69	35-49	20-34	<20
특성	교육가능	훈련가능	완전보호가 필요	
	비숙련 직업가능	높은 수준의 감독, 보호환경 아래 작업가능	완전한 감독/옷, 식사, 배설 가능	기본생활, 신변에 지속적인 간호가 요구됨

---
[18] DSM-5에서는 신경발달장애로 구분
[19] ICD-10의 기준: A. 추론, 문제해결, 계획, 추상적 사고, 판단, 학업/학습과 경험으로부터의 학습과 같은 지적 기능의 결핍은 임상적 평가와 개별적이고 표준화된 지능검사로 확인함 B. 적응적 기능결핍은 개인적 독립과 사회적 책임에 대한 발달적, 사회문화적 기준을 만족시키지 못하는 결과를 초래한다. 적응적 기능 결핍은 지속적인 도움 없이 집, 학교, 직장과 공동체 같은 다양한 환경에서, 의사소통, 사회적 참여와 독립적인 생활 같은 일상생활의 한 가지 혹은 더 많은 활동에서 한계가 있다. C. 지적 기능과 적응적 기능의 결핍은 발달단계 동안에 발생한다.

(2) 의사소통장애

구분	진단명 또는 질환명
의사소통장애	언어장애
	말소리장애
	아동기 발병 유창성 장애(말더듬)
	사회적 의사소통장애

■ 언어장애
① 표현성 언어장애
② 수용성/표현성 혼합 언어장애

■ 말소리 장애
말 소리 내기에 지속적인 어려움이 있고, 부적절하고 분명하지 못한 발음

■ 아동기 발생 유창성 장애(말더듬)
음/음절의 반복, 지연으로 유창성이 나이에 비해 현저히 떨어짐

■ 사회적 의사소통 장애
의사소통의 문제로 사회적 관계를 맺거나 대화가 곤란한 경우

(3) 자폐스펙트럼 장애

1. 사회적 소통과 사회적 상호작용 및 제한된 그리고 반복적 행동패턴을 보이는 장애
2. 대인관계의 질적 장애로 부모나 다른 사람과 사회적 관계를 갖고 유지하는 것에 결함이 나타남
3. 상대방의 감정과 정서, 심리적 상황에 대한 인식이 결여되어 사실 수준에 맞는 대화를 할 수 없고 상황에 맞지 않는 답변을 함
4. 감정 혹은 애착의 공유가 적고, 사람에 대한 반응이 결여되어 있어 사람들과 눈 접촉(eye contact)이 거의 없으며 신체적 접촉을 싫어하고 혼자 있으려 함
5. 이상한 몸짓, 상동적 행동이나 반복적인 행동을 보이며 물건의 사용 혹은 말하기 보임
6. 간단한 운동 상동증, 장난감 줄을 세우거나 기이한 구절 말하기, 발가락 끝으로 걷거나 몸을 주기적으로 흔들기 등
7. 주의환경의 변화에 저항이 많아 새로운 환경을 받아들이지 못하고 똑같은 것만 고집하고 유지하려는 경향
8. 머리를 박거나 피부를 할퀴거나 물거나 머리카락을 뽑는 자해 행위를 보임

(4) 주의력결핍과잉행동장애 ▶ 2003·2009·2024

1. 짧은 주의집중 기간, 충동성과 과다활동이 특징적인 장애
2. 주의가 산만하고 부산스럽고 다루기 어려우며 자라면서 증상이 호전되나 소수의 경우 성인기까지 지속하기도 함
3. 주 증상: 부주의와 과다활동-충동성
4. 이러한 증상은 12세 이전부터 나타남
5. 부주의함(다음 중 6개 이상의 증상이 최소 6개월간 지속됨)
   ① 흔히 세밀한 것을 놓치고 실수함
   ② 흔히 과제/놀이에 주의집중을 유지하지 못함
   ③ 흔히 다른 사람이 직접 하는 말에 경청하지 않는 것처럼 보임
   ④ 흔히 지시대로 따르지 않고 과제를 끝내지 못함
   ⑤ 흔히 과제나 작업 활동을 조직하는 데 어려움을 보임
   ⑥ 흔히 지속적인 정신력을 요하는 과제를 싫어하고 꾸물대며 피함
   ⑦ 흔히 일상적인 과제나 활동에 필요한 것을 자주 잃어버림
   ⑧ 흔히 외부 자극으로 쉽게 생각이 흘러가고 산만해짐
   ⑨ 흔히 일상적 활동을 자주 잊어버림
6. 과다행동-충동성(다음 중 6개 이상의 증상이 최소 6개월간 지속됨)
   ① 흔히 앉아서 꿈틀거리고 손발을 두드리며 안절부절못함
   ② 흔히 가만이 앉아 있어야 할 자리에서 이탈함
   ③ 흔히 어떤 장소에서 맞지 않게 과도하게 뛰거나 기어오름
   ④ 흔히 평온하거나 조용히 놀지 못함
   ⑤ 흔히 마치 모터가 작동하는 듯 계속해서 움직임
   ⑥ 흔히 말을 지나치게 많이 함
   ⑦ 흔히 질문이 다 끝나기 전에 불쑥 대답함
   ⑧ 흔히 자기 차례를 기다리지 못함
   ⑨ 흔히 다른 사람의 일을 방해하거나 자주 간섭함

(5) 특정학습장애

1. 정상적인 지능을 가지고 있으나 읽기, 쓰기표현, 수학 등 3개 분야의 학습장애가 있을 때
2. 일반적으로 지능이 정상이기 때문에 학습의 실패로 인한 좌절감과 친구들로부터 배척감을 느낌
3. 아동이 초등학교에 입학하게 되면서 증상이 드러나는 경우가 많음
4. 말이 늦거나 계산을 잘 못하거나 섬세한 운동기술의 결핍이 나타남
5. 읽기장애: 글자를 인지하지 못하거나 느리고 부정확하게 읽거나 철자를 빼먹거나 왜곡해서 읽음. 대개 7세 경에 확실히 드러남

6. 쓰기표현장애: 개인의 나이, 지능지수, 학력을 고려할 때 쓰기능력의 장애를 나타내는 것으로 생각하는 것을 글로 쓰는 것의 어려움, 문법을 틀리거나, 철자법도 부정확함
7. 수학장애: 학력이나 지능지수 고려할 때 숫자를 세고 더하고 빼는 등의 기본적인 수의 개념이 현저하게 저하됨. 다른 분야에서는 정상적인 지적 기능을 나타내며 대체로 8세경에 확실하게 나타남

(6) 운동장애

구분	진단명 또는 질환명
운동장애	발달성 협응장애
	상동증적 운동장애
	뚜렛장애
	지속성(만성) 운동 또는 음성 틱장애
	잠정적 틱장애

■ 발달성 협응장애 [20]
1. 전반적 지능 발달의 지연이나 선천성 혹은 후천적 신경학적 장애로 설명되지 않는 운동장애 중 하나
2. 나이에 비해 기어다니기, 걷기, 자전거 타기, 스포츠 활동 등 운동조정능력이 현저하게 저하된 상태
3. 증상은 소아기 초기부터 나타남
4. 단추 채우기, 바지 입고 지퍼 올리기, 블록 쌓기나 퍼즐 맞추기 등에 지장이 있음
5. 학교생활이나 기타 일상생활에 장애가 올 수 있음

■ 상동증적 운동장애
1. 수의적으로 보이지만 반복적이며 상동적이나 비목적적인 운동을 나타내는 장애
2. 이로 인한 사회적, 학업적, 기타 활동에서 장애를 나타냄
3. 비자해적 몸흔들기, 머리 흔들기, 털 뽑기, 털 비꼬기, 손가락 튀기기, 손 비틀기, 기타 신체 부위를 반복적으로 움직이기 등
4. 증상은 소아기 초기부터 나타남
5. 심한 자해행동으로 영구적인 손상, 신체적 손상을 야기함

---

[20] 운동기능의 협응이 잘 이루어지지 않는 발달장애. 운동기능이 떨어져서 체육 뿐 아니라 음악, 그림, 조각, 기술, 가정 등 전반적인 예체능 기능이 문제가 됨. 학령기 약 5%. 남아가 여아보다 많음

■ 틱장애 ▶ 2021
- 뚜렛장애 21)
    ① 다양한 운동 틱과 1개 또는 그 이상의 음성 틱이 1년 이상 지속되는 경우
    ② 틱 증상들은 동시에 나타나기도 하고 각기 다른 시간에 나타날 수 있음
    ③ 4~6세에 첫 발생하며 대개 18세 이전에 발생함
    ④ 눈깜빡임이 가장 흔한 첫 증상이며 이후 목이나 얼굴에 나타나고 몸통에서 상지, 하지로 확대됨
    ⑤ 고의성이 없이 갑자기 나타남
- 지속성(만성) 운동 또는 음성 틱장애
    ① 한 가지 혹은 다양한 운동 틱과 음성틱이 있는 경우
    ② 대개 1년 이상 수년간 지속되다 초기 사춘기에 중단됨
    ③ 18세 이전에 발병 시작
    ④ 틱이 얼굴에 국한된 경우가 많으며 사지나 몸통에 있는 경우 예후가 나쁨
- 잠정적 틱장애
    ① 한 가지 혹은 여러 운동 틱이나 음성 틱이 나타남
    ② 소아기에서 볼 수 있으며 대개 심한 틱장애로 진행되지 않음
    ③ 발생 시점에서 1년 미만으로 나타남

구분	뚜렛장애	지속성 운동/음성 틱 장애	잠정적 틱장애
A	틱		
	다수의 운동틱 + 음성틱	운동 틱 또는 음성 틱	
B	1년 이상 지속		1년 미만
C	18세 이전 발병		
D		뚜렛장애 아님	뚜렛, 지속성 틱장애 아님

---

21) 다양한 운동/음성 틱, 욕설증(corprolalia), 반향언어(echolalia)를 보이는 틱장애

SET 019

개인정신치료

66 정신분석 ▶ 2011·2016·2020

구분	내용
개념	프로이트에 근거한 인간정신 문제에 접근하는 치료기법
특징	정신분석 과정 ① 치료적 동맹: 성공적인 치료과정을 위해 참여하는 환자 및 치료자의 현실적인 협력 ② 자유연상: 환자가 마음에서 일어나는 생각을 자유롭게 숨기지 않고 표현함 ③ 전이: 환자가 어린 시절에 부모나 부모대행자에게 경험하였던 사랑과 미움의 감정 또는 욕구, 방어 내지 소아신경증이 치료자를 향해 재현되는 현상 ④ 역전이: 분석가 자신의 과거의 중요 인물을 대하듯 환자에게 정서적 반응을 하는 것이다. 과거에는 역전이 현상을 보이지 않아야 된다고 했지만 최근에는 역전이 현상을 분석치료의 중요한 요소로 이해하고 있으며 환자-분석가의 관계가 발전하며 생기는 상호작용 결과로 이해하고 있다. ⑤ 저항: 분석가가 환자에게 무의식적 과정에 의해 증상이 형성된다는 병식을 갖게 하고, 환자 자신의 변화를 가져오려는 노력에 반해 환자는 자신의 현 상태를 유지하려는 무의식적 소망을 말한다. ⑥ 해석: 치료자가 자신이 파악한 전이와 저항, 정신기제, 무의식의 내용 등의 의미를 환자가 이해하게끔 해주는 것

67 정신분석적 정신치료

구분	내용
개념	정통 정신분석보다는 유아적 갈등 또는 무의식적 내용은 덜 다루면서도 현재 갈등과 정신역동도 다루면서 증상완화에 치료 목표를 두고, 부수적으로 왜곡된 성격구조의 변화나 병적 자아 방어기전을 수정하려는 정신치료 방법
특징	① 인격과 방어의 부분적 재구성이라고 할 수 있음 ② 현재의 대인관계에 대한 통찰 및 대인관계의 개선을 목표로 함 ③ 신경증적 증상 호전(좀더 심한 병리를 가진 환자도 대상으로 포함)

구분	정신분석	분석적 정신치료	
		통찰적	지지적
방법	전이/저항 분석	역동적 기법 사용	치료적 동맹
치료자 – 환자	중립	부분적 중립	중립 지키지 않음
적응증	안정적, 스트레스 견디고, 의지가 있어야 가능	신경증, 성격장애, 정신병적 상태 포함한 환자 대부분	정신분석 받기에 자아가 약한 경우, 적응장애, 불안, 발작 등

68 대인관계 분석치료

구분	내용
특징	① 성적갈등보다 사회적 경험이나 대인관계 경험에 초점을 둠. ② 이 관점에서 정신의학을 두 명 이상의 많은 사람들로 구성된 인간관계 상황에서 일어나는 현상을 연구하는 학문으로 정의 ③ 설리반도 프로이트처럼 심리적 발달과정을 추적하고 개인의 후기 정신건강에 초기 인생경험, 즉 대인관계가 중요한 영향을 미침을 강조. 인간의 행동이 두 가지 복합적인 욕동, 즉 만족과 안전을 추구하는 충동에 의해 기초가 이루어지는 것으로 봄. ④ 대인관계 분석치료는 성적 갈등보다 사회적 경험이나 대인관계 경험에 초점을 두고 있다.

69 단기역동 정신치료

구분	내용
특징	① 정신분석적 입장과 지지적 정신치료 그리고 행동치료 등을 절충시킨 치료기법, 즉 긍정적 전이현상은 받아들이지만 그 역동적 의미나 내담자의 성격문제는 꼭 필요한 경우 외에는 다루지 않는다. ② 치료자가 더욱 적극적인 치료역할을 하며 환자의 강한 동기가 결합하면 좋은 결과가 나옴: 언어화, 제반응, 암시 같은 지지적 요법도 활용함
위기개입	① 위기에 처한 환자를 신속하게 도와 현재의 불안을 완화하고 중재함 ② 사용되는 기법으로 재확인, 암시, 약물치료 등이 복합적으로 적용됨

70 실존주의 정신치료

구분	내용
특징	실존주의 정신치료는 사르트르, 하이데거, 키에르케고르 등 실존주의 철학, 부버와 나와 너 관계 이론의 영향을 받았다. 실존주의 치료는 지금 바로 여기에서 일어난 경험을 중요시하는 데 초점을 둔다.
주요개념	① 실존적 요소(또는 조건)에 대해 '기법'으로 치료하려는 경향에 대한 반향임 ② 실존주의에 근거한 정신치료의 경우 '인간이란 무엇인가?'에 대한 이해에 더 바탕을 두는 치료적 접근임. ③ 자아인식의 능력, 자유와 책임, 정체감의 추구와 관계(다른 사람 또는 환경), 의미의 추구, 삶의 조건으로서의 불안, 죽음과 무에 대한 인식 등의 전제에 대한 이해가 중요함.

(1) 합리적 정서치료 ▶ 2016

구분	내용
특징	Ellis의 성격이론의 핵심이 되는 ABCDE는 인간이 비합리적인 신념으로 인해서 부적응적인 정서와 행동에 고착되는 것을 설명함. ABCDE는 상담의 과정에 있어서도 중요한 치료절차로 이용됨 A (선행사건) → B (신념체계) → C (정서적 행동적 결과) ↑ D (논박하는중재) → E (효과) → E (새로운 감정)
개념정의	
(a) 선행사건 (Activating Event)	개인에게 정서적 혼란을 야기하는 어떤 사건이나 행위를 의미한다 (예 시험실패, 실직).
(b) 신념체계 (Belief System)	어떤 사건이나 행위 등과 같은 환경적 자극에 대해서 개인이 갖게 되는 태도 또는 사고방식을 가리킨다. 신념체계에는 합리적 신념(Rational beliefs, rB)과 비합리적 신념(Irrational beliefs, iB)이 있다.
(c) 결과 (consequence)	선행사건에 접했을 때 비합리적인 태도 내지 사고방식을 가지고 그 사건을 해석함으로써 느끼게 되는 정서적 결과를 말한다.

(d) 논박(Dispute)	자신이 가지고 있는 비합리적인 신념이나 사고에 대해서 도전해 보고 과연 그 사상이 맞는 것인지를 다시 한 번 검토해 보도록 상담자가 촉구하는 것을 말한다
(e) 효과(Effect)	내담자가 가진 비합리적인 신념을 철저하게 논박함으로써 합리적인 신념으로 대치한 다음에 느끼게 되는 자기 수용적인 태도와 긍정적인 감정의 결과를 지칭한다.

(2) 의미치료

구분	내용
개요	① 1905년 출생한 빅터 프랭클이 개발 ② 현대인은 생존 수단은 가지고 있으나 생활의 의미는 가지고 있지 못한 경우가 많음 ③ 우리 시대의 사회적 질병은 무의미, 즉 '실존적 공허'임을 강조하였다. 의미치료의 방법과 과정에서는 개인이 고통, 일, 사랑을 통해 의미와 목적을 찾도록 돕는다.
주요 개념	
의지의 자유	인간의지의 자유로 인간의지는 유한한 존재의 의지임
의미에 대한 의지	인간에게 삶의 기본적인 동기
심령 역학	인간의 의미와 가치에 대한 추구는 내면적 균형보다 긴장을 불러옴
실존적 공허	본질적 무의미
실존의 본질	인간실존의 목적은 자아실현이 아니라 자아초월인 것
심령적 신경증	도덕적인 갈등이나 심령적인 문제에서 야기됨
집단적 신경증	전쟁, 전염병, 자연재해, 정치, 사회문제 등으로 인한 집단 공통의 고통으로부터 파생되는 그 시대 자체의 집단적 신경증이 있음.

(3) 현실치료

구분	내용
개요	① 1950년대 글래서가 인간의 '뇌의 기능'을 설명하는 통제이론을 배경으로 제안 ② 현실치료자들은 모든 내담자들의 기본적인 문제가 특정한 뇌 병리와는 별개로 현재의 인간관계가 불만족스럽거나 인간관계라고 할 만한 것이 없는 상태 둘 중 하나라고 하였다.

선택이론	개인의 모든 행동은 기본적 욕구를 충족시키기 위해 그 자신이 선택하는 것이다. 따라서 이러한 욕구를 충족시킬 수 있는 내면적인 가상세계인 '좋은 세계'를 발달시킨다.
목표	내담자들이 자신의 좋은 세상을 인식하고 기본적 욕구들을 잘 충족시킬 수 있는 행동을 선택하도록 돕는 것.
WDEP 모델	
W	치료자는 내담자가 원하는 소망(Wants)을 질문하여 명료화(W: 소망과 욕구 살펴보기)
D	그러한 소망을 실현하기 위해 현재 어떤 행동(Doing)을 선택하고 있는지 질문(D: 현재 행동과 지향 살펴보기)
E	이어서 그러한 행동이 소망을 잘 충족시키고 있는지 평가(Evaluate) 함 (E: 현재의 행동 평가하기)
P	그렇지 못하다면 좀 더 효과적인 행동을 선택하여 실천할 수 있는 계획(Plan)을 세움(P: 행동을 계획하고 실천하기)

(4) 게슈탈트치료

구분	내용
개요	개체는 대상을 지각할 때 산만한 부분들의 집합이 아니라 하나의 의미 있는 전체, 즉 '게슈탈트'로 만들어 지각한다고 이해함
주요개념	
게슈탈트 (Gestalt)	사전적 정의는 용모, 체격, 모습, 꼴, 윤곽, 형체 등, 정리하면 겉으로 드러난 전체적인 모습을 말함. 게슈탈트 치료에서 게슈탈트는 환경과의 관계 속에서 형성되고 해소되는 개체의 행동동기로 설명된다.
전경(Figure)과 배경 (Background)	인간의 모든 인식은 <u>전경과 배경</u>의 관계 속에서 설명된다. 그래서 게슈탈트를 형성한다는 것은 개체가 어떤 한 순간 중요한 욕구나 감정을 전경으로 떠올린다는 말과 같은 뜻이며, 건강한 개체라면 전경과 배경의 교체가 자연스럽게 순환된다. (게슈탈트의 <u>형성</u>과 <u>해소</u>라고 부름)
미해결 과제	과제의 미해결 상태, 이러한 미해결 과제가 전경으로 끊임없이 떠오르려하기 때문에 그런 상태가 '지금-여기'의 맥락에서 더 뚜렷하게 드러나게 되는 것이다.
알아차림과 접촉	알아차림(awareness)는 게슈탈트의 형성을 촉진한다. 접촉(contact)은 게슈탈트의 해소를 증진한다.
알아차림-접촉의 주기	건강한 유기체는 이 주기를 원활하게 반복함

치료기법	① 지금 – 여기의 체험에 초점을 맞추기 ② 직면시키기 ③ 역할 연기하기 ④ 빈 의자 기법: 중요한 사람이 빈 의자에 앉아 있다고 상상하고서 그 사람에게 실제로 하고 싶은 말과 행동을 하게 하는 방법 ⑤ 꿈 작업하기 ⑥ 창조적 투사: 자신의 투사 – 자각하여 투사물이 자기 자신이 만들어낸 것임을 알아차리는 경우

SET 020

인지치료

71 인지치료 ▶ 2011·2016·2019·2020·2024

구분	내용
정의	일상생활에서 발생하는 문제들을 극복하도록 돕는 것에 초점을 두며, 건강한 적응 행동은 촉진하고 부적응 행동은 변화시키는 것을 목적으로 함
목표와 원리	① 부정적인 자동적 사고를 모니터 함 ② 인지, 정서와 행동 간의 관련성을 인식 ③ 왜곡된 자동적 사고의 증거를 찾아 교정 ④ 편파된 인지를 보다 현실적인 해석으로 대체 ⑤ 경험을 왜곡시키는 역기능적인 신념을 확인하고 변경시키는 것 배움
기본개념 - 자동적 사고	상황에 대해 합리적인 분석 없이 갑작스럽게 일어나는 것, 이러한 사고는 종종 부정적 및 논리적 오류에 근거함(Beck(1987)은 이러한 사고를 인지적 왜곡이라고 부름)22)
전략	① 불안감소: 이완요법, 바이오피드백, 체계적인 둔감법, 감각기관 - 노출, 홍수요법 재구성, 반응방지 ② 인지 재구성: 사고와 감정의 감시, 증거 탐문, 대안 검토, 탈비극화, 재구성, 사고 중지 ③ 새로운 행동의 학습: 모델링, 형성법, 토큰 경제, 역할극, 사회기술훈련, 혐오요법, 수반관계 계약

인지적 오류 = 인지적 왜곡
(1) 과잉일반화: 한두 차례의 경험이나 증거에 비추어 모든 상황에서 그러할 것이라고 과도하게 일반화하여 결론을 맺는 오류.
  예 여자 친구에게서 한 차례 데이트를 거절당한 후, "그 여자가 나를 싫어함에 틀림이 없어. 앞으로 나는 결코 데이트 같은 건 못해 볼꺼야. 나는 여자와의 관계에서 분명히 어떤 문제가 있어. 여자들이 나 같은 사람을 좋아할 리 없어"라고 생각한다.

---

22) 임의적 추론, 과잉일반화, 이분법적 사고, 선택적 추상화, 확대하기, 재앙적인 사고, 최소화하기, 개인화 등

(2) 이분법적 사고(dichotomous thinking): 흑백논리(black-or-white thinking) 혹은 실무율적 사고(all-or-nothing thinking)라고도 불린다. 완벽주의(perfectionism)의 기저에서 흔히 발견되는 사고의 오류이다. 흑과 백 사이에는 무수한 회색지대가 존재하는 데도 새하얀 백색이 아닌 바에는 다 흑색으로 생각하고, 전부가 아니면 전무이며, 100점이 아니면 다 0점이고, 성공이 아니면 실패이고, 완벽하지 못할 바에는 아예 그 일을 시작하지 못한다. 이분법적 사고라고 명명하는 이유는, 세상을 이처럼 오로지 두 가지로만 구분하기 때문이다. → 척도화
- 예) 자기 마음에 드는 보고서를 쓰려면 최소한 10시간이 필요한데, 주어진 시간은 5시간 밖에 되지 않을 때, 결국 5시간 동안 컴퓨터 오락으로 소일하고 만다.
  - 늦잠을 자고 아침에 일어나 보니 아무리 서둘러도 지각이다. 그래도 빨리 서두르면 10분 늦게라도 수업에 들어갈 수 있는데, '수업을 어차피 다 듣지 못할 바에는 10분 먼저 들어가면 뭐하냐'하는 생각에 아예 수업 들어가기를 포기한다.
  - 처음 차를 구입하고서 광택제까지 뿌려가며 열심히 차를 닦다가, 그렇게 아끼던 차에 한 번 흠집이 나면 마치 폐차 직전의 차 굴리듯 마구 험하게 다루기 시작한다.

(3) 확대 해석: 실제로는 그렇지 않음에도 불구하고 어떤 사건을 '매우 위험하고 감당할 수 없고 큰 재앙을 일으킬 것 같은' 것으로 생각하는 것
- 예) 남들 앞에서 얼굴이 붉어지는 모습을 보인다면 '나는 다른 사람 앞에서 얼굴이 붉어지는 경우가 있는데, 아마 다른 사람들이 그걸 보면 나를 좀 소심한 사람으로 볼 거야'라고 생각하는 대신에 '내가 얼굴이 붉어지니까 남들은 날 비웃고, 바보로 생각하고, 못났다고 무시할 거야'라고 생각

(4) 자신에게 원인 돌리기: 자신과는 아무런 관련이 없는 일에 대하여 '나 때문에 생긴 일', 혹은 '내 탓이야'라고 생각하는 경향을 '자신에게 원인 돌리기'라고 부른다. 이런 생각은 우연한 행동도 자신과 관련이 있다고 생각하기 때문에 거의 예외 없이 죄책감이나 당혹감을 불러 일으킨다.
- 예) 길을 가다가 아는 사람을 마주쳤는데 그 사람이 아는 척을 안 하고 지나갔을 경우 → '아마 내가 무엇인가 기분을 상하게 한 일이 있기 때문에 아는 척을 안 하고 지나갔을 거야'라고 생각하지만, 실제로는 그 사람이 생각에 잠겨있어서 보지 못하거나 눈이 나쁠 수도 있는 것

(5) 지레짐작하기: 객관적 사실과는 관련 없이 감정상태나 정서적 경험에 기초하여 여러 가지 일의 결과를 추론하는 것을 말한다. 그렇지만 그것이 현실과는 다르거나 주관적인 판단이라는 것을 알지 못한다.
- 예) '남들이 나를 이상하게 생각할 게 분명해'라던가 '일이 제대로 될 리가 없어'라는 식으로 감정에 근거하여 판단을 내리는 것. 현실적인 근거를 무시하고 지레짐작으로 그것도 부정적인 방향으로만 결론을 내린다면 항상 괴로움을 당할 수밖에 없을 것

(6) 강박적 의무감: '—해야만 해', '----해서는 안 돼' 라는 식의 경직된 생각. 실수나 정도에서 벗어나는 것을 용납하지 못하고, 어떤 기준에 도달해야만 한다는 강박적인 생각.

(7) 긍정적 결과를 부정하기: 이것은 긍정적인 경험 자체를 인정하지 않거나, 긍정적인 결과가 자신의 능력이나 노력과는 관계없다고 생각하는 것이다.
(8) 쉽게 부정적인 결론 내리기: 부정적인 사건이 일어날 만한 상황에서는 여러 가지 가능성 중에서 부정적인 결론만을 먼저 떠올리는 것이다.
(9) 낙인찍기: 자신의 능력이나 변화 가능성을 부정하는 습관이다. 그래서, '나는 어쩔 수가 없구나'라는 자포자기적인 생각에 사로잡혀 자기를 비하하고 변화할 수 있는 시도나 용기를 내지 못한다. 결국 이런 경향은 극복해야 할 상황을 더욱 회피하게 될 뿐이다.
(10) 비극화(파국화): 가능한 모든 상황을 부정적으로, 비극으로 간주하는 것이다.
(11) 선택적 추론(선별적 추상화): 사건이나 상황을 개념화할 때 전체적인 흐름 속에서 주된 내용은 무시한 채 한 가지 세부특징에 초점을 기울이거나, 하나의 사실만을 취하여 전체적인 의미를 해석하려는 경향. 선택적 추상에서 개인은 다른 모든 자료를 모두 무시한 채 자신의 우울한 생각을 정당화하거나 지지하는 단일의 근거만을 선택적으로 채택한다.

인지치료의 과정
인지행동 사정 → 인지적 재구조화*(사고·감정 감시, 증거탐문, 대안검토, 탈비극화, 재구성, 사고중지)

72 행동치료 ▶ 2011·2020·2024·2025

구분	내용
개념	① 임상증상을 경험에서 학습된 것으로 보고 관찰되는 문제행동을 이론에 근거하여 분석하고 치료하는 방식 ② '지금-여기'를 중심으로 문제를 명료화하고 해결하는 것을 중요시함
고전적 조건화 25 서술형	① 고전적 조건형성: Pavlov 조건반사, 배고픈 개에게 음식을 주면 타액을 분비, 만일 음식을 다른 사건, 즉 종을 울리는 사건과 함께 제공하면 개는 나중에 종만 울려도 침을 흘리게 됨 ② 조작적 조건형성: Skinner는 인간행동의 대부분을 조작적 행동으로 봄, 즉 어떤 행동이 야기하는 결과에 의해서 행동이 통제된다는 것 ③ 체계적 탈감작: 상반된 반응을 일으키는 자극을 동시에 제시하면 각각의 반응이 상쇄되는 현상을 이용한 치료방식 ④ 혐오요법: 문제행동을 줄이기 위해 불쾌한 자극을 문제 행동에 연결하는 것

인지행동 치료기법

구분	내용
개념	인지행동치료는 겉으로 드러난 행동을 단순히 변화시키는 것에 중점을 두기보다는 행동에 영향을 미치는 인지적 과정을 수정함으로써 대상자의 행동에 변화를 가져오는 것에 중점을 둔다.
기본가정	① 행동은 단지 어떤 자극에 영향을 받아 나타나는 반응이 아니라, 그 개인의 기대, 사고, 신념체계 등 인지적 활동의 영향을 받아 나타난다는 것이다. ② 행동을 통제할 수 있는 능력이 개인에게 있음을 강조하며, 자기통제의 관점에서 행동변화를 가져오는 데 중점을 둔다. 또한 자신의 행동을 통제하는 '능동성'을 강조하며 이러한 '능동성'을 지탱하는 요인으로서의 인지적 활동을 중시한다. ③ 인지적 활동은 감시가 가능하며, 변화 가능하다고 본다. 즉 사람은 살아가면서 여러 가지 상황이나 사건에 접하게 되며, 그때마다 인지적 활동을 하게 되는데, 그때 자신이 어떤 인지적 활동을 하는지 인식할 수가 있다는 것이다. 자신의 인지적 활동을 인식할 수 있게 되면 인지적 활동을 변화시킬 수 있는 과정의 첫 단계에 들어서게 되었다고 할 수 있다.
인지치료 기법	
사고와 감정감시	① 인지의 재구조화는 어떤 상황에서 역기능적인 자동적 사고가 나타나는지, 그에 따라 어떤 감정과 부적응 행동이 나타나는지 확인하는 것에서 시작한다. 첫 번째 중요한 단계는 대상자가 자기인식을 증진하고, 자신의 생각과 감정을 감시하는 것이다. '역기능적 사고 기록지'를 사용함으로써 도움을 받을 수 있다. ② 역기능적 사고 기록지는 5가지 항목, 즉 ㉠ 상황, ㉡ 감정, ㉢ (상황에 반응하는) 자동적 사고, ㉣ 합리적 반응, ㉤ 결과로 구성되어 있지만, '사고와 감정을 감시'하는 단계에서는 상황, 감정, 자동적 사고에 대해 기록하도록 한다. 이를 통해 대상자는 자동적 사고와 연관된 감정들을 식별하는 것을 배우게 되며, 자동적 사고와 부적응적 감정 및 행동과의 관계에 대해 깨닫기 시작한다.
증거탐문	다음 단계는 자동적 사고를 뒷받침하기 위해 사용된 증거를 검토해 보는 것으로 "그 생각을 뒷받침할 만한 증거는 무엇입니까?"라고 묻는 것이다. 증거 탐문에는 정보의 출처를 살펴보는 것도 포함된다. 왜곡된 사고를 지닌 대상자는 모든 정보에 대해 같은 비중을 두거나 왜곡된 생각을 뒷받침하는 정보에만 선택적으로 집중을 하고 그 이외의 정보에 대해서는 무시하는 경향이 있다. 대상자로 하여금 치료진, 가족, 그 밖의 다른 구성원들과 함께 자동적 사고를 뒷받침하는 증거에 대해 의문을 제기해 보도록 함으로써 잘못된 정보임을 깨닫도록

	이끌 수 있으며, 그 증거에 대해 보다 합리적이고 적절한 해석을 하도록 도움을 줄 수 있다.
대안검토	자동적 사고의 증거가 되는 정보에 대해 다른 설명이 존재하는지 생각해보도록 한다. 또한 대안검토는 자신의 강점이나 대처자원에 기초하여 그 상황에 대해 부차적인 선택을 가능하게 한다.
탈비극화	탈비극화는 '만일 그렇다면, 어떤 일이 벌어지는지' 생각해보도록 하는 것이다. 이것은 대상자가 상황으로 인해 초래될 수 있는 비극적 특성을 과대평가하는 것은 아닌지 생각해볼 수 있는 기회를 준다. 대상자에게 던질 수 있는 질문은 "일어날 수 있는 가장 나쁜 일은 무엇인가?", "그것이 정말 일어난다면 그렇게 끔찍할 것인가", "다른 사람은 그 상황에 처한다면 어떻게 대처할 것인가?"등이다. 이 기법의 목적은 대상자로 하여금 일상에서 부딪치는 상황은 이분법적인 흑백논리를 적용할 수 있는 것이 아니며, 생각하는 것만큼 극단적이지 않음을 깨닫게 하는 것이다.
재구성	재구성이란 문제 상황에 대한 인식을 변화시키는 기법으로, 문제 상황을 다른 측면에 초점을 두어 파악하거나 다른 시각에서 바라보도록 하는 것이다.
사고중지	사소하고 중요하지 않은 문제로 시작된 일이 시간이 지남에 따라 점점 그 중요성과 역동성이 더 해져 이를 멈추기가 어렵게 될 수 있다. 사고 중지 기법은 역기능적 사고가 처음 생겼을 때 적용하는 것이 가장 효과적이다. 역기능적 사고의 진행을 멈추기 위해서 "증지, 그만(stop)"이라고 외치거나, 어떤 글귀나 이미지를 상상하면서 역기능적 사고의 진행을 제시할 수 있다.
형성법 - 조성 (shaping)	개선하기를 원하는 행동을 여러 단계로 나누어 구성한 후 강화를 통해 변화할 수 있도록 동기 부여를 하는 것이다.
반응대가 ▶ 2024	수정이 필요한 문제행동에 대해 그 행동의 대가로 이미 가지고 있던 특권 또는 강화제를 반환 또는 박탈하여 행동을 감소시키는 방법
타임아웃	문제행동이 발생했을 때 일정시간 분리시켜서 행동을 수정하는 기법 중 하나

인지행동치료 기법

1. 불안 완화 기법	2. 인지의 재구조화 기법	3. 새로운 행동 학습 기법
① 이완요법 ② 바이오피드백 ③ 체계적 둔감법 ▶ 2015 ④ 감각기관에의 노출 25 서술형 ⑤ 홍수법 ⑥ 반응 방지(예방, 차단)	① 사고와 감정의 감시 ② 증거 탐문 ③ 대안 검토 ④ 탈비극화 ⑤ 재구성 ⑥ 사고 중지	① 모델링 ▶ 2022 ② 형성법 ③ 토큰경제 ④ 역할극 ⑤ 사회기술훈련 ⑥ 혐오요법 ⑦ 행동 계약

73 변증법적 행동치료 및 수용전념치료 ▶ 2024 서술형

구분	내용
변증법적 행동치료	① 마샤 리네한이 경계성 인격장애 환자를 치료하기 위해 개발한 인지행동치료의 일종 ② 우울장애 및 자살사고, 자해, 약물중독 등과 같은 행동패턴을 수정하기 위해 사용할 수 있음 ③ 정반합의 과정, 양극단을 오고가는 매우 힘든 정서적 상태에서 적정한 수준을 맞출 수 있도록 도와주는 치료법으로 대상자가 느낀 감정 중시하고, 대상자의 감정수용에 대한 중요성을 강조함 ④ 사고의 변화 보다는 사고를 유발시키는 정서에 초점을 둠
주요 치료기법	**마음챙김**: ① 변증법적 행동치료에서 다른 기법들의 기반이 됨 ② 익숙한 것들에 갑작스러운 변화를 일으키거나 화가 나는 상황에 처하게 될 때 느끼는 강렬한 정서를 수용하고 인내하는 것을 도움 **고통견디기**: 정서적 고통을 감내하고 수용하는 능력을 갖추는 것 **감정조절**: 고통스러운 감정을 조절하는 것 **대인관계 효율성**: 필요한 것을 요청하고 원하지 않는 요구를 거절하며, 대인관계 갈등을 능숙하게 해결하도록 돕는 것
수용전념치료 ▶ 25 서술형	① 인지행동치료의 제3동향으로 인지치료에서 대상자의 사고체계를 수정하려고 하고, 강박적으로 문제를 해결하려는 경향에서 문제가 지속된다는 것을 보완해야한다는 관점 ② 문제를 문제로 보지 않고, 있는 그대로 인정하고 수용하며 감정이나 생각을 변화시키려는 노력에 주목함 ③ 건강은 정상, 증상은 비정상이라는 기존의 시각과 달리, 심리적 고통은 보편적이고 정상적인 현상이라고 보는 것
핵심요소	① 아무리 부정적인 감정이나 생각이 들더라도 이를 회피하려는 노력을 중단하고 경험을 수용하는 것 ② 회피하던 경험을 수용하도록 돕는 동력을 갖기 위해 개인적 삶의 가치와 목표를 명확하게 하는 것 ③ 수용기법: 개인적 고통, 경험의 형태나 빈도를 통제하는 것이 아니라 이러한 사건들과 거리를 두도록 격려, 자신의 행동의 결과를 경험하도록 하는 기법

74 집단치료 ▶ 2010

집단치료의 과정 23)
치료 전 단계 → 초기단계(오티, 갈등, 응집기) → 활동단계(상호작용, 교정적 정서경험)
→ 종결단계(새로운 행동형태 학습)

구분	내용	
	요소	정의
얄롬의 집단치료적 요소	희망 고취	집단원에게 희망을 주고, 성공적인 집단치료경험에 대한 낙관적인 생각
	정보를 나눔	교훈적인 정보와 충고를 주고받는 것
	보편성	타인도 같은 생각, 감정, 문제를 경험한다는 것과 혼자만의 문제가 아님을 인식
	모방행위	집단에서 타인의 행위를 모방할 수 있는 기회
	실존적 요소	자신의 존재의미로 집단원을 도울 수 있는 집단의 능력
	상호작용 개발	자신의 상호작용 형태를 인식하고, 발달시킬 수 있는 기회이며, 갈등을 해결하고 타인에 대해 조언을 줄 수 있는 사회적 기술 습득
	이타성	자신도 타인을 돕는 입장임을 경험하고, 타인에게 의미 있는 존재로서의 가치 경험
	감정 정화	전에 표현하지 못한 감정을 표현할 수 있는 기회
	응집력	집단의 일원이라는 점에서 애착을 느끼고 나보다 우리라는 동료의식 형성
	교정적 재경험	과거에 가족에게서 경험한 학습경험을 변화시킬 수 있는 능력을 경험
	대인관계 학습	인간관계의 책임과 복잡성에 대한 이해를 증진시키고 인간관계의 장애를 감소시킴

---

23) 집단에서 발생하는 역동은 참여자의 치료에 영향을 미친다. 집단치료가 이루어지는 장소나 형태에 상관없이 일반적인 역동과정이 치료집단 안에서 특징적으로 발생하며 전이, 역전이, 저항이 있다. 저항의 형태는 다음과 같다 ① 행동화(acting out) ② 결석 ③ 하위집단화(subgrouping)

심리극 구성요소	주인공	대상자로서 자신의 인생 상황을 극으로 묘사
	감독	• 치료자로서 관중의 반응을 살펴가며 대상자가 무대 위에서 역할을 맡아서 연기를 할 때에 주인공은 물론 관중의 변화까지도 관찰하고 분석 • 극에 참여하고 있는 집단원 전체에게 그날 무대에서 이루어지게 될 상황, 치료목적, 역할, 시간의 제한 등을 설명해주며 주인공이 자발적으로 연기를 할 수 있도록 유도
	보조자아	• 주인공의 상대역이고 동시에 주인공을 이끌어가는 역할로 대상자의 변형된 자아의 역할 • 환상적인 역할 • 주인공과 밀접한 관계가 되는 생활필수품이나 무생물 등의 대상물 역할
	기타	무대, 조명, 음악 및 음향효과, 분장 등

가족치료

75 가족치료의 관점

구분	내용
정의	문제 또는 장애의 원인을 보는 관점에 따라 치료적 전략이 달라진다. 이론들 또는 학자들에 따라 **가족에 대한 다른 시각**을 가지기 때문에 이를 이해하고, 그에 따라 문제해결을 위한 접근을 시도한다.

(1) 가족체계이론 - Bowen(1978)의 가족치료 ▶ 2014

구분	내용
정의	① 가족문제를 자신의 원가족과 심리적 분리가 되지 않는 데서 기인하는 것으로 봄. 정서적 관계가 최소한 3대에 걸쳐서 투사되는 과정이라고 봄. ② 여러 세대를 거치면서 <u>삼각관계</u>, <u>정서적 단절(또는 차단)</u>, 가족 투사(또는 투사과정)의 기전을 이해 → 불안 감소, 자아 분화[24](또는 자기분화)를 증가시키는 것 목표로 함
개념	정의
자아의 분화 (자기분화)	가족의 정서체계의 불안 반응에 지배받지 않도록 하기 위해 지성과 정서 사이에 충분한 분화
삼각관계	중요한 관계에서 어려움이 존재할 때 일어나는 예측 가능한 세 사람의 정서형태
핵가족 정서체계	가족 구성원 사이에 상호작용 패턴과 이들 패턴이 정서융합을 증진하는 정도
세대간의 전달과정	가족에서 관계 양상과 증상이 몇 세대 더 일찍 기원을 갖는다는 가정
가족의 투사과정	배우자 간에 강한 정서 융합을 회피하기위해 한 명 이상의 아이에게 배우자 문제를 투사
형제 자매의 위치	사람의 개성 프로파일을 결정하는 요소로 출생 순서와 성별

---

24) 인간의 자아 속에 감정과 지성이 서로 분리되어 있다고 보았다. 즉, 감정과 사고가 뚜렷하게 구분된 사람을 '자아의 분화정도가 높다'고 설명하였다. 이런 관점에서 가족은 '가족자아'로서 정서적 일체감을 형성하고 있고, '개인자아'는 '가족자아'에서 분화될수록 융통성이 많고 생활의 스트레스에 잘 대처하는 것으로 본 것이다.

정서적 차단 (단절)	몇몇 가족구성원이 정서적 고립이나 지리적 거리를 사용함으로써 강한 가족 갈등을 다루는 역기능적 방법
사회적 퇴화	가족과 사회가 장기적인 불안으로 퇴행하거나 기능저하 문제가 증가

(2) 구조적 가족치료 - Minuchin(1974) ▶ 2010

구분	내용
정의	① 가족의 문제를 '역기능적 가족구조' 또는 '가족의 구조적 결함'에서 기인하는 것으로 이해함. ② 가족구조와 조직화를 이해, 변화시켜 - 가족구성원의 상호작용 향상 → 역기능적 가족구조 → 건강하고 기능적 가족으로 변화되는 것이 목표
개념	
경계선	경계선이 애매한 가족은 일반적으로 밀착된 가족으로 서로의 생활에 지나치게 개입하고 관여하기 때문에 의존성이 심해지고 가족 외의 다른 사람들과 관계 맺는 것을 어려워한다. 반면 하위체계 간의 경계선이 지나치게 경직된 가족은 유리된 가족으로, 서로 고립되어 의사소통이 어렵고 가족 간의 보호기능이 부족하다.
제휴	가족구성원이 체계 내에서의 상호작용을 설명하는 것으로 서로 협력하는 것을 긍정적인 제휴, 서로 대항하는 것을 부정적인 제휴라고 한다. 이 외에도 제삼자에 대항하기 위해 제휴하는 연합이 있고 같은 목적달성을 위해 제휴하는 동맹도 있다.
권력	권력이란 각각의 가족구성원이 상호작용을 통해 다른 구성원에게 미치는 영향력으로, 절대적이지 않고 상황에 따라 달라진다. 가족의 구조를 잘 이해하기 위해서는 가족구성원의 기능수준이 고정되어 있지 않으며, 경우에 따라 다른 영역과 방법을 가지는 복잡성에 대해 잘 알아야 한다.

(3) 경험적 가족치료 - Whitaker, Satier ▶ 2018

구분	내용
정의	① 가족을 안정된 상태에 정체되는 것이 아닌 성장하도록 하는 것, 즉 합리적 사고보다는 경험의 유익을 강조하며 치료자가 활동적, 자기개방을 하며 환자가 자신의 사고, 감정 등 및 내면적 경험에 더 가까워질 수 있도록 다양한 기법을 사용함 ② 휘태커의 상징적 기법, 사티어의 성장기법, 칸토의 가족조각기법

	개념
가족규칙	'해야 할 것'과 '해서는 안 되는 것'을 규정한 것으로서 가족 구성원 간의 상호작용에 영향을 미친다. 건강한 가족은 규칙이 적고 일관성 있게 적용되며 실천 가능하고 융통성이 있다. 가장 중요한 것은 가족규칙은 개인의 독특성과 의사소통 방식에 관한 것이다.
기능적 의사소통과 역기능적 의사소통	사티어(Satir)는 가족의 건강성이 구성원 간의 의사소통에 달려 있다고 주장하면서 기능적 의사소통과 역기능적 의사소통을 구분하고 있다. 기능적 의사소통은 구성원의 독특한 의견을 인정하는 동시에 서로의 의견을 공유한다. 여러 구성원과의 자유로운 소통이 허용되고 권장된다. 새로운 변화를 위협으로 여기기보다 성장의 기회로 여기며 환영한다. 이러한 가족의 구성원은 자유롭고 유연하며 모험심을 지니고 세상을 탐색할 수 있다. 반면에, 역기능적 의사소통은 낮은 자기존중감을 지닌 부모를 둔 가족에서 나타나며 폐쇄적이고 경직된 방식으로 소통이 이루어진다. 구성원의 개성에 대한 존중이 부족하며 가족관계가 긴장되어 있고 자율성과 친밀성이 부족하다.
의사소통 패턴[25]	① <u>회유형</u> 상대방을 위한 쪽으로 모든 것을 맞추려 하며 다른 사람에게 해가 될까 두려워하는 유형. 이런 유형의 사람들은 매우 순종적이고 자아개념이 약하며 의존적이고 상처받기 쉬우며 자기억압적일 뿐만 아니라 소화불량, 당뇨, 편두통, 변비 등의 신체적인 문제를 나타낼 수 있다. ② <u>비난형</u> 상대방을 무시하고 오직 자신의 의견이 최선이라고 생각하며 상대방이 받아들이지 않으면 화를 내는 유형이다. 이러한 유형의 사람들은 완고하고 독선적이며 명령적이고 융통성이 없으며 다혈질적이고 다른 사람에게 책임을 전가한다. 자신은 세상의 피해자이고 희생자라고 생각하며 열등의식이 있는 경우가 많으며 고혈압, 근육긴장, 혈액순환 장애와 같은 신체적 문제를 지닐 수 있다. ③ <u>초이성형</u> 감정표현을 억제하며 매우 냉정한 태도를 취하는 유형이다. 이런 사람들은 자신의 일에 지나치게 섬세하고 철두철미하며 타인을 신뢰하지 못한다. 이들은 진정한 자기 모습에 접촉하기 어려우며 근육통, 심장마비, 성기능 저하와 같은 신체적 문제를 지닐 수 있다.

---

[25] 가족 내의 스트레스가 증가하여 가족체계가 와해될 위험에 처하면 구성원들은 방어적 자세를 취한다. Satir는 이러한 방어적 자세를 나타내는 4가지의 의사소통 패턴을 발견했다.

	④ 부적절형 다른 사람의 말이나 행동을 고려하지 않고 대화의 초점이 없이 부적절하게 반응하며 산만형이라고 불리기도 하는 유형이다. 이들은 타인의 인정을 원하고 소외에 대한 두려움을 지니고 있으며 주의가 산만하고 부산하게 움직인다. 이들은 신경계통의 장애, 위장장애, 당뇨, 편두통, 비만 등의 신체적 문제를 나타낼 수 있다.

치료기법	① 가족조각(family sculpture)은 가족원 한 명이 다른 가족원에게 느끼는 내적 정서상태를 동작과 자세 등의 신체적 표현으로 공간적으로 나타내는 것이다. 이로써 개인의 특정한 사람에 대한 내적 감정과 생각이 시각적으로 표면화되고, 참여한 사람들이 함께 가족의 의사소통 유형, 감정, 가족규칙, 대처방식, 관계 등을 파악하여 경험할 수 있다.
	② 역할극은 실제 경험을 바탕으로 현재의 느낌을 노출하는 것을 전제한다. 과거의 사건이나 바람 또는 미래 사건에 대한 감정을 직접 표현하게 함으로써 가족들에게 생생하게 경험할 수 있는 기회를 제공하는 것이다. 어떤 학자는 부모에게 어린 시절의 장면을 상상하게 하여 아버지에게 자신이 지금의 아들만 했을 때 같은 문제를 겪는 것을 상상하라고 한 후 역할극을 하게하고, 어머니가 작은 소녀였을 때 좋아했던 것을 표현하게 한다.
	㉠ 재정의(reframing)는 부정적 의미를 긍정적으로 바꾸기 위하여 행동과 감정, 사고에 감추어진 긍정적 의미를 제시하는 것이다. 이는 내담자가 긍정적인 측면에서 자신이나 다른 사람의 행동을 볼 수 있도록 하여 문제에 새로운 의미를 부여하는 것이다.
	④ 원가족 도표를 활용한 삼인군 치료
	   ㉠ 사티어는 원가족 도표를 통해 가족의 역동성과 가족관계를 쉽게 이해하고 평가하며 이를 원가족 삼인군 치료에 활용함
	   ㉡ 이를 통해 가족원의 성격, 자아존중감 정도, 의사소통 유형, 가족규칙, 가족의 역동적 관계, 세대 간의 유사성과 차이점, 원가족 삼인군(아버지, 어머니, 자녀)에서의 학습된 경험 등을 파악할 수 있음
	     - 원가족 도표 작성 → 가족의 성격 특성, 대처유형, 관계 양상 작성 → 대상자의 아버지, 어머니의 원가족 도표 작성
	⑤ 빙산탐색은 수면 위에 나타난 부분인 행동과 대처방식을 1차 수준으로 수면 아래의 부분인 감정, 감정에 대한 감정, 지각, 기대, 열망으로 기대되는 2차 수준, 그 아래의 자기(self)의 3차 수준으로 인간의 심리 내적 경험을 구분한다.

(4) 전략적 가족치료 - Haley, Madanes, Milan

구분	내용
정의	① 문제를 지속시키는 행동을 찾고, 수정하도록 하는 것. ② 문제 행동이 변화될 때 그 문제가 해결될 것으로 보는 것. ③ 증상이나 문제는 혼란스럽거나 불명확한 위계 질서 안에서 발생한 것으로 암묵적 의사소통의 유형이 변화될 때 도움이 될 것으로 이해함 ④ MRI 기법, 헤일리의 기법, 밀란모델의 기법 등이 있음
치료기법	가족에 대한 이해와 이론보다는 가족이 변화하도록 하는 것과 기법 중요시함. ① 역설적 개입 기법: 재정의, 증상처방(증상행동을 자발적으로 계속하도록 격려하는 기법. 예 부부가 계속 싸우는 것이 가족문제가 되는 경우 치료자는 부부에게 매일 일정한 시간에 계속 싸우도록 하는 것), 제지기법(가족원에게 천천히 진행하라고 경고하거나 개선이 생길 때 퇴보에 대해 걱정하는 방법), 고된 체험기법(증상이 나타날 때마다 원래 증상의 고통보다 더 괴로워하는 일을 수행하도록 직접적으로 지시하는 기법), 지시기법, 가장기법('척하는 것, 돕는 척, 일하는 척'), ② 의식 처방: 일정한 가족 의식을 구성하여 역기능적인 가족게임26)을 과장시켜 연출해봄으로서 가족원들이 가족게임과 역기능에 대해 인식하게 하는 기법 ③ 순환 질문기법: 문제를 개인의 증상문제로부터 가족의 관계 맥락적 문제로 볼 수 있도록 함.(예 차이질문(당신이 우울해서 누가 가장 힘든가?), 가설질문(만약 할아버지가 돌아가시지 않았다면 가족은 지금과 어떻게 다르게 지낼까?), 행동효과 질문(어떤 행동을 하면 그 다음에 어떤 일이 일어나는가?), 3인군 질문(우울 증상 해소에 아버지와 어머니가 어떻게 도움을 주고 계시니?)

(5) 인지행동주의적 가족치료 - Patterson, Libeman, Stuart

구분	내용
정의	① 고전적 조건화 이론27)에서 시작, 행동주의 치료로 진행됨 ② 행동치료와 인지상담의 주요 개념으로 정적 강화, 부적 강화, 행동수정, 모델링, 소멸, 처벌 및 자극통제 등이 있음 ③ 패터슨의 행동주의 부모훈련 프로그램, 리버만의 소거 및 모델링, 스튜어트의 유관계약(contingency contracting)방법이 있음

---

26) 가족이 힘을 얻고 항상성을 유지하기 위한 은밀한 규칙을 정하는 것을 가족게임이라고 함.
27) Ivan Pavlov(1849-1936)

(6) 해결중심 단기가족치료

구분	내용
정의	① 전략적 가족치료모델을 근간으로 성장, 문제보다는 예외적인 해결방안이나 그 동안 가족이 사용했던 해결책에 초점을 맞추어 가족이 원하는 해결방안에 초점을 두어 돕는 방법 ② 가족역동에 관찰에 관심이 없으며, 가족이 이미 문제를 해결할 수 있는 자원과 능력을 가지고 있다고 전제, 가족의 강점, 긍정적인 것, 이미 성공한 것을 찾아 강화하는 전략으로 질문기법을 활용함
치료전략	해결중심 모델은 문제보다는 가족이 적용해 왔던, 혹은 적용 가능한 해결에 더욱 초점을 둔다. 따라서 문제파악보다는 가족이 원하는 해결에 초점을 두고 가족을 돕는다. 치료를 통해 가족이 기대하는 미래를 분명히 해주는 것이 가족에게 도움이 된다고 보았다. 목적 지향적 모델이라고 불릴 정도로 목적을 강조한다.
치료기법	① 해결 지향적 질문 ② 예외질문: 어떻게 하면 문제가 발생하지 않나요? ③ 기적질문: 내일 아침에 눈을 떴을 때 무엇을 보면 어젯 밤에 기적이 일어나 모든 문제가 해결되었다는 것을 알 수 있을까요? 처음 무엇을 보면 기적이 일어났는지를 알 수 있을까요? ④ 척도질문: 문제의 심각성, 문제해결의 우선순위, 문제해결 정도, 정서적 관계, 관계 개선을 위한 노력 정도, 문제해결 동기, 변화 의지, 자신감과 자존감 등 구체화시킬 필요가 있는 것을 숫자로 표현 ⑤ 대처질문: 예외적인 상황을 발견하기 어렵거나 만성적인 어려움과 절망적 상황 등으로 희망이 없다고 호소하는 대상가족에 주로 사용(예. 매우 어려운 상황인데 지금까지 어떻게 견딜 수 있었나요?) ⑥ 관계성 질문: 대상자 가족과 관련된 다른 중요한 사람들의 생각이나 행동에 대하여 묻는 질문
치료자와 내담자 가족원의 관계유형	① 방문형 - 이 관계유형은 고민과 갈등만 있고 변화와 해결에 대한 기대나 소원이 적은 비자발적 유형이다. - 자신의 문제를 인정하지 않고 상담의 필요성도 인식하지 않으며 다른 사람에게 문제가 있다고 생각한다. - 이 관계는 문제해결 동기가 약하고 상담목표에 합의하기 어렵다. ② 불평형 - 이 유형은 상담 중에 목표나 불평을 찾아내고 관찰을 잘하여 구체적인 문제 상황을 말한다. - 이들은 문제행동과 증상을 보이는 다른 사람 때문에 자신이 희생되었다고 생각하고 자신의 힘든 점에 대해 상담자에게 이해 받기를 원한다.

- 이들 대부분은 다른 사람이 변화해야 문제가 해결될 수 있다고 생각하나 문제 해결을 위해 자신이 해야 할 일에 대해서는 생각하지 않는다. 즉, 문제로 인해 고통을 받고 있지만 해결책을 찾는 단계에서 수동적이고 불분명한 반응을 보이며 불평과 문제중심의 대화가 특징적이다.

③ <u>고객형</u>
- 이 관계유형은 문제해결과 변화를 위한 자발적인 동기를 가지며, 자신이 해결책 구축의 한 역할을 담당하고 노력해야 할 것을 깨닫고 문제해결을 위해 어떤 일을 하려는 의지를 나타낸다.
- 이 관계유형은 자발적으로 문제해결을 위해 도움을 요청하는 내담자인 경우에 가장 흔하며 상담동기가 높기 때문에 쉽게 협력적 관계로 발전할 수 있다.

정신약물치료

76 항정신병 약물 ▶ 2011

구분	내용
작용기전	**정형 항정신병 약물** ① 도파민 경로에서 비선택적으로 도파민 수용체 차단 　㉠ 중뇌변연계 경로(Mesolimbic pathway): 조현병의 양성증상 　㉡ 중뇌피질계 경로(Mesocortical pathway): 음성증상과 관계가 있음 　㉢ 흑질 - 선조체 경로(Nigrostriatal pathway): 추체외로 증상 　㉣ 융기 - 깔때기경로(tuberoinfundibular pathway): 프로락틴 증가 → 유즙 분비, 성욕감퇴 ② 분류 　㉠ 저역가 항정신병 약물: Chlorpromazine 　　- 고역가 보다 추체외로 증상 빈도 낮고, 진정작용이 강함 　　- 프로락틴 상승으로 인한 성기능장애, 항콜린성 부작용이 있음 　㉡ 고역가 항정신병 약물: Haloperidol, perphenazine 등 　　- 진정과 저혈압 작용이 적음 　　- 추체외로 부작용이 심함, 프로락틴 상승으로 인한 성기능 장애
도파민경로	(그림: 도파민 경로 - Nigrostriatal Pathway, Mesocortical Pathway, Mesolimbic Pathway, Tuberoinfundibular Pathway, SN, VTA, Hypothalamus)
효과	진정작용, 망상, 환청 등 정신병적 증상 감소

적응증	① 조현병 스펙트럼 장애 ② 조증삽화, 정신병적 증상을 동반한 우울삽화의 급성기 치료 ③ 틱장애 ④ 자폐스펙트럼 장애, 인격장애, 지적장애 - 인지기능장애에서 공격적 행동	
부작용	① 급성 신경학적 부작용 　㉠ 도파민 차단작용에 의해 발생 　㉡ 추체외로 증상 　㉢ 신경이완제 악성증후군(Neuroleptic Malignant Syndrome, NMS) ② 지연성 운동장애 　반복적, 불수의적인 상동적 운동장애, 도파민 수용체의 지나친 감수성 항진 ③ 기타 부작용 　㉠ 진정작용: 항히스타민 작용으로 인해 발생함. 　㉡ 항콜린성 작용: 시야흐림, 입마름, 변비, 요정체 등 　㉢ 프로락틴 증가: 유즙분비, 무월경, 성욕감퇴, 여성형 유방 등 발생 가능	
비정형 항정신병 약물		
작용기전	비정형 항정신병 약물은 대부분 도파민과 세로토닌(5-HT) 수용체를 동시에 차단하는 효과를 가지고 있어 이들 신경전달물질의 수용 억제	
적응증	① 정신병적 양상: 조현병, 조현양상장애, 단기정신병적 장애, 망상장애 등 ② 급성 조증, 정신병적 우울증 ③ 급성 알코올 중독 및 금단 ④ 뚜렛증후군 ⑤ 경계성 인격장애	
부작용	① 신경학적 부작용도 정형에 비해 적지만 나타남 ② 체중증가, 당뇨병 및 대사 부작용이 심각함(약물별 특징 참고) ③ 프로락틴의 증가, 진정작용, 항콜린작용의 문제	
약물	**특징 / 부작용**	
약물별 특징	클로자핀 (Clozapine)	지연성 운동장애 발생시 사용하는 약제 부작용으로 무과립구증 발생에 유의(정기혈액검사 필요)
	올란자핀 (Olanzapine)	체중증가 발생 / 대사증후군
	리스페리돈 (Risperidone)	음성증상에 효과적 / 프로락틴 ↑ 강함 비정형 약제 중에서 EPS, Prolactin 증가 위험이 큰 편임 / 항콜린 작용 없음

	퀘티아핀	클로자핀과 유사, but 무과립구증 없음	
	아리피프라졸 (Aripiprazole)	체중증가 영향이 적음, 혈중 프로락틴 증가 없음, 대사부작용 없음. 심장독성도 거의 없음 → 부작용 측면에서 장기사용시 좋음	
	지프라시돈 (Ziprasidone)	체중증가 없고, 프로락틴 증가 적음, 소화기계 부작용 발생, 심장독성이 있음	

분류	종류	주요증상	관리
신경학적 부작용	가성파킨슨 증후군	진전, 근육강직, 운동완서, 안면무표정. 침 흘림, 가속보행	• 처방된 약의 용량을 줄이거나, 다른 약으로 대체 • EPS치료약물 투약
	정좌불능증	긴장, 막연한 불안과 불편감, 안절부절 못 함 등	• 처방된 약의 용량을 줄이거나, 다른 약으로 대체 • EPS치료약물 투약
	급성 근긴장 이상증	머리, 목, 입술, 혀 등의 신체 일부 근육의 긴장정도가 증가되는 현상	• 수일~수 주 이내 내성이 생기므로 약물 투여 중지 • EPS 치료약물 투여
	지연성 운동장애	반복적이고 불수의적 상동성 운동장애 증후군	뚜렷한 치료 방법이 없으므로 예방이 중요
	신경이완제 악성 증후군	고열, 빈맥, 발한, 근육경직, 진전, 실금, 혼수, 백혈구증가증, CPK 상승, 신부전 등	• 즉시 투약 중단 • 집중 간호 필요 • 수액 공급, 체온조절 등 대중요법 실시
비신경학적 부작용	진정 작용	주간의 졸음, 정신운동 지연 등	• 가장 흔하고 우선적으로 나타남 • 수 주일 이내 내성이 생김 • 안전사고에 유의
	항콜린성 작용 (자율신경계 부작용)	구갈, 흐린 시야, 배뇨장애, 변비, 발한 감소, 타액감소, 혼돈, 환각, 고열 및 혼수 등	• 약물의 감량 • 각 증상에 따른 대중요법
	항아드레날린 작용	기립성 저혈압, 어지러움 등	안전사고에 유의

혈액계 부작용	clozapine의 경우 치명적인 무과립구증	• 관련증상 주의 깊게 관찰 • 정기혈액검사 시행 • 백혈구 수 감소 시에는 투약 중지	
체중 증가 및 대사성 부작용	비만, 당뇨, 고지혈증	지속적인 관찰과 관리	
심혈관계 부작용	빈맥, 다양한 EKG 변화	대부분이 문제 되지 않을 정도이나 용량 의존적으로 발현하므로 투약 시 주의	
기타	피부 반점, 광선민감증, 황달, 간독성, 경련 등		

77 항우울제 ▶ 2017

구분	내용
삼환계 및 사환계 항우울제	
작용기전	① 삼환계와 사환계 항우울제의 약리작용은 매우 비슷하며, 이 약물은 신경전달물질인 노르에피네프린이나 세로토닌이 시냅스 전 신경말단으로 재흡수 되는 것을 차단하여 시냅스에서의 유용성을 증가시킨다. ② 항우울 효과, 항히스타민/항콜린 작용
약물 ▶ 2024	약물명 / 특징 Imipramine / 진정작용이 강함 Amitriptyline / 항콜린성 부작용이 큼 Clomipramine / 세로토닌 특이성 TCA, 항강박제로 주로 사용 Amoxapine / ① 도파민 차단효과가 있어 정신병적 우울증에 좋음 ② 추체외로 증상과 지연성 운동장애 가능성이 있음
적응증	① 우울장애 ② 공황장애, 범불안장애, 강박장애 등 ③ 식사장애, 유뇨증 등

부작용	① 항콜린성 부작용: 진정과 시력장애, 구갈, 배뇨곤란, 변비, 발기부전과 같은 항콜린성 부작용을 일으킴. 콜린성 제제인 베타네콜(bethanechol)의 투여로 경감시킬 수 있으며, 복용량을 줄이거나 항콜린작용이 적은 약물로 바꾸어 준다. ② 심혈관계 부작용: 기립성 저혈압, 부정맥 ③ 진정작용: 항히스타민 효과 ④ 체중증가 ⑤ 진전: 베타차단제 투여로 완화 가능

단가아민 산화효소 억제제

작용기전	① 중추신경계에서 단가아민의 재흡수를 촉진시키거나 분해를 억제하여 단가아민 전달을 급속히 증가시키는 것 ② 적응증: 삼환계 항우울제 치료에 반응하지 않는 우울증이며, 다른 약물을 사용하여 반응하지 않을 경우에만 마오억제제(MAOI)를 사용하는 것이 일반적
약물	<table><tr><th>약물명</th><th>특징</th></tr><tr><td>Moclobemide</td><td>장기투여시 치명적 간독성, 고혈압 유발가능</td></tr><tr><td>Hydrazide</td><td>TCA나 전기충격요법으로 효과 없을 때 사용, 부작용 커서 잘 안씀</td></tr></table>
적응증	① 사회불안장애, 공황장애, 외상후 스트레스 장애, 섭식장애 ② 불안증상을 동반한 우울장애 및 비전형 양상의 우울장애
부작용	① 기립성 저혈압, 불면, 성기능 장애, 체중증가 ② Tyramine 유발 고혈압 위기[28]

선택적 세로토닌 재흡수 억제제

작용기전	① 시냅스 전 신경세포에서 세로토닌의 재흡수를 선택적으로 차단하여 뇌에서 세로토닌의 신경전달물질을 증가시킨다. ② 이러한 세로토닌의 선택성은 다른 신경전달물질에 영향을 미치지 않아 부작용을 적게 한다.

---

[28] 이 약물 사용 시 가장 문제가 되는 부작용은 비록 드물지만 티라민을 함유하고 있는 음식과 특정 약물을 같이 섭취하였을 때 발생하는 고혈압과 그로 인한 사망이다. 이러한 고혈압 위기 발생의 가능성 때문에 세심한 건강교육이 중요한데, 환자는 저티라민 식사를 위해 단백질이 발효되거나 오래된 음식인 치즈나 된장, 훈제된 물고기 등 특정 음식이나 약물을 피해야 하며 간호사는 고혈압의 경고증상, 증후, 치료 등에 대해서 알고 대처하여야 한다.

적응증	① 우울장애에서의 일차 치료제: 심장독성이 없어 심혈관계 질환이 있는 환자에서도 사용 ② 공황장애, 강박장애, 사회불안장애, 범불안장애, 외상후스트레스 장애 ③ 신경성 폭식증, 월경전불쾌장애			

	약물	치료용량	장점	단점
약물분류	Fluoxetine ▶ 2020	10-20	금단위험 없음	• 불안, 불면증상 심함 • 반감기가 가장 길다
	Sertraline	50-200	상호작용 적음	소화기 부작용이 심함
	Paroxetine	20-50	불면증상 적음	• 금단위험 높음 • 항콜린 작용 약간있음 • 급성 근긴장이상증 발생가능

부작용	① 성기능 장애: 사정지연, 성욕감퇴 ② 소화기계 부작용: 오심, 구토, 설사, 복통 등과 같은 위장관계 증상 ③ 체중감소 ④ 초기 불면 또는 불안 증가/ 졸림 등으로 수면에 영향 ⑤ <u>세로토닌 증후군</u>(SSRI의 가장 치명적 부작용, 설사 등 소화기계 부작용을 제외하고는 신경이완제 악성증후군과 유사)

	부작용	간호
	흐릿한 시야	• 일시적인 현상임을 알려주어 불안하지 않도록 한다. • 위험한 일이나 독서와 같은 행위를 피하도록 한다.
	구갈	• 입을 자주 헹구어 내거나 얼음조각을 물도록 한다. • 무설탕 껌이나 사탕도 도움이 될 수 있다.
	변비	• 수분섭취를 권장하고, 고섬유 식이를 제공한다. • 운동도 도움이 되며 필요하면 완화제를 사용한다.
	빈맥	• 일시적인 경우가 흔하다. • 카페인을 제한하고 필요하다면 β-blocker를 사용한다.
	어지러움 / 저혈압	• 갑자기 일어나지 않도록 한다. • 적당한 수분섭취가 필요하다. • 필요하다면 탄력스타킹을 착용한다. • 낙상예방에 유의한다.
	심전도 변화	• 약물 사용 전 심장질환의 과거력이 있는지 사정한다. • 40대 이상의 성인, 특히 노인의 경우에는 ECG를 판독하며 약물 사용 중 계속적으로 모니터링한다.

위장관계 장애	• 필요하다면 음식을 조절한다. • 오심이 심할 경우에는 식사 중 약물을 투여한다.	
불면	• 가능한 한 투약시간을 오전으로 조정하고 카페인을 제한한다. • 수면 전 이완요법 등 수면을 돕기 위한 방법을 적용한다.	
진정, 졸림	• 가능한 한 투약 시간을 취침 전으로 조정한다. • 낮 동안 위험한 활동을 하지 않도록 한다.	
삼환계 항우울제의 금단증상	• 근육통, 오한, 오심, 어지러움 등이 갑자기 약을 중단할 경우 나타나게 된다. • 약물을 임의로 중단하지 않도록 교육한다. • 필요한 경우에 한해 약물은 며칠 또는 몇 주에 걸쳐 서서히 감량하도록 한다.	

부작용 정리

구분	TCA	SSRI	MAOI
부작용	• 항콜린성 부작용 (입마름, 변비 등) • 진정/수면 • 장기사용 - 체중증가 • 심계항진, 부정맥 유발 • 성기능장애 • 신경학적 부작용 등	• 세로토닌 증후군 • 오심, 구토, 설사, 복통, 불안초조, 두통, 진전, 성욕감퇴 • EPS • 체중감소	불면, 과민, 초조, 교감신경흥분, 티라민 섭취시 고혈압위기
주의	금단증상이 있음	• 금단증상 있음 • 항콜린성, 심장독성 없음 • MAOI 병용금지	티라민 함유음식 금지 (초콜릿, 술, 치즈 등)

기타 비정형 항우울제 (효과는 유사하지만 부작용이 적어서 순응도가 높음)

약물	약물명	특징
	부프로피온 (Bupropion)	NDRI(Norepinephrine-Dopamine Reuptake Inhibitor) ① 성기능에 대한 부작용이 거의 없음 ② 진정효과 거의 없고, 약간의 체중감소만 나타남 ③ 뇌전증이 발생할 수 있음 ④ 금연치료제로 사용가능하며, ADHD와 섭식장애 등에 효과적임

미르타자핀 (Mirtazapine)	Noradrenegic and Specific Serotonergic Antidepressant) ① 시냅스 전 알파2 아드레날린 수용체 길항작용 ② 수면효과, 항불안효과, 식욕 촉진효과가 있음
트라조돈 (Trazodone)	SARI(Serotonin Antagonist and Reuptake Inhibitor) ① 수면효과 있으나, 남용의 우려가 없음(수면제로 사용) ② 항콜린성 부작용 적음. 드물게 역행성사정 및 음경강 직증 발생가능
벤라팍신, 둘로세틴 (Venlafaxine, Duloxetine)	SNRI(Serotonin-Norepinephrine Reuptake Inhibitor) ① 벤라팍신: 효과가 빠름, 부작용은 식욕부진, 위장관계 부작용, 성기능 감소 ② 둘로세틴: 노인성 우울증에 효과, 부작용은 오심, 구갈, 불면, 성기능장애

78 기분안정제 및 항경련제 ▶ 2021

구분	내용
	리튬
작용기전	리튬은 단가의 양이온이며, 혈액-뇌 장벽을 빨리 통과하지 않는다. 기분안정제로서의 이 약의 정확한 작용기전을 알려지지 않았지만 많은 신경생물학적 변화를 유도한다고 보고되었다. 리튬은 이온의 비정상적인 변화를 수정하며, 신경과 근육세포에 있는 염분전달을 수정한다
부작용	투약 전에 개인력과 신체사정이 중요한데 특히 손상을 줄 수 있는 콩팥, 갑상선과 심장 기능에 대한 사정이 필요하다. 지속적인 리튬치료를 위해서는 규칙적인 의학검진이 필수적이다. 일반적으로 리튬의 혈중치는 급성기에는 1.0~1.5mEq/L이고, 유지기에는 0.6~1.2mEq/L이다. ① 투약초기 흔한 부작용 떨림(tremor)와 글씨를 작게 쓰는 것(micrographia) ② 신기능 장애: polyuria/polydipsia ③ 위장관계: 오심/구토, 식욕감소, 설사 등 → 나누어 복용, 식사와 함께로 감소시킬 수 있음 ④ 신경계: 떨림, 인지장애 등 ⑤ 갑상선: 갑상선기능저하 ⑥ 근골격계: 칼슘 농도 증가로 무력감, 운동실조 가능 ⑦ 심기능 장애: T wave inversion/Sick sinus syndrome시 금기

분류 혈중농도	일반적 부작용 관계 없음	중독의 초기증상 ≥2.0mEq/L	중독증상 ≥2.5mEq/L
증상	오심, 설사와 같은 위장장애, 진전, 체중증가, 구갈, 피로감, 기억력장애, ECG 이상, 조혈기관의 이상, 콩팥·갑상선·부갑상선의 이상 등	구역, 구토, 설사, 식욕부진, 연하곤란, 거칠고 큰 진전, 근육연축, 운동 실조, 무력감, 혼수, 어지러움, 발열, 발한, 언어장애, 착란 등	심해진 초기증상, 두통, 이명, 시야 흐림, 안구운동발작, 건반사항진, 불안, 헛소리, 의식장애, 기억장애, 실금, 경련발작, 뇌파 이상, 부정맥, 혈압저하, ECG 이상, 백혈구 증가, 요정체, 핍뇨, 탈수, 혼미, 혼수
관리	혈중농도 확인 후 치료용량 범위이면 투약 시간이나 약의 형태를 조절	약물의 감량 또는 투약 중지	투약 중지, 적극적인 체내 리튬의 배설을 위해 수액 및 이뇨제 치료, 혈액투석이 필요할 수도 있음

항경련제

작용기전	Valproate: GABA[29] 작용의 촉진 / Carbamazepine: 항경련 작용의 기전(기분 조절의 기전은 불분명)
부작용	① 발프로에이트는 비교적 부작용이 적은 편이며 오심, 식욕부진, 구토, 설사, 진정과 진전 같은 신경학적 증상, 혈장의 간 아미노기 전이효소 증가 등과 같은 대부분의 부작용은 용량 의존적이며, 저절로 소실되는 경우가 많지만 드물게 치명적인 경과로 진행될 수도 있다. 드물게 혈소판 감소증, 백혈구 감소증 등의 혈액학적 이상이 나타날 가능성이 있으며, 이러한 경우에는 용량을 줄여야 한다. ② 카르바마제핀의 일반적이고 가벼운 부작용은 피부발진, 위장관계 증상이며, 드물지만 백혈구 감소, 재생불량성 빈혈과 같은 혈액학적 이상이 나타날 수 있으며, 간염, 박리성 피부염도 드문 부작용이다. 또한 이 약은 심장 전도에 영향을 줄 수 있으므로 주의해야 한다.

---

[29] 감마 아미노낙산 또는 감마 아미노뷰티르산(γ-Aminobutyric acid, GABA)은 억제 신경전달물질이다. GABA는 신경계에서 신경흥분을 조정하는 역할을 맡고 있으며, 인간의 경우 GABA는 근육의 상태를 직접적으로 조절한다.

약물 비교		장점	단점 및 부작용/유의사항
Lithium		1차 약물, 장애 전 기간에 효과적	• 약물효과가 상대적으로 느림. • 신장/갑상선 부작용
항경련제	Valproate	빠른 항조증 효과	간 부작용
	Carbamazepine	빠른 항조증 효과	간 부작용, 혈액학적 부작용
	Lamotrigine ▶ 2021	우울삽화 관해 및 재발방지에 유리	• 치명적 피부부작용 가능성 • 빠른 증량이 어려워 급성기 사용 제한

79 항불안제와 수면제 ▶ 2021·2022

구분	내용
벤조디아제핀계 약물	
작용기전	① 벤조디아제핀은 대표적인 억제성 신경전달물질인 감마아미노부티르산(gamma aminobutyric acid)와 밀접한 관련이 있다. 즉 벤조디아제핀의 수용체와 결합한 감마아미노부티르산(GABA)의 중추신경 억제 기능이 증대되면 항불안, 항경련, 근이완효과가 나타나게 된다. ② 벤조디아제핀은 상황 관련 스트레스, 불면, 불안을 조정하기 위해 선택되는 약물이며, 약물치료 기간은 짧을수록 좋다. 그러나 이 약들의 우수한 효과 때문에 종종 기간이 연장되어 장기간 사용되기도 한다.
부작용	① 벤조디아제핀은 정신과에서 자주 처방되는 약물이지만, 심리적·신체적 의존이 있을 수 있으므로 장기간의 처방은 신중을 기하여야 하며 약물을 중단하려 할 때는 용량을 서서히 감량해야 한다. ② 이 약의 금단증상으로 불안, 불면, 피로감, 두통, 근육경련, 통증, 진전, 발한, 어지러움, 주의산만, 오심, 식욕부진, 우울, 이인증, 비현실감, 감각지각 이상 등이 있다. 그리고 중추신경계에 작용하므로 마약, 알코올 등과 함께 복용하지 않도록 주의한다.
비벤조디아제핀계 약물	
작용기전	① 부스피론은 세로토닌성 항불안제이며, 진정작용이 적고, 기억 및 운동 기능에의 영향력이 적으며, 장기간 사용하다 갑자기 중단하여도 금단증상이 없고, 알코올이나 다른 약물과의 상호작용도 적은 비교적 새로운 약물이다.

부작용	② <u>부스피론</u>은 벤조디아제핀에 전혀 뒤지지 않는 항불안효과를 가지고 있으나, 효과가 비교적 늦게 나타나 상황불안의 치료제로는 적합하지 않은 단점이 있어 이 약물의 사용 초기에는 환자에게 충분한 교육을 시키는 것이 필요하다. <u>부스피론</u>은 두통, 오심, 어지러움의 부작용을 나타내며, 드물게 수면장애가 있을 수 있으나 진정작용은 없다.

수면제

작용기전	벤조디아제핀에서 수면유도 효과만 특성화시키고 의존성을 줄인 약. 벤조디아제핀과 비교할 때 수면구조의 악화가 없으나 항불안, 항경련 효과는 없음.
부작용	<u>졸피뎀</u>은 벤조디아제핀계 약물의 단점을 보완한 약물로서 대부분의 수면제가 가진 반동불면증과 수면구조에 미치는 영향이 적은 편이지만 소수의 환자들에게서 내성과 의존이 생길 위험성은 있다.

기타 항불안제 – 프로프라놀롤(Propranolol)

작용기전	베타차단제
적응증	무대공포 등의 사회불안장애(사회공포증)의 1차 치료약으로 사용됨(천식시에는 금기)

콜린에스테라제 억제제

Donepezil	① 가역적 경쟁적으로 아세틸 콜린에스테라제를 선택적으로 억제 ② 간독성이 거의 없어 널리 사용됨 ③ 부작용으로 소수에서 오심, 설사, 구토, 체중감소가 나타남.
Rivastigmine	① 아세틸 콜린에스테라제와 부티릴콜린에스테라제를 동시에 억제함 ② 부작용으로 오심, 구토, 현기증, 두통, 체중감소 등
Galantamine	① 알카로이드 유도체, 가역적 경쟁적 아세틸 콜린에스테라제 선택적 억제 ② 부작용으로 오심, 구토, 설사 등 콜린성 위장관계 부작용이 흔함

기타 인지기능 개선제

Memantine	① 비경쟁적인 N-metyl-D-aspartat(NMDA) 수용체의 부분길항제. NMDA 수용체에 결합하여, 비정상적으로 흥분된 glutamate 신경전달을 부분적으로 차단하여 과다한 glutamate로 인한 신경독성을 방지함. ② 흔한 부작용으로 어지러움, 두통, 변비, 혼란 등이며 심한 신장 질환자에게는 금기임.

80 정신자극제 | 비정신자극제

구분	내용
개요	① 정신자극제에는 amphetamine계 약물, methylphenidate, pemolin 등이 있음 ② 작용기전: 알파와 베타 아드레날린성 수용체에 작용하여 간접적으로 도파민과 노르아드레날린 방출을 증가시킴
암페타민계	① 중추신경계 작용 외에도 식욕감퇴, 혈관수축, 발열 등의 작용을 함 ② 메칠페니데이트(methylphenidate) ▶ 2024: 노르에피네프린과 도파민을 동시에 재흡수 차단 ③ 부작용: 불면증, 식욕저하, 혈압 및 심박동수 증가, 두통, 복통, 어지러움 등이 나타날 수 있음. 불면증 부작용 때문에 저녁을 피해 아침과 점심에 복용하는 것이 권장됨
아토목세틴 (Atomoxetine)	① 노르에피네프린 재흡수 차단제로 선택적으로 증가시킨다. ② 심각한 간 손상을 유발할 수 있다.
클로니딘	① 기본적으로는 고혈압 치료제 ② 약물이 서서히 방출되는 서방형의 경우 ADHD 치료에 사용되도록 승인받음 ③ 뇌에서 감정, 주의력, 행동을 관할하는 영역에 작용 ADHD 증상을 감소시키는 것으로 보임 ④ 불면증이나 식욕저하, 신경과민과 같은 부작용 없음. 단 피로, 두통, 어지러움, 변비 등이 나타날 수 있음

SET 023

기타 생물학적 치료

81 전기경련요법(Electroconvulsive Theraphy, ECT) / 전기충격요법(Electric Shock Therapy, EST)

구분	내용
개념	뇌에 일정기간 인위적으로 발작(Seizure)을 일으키기 위해 정상 신경세포에 외부에서 두피를 통하여 전류를 흘려보내는 방법
작용기전	① 신경생화학적 기전: 시냅스 후 베타 adrenergic 수용체의 하향조절(Down regulation) → 이와 같은 증상은 항우울제 투여시에서도 보일 수 있음 ② 이외에 거의 모든 신경전달물질계통에 영향을 끼침
적응증 및 금기	대부분 질환의 급성기에 효과가 있음 - 주요우울장애(가장 대표적인 적응증), 조증삽화(급성기에 리튬과 동등한 효과), 조현병의 급성기 등
시행시 유의사항	시행방법: 무스카린성 항콜린제의 전처치(분비물을 감소시키고 서맥을 예방함), 전신마취, 근이완제(전기경련요법 중 손상을 예방, 뇌에서만 seizure를 일으켜서 효과는 남기고 부작용은 최소화하기 위함)

82 경두개자기자극술(Transcranial Magnetic Stimulation, TMS) ▶ 2021

구분	내용
개념	자기장을 이용하여 대뇌피질의 신경세포를 자극하는 비침습적 치료기법
적응증	주요우울장애 치료에 대해 FDA 승인
작용기전	① 뇌의 도파민 등 **단가아민의 선택적 증가** ② 고주파에서 뇌세포 자극 효과

83 광선치료

구분	내용
작용기전	① 멜라토닌 가설: 동물의 계절성 리듬은 야간 동안의 멜라토닌 분비의 변화에 기인된다는 인식으로부터 발전된 가설. 겨울형 우울증의 증상의 원인은 멜라토닌 분비의 이상 또는 멜라토닌의 비정상 반응 때문이라는 이론. 이 이론에 따르면 광선치료는 멜라토닌 생성의 기간을 짧게 하기 때문에 효과적이라는 것. ② 2,500룩스의 광선을 매일 새벽 전 2-3시간, 그리고 황혼 뒤 2-3시간 조사하면 2-4일 후부터 효과가 나타남 ③ 부작용은 두통, 눈의 피로, 초조감 등
적응증	광선치료는 계절성 정서장애, 수면장애(불면증, 특히 수면유도가 어려운 경우)의 경우 시도해 볼 수 있음. 이 외에도 주요 우울장애, 월경전 불쾌장애, 신경성 식욕부진증, 주의력결핍과잉행동장애 환자에게도 효과적이라는 연구가 이루어지고 있어 임상에서의 적용범위는 더욱 확대되고 있음

84 격리 및 신체적 억제

구분	내용
개념	신체적 억제는 억제대를 이용하는 기계적인 억제와 자의로 밖에 나갈 수 없도록 독방에 환자를 격리시키는 것을 포함
목적	① 환자 자신, 다른 환자들, 방문객, 직원들, 주위 환경의 안전 및 보호를 위해 ② 자극적인 외부자극을 감소시켜 환자의 난폭, 불안 행위를 진정시키기 위해 ③ 혼란된 자아 경계를 명확하게 하기 위해
적응증	신체적 조절 능력 상실, 자해-타해 위험성 높은 환자, 흥분, 파괴적 행동, 치료환경 저해, 자극 감소가 필요한 환자, 행동치료의 일환, 환자의 요청, 환자의 건강에 위협 상태

정신간호 주요 문제

85 위기 및 재난 간호

구분	내용
카플란의 위기단계	제1단계~제4단계로 구분, 위기기간이 4~6주 지속되며 적응과정을 거친다고 봄
Taylor와 Frazer의 재난피해자 구분	• 1차 피해자: 재난에 직접 노출된 사람 • 2차 피해자: 희생자의 가족이나 가까운 친인척으로 슬픔과 애도의 경험을 갖는 사람들 • 3차 피해자: 재난 상황에서 구조 및 복구에 관련된 사람들 • 4차 피해자: 재난이 일어난 지역사회에 있는 다른 사람들과 현장의 목격자, 슬픔을 공유하는 사람 등 • 5차 피해자: 재난과 직접 관련은 없지만 심리적 스트레스와 혼란으로 도움이 필요한 불특정 다수인
위기유형	• 성숙위기: 정상적 성장발달의 모든 이행단계에서 일어날 수 있는 위기 • 상황위기: 예기치 못한 위협적 사건이 개인의 생리적, 사회적, 심리적 통합을 위협할 때 나타나는 반응 • 재난위기: 자연적 혹은 인위적인 원인으로 인하여 대량 파괴나 인명손실이 나타난 위기상황
Baldwind의 위기이론	• 1단계: 기질적 위기 • 2단계: 인생의 전환기에 예상되는 위기 • 3단계: 외상적 스트레스에 의한 위기 • 4단계: 성숙/발달위기 • 5단계: 정신병리로 인해 초래된 위기 • 6단계: 정신과적 응급

86. 자살과 간호

구분	내용
뒤르켐의 자살유형	아노미적 자살 이기주의적 자살 이타주의적 자살 숙명적 자살
자살관련 대처기전	(1) 자살행동과 관련된 방어기전: 부정, 합리화, 주지화, 퇴행 (2) 자살의 실행은 대처기전과 방어기전의 실패를 의미함

87. 학대와 폭력

구분	내용
신체적 학대	부모, 배우자, 보호자 또는 대인관계나 친척관계에 있는 사람이 대상자에게 고의적인 상해, 손상행위 또는 파괴적인 행동을 가하는 것
신체적 방임	삶을 지탱하고 발전시키는데 필요한 보살핌을 제공하지 않음. 음식이나 안전한 환경을 제공하지 않는 것
정서적 학대	명백한 협박, 언어폭력 등으로 개인의 자기 가치감을 손상시키는 것. 심리적 안정을 고의적으로 분열시키는 것
정서적 방임	개인의 가치와 안녕을 위한 정신사회적 성장과 발달에 도움이 되는 지지의 결핍으로 점차 정서에 폭넓게 영향을 끼쳐 건강한 정신 성숙이 억제되고 방해를 받음
사회학습이론	폭력을 보고 배운대로 폭력을 행한다는 것을 말함
폭력주기 이론	긴장형성 단계 - 폭발단계 - 밀월단계

88. 상실과 슬픔

구분	내용
퀴블러로스의 슬픔의 5단계	부정 - 분노 - 타협 - 우울 - 수용
글라우스와 스트라우스의 죽음에 대한 태도와 심리	폐쇄상황 - 의혹상황 - 상호위선 상황 - 개방상황

제3편
성인간호

2026 김동현 전공보건 암기의 맥

SET 001

세포와 염증

1 세포와 세포막

개념	세포 = 세포막 + 세포질 + 핵 세포막: 이중막 / 물질의 이동 및 투과 / 지질로 구성

2 염증

정의	어떤 자극이나 손상에 대한 신체조직의 방어적 반응 또는 어떤 자극이나 손상이 가해질 때 나타나는 혈관과 결체조직의 반응

3 염증의 5대 증후

국소 반응	발적, 발열, 부종, 동통, 기능상실
전신 반응	백혈구 증가, 전신쇠약, 오심과 식욕부진, 맥박과 호흡수 증가, 전신 발열

4 상처치유 과정 ▶ 2015

치유의 과정	지혈기 → 염증반응기 → 증식기(섬유증식기) → 재형성기(성숙기)
지혈기	출혈의 조절
염증기	상처치유를 위한 환경 조성
증식기	(= 섬유증식기) 새로운 조직의 생성, 상피세포 생성, 혈관 생성
재형성기	(= 성숙기) 조직의 성숙으로 반흔의 모양/크기 변화 (켈로이드 생기기도 함)

면역반응

5 면역반응

정의	침입한 병원 미생물·이물질과 대항하는 인체를 보호하기 위한 체액성 반응과 세포매개성 반응

6 특이적 면역의 종류

체액성 면역	B림프구의 항체생성을 통한 면역과정 (대식세포, T림프구, B림프구)
세포성 면역	체액성 면역반응을 일으킬 수 없는 항원에 대한 T림프구의 면역반응

7 면역글로불린의 종류 ▶ 2013

IgG	• 면역글로불린의 주성분(76%) • 감염발생시 주 역할 → 면역보체계 활성화, 식균작용 강화
IgA	• 항체의 15%, 혈청내 소량 • 눈물·침·초유·위장관분비액·기관지분비액에서 발견 • 음식에서 항원 흡수 예방
IgM	• 혈청 항체 8% • 1차 면역반응의 주요소 → 반응 신속 • 세균/바이러스 감염 시 내독소같은 항원에 대해 항체 형성, 보체 활성화, 자가면역질환에서 중요
IgD	• 소량 존재 • B림프구 표면에서 발견, B림프구 분화를 도움
IgE	• 정상혈청에 극소량 존재 • 알레르기반응, 아토피반응, 아나팔락시스반응에서 중요한 역할 • 기생충 감염 방어 담당

8 면역 분류표 ▶ 2022

	자연적 면역	인공적 면역
능동면역	• 질병을 앓고 난 후 • 재발없음(수두, 홍역, 볼거리 등)	예방접종
수동면역	태아가 모체에서 받는 면역	인체 감마 글로불린 주사, 면역혈청, 항독소 (광견병, 파상풍 등)

9 과민반응 ▶ 2012

정의	항원에 대한 과도한 면역반응으로 조직이 손상되는 것=알레르기 반응
알러지원	꽃가루, 먼지, 동물 비듬, 진균 등, 음식물이나 식품첨가물, 주사약물, 감염원이나 박테리아, 자가 알레르기원(자가면역질환), 기타 심리적 스트레스 등
매개물질	• 히스타민: 혈관투과성 증가, 평활근 수축, 천명음, 후두부종, 두드러기 • 아라키돈산 대사산물: 류코트리엔, 프로스타글란딘

10 과민반응의 유형 ▶ 2024

1유형 아나팔락시스	즉시 / IgE / 비만세포, 히스타민 등 → 아나팔락틱 쇼크(가장 심각한 과민반응), 아토피성 과민반응
2유형 세포독성	즉시 / IgG, IgM / 보체 용해 → 수혈반응, 두통, 오심 / 구토, 빈맥 등
3유형 면역복합체	즉시 혹은 지연 / IgG, IgM / 호중구, 보체 용해 → 과도한 항원항체복합체의 조직 축적 (사구체신염, 류마티스관절염)
4유형 지연성	24~72hr / 항체 없음(세포성 면역) / 사이토카인, T세포, 대식세포 → 접촉성 피부염, 투베르쿨린, 장기이식거부반응

11 면역결핍질환(AIDS) 개요 ▶ 2009·2016·2023

정의	HIV(Human Immunodeficiency Virus)의 감염
전파경로	성적 접촉, 혈액 및 혈액제제, 모체 수직감염
진단검사	HIV 항체검사법(ELISA), 항원검사법, 유전자검사법
감염 위험군	동성애자 혹은 양성애자, 약물남용자(오염된 주사기, 주사바늘 공유), HIV 감염된 혈액 수혈 받는 자
질병 경과	급성 증상기 → 임상적 무증상기(몇 개월~수년) → 증상 발현기
기회감염	CD4 세포수로 예측 • 정상: CD4 $1,000/mm^3$ 이상 • $500/mm^3$ 이하 면역저하 증상 • $200/mm^3$ 이하일 때 기회감염이나 암 발생
약물요법	• 고활성 항바이러스 요법(HAART, Highly Active Antiretroviral Treatment) = 칵테일 요법: 최소 3가지의 약물을 한 번에 투여하는 치료법. 여러 약을 동시에 복용하여 하나에 내성이 생기더라도 사멸시킬 수 있는 치료법

SET 003

수분과 전해질, 산염기

12 전해질 분포

개요	세포외액과 세포내액에 포함되어 있는 전해질 종류는 같으나 양이 다름 • 세포내액 주요 이온: K^+, Mg^{2+}, P^-, 단백질 • 세포외액 주요 이온: Na^+, Ca^{2+}, Cl^-, HCO_3^-

13 Na^+ 개요 ▶ 2010·2020·2025

개요	• 혈장에 가장 많은 전해질: Na^+(140-145mEq/L), Cl^-(103-110mEq/L) • 혈장량 유지에 가장 중요 • 사구체 여과율 증가시 Na^+ 배설도 증가 • 알도스테론 분비 자극되면 Na^+ 재흡수 증가
나트륨-칼륨 펌프	• 나트륨과 칼륨의 혈중 농도 유지 기전(능동 수송 과정임) • ATP 하나를 사용하여 나트륨 이온 3개를 세포 밖으로 이동시키고, 칼륨 이온 2개를 세포 내부로 이동시킴. • 이로 인해 세포 밖은 세포 내부에 비해 나트륨 이온이 많고, 칼륨 이온이 적은 상태가 유지됨.

14 K^+ 개요 ▶ 2011·2013

개요	• 세포 내에 가장 많은 전해질, 세포외액 K^+ 농도는 3.5~5.0 mEq/L • 불균형시 신경과 근육조직의 흥분성 변화로 생명 위험 • 알도스테론은 K^+이뇨호르몬 • 알칼리증에서 K^+ 배설 증가 • 산증에서 수소이온과 교환으로 혈중 K^+ 농도 증가 • 인슐린: 나트륨-칼륨 펌프 자극하여 혈중의 칼륨을 세포내로 이동시킴

15 칼슘·인 균형 ▶ 2024

개요	• 칼슘: 신경자극 촉매, 골격근 / 평활근 / 심근 수축 자극, 세포 투과성 유지, 혈액 응고 관여, 뼈 유지 관여하며 부갑상샘호르몬에 의해 조절됨 • 칼시토닌: 칼슘이 뼈를 형성하도록 작용 • 인: 산염기 균형에 중요한 역할, 뼈 유지 관여 • 칼슘과 인은 서로 균형 유지하는 관계 • vit D 는 장에서 칼슘, 인 흡수를 도와줌

16 산-염기 균형(H^+ 균형)

개요	• 호흡성 조절: 폐포 환기량 변화로 탄산의 농도 조절 • 콩팥: 과잉의 산과 염기 배설, H^+배설 변화로 혈액내 HCO_3^- 농도 조절, 암모늄(NH_4^+), 인산염(NaH_2PO_4) 으로 배출 • 혈액 완충: 혈색소가 수소이온와 결합, 세포외액과 세포내액(수소이온 세포내 유입)의 조절

17 호흡성 VS 대사성(알칼리증 vs 산증) ▶ 2011·2013

호흡성 산증	호흡성 알칼리증	구분	대사성 산증	대사성 알칼리증
pH < 7.35	pH > 7.45	pH	pH < 7.35	pH > 7.45
$PaCO_2$ > 45mmHg	$PaCO_2$ < 35mmHg	$PaCO_2$ 또는 HCO_3^-	HCO_3^- < 22mEq/L	HCO_3^- > 26mEq/L
호흡 저하, CO_2 과다	호흡 과다, CO_2 부족	원인	HCO_3 부족	HCO_3 증가
환기 저하, 호흡곤란	저산소혈증, 과다 환기, 저리고 얼얼함(Tetany)	증상	과환기 (Kussmaul 호흡)	호흡 저하, 저칼륨혈증
환기 증진, 필요시 $NaHCO_3$ 투여	호기된 공기 재흡입	중재	구강간호 필요, 필요시 $NaHCO_3$ 투여	제산제 사용에 대한 교육 Acetazolamide (혈액의 산성화), 필요시 NH_4Cl 투여

SET 004

위장관 개요

18 위액 분비

분류	• 분문샘: 점액 분비 • 주세포: 점액, 펩시노겐 분비(벽세포의 H^+에 의해 펩시노겐 → 펩신) • 벽세포: 염산, 수분 분비, 내인자 생산(비타민 B12 흡수) • 경부세포: 점액 분비 • 유문샘: 가스트린, 점액 분비

19 복부 사정 검진 전 지침

검진 지침	방광을 비우기 → 앙와위로 눕고 머리와 무릎 밑에 작은 베개 → 청진기 대기 전에 따뜻하게 준비 → 통증부위 가장 마지막에 검진(환자에게 정보 제공) → 복부만 노출(흉부, 생식기 가림)

20 복부 검진 일반 지침

순서	시진 → 청진 → 타진 → 촉진
시진	복부 전체를 비추는 밝은 조명에서 대칭, 팽만, 덩어리 등 육안 관찰
청진	청진기의 판형을 사용하여 복부 각 사분면 청진
타진	복부 사분면 순서대로 타진하여 복부 전체에서 들리는 공명음, 탁음 청진
촉진	복부 사분면의 모양, 위치, 움직임, 크기, 경도 촉진(가벼운 촉진 → 심부 촉진)

SET 005

위식도 질환

21 위·식도 역류성 질환 ▶ 2019

정의	위 내용물의 식도로 역류로 식도점막이 손상된 상태 - 만성적인 역류는 Barrett's esophagus 발생(식도의 장형화생, 전암 병소)
증상	전형적인 가슴 쓰림 증상, 산의 역류
진단	상부위장관 내시경이나 24시간 보행성 식도 pH 측정
중재	• 비약물 요법: 생활습관 조절(체중 감량, 베개를 높이기, 야식섭취 자제), 식습관 조절, 금연, 금주 • 약물요법: 프로톤 펌프 억제제, 제산제, H2 수용체 길항제, 위장관운동촉진제

22 식도 게실

종류	견인성 게실, 내압 확장성 게실
증상	연하곤란(주증상), 트림, 음식물 역류, 구취 및 입안의 신맛, 기도 자극시 기침
중재	식이관리와 체중 유지, 게실절개술

23 식도 종양

개요	편평상피세포암: 대부분 차지
원인	흡연, 지나친 음주, 이완불능증이나 양잿물, 석면에 식도 노출
증상	연하곤란과 연하통증, 식도폐색
중재	- 내과적 치료(방사선, 항암제, 식이관리) - 외과적 수술

24 급성 위염

원인	약물, 음식, 미생물(Helicobacter pylori), 환경요인, 병태생리 상태 등
증상	상복부 불편감, 복부의 압통, 트림, 심한 오심과 구토, 토혈, 위장출혈
중재	• 비약물요법: 원인 제거하고 증상 치료(금연, 금주, 식습관/생활양식 조절) • 약물요법: 구토 완화(phenothiazine계), 통증완화(제산제, 점막보호제, 미주신경 차단제, H2 수용체 길항제)

25 만성 위염

분류	표재성 위염, 위축성 위염, 비후성 위염
원인	소화성 궤양, Helicobacter pylori 균, 위 수술, 고령, 술/담배 등
증상	증상은 명확하지 않음, 막연한 상복부 통증, 포만감, 소화불량 등
중재	• 비약물 요법: 원인 제거 및 증상 치료(금연, 금주, 식이 및 생활양식 조절) • 약물 요법: 구토 완화(phenothiazine계), 통증 완화(제산제, 점막보호제, 미주신경 차단제, H2수용체 길항제), 스테로이드제(벽세포 재생), vit B12(악성 빈혈)

26 소화성 궤양 ▶ 2011·2019·2023

원인	Helicobacter pylori 균에 의한 감염, 위산과다, 점막방어기전의 손상
증상	• 위궤양: 식사를 하면 통증과 구토 발생 • 십이지장궤양: 소화성 궤양의 80%, 공복시나 식후 2~3시간, 새벽 1~2시에 발생 → 음식이나 제산제 섭취하면 증상 완화
중재	• 양성자펌프억제제(PPI): omeprozole, lansoprazole, pantoprazole 등 • H2수용체 길항제: cimetidine, ranitidine, famotidine, nizatidine • 제산제: aluminum hydroxide(amphojel; 변비), magnesium hydroxide(설사) • 점막보호제: sucralfate, colloid bismuth, misoprostol(Cytotec)

27 COX와 NSAIDS ▶ 2013·2017·2021

COX	• 프로스타글란딘 생성에 관여하는 효소로 아라키돈산을 프로스타글란딘과 트롬복산으로 변환시킴 • COX-1: 인체 전반의 균형 유지(혈소판응집, 위 점막 생성, 신기능 조절)에 필요한 프로스타글란딘 생성 • COX-2: 염증성 사이토카인이나 성장인자에 의해 생성, 통증과 염증반응에 관련된 프로스타글란딘 생성 → 때문에 <u>선택적 COX-2 억제제</u> 사용하면 위장관 부작용이 감소됨
NSAIDS	• COX를 억제하여 염증, 진통, 해열 작용하는 약물을 지칭 • 프로스타글란딘 생성을 억제하므로 위장관 부작용을 초래 • 비선택적 COX 억제제: 이부프로펜, 아스피린 • 선택적 COX2 억제제: celecoxib, rofecoxib

28 위암

원인	H. pylori 감염 주요 원인
증상	무증상이나 소화불량 같은 비특이적인 증상, 진행되면 구토 / 출혈 / 빈혈 등
덤핑증후군 ▶ 2017	위암 수술 후 합병증 ① 초기 덤핑증후군: 식후 5~30분 안에 발생, 급히 고장성 음식물이 공장으로 들어가 삼투압에 의해 장 팽창, 장연동운동 증가 → 저혈량, 교감신경 자극으로 빈맥, 기립성 저혈압, 어지러움, 식은땀 ② 후기 덤핑증후군: 식후 2~3시간 후 발생, 인슐린 분비 자극으로 식후 2~3시간에 저혈당 증상 나타나는 것

하부 장 질환

29 과민성 장증후군 ▶ 2007

병태생리	• 원인: 장의 운동이상, 내장기관의 과민성, 뇌와 장의 연관성, 장내세균의 증식
	• 위험요인: 유전성, 고지방식이, 탄산음료, 가스를 생성하는 음식, 술과 담배, 스트레스, 수면과 휴식의 변화 등
	• 병태생리
	  - 교감신경계에서 장의 운동과 감각기능을 조절하는 데 문제 발생
	  - 음식섭취, 호르몬, 신체적·정신적 스트레스 등의 자극에 의해서 소장과 대장의 운동 증가
	  - 위장관의 과민성, 과활동성과 함께 장의 점액이 과도하게 분비되는 특성

증상	• 복통: 지속적 또는 간헐적일 수 있음, 아침이나 식후에 격심한 경련과 함께 둔하면서도 심한 불편감 호소 • 복부 팽창, 가스과다, 오심과 구토, 식욕부진, 피로, 두통, 우울, 불안 등 • 설사가 큰 문제가 되며 오전 중에 많이 발생 • 대변검사에서 점액 발견, 혈액은 나타나지 않음
진단기준	평균 1주일에 1회 이상의 복통이 최소 6개월 전에 시작되어 최근 3개월간 지속하며 그 복통이 ① 배변과 관련 ② 배변 횟수의 변화와 동반 ③ 대변 형태의 변화와 동반 세 가지 기준들 가운데 두 가지 이상을 만족하는 경우일 때 진단
예방법	스트레스 관리, 유발요인 및 대처방법, 식이섭취 교육, 규칙적인 식사, 휴식과 수면, 배변습관 훈련 등

30 복막염 ▶ 2023

병태생리	• 복강 내 세균감염 혹은 자극에 의해 발생하는 급성 염증 • 복강과 골반의 벽쪽 복막에는 체신경 분포가 많아 날카로운 통증 발생 • 전신에 영향을 주어 순환계, 호흡기계 문제와 수분전해질 불균형 초래함
증상·징후	• 극심한 산발적 통증이 갑작스럽게 나타남 • 복벽의 근 경직이 나타나 단단하게 촉진, 복막자극 징후 • 오심, 구토, 발열, 청진시 장음 소실 • 통증을 최소화하기 위해 얕고 빠른 호흡, 빈맥, 저혈압, 지남력 상실 • 합병증: 농양, 섬유성 유착이 생겨 폐색, 패혈증이나 패혈성 쇼크, 저혈량성 쇼크 (체액의 복강내 이동으로 인함)
진단검사	• 병력과 신체 검진 • 혈액검사 및 배양 검사, 복부 CT, 복강 천자 등
간호중재	• 약물 요법: 원인균 밝혀질 때까지 광범위 항생제 사용, 균이 밝혀지면 특정 항생제로 치료 시작 • 수술로 배액 및 복강 세척

31 장폐색

분류	• 기계적 폐색: 유착, 탈장, 장 염전, 장중첩증, 종양 • 신경성 폐색: 마비성 장폐색 • 혈관성 폐색: 장으로 가는 동맥의 혈액공급차단으로(색전, 죽상경화증) 발생
증상	장내압력 증가, 통증, 복막염, 천공, 구토
중재	수액요법, 비위관 삽입/배액(감압법), 수술요법

32 탈장 ▶ 2025

개요 및 종류		• 장기의 일부가 복막 밖으로 비정상적으로 돌출되어 나온 것 • 원인: 근육 벽의 통합성 결함, 복부 내압의 증가, 외상 또는 수술후 복벽 약화 • 환원성 탈장: 손 조작으로 복강 내로 탈장낭의 내용물이 제자리로 돌아감 • 비환원성 탈장: 손 조작으로 제자리로 되돌아갈 수 없는 상태 • 감돈 탈장: 탈장륜의 압력 증가와 장의 혈액공급 차단으로 염전 탈장이 되며 곧 괴사되므로 응급수술 필요
유형	간접 서혜탈장	• 가장 흔한 형태. 남성에게 많고 신생아나 젊은 사람에게 흔함 • 선천적으로 서혜륜이 폐쇄되지 않아 서혜관을 통해 정삭을 따라 탈장
	직접 서혜탈장	• 복벽 근육층의 약해진 부분을 통해 돌출 • 노년층에 많이 발생
	대퇴탈장	• 대퇴륜을 통해 생기는 것으로 여성에게 더 많음 • 대퇴관 안의 지방마개가 커지고 복막을 점차 잡아당겨 내장을 끌어당김, 감돈, 염전이 잘 일어남
	배꼽탈장	• 성인의 경우 여자에게 흔함, 복압 증가로 발생 • 비만한 환자, 임신 경험이 많은 여성에게 발생
	절개탈장	• 수술 후 감염, 부적절한 영양, 과도한 팽만, 비만 등 잘 치유되지 않는 수술 절개 부위에서 발생
증상·징후		• 탈장 부위가 볼록하게 돌출 • 기침, 무거운 것을 들어올리기, 배에 힘을 준 후에 갑자기 덩어리가 나타남 • 탈장 꼬이면 장폐색 초래, 심한 통증 호소, 오심, 구토, 복부팽만
진단검사		• 병력과 신체 검진 • 탈장낭 촉진하면 부드러운 결절 or 부드러운 박동성 움직임 느껴짐
간호중재		• 수술요법: 약해진 부분 절개하여 탈장낭 제거하고 근육을 봉합하는 봉합술, 그물이식술 • 탈장대: 벨트에 단단한 패드를 적용 • 수술 후 당분간 운전이나 계단 오르기를 피하도록 함 • 수술 후 4~6주 동안 물건 들어 올리기와 심한 운동은 금지함

33 결장직장암 장루 관리(장세척) ▶ 2013

개요	• 차고 있던 주머니 분리하여 버림 • 장루, 주위 피부를 물로 씻고 상태 사정 • 세척관을 결장루에 차고 관아래 부분을 변기에 넣음
개구부 상태	• 붉고, 습기 관찰: 혈액공급 적절함 • 흐리고 푸른색: 허혈 • 매우 건조, 회색빛·검은 갈색: 괴사 의심, 즉시 보고해야 함
방법	미온수 500~1,000mL 세척통에 넣고 개구부 45cm 높이에 위 → 세척관의 공기 통과시킨 후 관 끝에 수용성 윤활제 바르고 개구부 삽입 → 5~10cm 삽입하되 힘을 주어 삽입해서는 절대 안 됨 → 6~8분에 걸쳐 전체 용액 주입 → 약 15~20분 후에 대변 배출 → 장 다 비워지면 세척관 제거, 개구부 청결, 거즈 적용 및 장루 주머니 새로 부착

34 직장 / 항문질환 ▶ 2006

종류	• 치핵: 항문 주위 정맥류 • 치열: 항문관 후벽의 궤양이나 열상으로 배변시 심한 통증 • 항문 – 직장 농양: 항문주위 낭종 형성되어 관을 따라 점막 밑 공간에 침범 • 치루: 항문관에서 항문밖 피부로 비정상적인 관이 생긴 상태
중재	• 배변시 힘주는 것을 예방 방법 교육 • 섬유질 풍부한 음식과 수분 섭취 권장 • 필요 이상으로 화장실에 오래 앉아 있지 않도록 교육 • 배변 후 대변에 혈액 유무 관찰, 항문부위 청결 격려(좌욕)

SET 007

간담췌 개요

35 간의 기능

간의 기능	① 담즙 생산: 600~1,200cc/day 후 담낭 저장 ② 영양소 대사: 탄수화물(포도당 → 글리코겐 저장), 지방(글리세롤, 지방산), 단백질 (암모니아는 요소로, 혈액응고인자 합성) ③ 스테로이드 대사 ④ 순환 기능: 간으로 오는 혈액의 2/3은 간문맥을 통과(간경변 → 문맥 고혈압 발생)

36 췌장의 기능

췌장의 기능	• 외분비샘: 소화효소 • 내분비샘: 인슐린(베타세포), 글루카곤(알파세포) • 소화효소 알칼리성 용액으로 탄수화물, 지방, 단백질 소화효소를 포함

37 담즙 생성과 배설

담즙 생성	적혈구의 헴(heme)이 철, 빌리버딘, CO로 분해 → 빌리버딘이 간접 빌리루빈으로 변화 → 간접 빌리루빈 + 알부민 (간으로 이동 알부민 분리) → 글루쿠로나이드산, 황산염 등과 결합하여 직접 빌리루빈 형성 → (담관 통해 장으로 분비) 직접빌리루빈은 장내 박테리아에 의해 우로빌리노겐으로 환원
배설	① 대부분 대변으로 배설 ② 소장 회장말단에서 흡수되고 장 - 간 순환(간 문맥)을 거쳐 간에서 산화되어 다시 직접빌리루빈으로 돌아감 ③ 일부 간세포에 흡수되지 않고 체순환하여 거쳐 소변으로 배설

38 황달의 종류

용혈성 황달	간세포성 황달	폐쇄성 황달
적혈구 과도한 파괴	간세포 기능장애 (간염, 간경변증, 간암)	담도 기계적 폐색 → 담즙의 역류
간접 빌리루빈 증가	간접·직접 빌리루빈 증가	직접 빌리루빈 증가
피부 노란색	urobilinogen 소변 다량 배설	회색 대변
소양감 없음		극심한 소양증

간 질환: 간염, 간경변 등

39 A형 간염 ▶ 2015

원인	오염된 물 / 음식물 / 어패류 섭취, 사람 밀집된 열악한 환경에서 발생
항체	anti HAV IgM(급성기) → anti HAV IgG(회복기)
면역	• 능동면역: 노출 전에 백신 투여 → 항체보유율이 높아 접종 권장하지 않으나 소아나 감염위험이 높은 사람들은 접종권고 대상 • 수동면역: 표준 면역글로불린은 노출 전·후 모두 예방적 효과가 있음 → 면역글로불린(gamma globulin)은 A형 간염에 노출 2주 이내에 근육주사

40 B형 간염 ▶ 2010·2013

개요	만성 간질환의 가장 흔한 원인
전파	• 전파경로: 감염자 혈청 접촉시, 타액 / 정액 등 체액 전파, 모자간 수직전파 • 감염 취약한 집단혈액 감염: 건강관리요원, 수혈이나 혈액투석환자, 동성연애자, 약물중독자 등
항원	HBsAg, HBeAg, HBcAg
항체	• 급성기: Anti-HBs와 anti-HBc IgM(감염 후 첫 항체) • 진행기: Anti-HBc IgM(수개월간 나타남), Anti-HBe(바이러스 증식기) • 회복기: Anti-HBc IgG(평생), anti-HBs(HBsAb)(면역된 상태)

면역	• 능동면역: B형 간염백신(헤파박스, 헤파뮨 등) → 삼각근에 근육주사 3회
	  - 0,1,6 개월로 투여(*0개월: 첫 번째 주사 맞은 시점)
	  - Anti-HBs 역가가 10mlIU/mL 일 때 능동면역 성공으로 간주
	• 수동면역: 바이러스 노출 24hr 이내 HBIG 근육주사후 백신은 스케줄대로 접종해야 함(HBIG 투여후 3~6개월만 효과 지속되기 때문)

41 간염의 공통 증상

간염 증상	황달, 회색변, 짙은 소변색, 소양증, 통증, 피로와 쇠약, 출혈 경향 증가, 빈혈, 비장비대

42 지방간

원인	간세포에 지질이 침윤되는 대사질환
증상	무증상이 대부분. 병이 진행된 경우에 식욕부진/복통/황달
진단	복부초음파검사, 간생검으로 확진
간호중재	원인교정위해 질환 치료, 금주, 당뇨조절, 운동, 스트레스 관리, 정기검진

43 간경변증 ▶ 2009·2010·2022

증상	영양불량, 비장비대, 하지부종, 복부정맥 비대, 출혈성 경향증가, 빈혈, 식도정맥류
복수 형성기전	① 문맥고혈압으로 정수압 상승 → 림프성정체로 인해 복강 내로 수분 유출 ② 저알부민혈증으로 교질삼투압 저하 → 복강내 수분 유입 ③ 순환혈량감소로 고알도스테론증 → 콩팥에서 나트륨, 수분 정체 일으켜 복강내 수분 축적 증가
검사결과	혈액검사: ALT, AST, LDH 상승, 저알부민혈증, 프로트로빈시간 지연
간성 뇌병증	• 암모니아를 요소로 전환하는 간 기능의 저하로 인하여 과량의 혈중 암모니아로 인한 중추신경계 손상(퍼덕이기 증상, 섬망, 경련 등) • 중재 방법 ① 장내 단백질 감소: 단백질 섭취 줄이기 ② 락툴로오스(lactulose) 관장 실시: 장내로 암모니아 이온 끌어당겨 혈중 암모니아 수치를 감소시킴 ③ 암모니아 생성 장내세균 감소: 네오마이신 경구 투여(콩팥기능 저하시 유의)

SET 009

담도 질환

44 담석증

원인	담즙 성분변화, 담낭 정체, 감염
종류	콜레스테롤 담석(대부분), 색소성 담석, 혼합형 담석
증상	복부통증, 황달, 오심과 구토, 지방음식불내성, 발열, 백혈구 증가, 명치통증과 RUQ 경한 통증

45 담석증 진단방법

머피징후	담즙 폐색으로 담낭이 팽창되어 심호흡시 늑골 9~10번에 담낭 기저부가 닿으면서 통증으로 인한 흡기가 곤란 상태

46 담낭염

원인	주원인: 담석에 의한 담관의 폐색
종류	RUQ 압통, 머피 징후
증상	• 급성: RUQ 압통 / 오심 / 구토 / 체온 상승 • 만성: 소화불량 / 지방불내성 / 가슴앓이

SET 010

췌장 질환

47 급성 췌장염

주원인	알코올, 담석, 고지방혈증
병태	췌장효소의 빠른 활성화로 췌장세포의 자가 소화로 인한 급성 염증상태
증상	복통, 복부사정시 상복부 압통, 복부강직, 복부팽만, 장운동 감소나 소실, 식욕부진, 오심과 구토, 39℃ 미만의 열
진단	혈청 아밀라아제 증가, 혈청 리파아제 증가

48 급성 췌장염 진단방법

터너징후	왼쪽 옆구리가 푸르게 변색 → 복강내 출혈 및 심각한 급성췌장염
쿨렌징후	배꼽 주위가 푸르게 변색

49 만성 췌장염

병태생리	• 70% 이상은 알코올과 관련되며 알코올 섭취기간과 질병 진행기간이 밀접한 관련 • 만성 췌장염 환자의 췌장액 성분은 중탄산염 감소, 단백질 증가, 트립신활성억제 물질 감소 등을 특징으로 보임 • 외분비선의 파괴로 소화장애, 지방변, 메스꺼움, 구토 발생 • 췌장세포의 섬유화로 인하여 췌관, 총담관, 십이지장 팽대부 폐쇄로 인한 통증 발생
증상	• 무딘 통증과 격심한 통증, 구토와 발열, 황달이 교대로 나타남 • 랑게르한스섬 파괴로 인한 당대사 장애로 → 고혈당 상태, 당뇨병 증상
중재	금주만으로 통증 완화됨

호흡기계 개요

50 폐포의 가스교환

가스교환	우심실 → 폐동맥 → 소동맥 → 세동맥 → 샘과리의 폐포모세혈관(기체교환, 산소화 혈액)→ 세정맥→ 소정맥 → 폐정맥 → 좌심방

51 동맥혈 가스분석 결과

검사명	정상치	결과해석
PaO_2	80~100mmHg	실내공기로 호흡시 80mmHg 이하면 저산소혈증
$PaCO_2$	35~45mmHg	$PaCO_2$ 증가는 과소환기의 결과 → 호흡성 산증 $PaCO_2$ 감소는 과대환기의 결과 → 호흡성 알칼리증
pH	7.35~7.45	7.45 이상이면 알칼리증, 7.35 이하면 산증 호흡성 산증: $PaCO_2$ 증가, pH 감소 호흡성 알칼리증: $PaCO_2$ 감소, pH 증가
HCO_3^-	22~26mEq/L	HCO_3^- 감소 → 대사성 산증 HCO_3^- 증가 → 대사성 알칼리증
SaO_2	95~100%	혈색소에 의해 운반되는 산소의 농도 PaO_2가 50mmHg 이하가 되면 SaO_2가 급격히 낮아짐

52 투베르쿨린 피부반응검사

목적	결핵 감염 여부 확인
방법	항원(PPD)을 <u>0.1mL</u> 피내 주사하고 48~72시간 경과 후 반응 확인
결과	• 경결 크기 10mm이상(양성), 5~9mm(의양성), 4mm 이하(음성)으로 판독 • 양성이 모두 활동성 결핵은 아님(현재 결핵감염 있거나 과거 감염 의미) • 흉부촬영과 객담검사를 통해 결핵 확진

53 폐의 환기 & 관류

환기	• 기도를 따라 폐로 드나드는 공기의 흐름 • 환기량 4L/분
관류	• **폐포 모세혈관을 통해 흐르는 혈액의 양** • 관류량 5L/분
환기량	• 환기량: 관류량의 비율이 4 : 5일 때 가스교환에 가장 효과적

SET 012

상부 호흡기 질환: 비염 등

54 인플루엔자

개요	두통과 인후통, 기침, 고열, 근육통 동반 전신 증상
증상	폐 합병증(호흡곤란, 수포음), 세균성 폐렴(심한 기침, 농성 객담)
중재/예방	적절한 항생제 투여, 고위험군 예방접종(유행 전 10월 중순경 접종)

55 알레르기성 비염 ▶ 2018

개요	IgE 항체를 매개로 하는 면역반응으로 비만세포, 호산구 등에서 히스타민 분비
검사	피부반응검사, 혈액으로 특이 항원검사
비약물요법	• 환경관리가 가장 중요 - 실내 청소 깨끗이 • 외출시 마스크 착용 • 귀가시 옷의 먼지 제거 및 즉시 개인위생(세수, 양치질) 시행 • 수시로 실내 환기 • 적정한 온도 유지하기(급격한 온도변화 피하기)

약물요법	• 코르티코스테로이드 제제, 비만세포 안정제, 류코트리엔수용체 길항제, 항콜린제, 항히스타민제(1세대/ 2세대), 비충혈제거제
	• 항히스타민제
	  - 1세대: ① H1 수용체에 작용하여 히스타민 결합 방해, 급성 증상 개선
	        ② 지용성 약물이라 BBB통과하여 진정작용과 졸음 유발, 불안정(불면, 신경과민), 구강 건조, 변비 등의 부작용이 나타남(클로르페니라민, 디펜하이드라민)
	  - 2세대: 말초 수용체 친화성이 커서 1세대의 부작용이 적기 때문에 주로 사용 (지르텍)
	• 비충혈제거제
	  ① 혈관 아드레날린 수용체 자극하여 혈관 수축. 장기간 사용시 반응성 혈관확장 위험 증가(비강용)
	  ② 코막힘 증상만 완화, 다른 알레르기 증상에는 효과가 없음
	  ③ 분무형: 화이투벤 / 경구용: 슈도에페드린(화이투벤=자일로메타졸린)

56 비출혈 간호중재 ▶ 2007

중재	• 손끝으로 비중격을 10분 정도 압박
	• 머리를 약간 앞으로 숙인 자세로 피가 밖으로 흐르도록 함(머리 뒤로 젖히기는 금지함)
	• 지혈이 안 되면: 냉찜질, 혈관수축제 주입, 후비강심지 삽입
	• 심지삽입후 중재
	  - 손전등 비추어 주기적으로 심지 위치 확인
	  - 심지는 전기소작술후 24~48시간, 비출혈후는 48~96시간 유지
	  - 심지 제거후 48시간동안 코풀기 금지

57 편도선 절제술 후 출혈 sign

출혈 sign	선홍색의 출혈, 다량의 토혈, 맥박 상승, 불안정, 혈압하강, 창백함

58 후두부종 간호중재

중재	국소적 냉찜질, 부신피질호르몬 투여, 에피네프린 1/1,000 피하주사

59 만성 후두염 증상

증상	쉰 목소리 가장 흔한 증상 ★ 쉰 목소리 2주 이상 지속 → 후두암 감별위해 후두경검사 실시

SET 013

하부 호흡기 질환: 폐결핵, 천식 등

60 폐렴 증상 ▶ 2021

전형적 증상	갑작스런 발열, 화농성 객담 동반 기침, 흉부통증, 탁음, 진동음 증가
비전형적 증상	점진적으로 진행, 건성기침, 폐이외 증상(두통, 근육통, 피로, 인두염, 오심, 구토, 설사)
바이러스성 폐렴	비염, 목이 아픈 증상 등 상기도 감염의 증상이 먼저 발생 → 가래가 거의 없는 마른기침 동반, 오한, 근육통과 피로, 입맛없음

61 폐렴의 병리소견 (4단계)

병리단계	① 발병초기(폐울혈기, 제 1-2일): 감염에 의한 폐포 부종의 시기 ② 적색간변기(조기경화시기, 제 2-4일): 대엽에 붉은 과립상, 모세혈관 울혈, 폐포 삼출액 형성 시기 ③ 회색간변기(진행경화기, 제 4-8일): 대엽 단단해짐, 섬유소성 삼출물, 절단면은 회백색 과립상 관찰 ④ 용해기(제 8-9일): 회복기로 세균 제거, 염증의 감소 시기

62 폐결핵 ▶ 2005·2007·2012·2013·2016·2022

원인	Mycobacterium tuberculosis
병태	• 건락변성(또는 건락화) • 공동(cavity) 형성 • 1차 감염부위: Ghon tubercle(폐 상엽이나 하엽의 흉막 가까이) • 2차 감염부위: Simon foci(폐 첨부) 〈성〉 일끈이는 이씨
증상	• 국소증상: 기침(건성 → 농성 객담), 객혈 • 전신증상: 피로, 식욕부진, 체중감소, 오후 미열, 야간 식은땀

진단	• 객담검사: 결핵균을 확인하고 배양하여 항결핵제의 적합성 파악 • 투베르쿨린 검사: 양성이면 임상적으로 활동성 결핵인지, 과거의 치료된 병소인지 확인 위해 X-선 촬영 검사와 객담검사 실시 • X-선 촬영: 석회화된 병변이나 치유된 병소 확인. 폐침윤이나 소결절, 공동, 흉막삼출액(현재 활동성 의미)
약물요법	• 1차 약물: Isoniazid (말초신경염; 예방위해 피리독신), Ethambutol (투여전, 치료중 주기적 시력검사), Rifampin(체액 색깔 오렌지색으로 변함), Pyrazinamide(간독성) ⟨청⟩ 이산피 2요 에탐시 피간 • 2차 약물: Viomycin, Capreomycin, Kanamycin, Ethionamide(당뇨환자 사용시 주의), PAS, Cycloserine(경련 관찰)

63 기타 폐결핵

다제내성 결핵	• 일반 결핵균이 1차 변이를 일으킨 상태 → Isoniazid, rifampin 동시 내성 • 약제 감수성 검사로 내성 확인 후 약물 투여
광범위 내성결핵	• Isoniazid, rifampin 내성 + 퀴놀린 약물(레보플록사신, 목시플록사신, 오플록사신)중 최소 1가지에 내성 • 2차 항결핵 주사제(아미카신, 카나마이신, 카프레오마이신)중 최소 1가지에 동시에 내성
잠복결핵	• 몸 안에 잠복되어 있는 소수의 결핵균이 존재 • 증상 없음, 다른 사람에게 전파되지 않음 • 객담검사와 흉부사진촬영에서 정상 • 검사: 투베르쿨린 피부반응검사(TST), 인터페론감마분비검사(IGRA)

64 폐농양

개요	• 폐조직의 염증과 괴사로 생긴 공동(cavity) 속에 고름이 있는 상태 • 우측 폐 〉 좌측 폐
치료 목표	배농시키고 감염을 없애주는 것
중재	수분섭취, 필요시 산소공급, 항생제 병행투여(6-8주 투여), 고영양식이, 구강 간호

65 기흉 ▶ 2013·2019

개요	흉막강에 공기가 고여 폐의 일부나 전체의 허탈 상태, 타진음 과다공명음
증상	갑작스럽고 날카로운 통증, 기침, 힘이 드는 가쁜 호흡, 혈압 하강, 약하고 빠른 맥박, 창백함과 청색증, 경정맥 팽대
중재	• 경한 경우: 침상안정과 산소투여시 서서히 공기 흡수 • 심한 경우: 밀봉흉관배액장치로 공기 배출
긴장성 기흉	개념: 어떤 원인에 의해 흡기시 공기 유입되나, 호기시 배출이 안되서 흉강내 압력이 점점 상승 (자연 기흉, 외상성 기흉 모두 발생 가능), 종격동 변위
개방성 기흉	간호중재 → 상처를 즉시 안전하게 덮어주고 구조요청(응급 상황)

66 폐암의 분류 ▶ 2011

분류	비소세포 폐암(80~85 %), 소세포 폐암(15~20 %)으로 분류
비소세포 폐암	• 선암: 여성, 비흡연자에서도 발생 • 편평상피세포암: 흡연 관련 • 대세포암: 예후 나쁜 비소세포 폐암
소세포 폐암	발견시 다른 장기, 반대쪽 폐, 종격동 전이된 경우가 많음 / 진행속도 빠름

67 천식 ▶ 2007·2010·2011·2014

개요	기도의 만성적 염증으로 가역적인 기도폐색 및 기도의 과민성 증가를 특징으로 하는 폐쇄성 폐질환
초기 천식반응	IgE에 의한 체액성 면역반응으로 비만세포에서 염증성 매개물질(histamine, bradykinin, leukotriene, prostaglandine, cytokine) 분비 → 기관지 평활근 수축(프로스타글란딘), 혈관이완과 모세혈관투과성 증가, 기관지 상피세포 손상 유발 → 기관지 경련, 점액 생산 증가(류코트리엔), 점막 부종, 짙은 객담 분비
후기 천식반응	노출 후 5~6hr 에 호산구와 호중구의 기도내 침윤으로 염증반응 → 과도한 점액 분비, 기도저항 증가, 공기 포획, 폐의 팽창

68 천식의 증상과 약물요법 ▶ 2009·2020

증상	• 천명음, 호흡곤란, 흉부압박감, 야간성 기침, 이른 아침에 심해지는 기침 • 흉부타진시: 과다공명음, 청진시 호흡음 감소 • 3대 증상: 호흡곤란, 기침, 천명음
약물요법	• 기관지 확장제: 에피네프린, β2 교감신경효능제(albuterol), 메틸산틴 유도체(theophyline), 항콜린성제제(atropine) • 염증 억제제: 당질 코르티코이드. 비만세포안정제(cromolyn), 류코트리엔 완화제 • 치료지수(TI): 약물안전성에 대한 측정치. TI가 크다는 것은 유효용량과 독성용량 간의 폭이 넓다는 것을 의미(테오필린은 TI가 낮은 대표적 약물)

69 만성 폐쇄성폐질환(COPD) ▶ 2011

병태생리	• 기도의 공기흐름 제한, 공기 포획, 가스교환장애, 점액 증가를 보이며 진행단계에서 폐고혈압, 전신증상을 보이는 질환(과다공명음) • 정상적인 기도의 방어기전, 폐조직의 복원능력 저하, 폐조직 파괴 시작 • 염증매개물질과 종양괴사인자 같은 시토카인이 폐조직 파괴에 관여 • 단백분해효소억제제를 불활성화시켜 연결조직 파괴, 폐포 파괴, 폐탄성 소실 • 호기 어려움, 잔기량 증가, 가스교환장애 → 저산소혈증과 과탄산혈증 • 공기 포획의 증가로 폐포벽 파괴되어 소기포, 대기포 형성 → 저산소혈증 • 과도한 점액 분비 → 만성 생산성 기침
증상	• 공기흐름 제한, 공기포획, 가스교환장애, 과도한 점액 분비 • 타진시 과다공명음, 호기 어려움, 저산소혈증, 만성적 생산성 기침 • 흉부 전후 직경 증가 (술통형 흉곽)
진단	폐기능검사 • 1초 강제호기량 감소, 강제 중간호기유속 감소, 최대 환기량 감소, 강제 폐활량 감소 • 잔기량 증가, 전폐용량 증가, 기능적 잔기량 증가
중재	• 약물요법: 기관지확장제(β2-agonist, anticholinergics, Theophylline), 코르티코스테로이드, 광범위 항생제 투여, 이뇨제(우심부전 치료) • 비약물요법: 호흡운동, 기관지경련 예방, 기도 청결, 산소공급, 영양

70 기관지확장증

병태	기관지 감염 → 기관지 벽 파괴 → 기관지 점막 섬모의 방어기전 손상 → 주머니 모양으로 변화 → 기관지에 점액과 농이 고임
증상	• 1일 20mL 이상 다량의 객담을 동반한 지속적, 반복적 기침(발작적) • 운동성 호흡곤란, 피로, 체중감소, 식욕부진

71 낭성 섬유증

개요	• 상염색체 열성의 유전성 질환: 부모 모두 보인자일 경우 자녀의 25% 발병 • 세포막 단백질인 낭성 섬유증 막경유 조절인자 유전자의 돌연변이로 상피세포의 염화물의 분비 감소
증상	외분비샘 관의 폐색으로 수분 감소, 전해질 농도 변화, 점액성 당단백질 증가
진단	땀검사에서 높은 염화물 농도
영향	• 호흡기계: 고농도 점성의 호흡기 분비물로 기도폐색, 만성 기도감염 • 위장계와 췌장: 췌장 기능부전(장폐색 발생), 복부통증, 지방흡수 저하, 포도당불내성 • 피부계: 운동 / 고온 노출시 열탈진과 탈수 • 생식기계: 불임증

72 폐색전증 간호중재

중재	• 색전제거술 시행 → 항응고제제 투여, 혈전용해제 이용하여 섬유소 용해 • 저산소혈증, 호흡 기능장애 주의하여 관찰 • 심음 자주 청진 → 잡음, 비정상적인 심음 평가

73 급성 호흡부전 진단

진단	• PaO_2 60mmHg 이하: 저산소혈증성 호흡부전 • $PaCO_2$ 45mmHg 이상: 과탄산혈증성 호흡부전

SET 014

순환계 개요

74 자극 전도계 ▶ 2016

전도순서	동방결절(pacemaker) → 방실결절(좌우심방 중격하부) → 히스 속 → 푸르키엔 섬유(심실 중격속에서 좌우 가지로)

파형 종류	종류	정의
	P파	심방 탈분극: 좌우 심방의 수축, 0.06~0.1초 이내
	PR분절	PR 간격: 심방과 심실의 흥분전도시간
	QRS파	심실 탈분극: 좌우심실벽과 심실중격 복합 흥분, 0.06~0.1초 이내
	ST분절	ST 간격: 심실의 탈분극과 재분극 사이의 간격(등전위)
	T파	심실 재분극기: 흥분된 심실벽이 이완되는 과정

75 심장의 주기

개념	• 심장박동(심장 1주기) = 수축기 + 이완기 + 짧은 휴식기: 약 0.8초(0.6~1초) • 우심방이 좌심방보다 0.1초 먼저 수축, 양쪽 심실은 동시 수축 • 심박출량 = 동맥계로 분출되는 1회 심박출량 × 심박동수: cardiac output(CO)

76 심근의 특성

특성	율동성, 흥분성, 불응성(수축이후 자극에 반응하지 않는 기간), 전도성, 수축성, 신장성(수축이후 확장능력), 자동성(신경계와 무관 스스로 박동)

77 순환계의 조절

자율신경계	교감신경(촉진 신경섬유), 부교감신경(억제 신경섬유)이 항상성 유지 ① 교감신경: 심박동수 / 수축력 강화, 카테콜라민 분비, 혈관수축으로 혈압상승 ② 부교감신경: 동방결절과 방실결절의 미주신경 자극하여 아세틸콜린 분비 → 심박동수 감소, 심근 휴식기 연장
압력수용기	• 대동맥궁과 경동맥동에 위치 • 혈압의 변화에 의해 압수용기 반응 → 혈관이완중추, 심장억제중추 자극하여 혈압조절
화학 수용기	대동맥궁, 경동맥소체에서 혈중 산소와 이산화탄소 변화에 반응
콩팥 조절	나트륨, 수분의 축적과 배설에 의해 혈압 조절(ADH, Aldosteron)

울혈성 심질환

78 호흡곤란의 종류

좌위 호흡	반듯하게 누우면 호흡곤란 호소하여 상체를 높이거나 좌위 취해주면 증상 호전되는 호흡으로 심부전 진행시 나타남 → 앙와위 취하면 하지의 혈액이 일시적으로 심장으로 귀환하여 폐정맥, 폐모세혈관 압력이 증가되고 폐울혈이 발생하기 때문
발작성 야간 호흡곤란	밤에 갑자기 나타나는 심한 호흡곤란으로 수면 2~5시간 후에 숨이 차서 잠에서 깸 → 좌위호흡 기전과 유사. 증가된 혈액을 심장이 전신순환으로 보내지 못해 폐울혈 발생하기 때문(좌위로 체위변경하면 호흡곤란 완화)

79 울혈성 심부전 ▶ 2009·2023

개요	• 급성 심부전, 만성 울혈성심부전(좌심부전, 우심부전) • 급성 심부전: 쇼크, 심정지, 실신, 돌연사 등의 상황 • 만성 울혈성 심부전: 부적절 관류로 인한 장기적인 울혈 상태
원인	고혈압, 허혈성 심질환, 류마티스 심질환, 판막 질환, 심근질환
병태	좌심의 수축력 감소로 좌심부전 발생, 이후 우심부전으로 진행
증상	• 좌심부전: 심박출량 감소증상(허약, 심근허혈, 빈맥), 폐정맥압 상승 → 활동시 호흡곤란, 발작성 야간호흡곤란, 기침 등 • 우심부전: 전신 정맥계 울혈 → 중심정맥압 상승, 경정맥 울혈, 소화기 증상, 하지부종, 복수 등
약물요법	• 안지오텐신전환효소 억제제(ACEI): 심부전 1단계 치료제(captopril, lisinopril, enalapril) • 안지오텐신수용체 차단제(ARB): 혈관확장, 이뇨증가(candesarten, losartan, valsartan) • β교감신경 차단제: 심장부담 경감, 다른 약제(ACEI, 강심제, 이뇨제)와 병용(bisoprolol, metoprolol, carvedilol) • 이뇨제: 전부하 감소(thiazide 이뇨제, loop 이뇨제, 칼륨보존 이뇨제) • 심근수축 촉진성 약물: 디기탈리스, β교감신경 효능계(도파민, 도부타민, 에피네프린, 노르에피네프린 등) • 혈관확장제: 말초혈관이완으로 전신혈관 저항 감소시킴(sodium mitoprusside, 질산염제제, Hydralazine, Nesiritide)

허혈성 심질환: 협심증, 심근경색증

80 협심증 ▶ 2011·2019

개요	가역적인 심근세포 손상에 의한 심근허혈
원인	심근 산소공급 저하, 심박출량 증가로 인한 심장 과부담, 심근의 산소 요구량 증가
종류	① 안정형 협심증: 예고 없는 발작성 흉통, 흉골 중앙에서 좌측 어깨와 팔로 방사, 대부분 2~3분 이내 ② 불안정형 협심증: 안정중이나 운동중 발생한 흉통이 안정을 취해도 감소되지 않는 상태. 지속시간 15~20분 이상, 강도가 심해지는 통증, 심근효소치 상승(-) ③ 이형성 협심증: 신체활동과 무관한 통증, 매일 일정시간에 짧은 통증 유발
진단	심전도상 역전된 T파 관찰, 관상동맥조영술(가장 확실한 검사)
약물	항혈소판제, 질산염제제: NTG(니트로글리세린), β교감신경 차단제, 칼슘통로차단제, 트롬빈 억제제, 지질 저하제(HMG-CoA 억제제)

81 니트로글리세린 효능 및 보관 ▶ 2012·2020

효능·보관	• 작용기전: <u>혈관을 이완</u>시켜 심근의 산소공급 증가, 전부하/ 후부하를 감소시키며 심근 허혈부위의 측부 순환 증진 • 항상 니트로글리세린을 휴대하고 다녀야 하며 필요 시 즉시 복용 • 5분 간격 3회까지 투여 가능 • 협심통 발작 예견되는 상황에서 미리 예방목적의 복용 가능 • 약효: 약의 효력이 완전할 때는 혀끝에 짜릿짜릿한 감각이 있음 • 부작용: 기립성 저혈압, 안면홍조, 두통, 현기증 등 • 보관: 서늘하고 건조한 장소, 갈색병이나 갈색비닐봉지에 보관(빛, 열, 공기에 민감)

복용시 주의점	• NTG 설하정과 설하 분무제: 협심통 발작의 응급상황에 사용 • 패치형: 1일 1회 심장 부근에 부착, 약효 24시간 지속 • 정제 / 연고 / 패치: 작용시간이 길어 협심통 예방 위해 사용 • 연고: 3~6시간 협심통 예방 할 수 있어 밤에 사용하는 것이 좋음 • 연고를 바르거나 닦아낼 때 약물과 접촉을 피하기 위해 장갑을 사용 • 내성: 질산염제제 내성이 24시간 이내 발생할 수 있으므로 8~14시간 동안 약물을 사용하지 않는 기간 필요(내성 생기면 약효가 감소하기 때문) • 부작용: 두통이 가장 흔함. 그외 오심, 현기증, 체위성 저혈압이 발생할 수 있으니 눕거나 앉은 자세에서 투여 • 발기부전 치료제(비아그라)와 같이 복용시 저혈압 발생할 수 있으니 함께 복용하지 않도록 함

82 급성 심근경색 ▶ 2020

개요	허혈성 심장질환
원인	관상동맥의 갑작스런 폐색으로 손상부위 심근에 비가역적인 괴사를 일으키는 급성 관상동맥 증후군
증상	흉통(30분 이상 지속), 호흡곤란(심박출량 감소로 저산소증), 오심 / 구토, 불안, 발열, 백혈구 증가(심근경색으로 인함)
진단	• 심전도상 변화: T파 역전, ST 분절 상승, 이상 Q파 • CK 효소 증가, Troponin T와 I 발견, Myoglobin 상승
중재	정맥용 NTG, 모르핀, 항부정맥제, β교감신경차단제, ACEI, 항혈소판제

SET 017

부정맥

83 부정맥의 종류 ▶ 2012

자극형성	① 동방결절에서 발생되는 부정맥: 동성빈맥, 동성서맥, 동성부정맥, 동정지 ② 심방에서 발생되는 부정맥: 심방 조기수축, 심방 발작성 빈맥, 심방조동, 심방세동 ③ 방실 접합부에서 발생되는 부정맥: 방실 접합부 조기수축, 방실 접합부 발작성 빈맥, 방실 접합부 리듬 ④ 심실에서 발생되는 부정맥: 심실조기수축, 심실빈맥, 심실조동, 심실세동
자극전도	① 동방블록 ② 방실블록: 제1도 방실블록, 제2도 방실블록(MobitzⅠ, MobitzⅡ), 제3도 방실블록 ③ 각블록: 우각블록(2차 R파, 토끼 귀모양 심전도), 좌각블록(역전된 QRS파)
혼합	① 조기흥분 증후군 ② para arrhythmia(Para systole, 방실해리)

84 자극전도장애: 방실블록 ▶ 2016

제1도 방실블록	방실결절 통한 전도가 지연, PR 간격 지연(0.2초 이상)
제2도 방실블록	QRS파 탈락 - 2 : 1 차단이면 심방 2번 수축에 심실 1번 수축 ① Mobitz 1형: PR 간격 지연되다 QRS 1회 탈락, 이 과정의 반복 ② Mobitz 2형: PR 간격 지연 없이(일정) 즉, 예고없이 QRS 탈락
제3도 방실블록	완전 방실차단, P파와 QRS 따로 출현 → 심실수축이 이루어지지 않은 상태로서 심실정지 혹은 SCD(sudden cardiac death) 발생

85 부정맥의 약물: Na/β(베타)/ K / Ca

분류	약제의 작용기전에 따라 분류함 • Class Ⅰ 나트륨통로 차단제: procainamide, disopyramide, lidocaine, mexiletine 등 • Class Ⅱ 베타차단제: atenolol, propranolol, nadolol 등 • Class Ⅲ K(칼륨) 차단제: amiodarone, sotalol • ClassⅣ Ca(칼슘) 차단제: verapamil, diltiazem • Class Ⅴ 기타: 디곡신, 아데노신

SET 018

염증성 심질환

86 류마티스성 심질환 ▶ 2014

원인	주원인: 류마티스열, <u>그룹 A군 β-용혈성연쇄상구균</u> 감염후 심장 결합조직 침범
주 진단	심장염, 다발성 관절염, 피하결절, 윤상홍반, 무도증
부 진단	과거력, 발열, 임상검사 소견(ASO titer 양성, ESR 상승, 백혈구 증가, CRP 상승), 인후분비물 배양(A군 β-용혈성연쇄상구균 발견), 심전도 소견(PR간격 지연, 부정맥)
중재	항생제 투여, 비스테로이드성 항염증제, 스테로이드제 투여

87 기타 심장 질환

감염성 심내막염	• 내피세포의 염증(주로 승모판 침범) • 증상: 세균감염 증상(오한, 발열, 식욕부진), 심장 침범증상(빈맥, 특징적인 심잡음) → 중재: 항생제 치료(4-6주 이상)
심근염	• 심근의 염증으로 심내막염이나 심낭염으로 진행 • 바이러스 감염(가장 많음), 박테리아 감염, 류마티스열 • 증상: 경증은 심전도의 변화, 중증은 류마티스열, 감염성 심내막염 증상과 유사 → 중재: 항생제, 항바이러스제, 면역억제제 투약
심장막염	• 염증에 의한 삼출액이 심막강에 축적되어 심장 움직임 제한, 류마티스열이나 감염증에 의한 이차성 질환 • 증상: 흉부통증, 호흡곤란, 경정맥 울혈, 심부전 초래 → 중재: 항생제, NSAIDs, 디기탈리스와 이뇨제

88 후천성 판막질환

승모판 협착	좌심방 - 좌심실 사이 판막의 협착으로 좌심방에서 좌심실로 혈류 제한, 류마티스 열(주원인) • 증상: 폐울혈 인한 호흡곤란, 검붉어진 안면, 우심부전 증상(하지부종, 복부팽만 등) • 중재: 염분제한, 이뇨제 투여, 디기탈리스 제제(심방세동시)
대동맥판 협착	후천성 류마티스 열에 의해 발생, 대동맥으로 혈액 보내기 위한 좌심실 압력 증가로 좌심비대 • 증상: 협심통, 실신, 호흡곤란, 폐수종 • 중재: 안정, 저염식이, 심부전 증상시 디기탈리스와 이뇨제 투여
삼첨판 협착	우심방 - 우심실 사이 판막협착, 우심방에서 우심실로의 혈액 유입 제한 • 증상: 우심부전 증상으로 부종, 복수, 심한 피로감, 간 비대, 복부 팽만 호소 • 중재: 디기탈리스 제제, 저염식이, 이뇨제

SET 019

혈관계 개요

89 모세혈관의 여과·재흡수

여과	동맥쪽 모세혈관은 높은 정수압으로 조직으로 체액 보냄
재흡수	정맥쪽 모세혈관은 높은 삼투압으로 조직에서 모세혈관으로 체액 이동

90 혈관의 조절기전

신경성	대부분 체순환 교감신경 지배, 동맥에 교감신경 분포
호르몬 (화학)	에피네프린, 노르에피네프린, 안지오텐신Ⅱ
혈류 국소조절	히스타민, 브라디키닌류, 아세틸콜린, 세로토닌 등

91 트렌델렌버그 검사(Trendelenburg 검사) ▶2008

방법	누운 상태에서 정맥이 비워질 때까지 다리를 들어 올림 → 대퇴부 중간쯤 표피정맥이 막힐 정도로 지혈대로 편하게 묶음 → 일어서게 한 후에 정맥이 밑에서 채워지는 시간을 확인(정상: 35초) → 60초 후에 지혈대 제거하면 정상인 경우도 정맥이 바로 충만해지지 않음
결과	• 정상: 지혈대 제거시 아래에서부터 혈액이 채워짐 • 이상반응: 지혈대 제거시 혈액이 허벅지 위에서부터 빨리 채워지면 판막의 문제 의미

92 발목상완지수

발목상완지수	• 양측 팔동맥과 발목 동맥의 혈압을 측정하여 압력의 변화를 계산하는 방법으로 말초혈관의 협착 유무를 측정하는 검사 • 발목 수축기 혈압을 팔 수축기 혈압으로 sk눈 값(Ankle-Brachial Index; ABI) $= \dfrac{발목수축기압}{상완수축기압}$ • 팔동맥은 상완동맥 혈압 측정하여 높은 쪽, 발동맥 혈압은 낮은 쪽을 선택하여 계산 • 결과: 1.00~1.30(정상), 0.91~0.99(경계), 0.90 미만(비정상)

SET 020

고혈압

93 고혈압 ▶ 2012

본태성	원발성 혹은 원인 불명(전체 90% 이상)
이차성	경구용 피임약 사용, 콩팥혈관이나 콩팥 실질 질환, 내분비 장애, 대동맥 협착증, 신경계 질환, 임신, 혈관내 용량 증가, 화상

분류기준	혈압분류	수축기혈압mmHg		이완기혈압 mmHg
	정상	<120	and	<80
	주의 혈압	120-129	and	<80
	고혈압 전 단계	130~139	or	80~89
	1기 고혈압	140~159	or	90~99
	2기 고혈압	≥160	or	≥100
	수축기단독고혈압	≥140	and	<90

94 고혈압 약물 ▶ 2012

분류	① ACE억제제 또는 안지오텐신차단제 ② 베타차단제 (알파 - 베타차단제 포함) ③ 칼슘차단제 ④ 티아지드(티아자이드)계 또는 티아지드 유사이뇨제 ⑤ 기타: 루프이뇨제, 알도스테론길항제, 알파차단제, 혈관확장제
이뇨제	이뇨제는 초기 고혈압 치료제: Thiazide 이뇨제, loop 이뇨제, 칼륨보존 이뇨제 ① Thiazide 이뇨제: 원위세뇨관에서 나트륨 재흡수 억제 (부작용; 저칼륨혈증) ② loop 이뇨제: 헨렌고리에서 나트륨과 수분 재흡수 억제. furosemide(lasix) 　(부작용; 심한 저칼륨혈증, 저나트륨혈증, 탈수) ③ 칼륨보존 이뇨제: 원위세뇨관에서 알도스테론 작용 차단하여 나트륨 / 수분배설 증진, spironolactone (부작용; 고칼륨혈증, 여성형 유방, 월경불순)

95 고혈압 비약물 중재

중재	• 체중 조절 • 음주 제한 • 적절한 운동: 유산소 운동 • 식이: 저염식이, 고칼륨섭취(나트륨 배설촉진), DASH 식이 ＊DASH 식이: dietary approaches to stop hypertension. 채소, 과일, 미정제곡물, 저지방 식이, 생선, 콩, 식물성 지방을 섭취 권장하고, 설탕, 음료수, 육류는 가급적 제한하여 섭취하는 식이

SET 021

동맥 질환

96 동맥경화증 / 죽상경화증

죽상 경화증	동맥 내벽의 국소적인 변화가 전신적으로 나타나는 과정
동맥 경화증	내벽비후, 혈관근육의 섬유화 과정으로 동맥이 좁아지고 딱딱해짐
증상	증상 없이 지내다 임상적으로 심근경색증, 뇌졸중으로 나타남
중재	가족력(고혈압, 당뇨병, 조기 심혈관계 질환) 있는 경우 생활습관 교정, 금연, 지방과 콜레스테롤 섭취 제한

97 만성 동맥폐색의 단계

단계	• 초기단계: 증상 없음 • 2단계: 간헐성 파행증(이때 보통 병원을 찾게 됨) • 3단계: 안정시 통증. 가만히 있어도 저리거나 화끈거림, 수면중 깨어남 • 4단계: 조직의 괴사, 하지 절단

98 폐색성 혈전 혈관염

개요	동맥에 혈전 형성으로 동맥염 발생하여 말초 순환부전 일으킴
원인	흡연 관련되나 정확한 원인 모름, 가족력 / 유전력 / 자가면역 등
증상	간헐적 파행증, 안정시 통증, 청색증, 냉감에서 괴사로 진행됨
중재	금연이 가장 중요, Burger Allen 운동, 교감신경절제술, 찬 환경 노출 제한 [Burger Allen: 다리 거상 1분 → 다리 내리고 30초 → 앙와위 1분(6번씩 하루 4회 실시)]

99 레이노 증후군 ▶ 2024

개요	원발성 혈관수축성 질환, 손발 동맥의 발작성 경련
진단	원발성 레이노 진단기준 ① 심리적 자극, 추운 곳 노출시 손가락 창백, 청색증 ② 증상은 양측성 / 대칭성 ③ 손가락 동맥의 폐색성 질병 징후 없고, 손가락에 변화를 주는 다른 질병 없음 ④ 손가락 끝의 피부에 국한된 괴저 ⑤ 적어도 2년 동안 증상의 과거력 2차성 레이노 진단기준 추가 ① 면역검사상으로 구분되며 면역항체 관찰됨 ② 손가락의 움푹 들어간 흉터나 궤양 등이 특징적 증상 ③ 대부분 양측성이나 간혹 일측성도 관찰됨
중재	• 약물요법: nifedipine(칼슘길항제), 교감신경수용체차단제, 혈관확장제, 교감신경억제제 • 비약물요법: 사지를 찬 곳에 노출 금지, 스트레스 감소, 보온(양말/장갑), 금연

100 동맥류

개요	동맥벽의 탄력 감소로 영구적 동맥혈관의 확장상태
원인	후천적 동맥경화증, 매독 말기 징후, 다양한 원인
증상	대동맥 박리 임상증상 → 갑작스런 찢어지는 듯한 통증
중재	• 콜레스테롤 제한, 혈압 조절, 6개월마다 초음파검사(동맥류 안정시) • 외과적 수술

정맥 질환: 심부정맥혈전증

101 심부정맥혈전증 ▶ 2016

원인	정맥정체, 과응고력, 정맥벽 손상 → 비료흐 세 증후
증상	한쪽 종아리나 대퇴의 부종, 홍반, 온기, 미열, Homans' 징후(발바닥 배굴시 장딴지 근육에 통증 있으면 양성)
중재	• 약물요법: 헤파린(PTT 측정하여 약물 효과 확인), 와파린(PT 측정하여 약물 효과 확인) → 와파린은 헤파린 중단 3일전부터 투여 시작(와파린은 반감기가 길기 때문에 항응고 효과가 나타나기까지 시간 소요됨) • 비약물요법: 안정, 다리 올리기, 더운물 주머니, 폐색전증 사정

102 정맥류 ▶ 2002

원인	정맥벽의 탄력성 상실, 외상이나 폐색, 심부정맥혈전증, 손상된 판막 염증시 발생
증상	다리 통증, 무거움, 가려움증, 중정도의 부종, 외관상 문제
검진	트렌델렌버그 검사
중재	움직임, 다리 상승, 걷기 등 운동, 탄력붕대, 버거알렌 운동

103 폐색전증

개요	혈전이 폐혈관을 막는 상태로 폐혈류 장애 일으킴
원인	고령, 장기침상 안정 환자
증상	호흡곤란, 흉하부 갑자스런 통증, 청색증, 빠르고 약한 맥박, 쇼크
중재	호만 징후 사정, 내과적 약물요법, 외과적 수술(색전제거술)

림프 질환

104 림프부종

개요	단백질 농도 상승으로 조직이 부종인 상태
원인	림프액의 역류로 말초 림프관 울혈, 조직의 교질삼투압 증가로 수분 축적, 섬유아세포 증식
증상	• 원발성: 무겁고 둔한 느낌, 통증 없음, 거친 피부, 사지 점차 두꺼워짐 • 속발성: 림프계 손상이나 수술후 부종, 사상충감염, 림프암 등에 의함
중재	• 사지를 공기펌프기구로 짜내기 • 코마린 요법: 림프대식세포를 생성하고 활성화시키는 치료 방법 • 외과적 부종 제거술 • 이뇨제 복용 • 사지 상승시키기 • 탄력 붕대로 지지하기

SET 024

혈액계 개요

105 혈액의 구성성분

혈장	혈구 제외한 액체로 혈액 55%, 혈장 단백질 포함(알부민, 글로불린, 섬유소원)
적혈구	산소와 이산화탄소 운반, 산염기 균형 유지, 혈색소와 산소의 결합
백혈구	과립구(호중구 50~70%, 호산구 2~4%, 호염기구 2% 이하), 무과립구(림프구 20~40%, 단핵구 4~8%) 로 구성 → 식균작용, 급성염증반응, 항원항체 반응
혈소판	혈액 응고, 손상된 혈관부위의 혈소판 축적, 상호유착으로 혈소판마개형성
정상 범위	• 적혈구: 여) 400만~540만/mm^3, 남) 420만~630만/mm^3 • 백혈구: 4,000~10,000개/mm^3[호중구(50~70%), 호산구(2~4%), 호염구(2% 이하)] • 혈소판: 15~40만/mm^3 • 헤모글로빈: 여) 12~16g/dL, 남) 13~17g/dL • 알부민: 3.5~5.2g/dL

106 지혈과 섬유소 용해

| 개요 | • 지혈 = 혈액응고
   - 프로트롬빈 → 트롬빈: 프로트롬빈활성화 복합체, 칼슘이온에 의함
   - 섬유소원 → 섬유소: 트롬빈과 칼슘이온에 의함
• 섬유소 용해: 플라스미노겐 → 플라스민 → 섬유소, 섬유소원을 용해시킴
• 섬유소 용해기전: 지혈 후 섬유소덩어리는 없어져야 하므로 섬유소 용해기전이 활성화됨 [플라스미노겐 → 플라스민으로 활성화] |

SET 025

적혈구 장애: 빈혈

107 빈혈 개요

원인	부적절한 골수기능(골수부전), 적혈구의 과도한 상실(출혈, 용혈)
증상	<table><tr><th>분류</th><th>혈중 Hb</th><th>증상</th></tr><tr><td>경한 빈혈</td><td>10~14g/dL</td><td>• 증상 거의 없음 • 심한 운동 후 심계항진, 호흡곤란, 심한 발한 등</td></tr><tr><td>중등도 빈혈</td><td>6~10g/dL</td><td>• 운동후 호흡곤란, 심계항진, 심한 운동 후 발한 • 활동과 무관한 만성피로</td></tr><tr><td>심한 빈혈</td><td>6g/dL 이하</td><td>• 신체 모든 장기에 걸쳐 빈혈 증상 나타남 • 울혈성 심부전, 협심증 • 심장병의 과거력이 있으면 순환성 합병증, 폐합병증에 취약</td></tr></table>
중재	• 안정, 피부간호, 식이(단백질, 철분 등) • 수혈, 산소요법 • 손상 예방(열, 추위로부터 보호), 격리(필요시 감염 예방)

108 빈혈의 종류 ▶ 2015·2021

철결핍성 빈혈	적혈구 크기 작고, 혈색소치 낮은 만성 빈혈 • 증상: 피로감, 창백함, 운동성 호흡곤란, plummer-vinson 증후군(연하곤란, 구내염, 위축성 설염) • 중재: 경구용 철분제제(ferrous sulfate): 식사 1시간 전에 투약이 바람직, 비타민 c 제제나 오렌지 주스 함께 마시면 흡수율 증가
출혈성 빈혈	심한 외상, 수술 후 합병증, 출혈장애, 혈관통합성 관련 질환 • 증상: 출혈양상에 따라 예후 결정 • 중재: 혈액공급, vit B12

결핍성 빈혈	거대적아구성 빈혈 ① 엽산결핍성 빈혈: vit B9(부드럽고 매끄러운 혀) ② 악성 빈혈: vit B12(신경학적 증상- 말초신경, 중추신경 변화), 대구성 빈혈 ③ 쉴링 테스트: 위 벽세포의 기능을 평가하여 내인자 결핍을 확인하는 검사 →방사성 Vit B12(코발트-60 부착) 경구투여, 1~2시간 후 비방사성 Vit B12를 근육주사 후에 소변으로 배설되는 Vit B12량 확인 〈성〉 방구 비방근
용혈성 빈혈	① 겸상적혈구 빈혈: 상염색체 열성유전으로 인한 적혈구내 비정상 혈색소(HbS)로 인함 ② 지중해성 빈혈: α, β 글로빈(혈색소) 양 부족으로 비정상 혈색소 합성
재생불량성 빈혈	골수의 기능 손상 • 증상: 빈혈 증상, 범혈구감소증, 감염에 취약 • 중재: 골수이식과 면역억제치료법

109 적혈구 증가증

정의	과다 적혈구의 순환으로 혈액 점도, 혈액량 증가로 순환 방해
분류	① 진성: 골수증식성 장애(암 전구상태) ② 속발성: 폐질환, 심맥관질환, 산소운반 장애시 2차적 발생 ③ 상대적: 적혈구 상실 없이 혈장만 상실로 상대적 적혈구 농도증가 (수분섭취 제한, 설사, 구토, 화상, 이뇨제 과다투여)

중재	① 진성
	  - 혈액량과 점도 저하 위해 정맥절개술(혈액제거 300~500cc, 격일로)
	  - 수액 투여, 골수억제물질 사용, 방사선치료
	  - 약물요법: allopurinol, 혈전예방 아스피린과 디피리다몰 투여
	  - 활동 권장
	② 속발성:원인 질환 치료, 산소결핍증 예방, 정맥절개술
	③ 상대적: 수분과 전해질 균형 치료 제공

SET 026

백혈구 장애: 호중구 감소증, 백혈병

110 호중구 감소증 ▶ 2010

개요	• 심한 호중구 감소, 급성의 치명적인 감염상태 유발가능 • 호중구 수 500/mm³ 이하면 세균 감염 취약(정상: 1,800~7,000㎕)
증상	인후, 구강점막, 피부, 호흡기 등에 흔히 침범하여 인후통, 연하곤란 등 유발
중재	• 감염징후 자주 관찰(발열 등), 항생제 치료, 조혈인자 투여 • 침습적 처치 제한 • 침상안정, 고열량 식이

111 백혈병 ▶ 2013·2024

정의	미분화된 백혈병 세포가 비정상적 증식하는 혈액의 악성질환
급성 골수성 백혈병	15~39세. 미성숙한 과립구의 비정상적 증식으로 골수에 축척 → 심한 감염, 비정상 출혈
만성 골수성 백혈병	30~50세 호발. 성숙한 과립구의 골수, 혈액, 비장에 비정상적 과다 축적, 염색체 이상 관련
급성 림프성 백혈병	소아기 백혈병(2~10세). 골수내 미성숙 림프구 증식으로 다른 혈구세포의 생성이 어려워짐. → 중추신경계 침범으로 백혈병적 뇌막염
만성 림프성 백혈병	성숙한 비기능적 림프구 증식(B세포), 노년기 호발 → 신체 전부위 림프절 비대, 감염빈도 증가
진단	• 전혈구 검사: 총 백혈구수 감소하며 일반적으로 적혈구, 혈색소, 혈소판 수도 저하됨 • 말초혈액 도말검사: 미성숙 아세포의 비정상 백혈구 증가 • 골수검사: 골수 천자나 골수 생검은 백혈병을 확진하고 악성 세포의 형태를 확인하는 중요한 검사 • 요추천자: 암세포가 혈액이나 골수 외 부위로 전이되었는지의 여부 확인(환자의 5%에서 중추신경계 침범됨) • 림프계 검사: 림프관 조영술이나 림프절 생검은 악성 병변의 위치 확인
중재	감염병 예방관리, 출혈 예방, 통증 예방, 영양수분 섭취, 약물 부작용 감소

112 다발성 골수종

정의	골수내 악성형질세포의 침윤으로 뼈 파손시키는 신생물 질환
원인	원인 불확실. 독성물질(방사선, 유기화합물, 제초제)에 노출시 발생 증가
증상	무증상기(전구기간), 골격계 침범시 심한 통증(골반/척추), 골다공증/병리적 골절, 고칼슘혈증, 빈혈/혈소판감소증/과립구감소증
중재	화학요법, 생물학적 치료, 물리치료, 진통제, 낙상 예방

113 림프종

개요		골수나 림프조직의 악성종양 총칭, 림프구 증식, 호지킨병 & 비호지킨병
분류	호지킨	• 원인불명이나 유전적 소인, Epstein-Barr virus 병력 • 생검시 reedsternburg 세포 관찰, 단일장소에서 인접 림프절로 확산 • 림프절 비대, 빈혈, 피로, 전신증상(체중감소, 악액질, 감염 등)
	비호지킨	• 림프 악성질병으로 호지킨병과 다른 진행과정 • AIDS 환자, 장기이식환자와 관계 보고 • 무통성 림프절 비대, 진단시 병이 진행된 경우 많음

SET 027

지혈장애: 혈우병

114 자반증 ▶ 2008

정의	소량의 혈액이 조직과 점막으로 유출되는 현상, 점상출혈 & 반상출혈
증상	점막/피부의 비출혈, 잇몸이나 구강출혈, 점상출혈 및 반상출혈, 멍이 잘 생김, 월경량 증가, 일상처치 후 출혈지속, 관절 / 망막 등의 출혈, 위장이나 비뇨기계 출혈, 신경통, 사지의 무감각, 마비증상
중재	스테로이드요법, 혈소판수혈, 혈장교환술, 혈장반출법
아나팔락틱 자반증	혈관상피세포의 손상으로 인한 알레르기 반응 → 피부(발적, 담마진), 관절(관절통), 위장관계(복통, 위장관 출혈), 혈관계(혈뇨)의 급만성 염증 → 중재방법: NSAID로 통증 조절, 피부 온도 낮추기

115 혈우병 ▶ 2008·2016·2024

개요	• 응고장애, 응고인자의 결함이나 결핍으로 발생하는 유전적 출혈장애로 hemophilia A, hemophilia B, hemophilia C, von Willebrand's 질환 • hemophilia A(인자8 결핍), hemophilia B(인자9 결핍): X성염색체 반성유전에 의한 열성유전으로 남성에게 이환, 여성은 보인자 • von Willebrand's 질환(폰 빌레브란트병): 응고단백질 결핍(인자 8번 관련), 혈소판 기능부전으로 상염색체 우성유전되어 남녀 발생빈도 동일
증상	사소한 출혈, 위장출혈, 발치 / 잇몸 손상시 심한 출혈, 관절기형, 근육위축 등
중재	항섬유소용해제, 코르티코스테로이드제, 출혈예방, 손상예방, 출혈시 응급처치 숙지
검사 결과	• PT: 정상(외적 경로 손상 없음) • TT: 정상 • 혈소판 수: 정상 • PTT: 지연 • BT ① 혈우병 A, B: 정상 // ② von-Willebrand질환: 지연 • 응고인자: 혈우병 A(응고인자 8번), 혈우병 B(응고인자 9번), von-Willebrand 질환(vWF 부족)

근골격계 개요

116 뼈의 구성

골아세포	뼈 형성 세포, 새로운 뼈에 위치
골세포	뼈 성장, 회복, 모양의 변화를 주는 세포, 뼈 기질(bone matrix)에 위치
파골세포	손상 혹은 노화된 골세포 흡수

117 뼈의 기능

뼈의 기능	• 신체의 지지대 • 혈액 형성 • 무기질 균형(칼슘, 인, 염분 등) • 혈중칼슘농도 조절

118 골격근의 기능

골격근의 기능	• 골격근의 수축과 이완으로 신체 움직임 • 골격근의 활동으로 열 생산

119 외상의 종류

타박상	둔탁한 힘에 의해 연조직 손상 → 냉요법, 손상부위 상승, 압박붕대
근염좌	건의 과신전시 근육의 긴장으로 손상 → 냉찜질, 고정
염좌	인대와 인접조직의 과신전으로 인한 압통 → 손상부위 상승, 냉찜질, 부목이나 석고붕대로 고정

120 수근관증후군 = 손목굴증후군 ▶ 2015

정의	정중신경에 압박 가해져 생기는 신경성 질환
원인	컴퓨터 사용자, 손가락/손목 많이 쓰는 산업근로자, 망치 사용자, 비만 / 당뇨 / 갑상샘 이상자 발생빈도 증가
증상	엄지 + 중지 + 검지 감각 저하, 엄지손가락 외전(손가락 옆으로 벌리기) 어려워져 물건 떨어뜨림 • Tinel 징후: 정중신경 타진시 3개 반 정도의 손가락의 저린감 • Phalen 징후: 손목을 굴곡 시켜 마주대고 20~30초간 유지하면 팔목부위 무감각, 얼얼해짐 〈첫〉 톡톡 티넬 / 팔 굴곡 팔렌
중재	• 냉요법, 비스테로이드성 진통제 복용, 코티코스테로이드 환부 주사 • 수술: 수근관해리술

SET 029

골절: 목발 보행

121 골절 치유과정

치유과정	혈종 형성 → 세포증식(육아조직, 섬유아세포) → 가골 형성(골화의 첫 단계) → 골화 과정 → 골 재형성

122 골절의 증상

증상	변형, 부종, 점상출혈, 근육경련, 압통과 통증, 감각변화(저린감), 기능상실, 비정상적인 움직임, 염발음, 쇼크

123 골절시 응급처치 ▶ 2006·2012·2024

개요	• 기도유지, 쇼크 징후확인 • 부목적용(연조직 손상 최소화) ★ 부목 효과: 통증 감소, 주위 조직(혈관, 신경 등)의 2차 손상 예방, 지방색전이나 쇼크 같은 합병증 예방, 환자 이송을 용이 • 바른 신체선열 유지 • 손상부위 거상 • 냉요법 → 출혈, 부종, 통증 감소 • 손상부위 색깔, 감각, 혈액순환, 움직임, 온도 사정

124 골절 치료: 견인, 석고붕대 ▶ 2009·2024

견인	견인장치: 피부견인, 골격견인 ① 피부견인: Buck신전, Russel, 골반현수, 골반띠, 경부, Bryant ② 골격견인: 평형현수대, 두부, 할로
석고붕대	• 석고붕대 적용후 중재: 환부와 정상쪽 비교, 피부색 관찰, 청색증 확인, 통증변화 → 석고붕대 적용후 구획증후군 관찰 • 합병증: 석고붕대 부위 압박으로 연조직 괴사, 신경 손상, 감염 및 조직의 괴사 (냄새, 배액, 체온 상승 등), 석고붕대증후군(체간부 석고 적용시)

125 목발 보행 ▶ 2010·2012·2018·2022

개요	• 목발보행 동안 어깨와 상지근육이 체중을 지탱하므로 근육의 힘을 기르고 조정력 증진을 위해 평형대 운동을 점차적으로 진행, 체중을 액와에 싣지 않도록 교육해야 함 • 삼각위: 목발보행을 시작하기 전의 자세로 목발은 양발 앞으로 15cm, 각 발의 옆으로 15cm에 둔 상태를 의미 → 이 자세는 목발과 발 사이에 삼각형이 생겨 넓은 기저면이 만들어지기 때문에 가장 안전한 자세임 • 목발마비(Crutch paralysis): 요골신경이나 액와신경절의 일부가 목발에 의해 지속적인 압박을 받을 때 발생하는 마비, 손목처짐(wrist drop) 현상이 대표적 → 손과 손목에 힘을 주어 목발보행을 하도록 해야 함
종류	• 체중지지보행: 4점 보행 / 2점 보행 / 삼각보행 • 부분 체중지지보행: 3점 보행(양측 목발 + 환측 다리 → 건강한 다리) • 체중지지없는 보행: 뛰기 보행, 건너뛰기 보행
목발길이 측정	• 서있는 자세: 액와 전면~발외측으로 15cm • 누운 자세: 액와 전면~발뒤꿈치 측면 길이 + 5cm • 환자의 신장 - 40cm
계단 오르내리기	• 계단 오르기: 건강한 다리 → 목발 → 환측 다리 • 계단 내려오기: 목발 → 환측 다리 → 건강한 다리
의자 앉고 일어서기	• 의자에 앉기: 다리 뒷부분이 의자에 닿기 → 건강한 다리쪽에 목발 두 개 함께 잡기 → 반대편 손으로 의자 잡으면서 앉기 • 의자에서 일어서기: 건강한 다리쪽에 목발 두 개 함께 잡기 → 목발손잡이와 의자 팔걸이 잡으면서 일어서기 → 일어난 후 균형 잡히면 목발 양팔에 하나씩 잡기

126 절단 간호 ▶ 2013

중재	• 감염관리: 상처관리, 체온측정, 백혈구 수치 사정, 무균적 드레싱 적용
	• 절단부 관리: 절단부 피부통합성을 유지해야 보철물 적용이 가능하기 때문 → 절단부 양말과 건조하고 마른 상태 유지, 일회용밴드 사용주의(연한 피부면이 자극됨)
	• 보철물 사용(절단부 청결간호)
	  ① 잘 말린 후 아무것도 바르지 않기
	    (알코올; 피부건조, 기름이나 크림; 피부 너무 부드럽게 해 보철물 사용에 불편감 유발)
	  ② 보철물 소켓을 매일 점검하여 땀과 먼지 제거
	  ③ 보철물 속 마른 수건으로 깨끗이 닦기
	  ④ 크기가 잘 맞지 않으면 전문가에게 의뢰

교육내용	보조기구 사용 교육: 목발보행, 보조기구 등 사용에 대한 교육 → 드레싱후 절단부 피부 강화를 위해 처음에 부드럽게, 다음에 강하게 힘을 주도록 환자 격려

127 골절의 합병증

합병증	동맥혈관 손상, 지방색전증, 구획증후군, 볼크만 허혈성 구축, 심부정맥혈전증과 폐색전증, 무혈성 골괴사, 말초신경 손상, 감염, 부적절 골절유합

128 구획증후군 병태생리 ▶ 2016

개요	• 골절 후 부종과 혈종 발생시 근막에 둘러싸인 폐쇄된 구획내에 압력의 증가로 모세혈관의 관류가 저하되어 혈관, 신경, 근육이 손상됨 • 폐쇄 구획: 외측 드레싱, 부목, 석고붕대 등이 너무 꽉 조여 압박시 사지 압력증가
증상	구획내 압력 증가시: 정맥 / 동맥순환 모두 폐쇄되어 조직관류 감소 • 조직의 허혈, 기능 손실, 신경손상 발생 • 30mmHg나 그 이상의 압력은 영구적인 근육 / 신경손상 초래
중재	• 응급수술: 근막절개술

129 골수염

개요	혈행성 감염 질환(황색포도상구균, 연쇄상 구균, E Coli 등)
증상	발열, 통증 증가, 환부근육 경직, 보행 곤란
중재	항생제 투여, 침상안정, 외과적 배농술, 석고붕대나 부목

류미티스 골 질환: 류마티스 관절염, 통풍

130 류마티스 관절염 ▶ 2014

개요	• 만성, 진행성 관절의 염증과 변형을 유발하는 자가면역질환 • 활액막 염증시기 → 판누스 형성(염증성 육아조직) → 섬유성관질강직 → 골 강직
진단	RF 양성, ESR, CRP, ANA 모두 상승
증상	• 초기: 염증 증상 • 후기: 관절 기형, 전신 증상(골다공증, 빈혈, 체중감소, 피하결절, 혈관염, 심낭염) ★ 관절 증상: 조조강직(한 시간), 대칭적, 손 근위지 관절 등 소관절, swan neck, boutonniere 변형, 판누스 형성 ★ 관절외 증상: 류마티스 피하결절, 쇼그렌증후군(안구통증, 이물감, 가려움), 펠티증후군(염증성 안질환, 비장비대, 임파선증, 폐질환, 빈혈, 혈소판감소증 등 혈액 이상)

중재	• 약물요법
	  - 비스테로이드성 항염제: 아스피린, COX-2 억제제
	  - 진통제: 아세트아미노펜, 이부프로펜
	  - 스테로이드제제
	  - 항류마티스제: 메토트렉세이트(MTX), 하이드록시클로로퀸, 설파살라진
	  - 근육이완제, 항우울제(통증 조절, 수면 증진의 목적)
	• 안정과 휴식, 물리요법, 운동요법

진단기준	① 관절 침범 양상에 따라: 대관절, 소관절 위치와 수 ② 혈청학 검사: RF, 항CCP 항체 ③ 염증반응물질: ESR, CRP ④ 증상 발생기간: 6주 이내 혹은 이상

131 골관절염 ▶ 2012·2014

개요	관절연골의 국소변형으로 시작되는 퇴행성 질환
원인	연령, 노화와 호르몬의 영향, 주로 체중부하 관절의 마모
증상	운동 후 발생하는 조조강직, 휴식해도 통증, 하지에 주로 발생, 비대칭, 손원위지 관절 헤베르덴 결절, 근위지관절 부샤드 결절
중재	약물요법(salicylate 또는 NSAIDs, ibuprofen등), 휴식, 온냉요법

132 통풍 ▶ 2012·2014·2018

개요	단백질 퓨린 대사 이상으로 요산의 과잉 축적과 배설장애
증상	• 급성 통풍: 발작성 통증(특히 야간), 제1족지 관절, 관절종창, 요산배설량 증가, 콜치신 투여로 통증 소실 • 만성 통풍: 이륜의 요산결절, 백색물질 돌출, 콜치신 효과 없음
중재	• 약물요법 　- 콜치신(Colchicine) 　　① 항염증제: 통증 완화, 요산 배설 　　② 급성 통증발작: 10~20mg을 매 시간 투여 → 12시간 이내 통증 완화, 1~2일 내 거의 소실 　　③ 오심, 설사, 구토 생기면 투약 중단 　- ACTH 　　① 요산 제거, 비특이성 항염증 효과 　　② 경구복용 및 직접 관절 강 내 주사 　- 페닐부타존 　　① 피린계 해열진통제: 항염증작용, 항류마티스 작용 　　② 콜치신에 저항 있는 환자, 200mg을 3회/일 → 24시간 증상 소실 　- 프로베네시드, 설핀피라존: 요산 배설촉진제, 근위세뇨관에서 요산 재흡수 억제 　- 알로퓨리놀, 페북소스타트(febuxostat): 요산 생성억제제 • 비약물요법: 관절부위 휴식, 다리 높이기, 수분섭취(3L/day), 피해야 할 음식 (간, 붉은 고기, 버섯, 아스파라거스, 게, 랍스터 같은 해산물 등)

133 전신 홍반 루푸스 ▶ 2020

개요	류마티스질환 일종의 자가면역질환
증상	초기 관절염, 식욕감퇴, 림프선 비대, 양쪽 뺨에 나비형 홍반, 신경조직 이상(경련 발작, 손발저림), 심장질환(심낭염, 심근염, 심내막염, 흉막염 등)
중재	• 급성기 간호중재 • 약물요법: 사이클로포스파미드, 항말라리아제, 스테로이드제, MTX

134 강직성 척추염

개요	척추 인대의 골화, 미추골에서 시작하여 고관절, 어깨관절 침범
원인	원인 불분명(유전소인)
증상	대칭성 천장골염, 척추 염증성통증, 아침 요통과 강직, 척추후만증, 죽상척추, 홍채염
중재	• 물리요법 • 약물: 아스피린, NSAIDs, indomethacin • 신전운동, 수중운동 • 수술요법: 경추융합술 • 단단한 매트리스와 매우 얇은 베개 사용

SET 031

골 대사성 질환

135 골다공증 ▶ 2013

개요	골질량이 감소하는 만성 진행성 골대사 장애
원인	칼슘 흡수장애(위수술, 만성염증질환, 쿠싱 질환), vit D결핍, 폐경(에스트로겐 감소), 약물(항응고제, 항경련제, 갑상선호르몬, 부신피질호르몬, 이뇨제), 운동부족, 가족력(어머니, 자매), 과음
증상	요통, 병리적 골절, 체중부하로 척추후굴, 치아손실(의치 맞지 않음)
검사	DEXA 검사(이중에너지 X선 흡수 검사): 이중에너지 X선 흡수 계측법으로 골밀도 측정. 에너지가 높은 X선과 에너지가 낮은 X선으로 두 번 촬영하여 골밀도를 계산함. 보통 Lumbar spine(1-4), femoral neck, total hip의 골밀도 중 가장 낮은 값으로 판정함
중재	비스포스포네이트, 칼슘 섭취, 에스트로겐 대체요법, 중등도 운동(체중부하 운동), 식이요법

136 골연화증

개요	vit D결핍에 의한 칼슘과 인 대사장애(성인 여성)
원인	섭취부족, 위장의 흡수불량, 자외선 부족, 간담즙성 질환, 췌장질환, 항경련제 장기사용
증상	광범위한 뼈 조직의 탈칼슘화와 연화, 뼈 휘어지고 변형과 기형, 근육쇠약
중재	vit D 10,000투여, Calcium lactate나 gluconate 투여, 태양광선요법

137 파제트병

개요	변형성 골염, 뼈의 형성과 파괴 동시에 일어나는 골 장애
증상	x-ray 검사상 많이 발견, 뼈의 대사장애(골절, 신경압박, 환부 피부 따듯)
중재	• 약물: 아스피린, NSAIDs, 이부프로펜, 인도메타신 • 필요시 수술, 열 요법, 마사지

SET 032

요통: 척추측만증

138 척추후만증

개요	흉부, 천추부의 후방만곡이 증가
원인	나쁜 자세, 선천성 / 청소년기 / 노인성 / 결핵성 후만증
중재	바른 자세로 교정, 교육과 훈련, 등근육 강화 운동, 심한 경우 보조기나 수술

139 척추측만증 ▶ 2003·2006·2014·2019

개요	척추가 측방으로 만곡 되거나 편위된 상태(성장기 14세 이전 발생)
증상	• 외관상 변형, 주위 장기 압박으로 기능장애 • 비대칭 관찰 → 양쪽 어깨 높이와 견갑골의 비대칭, 몸체와 양쪽 팔사이 간격의 비대칭, 늑골 돌출고, 유방 크기와 허리 곡선 비대칭
신체 검진	바른 자세로 서있는 위치: 어깨 높이, 견갑골 대칭, 허리 대칭, 골반 높이 등 확인 ★ 상체 전방굴곡검사 = 등심대 검사(Adams Test) ① 양발을 가지런히 모으고 무릎을 펴고 허리를 전방으로 천천히 구부리는 자세 ② 검사자는 환자의 후방에서 등 부위 늑골 돌출고(rib hump), 허리 부위에서 요추 돌출고(lumber hump)가 관찰되는지 확인
중재	• 정기적인 관찰(20도 이하) • 보조기 착용: 만곡유연 20~40도, 성장 1~2년 남은 경우 • 밀워키 보조기: 목부터 흉추, 요추, 골반까지 지지해 주며 만곡이 흉부 T7 이상인 경우 • 흉요천추 보조기: 흉추, 요추, 천추까지 지지해 주며 만곡이 흉부 T7 이하에 있는 경우 • 수술: 만곡 심한 진행, 외관상 기형 심한 경우

140 척추측만증 _Cobb 측정법

개요	• 측만증 사정하기 위해서 앙와위와 기립자세에서 척추 전체 전후방 방사선 촬영 → 방사선 촬영 후 Cobb 방법으로 만곡의 정도 측정 • 이 방법은 만곡의 오목한 쪽으로 가장 많이 기울어진 척추의 끝을 상단과 하단에서 각각 결정후, 상하부 양쪽의 척추끝을 따라 선을 그어 직각으로 교차된 각을 구함

SET 033

뇌신경 종류와 기능

141 뇌신경 기능과 건강사정 방법 ▶ 2012 〈청〉 후시동/ 활삼외/ 안청설(연)/ 미부설(하)

뇌신경	구조와 기능	건강사정
1 후신경	후각부 섬유 → 후삭 → 시상과 측두엽	4종류의 냄새나는 물질 냄새 맡기 (커피, 비누, 오렌지, 참기름)
2 시신경	시교차 이후 시삭 → 시각중추(후두엽)	시력표, 검안경
3 동안신경	• 안구움직임, 눈꺼풀 올리기, 동공 크기 조절하는 운동신경 • 상직근 / 내직근 / 하직근 / 하사근 / 안검거근	펜라이트 (대광반사, 상안검거근, 외안근 움직임)
4 활차신경	외안근 상사근(안구 하방과 외측의 회전 담당)	안구가 아래쪽, 안쪽으로 움직이는지 확인
5 삼차신경	저작기능(운동), 안면신경가지 / 상악신경가지 / 하악신경가지(감각)	더운물, 찬물 담은 시험관, 솜, 핀
6 외전신경	안구 외직근(안구 바깥으로 움직이게 함)	측면을 바라보게 함 (눈을 바깥쪽으로 움직임)
7 안면신경	안면근육 움직임(운동), 혀의 앞부분 2/3미각(감각), 타액분비와 누선에 작용(자율신경)	짠맛, 단맛, 신맛, 쓴맛 나는 검사용 물질
8 청신경	청각과 몸의 평형	음차
9 설인신경	인두의 연하작용(운동), 혀의 뒷부분 1/3미각(감각), 이하선 타액분비(자율신경)	면봉
10 미주신경	대부분 장기의 불수의적 움직임 조절	설압자
11 부신경	상부척수와 연수하부에서 나오는 운동신경	흉쇄유돌근, 승모근 움직임 평가
12 설하신경	혀운동 지배	혀를 내밀고 여러 방향으로 운동성 평가

신경계 건강사정

142 의식수준 5단계

단계	상태
1단계 명료(alert)	시청각, 기타 감각에 대한 적절한 반응
2단계 졸림(drowsy)	자극에 대한 반응 느려짐, 강도를 높여야 반응, 질문에 대한 대답에 혼돈이 있고 외부자극이 사라지면 다시 수면
3단계 혼미(stupor)	지속적 강한 자극에만(빛) 반응, 간단한 질문에 대답가능, 통각자극에 피하려는 의도적인 행동 보임
4단계 반혼수(semicoma)	자발적 근육 움직임 거의 없음, 통증자극 피하는 반응, 신음소리나 알아듣기 힘든 말 중얼거림
5단계 혼수(coma)	반응 없는 상태, 강한 통증자극에 느린 반사반응, 깊은 혼수상태에서 반사반응(-), 연수기능 유지(대광반사)

143 소뇌기능 검사

검사명	정상	비정상
걸음걸이	똑바로 서서 걸을 때 양팔을 교대로 움직이고 보조 없이 균형을 유지하여 걸을 수 있음	걸을 때 자세가 나쁘며, 발을 넓게 벌리고 불안정하며 불규칙하게 비틀거림. 다리가 구부정하고 경직, 팔 움직임이 없음
Tandem gait (일자보행 = 발잇기 보행)	앞쪽발의 뒤꿈치와 뒤쪽 발의 발가락을 붙이면서 일직선을 따라 걸을 수 있음	걸음걸이가 불안정하거나 몇 발작 걷지 못하고 한쪽으로 기울어짐
Romberg 검사	양쪽 발을 붙이고 똑바로 서서 처음에는 눈을 뜨고 그 다음에는 눈을 감고 설 수 있음	체간의 흔들림이 나타나거나 양쪽 발을 붙이고 선 자세를 유지하기 곤란함
Heel to shin test	발꿈치를 무릎에 대고, 종아리 앞을 따라서 아래로 미끄러지게 함	발꿈치가 떨어지거나 제대로 아래로 따라 가지 못함
Finger to nose test	환자의 코와 검사자의 손가락을 교대로 터치하는 겨냥이상(dysmetria) 검사	팔의 운동실조여부를 확인하는 검사로 떨림이 있거나 제대로 겨냥하지 못함

144 병적 바빈스키 반사

발바닥을 자극하면 엄지발가락만 배굴되고 나머지 발가락들이 부챗살처럼 벌어지는 상태
→ 추체로 병변시 성인에게 나타남

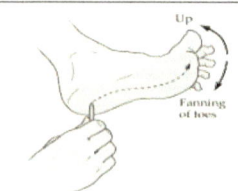

145 두개내압 상승 ▶ 2021

개요	• 의식수준의 변화 • 글라스고우 혼수척도: 눈뜨기 반응, 언어 반응, 운동 반응 세 영역 평가 • 활력징후의 변화: 혈압상승, 심박동수 감소, 불규칙맥 • 안구 증상: 대광반사 소실, 동공 고정, 흐릿한 시력, 복시, 외안근 움직임 변화 • 두통, 분출성 구토(ICP 상승의 비특이적 증상)로 구토중추 연수가 자극되어 발생) ▶ 2021 • 체위: 경추 손상 없다면 <u>머리 30도 정도 올리는 체위</u> 유지하여 두개내압 낮춤

146 두통 ▶ 2005

개요	뇌 구조물 견인, 신장(stretching), 움직임 혹은 혈관의 확장으로 발생
긴장성 두통	근육의 긴장으로 발생(스트레스, 장시간 작업) → 약물요법, 안정
편두통	가족력 / 유전적 원발 두통, 30%에서 전구증상(광선 번쩍거림, 광선공포증, 혼돈, 말하기나 운동성 / 감각성 증상) → NSAIDs나 아세트아미노펜 복용, 호전 없으면 세로토닌길항제
군발 두통	주로 남성, 취침 후 몇 시간 안에 두통으로 불면증 유발, 2~3개월 지속 → 칼슘통로 차단제, 스테로이드
비약물 중재	일상의 자극 요소 감소, 긴장 조성하지 않기, 이완술, 명상, 어두운 환경, 냉마사지 (찬수건 적용), 근육마사지

SET 035

뇌 감염성 질환

147 뇌수막염 징후 ▶ 2007·2014·2025 〈청〉 knee-kernig / brain-brudzinski

Kernig 징후	앙와위 상태에서 무릎과 대퇴 90°가 되게 한 후, 무릎 신전시 대퇴 후면의 통증과 무릎 저항 및 통증
Brudzinski 징후	앙와위에서 목을 흉부쪽으로 굴곡 시키면 목의 통증과 양쪽 대퇴, 발목, 무릎의 굴곡
경부경직	목이 뻣뻣하여 움직이기 힘든 증상 → 뇌압 상승 증상
진단검사	요추천자로 뇌척수액 검사시 농성, 혼탁, 백혈구수 증가, 포도당 감소

148 뇌염

개요	• 뇌실질 조직과 뇌수막의 급성 감염 • 울혈과 부종을 초래하는 광범위 염증
증상	수막염 vs 뇌염 • 수막염: 두통으로 산만, 불안정, 기면상태 • 뇌염: 뇌기능이상으로 정신상태 변화, 운동감각기능 감소, 언어와 운동장애

149 뇌농양

개요	급성 화농성 감염 후 뇌조직 내 고름이 있는 상태
원인	원발 병소(유양돌기, 부비동염)에서 전파, 개방성 두부 수술 후
증상	두통, 발열, 오한, 의식장애, 일시적 신경장애, ICP상승
중재	항생제 투여, 외과적 배농, 두개내압 상승시 중재

SET 036

뇌혈관성 질환

150 뇌졸중 ▶ 2025

분류	• 허혈성 뇌졸중: 죽상경화성, 혈전성, 색전성, 일과성 • 출혈성 뇌졸중: 뇌내출혈, 거미막하출혈		
사정도구	• CPSS 신시내티 뇌졸중 병원전 진단도구		
	징후	사정 내용	결과
	얼굴 처짐	환자에게 위를 쳐다보게 하고 미소를 짓게 하거나 치아가 보일 정도로 웃게 함	한쪽 얼굴이 처지거나 비대칭적으로 움직임
	팔의 떨어뜨림	환자에게 눈을 감은 채로 팔을 들어올려 10초가 유지하게 함	양쪽 팔을 비대칭적으로 움직이거나 한쪽 팔을 떨어뜨림
	비정상적인 언어 사용	환자에게 특정 단어나 문장을 말하도록 함	발음이 정확하지 못하거나 잘못된 단어를 사용하거나 말을 하지 못함
증상	• 조기경고 증상: 일시적 반신부전, 언어장애, 편측 감각 마비 • 실행증, 실어증과 구음장애, 시력변화, 실인증, 연하곤란, 운동감각 변화, 불안정 등		
중재	• 약물요법: 혈전용해제, 항응고제, 두개내압하강제, 항경련제 등 • 비약물요법: 체위 유지, 감각지각 장애에 대한 중재		

SET 037

신경계 외상

151 뇌손상의 종류 ▶ 2013·2015·2025

뇌진탕	신경활동 중단, 수초~5분 이내 의식상실, 손상후 기억상실, 신경학적 징후는 없음, 뇌진탕후증후군 관찰 필요
뇌좌상	연막, 거미막의 뇌조직 손상으로 뇌출혈, 장기간의 무의식 상태, 충격손상 - 반충 충격손상, 뇌수종 / 부종 / 두개내압상승 / 탈출증상
뇌열상	• 뇌조직이 찢어지는 것으로 함몰 복합골절시 나타남 • 조직손상 매우 심함, 뇌실질내 출혈, 편측마비, 동측동공 산대, 두개내압 상승 증상이 점점 악화
기저두개 골절	• 방사선 촬영으로 손상 확인 불가 • 귀뒤의 출혈(battle's sign), 안구주위 반상출혈(Raccoon's sign), 뇌척수액 달무리(halo sign)를 통해 간접적으로 손상 확인
글래스고 혼수 척도	눈 반응(E), 언어 반응(V), 운동 반응(M) 의 영역을 조사하여 뇌손상의 정도를 사정함.

152 척수 손상 ▶ 2009

원인	• 자동차·오토바이 사고가 가장 흔함. 낙상, 운동시 손상, 폭행 • 가장 흔한 부위: C1~2, C4~6, T11~12, L4~5 척추 • 교감신경계 손상 → 교감신경은 흉추와 요추 상부 그 주변의 교감신경줄기에서 기시되므로 흉부 6번(T6)이상 손상시 교감신경계 반응 소실됨
증상	• 척수쇼크: 손상부위 이하의 일시적인 반사상실, 3~12주후부터 강직성 마비에서 반사항진으로 진전 • 신경학적 쇼크: 교감신경계 기능부전 증상(따뜻하고 건조한 사지, 저혈압, 서맥)
합병증	폐렴과 기타 폐 합병증, 심부정맥혈전증, 통증, 강직, 체온조절변화, 위장관 장애, 직립성 저혈압, 근골격계 합병증(강직, 골다공증), 요로계 합병증(요로감염, 요도폐색, 잔뇨 증가)
중재	경추손상시 고정 / 견인, 고용량 스테로이드요법, 외과적 융합술

퇴행성 뇌 질환

153 파킨슨병

개요	진행성 점진적인 신경학적 퇴행성 뇌질환
원인	흑질신경세포 퇴화로 도파민 생산과 저장 감소로 흥분성 증가
증상	진전, 운동서행(자동운동 소실), 경축, 불안정한 자세
중재	약물요법: 도파민전구물질(levodopa, carbidopa), 도파민효능제, MAO 억제제, COMT 억제제, 항콜린성 약물

154 위축성 측삭경화증(루게릭 병)

개요	상하운동신경원 변성에 의한 만성 진행성 신경학적 질환
원인	신경흥분전달물질의 자가면역반응, 환경적 요인 등
증상	• 근육 쇠약과 위축, 하지부터 주로 침범 • 결국 상부운동신경원 침범(호흡곤란)
중재	• 증상 완화가 중재의 중점 • 수동적 ROM, 물리치료

155 중증 근무력증

개요	수의근의 말초신경계 이상, 만성적 진행형 근육약화, 운동피로감
원인	아세틸콜린수용체의 자가항체 생성되는 자가면역질환
증상	경증의 복시, 외안근 약화로 안검하수, 얼굴 / 턱 / 목의 근육 처짐, 근육 약화 심해지면 연하 / 저작 / 호흡 관련 합병증 ① 중증 근무력증 위기: 치료약물 섭취 불규칙 → 갑작스러운 근육약화, 호흡곤란 위기와 기도흡인 ② 아세틸콜린성 위기: 약물 과다섭취 → 심각한 근육약화, 발작, 설사, 서호흡, 폐 분비물 증가, 기관지경련
진단	Tensilon 검사 → 항콜린에스테라제 정맥주사시 근력 증가되면 진단
중재	• 약물요법: 항콜린에스테라제, 면역억제제 • 외과적 치료, 호흡곤란 증상 관찰

156 만성 진행성 무도병

개요	단일유전자 상염색체 유전질환으로 진행성 퇴행질환
원인	우성유전. 부모 한명 유전자 있으면 자녀 50% 유전(유전자 4번 상염색체)
증상	불수의적 움직임(심신쇠약)과 치매, 인격의 변화, 얼굴과 사지의 비틀림, 저작과 연하곤란(영양실조)
중재	항정신성약물, 항우울제, 항무도병제제

157 다발성 경화증

원인	유전성 질환이며 촉발요인(감염, 신체적 손상, 정서적 스트레스)에 의해 영향, T cell에 의한 자가면역질환
증상	중추신경계에 만성적 감각소실, 시력장애, 허약감, 감각장애, 현훈, 만성 신경병적 통증
중재	약물요법(스테로이드제제, 면역조절제, 면역억제제), 물리치료와 보조기구 사용

158 알츠하이머병 ▶ 2010

개요	지적기능의 진행성, 회복 불가능할 정도의 악화, 베타아밀로이드의 축척(신경반), 신경섬유 덩어리 형성
증상	• 1단계(1~3년): 초기 증상으로 기억장애, 판단력과 문제해결 능력 저하, 불안정과 의심 많아지고 이상한 행동 등 인지관련 장애 • 2단계(2~10년): 언어장애, 위생관념 무시, 부적절한 식습관, 감각손상, 익숙한 물체 식별곤란, 점차 장기기억도 어려움 • 3단계(8~12년): 심한 지적기능 장애. 혼돈, 의사소통과 일상생활 수행능력 상실. 사지 강직과 굴곡 자세로 요와 변실금, 무반응, 실행증
중재	장기간 기능유지와 손상최소화, 보완대체요법, 아세틸콜린에스트라제 억제제, 메만틴(NMDA 수용체와 글루타메이트의 결합 억제함)

SET 039

경련성 뇌 질환

159 뇌전증 ▶ 2005·2013

개요	비정상적인 뇌의 전기방전으로 인한 만성적인 발작, 2회 이상시 뇌전증 진단
원인	유전, 성장과정 결함, 특발성 원인으로 흥분과 억제의 불균형
분류 및 증상	• 부분발작: 대뇌피질의 일부 국소부위에서 기인하는 발작 ① 단순부분발작: 의식 소실없음. 단순부분운동발작, 단순부분감각발작, 자율신경계 증상(속에서 뭔가 치밀어 올라오거나 가슴두근, 모공 곤두서는 느낌), 정신증상(이전 기억 떠오르거나 사물 / 장소가 친밀하게 느껴짐) ② 복합부분발작: 의식손상 동반. 하던 행동을 멈추고 초점없는 눈으로 한 곳을 멍하게 쳐다보는 증상이 대표적임. 의미없는 행동의 반복(자동증) ③ 이차성 전신발작: 발작초기에 단순부분발작이나 복합부분발작 형태를 보이다 이상전위가 뇌반구 양측으로 퍼지게 되면서 발생 → 청색증, 전신강직, 소변을 보거나 혀를 깨무는 증상, 사지를 규칙적으로 떠는 증상 • 전신발작: 대뇌의 광범위한 부위에서 동시에 양측이 대칭적으로 시작하는 발작 ① 강직간대발작(대발작): 발작 초기부터 정신 잃고 호흡곤란, 청색증, 근육의 지속적인 수축이 나타나다 몸을 떠는 간대성 운동이 나타남. 10~20초의 의식상실 ② 결신발작(소발작): 갑자기 행동 중단하고 멍하니 바라보거나 고개 떨어뜨리는 증세가 5~10초 지속. 눈주위나 입주위가 경미하게 떨리는 것도 관찰 ③ 간대성근경련발작: 깜짝 놀라는 듯한 불규칙한 근수축이 양측으로 나타나는 발작(식사중 숟가락 떨어뜨리기, 양치 중 칫솔 떨어뜨림) ④ 무긴장발작: 근긴장의 소실로 갑자기 머리를 반복적으로 땅에 떨어뜨리던지 길을 걷다 푹 쓰러지는 발작으로 머리나 얼굴에 외상을 많이 입는 특징

치료	• 약물사용시 주의사항
	  - 독성이 나타나기 전까지 한번에 한 가지 약물을 선택
	  - 혈중 최고 농도유지위해 규칙적인 시간에 투여
	• 대발작, 소발작에 흔히 phenytoin, carbamazepine, phenobarbital 사용
	• phenytoin: 아동, 젊은사람에게 잇몸출혈 유발(구강간호 교육)

중재	발작 전후	• 대상자 곁에 인공 구강기도, 설압자, 흡인장치 준비 • 침대난간 올리고 침대높이는 가능한 낮게 • 발작 유발하는 간염 / 스트레스 / 외상 / 카페인 / 초콜릿 / 알코올 섭취제한 • 규칙적인 약물복용, 인식표(간질발작 대상자) 가지고 다니기
	발작 중	• 발작에서 깨어날 때까지 기도 유지 • 발작을 정확하게 기록하기 위해 신중하게 관찰 • 주변의 위험한 물건 치우고 머리 보호(타올이나 담요를 받쳐 안전한 환경 만들기) • 경련상태 억제하려고 시도하거나 환자 이동시키지 않기 • 발작동안 억제대 묶지 않기 → 억제로 인한 손상 발생 가능 • 의복 느슨히 하기 • 측위로 눕혀 기도로 흡인이 되지 않도록 하며 혀가 뒤로 넘어가 기도 폐쇄하지 않도록 함 • 거즈로 싼 설압자를 입에 물리거나 손수건 등을 치아 사이에 끼워 혀 보호 (이미 경련이 시작되었다면 입을 억지로 벌리지 않기) • 침대는 가장 낮게 하고, 환경을 어둡게 유지

말초신경 질환

160 삼차신경통

개요	• 제5번 뇌신경 장애 • 3개(안신경 / 상악신경 / 하악신경)중 하나의 신경가지에 참기 힘든 반복적 발작적 통증
원인	원인 불명확, 삼차신경의 혈관압박과 탈수화
증상	한쪽 안면부의 칼로 베는 타는 듯한 간헐적 통증(수초~수분), 자연적으로 증상이 없어지기도 함, 하루에 여러 번 반복
중재	초기 항경련제 사용(carbamazepine), Baclofen 단독/ 병용 사용, 신경차단술 (마약성진통제 특별한 효과 없음)

161 안면 신경마비

개요	제 7번 뇌신경 운동가지의 마비
원인	원인 불명확, 혈관성 허혈, 단순포진/대상포진 등 바이러스성 질환
증상	① 말초형: 안면신경 기능부전 → 이마, 입꼬리 주름 생기지 않음, 눈감기 불가, 눈물 감소, 소리가 크게 들림(청력소실은 없음) ② 중추형: 상부운동신경원 마비 → 이마주름 만들 수 있고, 눈감기 가능, 미각 / 청각 정상, 눈물 분비 정상
중재	• 항바이러스 약물, 항염증 약물, 물리요법 • 늘어난 안면근육 삼각건 / 반창고 사용, 부드러운 식이섭취

162 길랭-바레 증후군

개요	근육쇠약, 마비가 특징적인 급성 염증성 탈수초성 질환
원인	세균과 바이러스에 의한 말초신경의 수초 탈락
증상	신경전도 방해로 근력약화(대부분 하지 → 상지), 반응소실(촉진시 무감각, 과잉감각), 자율신경계 이상(부정맥, 배뇨장애, 마비성 장폐색)
중재	• 스테로이드제제, 혈장교환법, 면역글로불린 치료 • 통증완화요법(온열요법, 이완요법, 마사지), 급성호흡부전 예방중재

내분비계 개요

163 뇌하수체 호르몬

전엽	성장호르몬, 프로락틴호르몬, 갑상샘 자극호르몬, 부신피질 자극호르몬, 여포자극호르몬, 황체형성호르몬
후엽	• 자체 호르몬 생성은 없음 • 시상하부가 생성한 ADH, 옥시토신을 저장후 유리함

164 부신 호르몬

피질	전체 3/4를 차지하며 3개 층으로 이루어짐 • 사구대: 가장 바깥층으로 염류피질호르몬 분비 • 속상대: 중간층으로 당류코르티코이드 분비 • 망상대: 가장 안쪽이며 안드로젠 분비
수질	• 샘 분비세포를 가진 교감신경절로 이루어짐 • 교감신경계 자극에 의해 에피네프린, 노에피네프린 분비

165 호르몬의 특성

특성	• 일주기, 주기적 분비 • 음성 되먹이기 기전 • 특수한 수용체에만 영향 미침

SET 042

뇌하수체 장애

166 뇌하수체 기능항진증 ▶ 2011

개요	뇌하수체 전엽의 장애, 뇌하수체에서 분비되는 호르몬 중 한 가지나 그이상의 호르몬이 과잉 분비되는 상태
증상	• 거인증: 성장호르몬 과잉 → 어린이의 경우 골단 융합전이라 과도한 뼈 성장으로 발생 • 말단비대증: 성인의 경우 → 골단이 융합된 이후로 뼈의 두께 증식, 연조직의 비후(튀어나온 턱뼈, 두꺼운 손, 신발 맞지 않음), 뇌조직 압박으로 두통, 시력상실, 복시, 무기력 • 쿠싱병: 부신피질 자극호르몬 과잉분비로 부신호르몬 과다로 인한 증상 발생 • 성기능 장애: 어린이 → 성조숙증 / 성인 → 무월경, 유즙누출증
중재	• 약물요법: 브로모크립틴, 카버골린 복용 • 수술적 치료: 뇌하수체절제술 → 수술 이후에는 남은 생애동안 코티졸, 갑상샘호르몬, 성호르몬 투여, 호르몬 자가요법 교육

167 요붕증

원인	ADH 결핍 → 다량의 희석된 소변 배설
증상	• 소변 비중과 삼투압이 낮아지며 혈장 삼투압 증가, 수분 보충 안되면 탈수 • 심한 갈증으로 다량의 수분섭취 • 신수종 상태로 진행
중재	바소프레신 투여

168 항이뇨호르몬 분비 부적절증후군

개요	수분 정체로 인한 수분중독증(요붕증과 반대)
증상	• ADH 지속분비로 수분정체, 혈청나트륨 감소로 저나트륨혈증 / 수분중독증 • 소변으로 나트륨 배설이 지속되어 세포외액 삼투압의 감소로 뇌세포 부종 → 병리적 상태 우선적 치료 후에 저나트륨혈증에 대한 교정 시작
중재	고장성 생리식염수(저나트륨혈증 교정 위해), 이뇨제

SET 043

갑상샘 / 부갑상샘 장애

169 갑상샘 증대·종양

증대	• 요오드 부족, 갑상샘염, 갑상샘 종양 → 목의 모양 변화, 연하곤란, 호흡 불편감, 천명음 • 중재: 요오드제제, 갑상샘호르몬요법, Levothyrotxine 투여
종양	• 분화암과 미분화암이 있으며 분화암이 수술에 반응 좋음 • 통증은 없으나 딱딱한 결절, 호흡곤란, 쉰 목소리, 연하곤란 등

170 갑상샘 기능항진증

원인	갑상샘 호르몬 자가항체, 갑상샘 자극 면역글로불린 존재
증상	신경질적, 심계항진, 발한, 미세 손 떨림, 신진대사증진, 체중감소, 안구돌출

진단	• T4, T3 측정
	• 131 I uptake: 흡수가 증가되면 갑상샘 기능항진증 의미
	• TRH 자극 검사: TRH 주입 후에 TSH의 변화 측정
	  ① TSH 증가 → 뇌하수체 정상
	  ② TSH 변화 없음 → 갑상샘 기능항진증, 뇌하수체 질병
	• T3억제 검사: 갑상샘호르몬 투여하여 TSH분비 억제하는 검사
	  정상반응 → 기저치의 1/2 감소, 비정상 → 감소 없음

중재	항갑상샘 약물요법(propylthiouracil, methimazole), 방사성요오드 요법

171 갑상샘 기능저하증 ▶ 2025

원인	• 원발성: 선천성 갑상샘호르몬 결핍, 갑상샘절제술후, 자가항체, 요오드결핍 • 2차성: 뇌하수체 종양 • 3차성: 시상하부종양 혹은 파괴
증상	추위 민감, 피부탄력성 저하, 무기력, 건망증과 우울감, 체중증가, 얼굴부종, 비만, 땀 분비(-)
진단	• T4, T3 측정 • TSH 자극 검사 ① 정상: 기저치보다 갑상샘호르몬 분비 10% 증가 ② 증가: 속발성 갑상샘기능저하증 ③ 변화 없음: 원발성 갑상샘기능저하증
중재	갑상샘호르몬 대체요법: 레보타이록신, 심장 질환시 주의 → 심근에 갑자기 부담을 주게 됨

172 점액수종·점액수종 혼수

점액수종	갑상샘 호르몬 저하로 피부 밑에 점액이 쌓이면서 수분을 끓어 당겨 부종이 생긴 상태 → 경골 앞, 얼굴에서 전신으로(손으로 눌러도 다시 원래상태로 돌아오는 점이 신기능 저하로 인한 부종과 다름)
점액수종 혼수	갑상샘 기능의 저하로 급격한 대사율의 감소 → 호흡감소(호흡성 산증), 저체온증, 저혈압, 혼수상태 초래

173 부갑상샘 기능항진증

원인	• 원발성: 부갑상샘 샘종, 부갑상샘 호르몬 과다형성 • 2차성: 만성 저칼슘혈증에 대한 보상 반응(콩팥기능상실 결과) • 3차성: 다른 기관의 기능장애(만성 콩팥기능상실에서 가장 흔함)
증상	고칼슘혈증, 심하면 뼈 손상, 위장장애(복통, 식욕부진, 변비, 마비성 장폐색, 소화성 궤양, 출혈)
중재	수분 공급(칼슘 배설), 부갑상샘절제술, 골절 예방간호

174 부갑상샘 기능저하증 ▶ 2024

원인	정확한 원인 알려지지 않음(부갑상샘 치료 후 종종 나타남)
증상	혈청내 칼슘 저하, 신경근의 흥분상태 진전, chvostek's 증후군, trousseau's 증후군, 만성 무기력, 머리카락 가늘어짐, 피부 마르고 허물 벗겨짐, 인성의 변화, 백내장 진전, 영구적인 뇌손상, 부정맥
중재	• 칼슘의 구강투여(vit D 함께) • 호흡기 증상 예방(후두강직과 호흡기 폐쇄 대비)

175 chvostek's 증후군 / trousseau's 증후군 ▶ 2012·2024 〈셤〉 콕콕 크보스텍/ 텐션(압력) 트로소

크보스텍 증후군	신경 - 근육 과흥분으로 입주위 안면신경을 자극하면 안면근육 수축
트로소 증후군	팔에서 혈압계 팽창시킬 때 근육 연축이 일어나 손목과 손가락 관절의 구부림, 손가락의 과신전, 엄지손가락을 손바닥 쪽으로 구부림

부신 장애

176 쿠싱 증후군

원인	부신종양, 부신피질 증식(ACTH 과잉 생성), 코티손 장기투여
증상	고혈당(스테로이드성 당뇨), 근육허약, 골다공증, 저칼륨혈증, 수분 / 나트륨정체, 고혈압, 지방의 비정상적 침착(달덩이 얼굴, 들소목, 사지 가늘고 몸통은 비만), 감염의 민감성 증가, 스트레스 저항감소, 여성의 남성화, 정신심리적 변화(스테로이드성 정신병)

진단	• 17-OHCS 상승(24시간 소변 검사시)
	• 혈장내 ACTH 검사: ACTH 상승 → 뇌하수체성 쿠싱증후군, ACTH 감소 → 부신종양성 쿠싱증후군
	• Dexamethasone 억압검사
	  - 저용량 억압검사: 쿠싱증후군 여부 구분하는 검사 → Dexa 투여후 코티솔 분비 줄어야 정상이며 줄지 않으면 쿠싱 진단
	  - 고용량 억압검사: 원인이 부신종양인지, 뇌하수체장애인지 구별 → Dexa 과량투여 후 코티솔 줄어들면 뇌하수체 의존형 쿠싱증후군, 줄어들지 않으면 이소성 ACTH 유리 혹은 부신 종양 모두 가능

중재	세포독성 항호르몬 제제(코티솔 합성 차단), 감염 / 손상 예방간호(골절, 피부손상)

177 부신피질 기능저하증

원인	양측 부신절제술, 부신의 파괴 / 위축, 뇌하수체 기능부전
증상	• 알도스테론 결핍: 수분배설증가, 탈수, 저혈압, 심박출량감소, 심장크기 감소, 저나트륨혈증, 순환성 허탈과 쇼크로 사망 • 당류코르티코이드 결핍: 저혈당, 허약함, 체중저하, 오심과 구토 / 설사, 경한 신경증에서 우울증, 스트레스 저항 감소, 피부 / 점막 색소침착(멜라닌 세포 자극으로) • 안드로겐 결핍: 여성(과소월경, 무월경, 체모의 감소), 남성은 고환이 있어 결핍 증상 잘 나타나지 않음
중재	스테로이드요법, 감염징후 관찰, 전해질(나트륨, 칼륨) 불균형 관찰

178 부신위기

개요	• 부신기능저하시 호르몬 요법 하지 않으면 → 스트레스 급성 반응 • 생명에 영향을 주는 저혈량성 저혈압으로 인한 쇼크
증상	고열, 극심한 허약감, 복부와 하지의 심한 통증, 오심 / 구토 / 설사, 저혈압, 쇼크, 혼수, 콩팥기능상실, 사망
중재	쇼크 간호, 순환량 회복, 스테로이드 보충

179 갈색세포종

원인	크롬친화성 종양에서 과량의 에피네프린, 노르에피네프린 분비 → 말초혈관수축으로 고혈압, 심박수 증가, 두통
증상	• 고혈압: 수축기 200~300mmHg, 이완기 150~170mmHg • 당뇨(간에서 포도당 전환 증가로) • 본태성 고혈압, 갑상샘기능항진증(대사항진으로) • 신경정신증, 교감신경계 과다활동(발한, 불안, 심계항진, 오심, 구토)
중재	교감신경계 차단제(혈압 조절), 종양의 외과적 절제술

SET 045

대사 증후군

180 대사증후군 ▶ 2003·2010·2013·2022

정의	인슐린이 제대로 만들어지지 않거나 제 기능을 하지 못해 여러 가지 성인병이 복합적으로 나타나는 증상
진단 기준	아래 다섯 가지 요소 중 3 가지 이상에 해당되는 경우에 진단 ① 허리둘레: 남자 90cm, 여자 85cm 이상 ② 중성지방: 150mg/dL 이상 혹은 이상지질혈증 약 복용 중(정상수치 150mg/dL 미만) ③ HDL: 남자 40mg/dL 미만, 여자 50mg/dL 미만 혹은 이상지질혈증 약 복용(정상수치 LDL 130mg/dL 이하, HDL 40mg/L 이상) ④ 공복혈당: 100mg/dL 이상 또는 당뇨약 복용 중 ⑤ 혈압: 130/85mmHg 이상 혹은 고혈압약 복용 중
중재	① 내장지방을 줄이는 것이 주된 치료 ② 평소 균형잡힌 식사, 규칙적인 운동 ③ 금연, 절주 등의 건강한 생활습관
약물 요법	* 심바스타틴: HMG-CoA 환원효소억제제 ① 혈중 콜레스테롤 합성 저하 ② LDL 수용체를 과다 발현시켜 혈중 LDL 제거함

당뇨병 개요

181 당뇨병 ▶ 2006·2009

개요	인슐린 결핍에 의한 고혈당(당질대사 장애), 지방과 단백질 대사 장애 동반
분류	• 제 1형 당뇨병: 랑게르한스섬 β세포 파괴로 절대적 인슐린 결핍 초래, 유전적 성향 (자가면역) • 제 2형 당뇨병: 인슐린 저항성 증가, 인슐린 분비저하 • 이차성 당뇨병: 알코올성 만성 췌장염 있는 경우, 갈색세포종, 말단비대증, 쿠싱증후군 • 임신성 당뇨병: 임신 중 처음 발견 또는 진단, 임산부는 24~32주 사이 당뇨검사 실시, 출산 후 대부분 회복되나 60%에서 15년 이내 다시 당뇨병 발생
증상	다뇨증, 다음증(다갈), 다식증, 체중감소
진단 기준	• 공복시 혈장혈당 126mg/dL 이상 • 당뇨 전형적인 증상 + <u>임의 혈장혈당</u> 200mg/dL 이상 • 75g 경구당부하검사 후 2시간 혈장혈당 200mg/dL 이상 • 당화혈색소 6.5% 이상 　• 공복혈당 장애: 공복혈장 혈당 100~125mg/dL 　• 내당능장애: 75g 경구당부하 2시간 후 혈장혈당 140~199mg/dL

182 제2형 당뇨병의 위험요인

위험 요인	• 과체중: 체질량지수 23kg/m² 이상 • 직계가족(부모, 형제자매)의 당뇨병 • 임신성 당뇨, 4kg 이상 아기 분만한 경우 • 공복혈당 장애나 내당능 장애로 진단 받은 경우 • 고혈압: 140/90mmHg 이상 또는 약물복용 • 고지혈증: HDL 35mg/dL 미만, 중성지방 250mg/dL 이상 • 인슐린 저항성(다낭성난소증후군, 흑색가지세포증 등) • 심혈관 질환(뇌졸중, 관상동맥질환 등) 있는 경우

183 당뇨병의 대사 변화

포도당 이용감소	• 고혈당, 간의 글리코겐 저장도 불가하여 혈당은 계속 상승 • 인체는 증가된 혈당 배설로 소변에서 당 관찰 • 혈당 증가로 삼투압이 높아져 세포내 수분이 혈중으로 이동되어 탈수
지방 이용증가	• 포도당 대신 지방의 이용 증가로 대사산물인 케톤 형성, 케톤의 혈액 축적, 신장과 폐를 통한 배설 • 케톤의 수소이온 형성으로 대사성 산증 진행 • 산증을 보상하기 위한 호흡수와 깊이 증가로 kussmaul호흡 나타남
단백질 이용증가	• 인슐린 부족으로 단백질 이화작용 증가 • 간의 아미노산의 포도당 전환으로 혈당 더욱 증가 • 단백질 소실로 마른 체형

184 당뇨병 진단검사 ▶ 2014

당화 혈색소	약 2~3개월 평균혈당치 반영
당화 알부민	2~3주 동안 혈당조절 상태 반영
C-펩타이드	제1형과 2형 당뇨병의 분류기준(공복시 C-펩타이드 0.6ng/mL인지 여부)
요케톤	혈당 200mg/dL 이상시, 소변의 케톤유무 정제약이나 테이프로 검사

185 당뇨병의 약물요법

경구 혈당 강하제	① 종류: 설포닐 유레아계(β세포 자극 → 인슐린 분비 자극), 바이구아나이드계(간의 포도당 합성 억제), α-glucosidase inhibitor(장의 포도당 흡수 억제), thiazolidinedion등(근육과 지방의 인슐린 반응성 회복) ② 사용범위: 40세 이상, 케톤증 병력 없는 경우, 인슐린 사용량 40unit/일 이하로 조절되는 경우, 당뇨병 발병 5년 이내 ③ 금기: 제1형 당뇨병, 임산부, 모유수유자, 수술 예정자, 설파제 알레르기 있는 경우 ④ 부작용: 저혈당(특히 노인), 2%정도 홍반, 5%정도 위장관 장애, chloropropamide(설포닐유레아계) 섭취 환자의 35%에서 심한 홍통, 오심, 구토
인슐린 요법	① 당화혈색소 수치가 10.5% 이상인 경우 인슐린 요법으로 시작 ② 속효형 인슐린: 피하주사 즉시 효과, 약효 2시간정도 지속, 반드시 식후 주사 실시 ③ 인슐린 용량: 심하게 아픈 환자, 감염성 질환, 외상환자, 수술환자, 사춘기 당뇨환자는 요구량 증가 ④ 인슐린 종류: 속효성(regular), 중간형(NPH), 장시간형(란투스) ⑤ 합병증: 저혈당, 조직 비후/위축, 인슐린의 잘못된 반응, 인슐린 알레르기, 인슐린 저항, 소모기 현상

186 소모기 현상 ▶ 2016

개념	저녁에 인슐린 과다투여로 새벽에 저혈당이 나타나며, 저혈당에 대한 신체의 반사작용으로 코티솔, 성장호르몬, 간의 포도당신생 증가로, 아침에 혈당 측정시 반동성 고혈당이 나타나는 현상

187 당뇨병의 식이요법(식품 교환표) ▶ 2014

개요	• 곡류 / 어육류 / 채소류 / 지방류 / 우유류 / 과일류 등 영양소 구성이 비슷한 6가지 식품군 • 커피 등의 음료를 마실 때는 당분(프림, 설탕) 첨가 금지 • 단당류 및 설탕, 꿀, 물엿, 설탕을 넣고 만든 과자, 시럽, 과일 통조림류, 과당껌, 과당 우유, 청량음료 피할 것 • 식이요법시 영양소의 양, 배분, 섭취 시간 등을 일정하게 유지 • 운동 계속할 경우는 당질의 섭취량 증가 • 포화지방산, 콜레스테롤 섭취 제한

188 당뇨병의 운동 교육 ▶ 2011·2025

개요
- 운동량 증가시 → 음식 충분히 섭취, 인슐린 투여용량 줄이기, 잠들기전 간단한 음식 섭취하여 저혈당 예방
- 운동시에는 운동 전, 후에 혈당 측정
- 운동효과 12~24시간 지속되므로 어느 정도의 운동이 얼마의 에너지를 소모하는지 파악
- 제2형 당뇨병 환자는 운동 장려 → 인슐린저항성 개선, 체중감소 촉진, 혈당조절 증진
- 혈당이 300mg/dL 이상이면 운동 금기 → 다뇨, 땀으로 탈수가 되어 운동능력을 떨어뜨리며 혈중 카테콜라민의 증가로 인해 인슐린 작용 억제, 간에서 포도당 생성을 촉진시켜 혈당이 더욱 상승함

189 인슐린 자가 주사 ▶ 2025

개요
- 인슐린 농도: 인슐린 용량은 항상 단위로 처방, 모든 인슐린은 10ml당 100단위/ml
- 인슐린 주사기: 바늘 보통 27G, 28G
- 인슐린 보관: 상온에서 1개월, 그이상은 냉장 보관
- 투여 준비: 안전규칙 준수, 상온에서 인슐린 준비, 혼탁한 약물 배합전에 약병을 굴려서 잘 섞이도록(흔들지 않기), 인슐린 맑은 용액 뽑고 난 다음 혼탁한 약물 뽑기
- 주사 부위 선정과 주사 부위 회전: 주사부위 주의 깊게 선택, 전체적 회전시켜야 함
- 자가 주사법: 일생동안 주사를 맞아야 하므로 자가 주사 교육 필요
- 인슐린 흡수속도: 복부＞팔＞대퇴＞엉덩이
- 운동과 열은 인슐린 흡수율을 증가시키므로 주사 부위 선택시 주의해야 함

당뇨 합병증, 간호중재

190 당뇨병의 급성합병증 ▶ 2016·2017

종류	고혈당, 당뇨성 케톤산증, 고삼투성 비케톤산성 혼수, 저혈당
고혈당	혈중 포도당 140mg/dL 이상일 때
당뇨성 케톤산증	• 대부분 1형 당뇨환자, 2형 당뇨중 인슐린 부족이나 스트레스상황에서 • 지방대사 증가로 케톤체 형성되며 <u>대사성 산증</u>을 보상하기 위해 케톤뇨 배설, 호흡의 보상작용(과일 냄새나는 <u>쿠스마울호흡</u>)이 나타남 • 피부긴장도 감소, 피부 건조, 구강점막 건조
고삼투성 비케톤산성혼수	• 심각한 고혈당(600-2000), 삼투성 이뇨, 세포외액의 고갈 즉 탈수 증상 • 혼수, 경련, 부전마비 등 신경학적 증상
저혈당	• 저혈당 기준: 70mg/dL 이하 • 신경저혈당 증상: 두통, 정신이상, 집중력 저하, 흐린 시야 • 교감신경계 증상: 떨림, 발한, 불안정, 신경쇠약, 빈맥, 진전, 심계항진, 배고픔 등 감각이상 • 글루카곤, 에피네프린 분비로 인한 떨림, 심계항진, 창백

191 저혈당 간호중재 ▶ 2011·2012·2016·2020

중재	• 의식이 있는 환자 - 빨리 흡수되는 <u>당질 음료 섭취</u>(예 소다수 180~240mL, 시럽·꿀 1큰스푼, 오렌지주스120~180mL, 저지방우유 240mL) - 15분내 증상 완화 없는 경우 당질 음료 반복 투여 - 증상 완화후 빵 1조각, 크래커 등 당질 음식 추가 섭취 - 빨리 흡수되는 당질 음료를 2-3회 투여 후에도 증상 호전 안되면 병원 후송 • 무의식 환자: 50% 포도당 50mL 정맥주사 또는 1mg <u>글루카곤</u> 피하나 근육주사

192 당뇨병의 만성합병증 ▶ 2019

종류	혈관병증(대혈관병증, 미세혈관병증), 신경병증(말초신경병증, 자율신경병증, 뇌신경증), 감염증, 족부병변
혈관병증	① 대혈관병증: 대혈관에 동맥경화증이 초래되어 관상동맥질환, 뇌졸중, 말초혈관 폐쇄 ② 미세혈관 합병증: 망막병증, 신장병증으로 구분 • 망막병증: 가장 흔한 눈의 합병증, 시력(야)의 흐림, 백내장 및 당뇨성 망막병증 • 시력(야)의 흐림: 고혈당으로 수정체내 수분 축적되어 수정체 비대 • 당뇨병성 신병증: 초기의 단백뇨부터 시작하여 말기 신부전까지 다양
신경병증	• 당뇨병의 가장 흔한 합병증(신경은 자체 혈관이 없어 세포막 통한 확산으로 산소와 영양소 공급받기 때문) • 위험인자: 혈관부전, 만성 고혈당, 고혈압, 흡연 및 고령 등 • 말초신경병증: 대칭성 다발성 신경장애 - 팔다리 저리고 통증, 감각장애 동반 • 자율신경병증: 인체의 모든 자율신경 침범 　① 순환기 증상: 체위성 저혈압, 실신 　② 위장증상: 위무력, 위확장, 설사 　③ 비뇨기계 증상: 배뇨곤란, 발기부전 • 뇌신경 질환: 뇌와 척수신경의 국소적 손상이 나타나는 단일신경병증. 눈꺼풀 처짐, 복시, 안와통증 및 감각 상실과 비정상적인 반사반응
감염증	혈액순환장애로 인한 감염 취약
족부병변	미세혈관과 대혈관의 순환저하와 신경병증으로 인한 피부 감각 저하로 인함

193 당뇨병에서 발 간호 ▶ 2019

발간호	• 맨발로 다니지 않게, 꼭 끼는 신발이나 양말 금함 • 발톱을 깎다가 상처를 줄 수 있으므로 주의 • 일자로 발톱 깎기, 다듬는 줄로 다듬어서 정리 • 매일 더운 물로 발 씻은 후 완전 건조 후에 구석구석 점검 • 발의 상처나 무좀: 즉시 자극성이 없는 소독액으로 닦고 필요한 항생제 복용 • 요오드 액이나 머큐롬 같은 색깔이 있는 소독약 금지 • 발에 감 발생시 혈당조절이 잘 되는지 점검 • 반드시 금연(흡연은 모세혈관을 수축시켜 피부병변 악화) • 너무 건조하거나 갈라진 발에 로션을 발라 피부를 건조하지 않게 유지함.(발가락 사이에는 로션을 바르지 않도록 함)

SET 048

요로계 개요

194 콩팥의 기능 〈청〉 소수산혈대

| 기능 | • 소변형성과 배설
• 수분·전해질 조절
• 산염기 균형
• 혈압조절 (RAA계: 레닌-안지오텐신-알도스테론)
• 대사와 내분비 기능
　① vit D 활성화: 장에서 칼슘의 흡수 도움 → 콩팥기능상실 시에 저칼슘혈증 발생
　② 적혈구형성인자 생성: 골수의 적혈구 생성 자극 → 콩팥기능상실 시에 빈혈 초래
　③ 프로스타글란딘의 활성화: 세포기능과 방어력, 혈관확장 작용 → 콩팥기능상실에서 프로스타글란딘의 저하는 고혈압의 원인으로 작용
　④ 인슐린 분해작용: 혈중 인슐린 농도 조절함. |

195 배뇨 조절

| 배뇨 | • 부교감신경이 배뇨 관할
• 부교감신경 흥분 → 방광배뇨근 수축 → 소변 배출
• 교감신경 흥분 → α 수용체는 방광조임근 수축 → 소변 저장
　　　　　　　↘ β 수용체는 방광배뇨근 이완 → 소변 저장 |

196 소변검사

| 검사
항목 | • 포도당뇨: 당뇨, 췌장질환
• 케톤뇨: 조절되지 않는 당뇨
• 단백뇨: 비정상 사구체투과성, 요세관 재흡수 저하
• 적혈구(혈뇨): 신장내 여러 질환, 용혈성 빈혈 등
• 원주체: 요세관 이상이나 사구체 질병 |

SET 049

배뇨장애

197 요정체

개요	요도협착, 결석, 종양, 전립샘 비대(남성)로 인한 방광출구의 폐쇄 요로감염이나 결석 형성 위험이 증가됨
증상	방광팽만, 배뇨량 없음, 배뇨욕구 증가, 안절부절못함
중재	배뇨근 긴장증가 위해 베타네콜(콜린수용체에 작용)과 α 교감신경 차단제 병용투여

198 요실금

종류	• 복압긴장성: 갑자기 복압 상승, 무거운 물건들 때 • 긴박성: 화장실 도착 전 배뇨 • 일류성: 방광에 가득찬 소변의 압력으로 새어나옴 • 반사성: 예측가능한 간격의 지속적 요실금 • 기능성: 기동장애, 환경적 문제 • 수술관련성: 수술 후 발생하는 방광질누공, 요도방광누공, 요도괄약근 조절장애
중재	• 골반저 근육운동: 회음근 수축 훈련 • 방광재훈련: 충분히 수분 섭취하여 낮 동안 규칙적으로 배뇨하도록 훈련

SET 050

염증성 요로 질환: 사구체신염

199 신우신염

개요	상부요로감염
종류	• 급성 신우신염: 요도 감염, 도뇨/방광경검사로 발생 → 고열, 오심, <u>갈비척추각</u> 타진 시 압통(flank pain) • 만성 신우신염: 요역류나 만성적인 폐색, 급성감염의 재발 → 고혈압(가장 흔한 증상)
중재	항생제, 통증 사정, 요배양검사 주기적 시행

200 여성의 방광염(요도염) 빈발 원인 ▶ 2004·2024

원인	• 요도의 길이가 짧다 • 요도와 항문의 거리가 가깝다: E. Coli 주 원인균 • 자극행위에 쉽게 노출된다(성교, 잦은 질세척)

201 급성 사구체신염 ▶ 2007·2011·2018

개요	• A군 베타 용혈성 연쇄상구균 (호흡기, 피부 감염후 21일 지나서 발병) • 항원항체면역복합체에 의한 사구체 기저막 손상 → 투과성의 손상으로 혈뇨, 단백뇨 등의 증상이 발생
증상	혈뇨, 단백뇨, 발열, 오한, 식욕부진, 쇠약감, 창백, 전신부종, 두통, 고혈압, 복부와 옆구리 통증, 무뇨와 핍뇨
진단	ASO titer 증가, BUN/Cr 증가, CRP 상승
중재	체중 측정, 수분섭취 제한, 절대 안정, 고단백식이 제한

202 만성 사구체신염

개요	사구체, 요세관의 파괴로 신장 위축, 조직의 섬유화
증상	수년간 간헐적 / 지속적인 혈뇨와 단백뇨, 고혈압 검진시 우연히 발견, 혈장알부민 감소
중재	항염증제, 항응고제, 식이요법, 부종과 고혈압 조절, 결국 투석으로 치료

203 콩팥증후군 ▶ 2020

원인	사구체신염, 당뇨병, 전신 홍반루푸스, 유전분증, B형 간염, 매독, 암, 백혈병 등
증상	• 전형적인 3대 증상: 단백뇨, 저알부민혈증, 부종 • 증상: 고지혈증(간의 지단백 형성 증가), 빈혈, 소변의 지방체
중재	알부민 혈장 투여, 항응고제, 식이요법(양질 단백질), 나트륨 / 칼륨 제한

204 신결핵

개요	임상 경과 매우 느림, 질병 말기까지 증상 불분명(폐결핵에서 전파)
진단	• 요배양검사에서 활동성 결핵균 검출 • 결핵간균이 간헐적으로 나오므로 여러 번 요배양검사를 해야 함.
중재	항결핵제 치료, 필요시 부분 콩팥절제술

SET 051

요로 결석

205 신결석

원인	요로결석의 80% 인산칼슘석, 수산화칼슘석
증상	갈비척추각의 예리하며 심한 통증, 콩팥산통, <u>간헐적 통증</u>(결석 움직임)
중재	진정제 투여, 체외충격파쇄석술, 내시경적 제거
식이	• 섭취 증가 　① 수분섭취: 하루 3L 이상 　② 감귤류 과일주스: 구연산 함량이 많아 결석 형성 억제하기 때문 • 섭취 감소 　① 옥살산염 식이: 옥살산은 칼슘과 결합하여 결석 형성 증가시킴(진한 녹색채소, 견과류, 초콜릿, 비타민 C) 　② 염분: 하루 2g 이하 　③ 퓨린 식이: 육류식사 하루 2회 이하로 제한 　④ 고칼슘혈증의 경우 칼슘제한: 칼슘 포함한 식사 하루 2회 이하 제한

콩팥기능상실

206 급성 콩팥기능상실

개요	갑작스런 사구체여과율 감소
증상	• 비핍뇨성: 400 ~ 2L 이상 배뇨 • 핍뇨성: 1일 400mL 이하 배뇨
중재	• 배뇨량에 따른 수액보충, 이뇨제(furosemide, mannitol), 전해질 보충 • 체액균형 조절(섭취배설량 측정), 영양요법(저단백식이, 저나트륨식이), 피부간호, 감염관리, 심리적 지지

207 만성 콩팥기능상실 병태생리 ▶ 2009

개요	• 만성 콩팥기능상실(만성 신부전): 콩팥 손상이 있고, 3개월 이상 사구체여과율 분당 60mL 이하로 감소 • 말기 콩팥기능상실(신장기능상실): 사구체 여과율이 분당 15mL 이하일 경우로 비가역적 신기능 손상 상태
원인	고혈압, 당뇨, 사구체신염
기관별 증상	• 전해질 불균형: 고나트륨혈증, 고칼륨혈증, 저칼슘혈증, 고인산혈증 • 대사문제: BUN/Cr 상승, 단백뇨, 고지질혈증 → 대사성 산증 • 혈액계: Erythropoietin 합성장애로 빈혈, 피로 • 위장관계: 식욕부진, 오심/구토, 구내염, 궤양 질환 • 면역계: 감염 감수성 증가, 항체생성 억제 • 심혈관계: 고혈압, 좌심비대, 울혈성심부전, 빈맥 • 호흡기계: 수분정체로 인한 폐수종, 대사성 산증 보상으로 호흡수 증가 • 골격계: vit D 활성 저하로 신성 골성 변화(골이영양증, 골다공증) • 피부계: 이차성 부갑상샘기능항진증, 소양증(칼슘축적), 출혈경향증가(점상출혈, 자반증) • 신경계: 말초신경병증, 중추신경계 기능저하(건망증, 사고판단 장애) • 생식기계: 무월경, 불임, 발기부전

208 투석 ▶ 2013·2022

목적	• BUN, Cr 등 단백질 대사 산물과 체내 과잉수분 제거 • 전해질 및 산-염기 균형 조절 • 요독 증상 완화 • 고혈압 조절 • 빈혈 개선 등
혈액 투석	확산, 초여과 원리 • 혈관통로, 투석기, 투석액, 항응고제 • 투석불균형 증후군: 혈장내 요소의 제거속도와 뇌세포의 요소농도 경사로 인한 뇌세포내로 수분흡수 증가 → 뇌세포 종창으로 여러 신경학적 증상 • 동정맥루 관리: 기능 확인(촉진시 진동, 청진시 잡음), 동정맥루 있는 팔에는 자극행위 금지(채혈, 정맥주사, 혈압측정, 무거운 물건 들지 않기)
복막 투석	확산, 삼투 원리 • 투석액에 포도당 첨가로 높은 삼투압 형성하여 수분 제거 • 카테터 관리, 복막염(발열, 복부통증, 혼탁한 투석액 배출) 발생 관리

209 신장이식후 거부반응 ▶ 2011

초급성 거부 반응	① 이식도중이나 이식후 48시간 이내 발생 ② 치료를 시도하지만 대개 이식콩팥적출술
급성 거부 반응	① 수술후 1주~3개월 이내 발생 ② 투약의 변화나 면역스트레스에 의해 나타남 ③ 증상: 고열, 백혈구증가증, 급성고혈압, 콩팥기능 저하 등 ④ 치료: 스테로이드, 단클론항체, 다클론항체 등
만성 거부 반응	① 수술후 수개월~ 수년 후 발생 ② 만성콩팥기능살과 유사하며 치료에 저항함.

SET 053

남성생식기계 건강사정

210 고환 자가검진

시기	샤워 후 음낭이 이완되어 있으므로 검진하기 쉬움
정상고환	난원형, 길이 약 4cm, 견고하나 딱딱하지 않음, 고무 같은 탄력성, 부드럽고 응어리 없음, 부고환과 정삭과 명확한 경계

211 직장지두검사(DRE: digital rectal examination) ▶ 2015

적응증	• 긴박뇨, 소변보기 힘든 전립샘 증상시에 검사 • 40세 이상 남성은 매년 직장지두검사 권고 • 양성전립샘비대증, 전립샘암 관련 증상 호소시
방법	① 검사 직전에 배뇨(방광 비우기) ② 슬흉위(엉덩이를 올린 체위), 진찰대 위에 팔꿈치와 무릎대고 엎드린 체위 ③ 환자에게 아래로 힘을 주도록 하여 항문 이완후 손가락 삽입(고무장갑에 윤활제)

212 PSA(전립샘 특정항원) ▶ 2015

개요	• 전립샘암의 발병가능성 정도 사정하기 위한 면역 혈액검사 ★ 주의사항: 직장지두검사 금지, 검사 48시간전 전립샘 마사지 금지 • PSA는 전립샘 상피세포에서 합성되는 단백분해효소로 전립샘 종양 표지자

전립샘 기능장애

213 양성전립샘비대증 ▶ 2007

개요	상피세포수 증가, 지지조직 비대
증상	소변줄기 가늘어짐, 방울 떨어짐, 잔뇨감, 배뇨곤란, 빈뇨(야간 빈뇨), 혈뇨, 배뇨시간의 지연, 배뇨력 감퇴
중재	5-α 환원요소 억제제(5-ARI; 안드로겐 길항제), α 아드레날린성 수용체 차단제 (전립샘 평활근 이완)

214 전립샘암

진단	직장지두검진법(딱딱한 돌 같은 결절), PSA 검사, 경직장초음파검사, 조직검사
증상	대개 무증상, 진행되면 배뇨장애, 빈뇨, 잔뇨 증가
중재	• 호르몬 요법: 뇌하수체호르몬 생성 억제제, 항안드로겐 약물, 에스트로겐(남성호르몬 억제 효과) • 화학요법: adriamycin, 5-fluorouracil, cyclophosphamide • 수술요법: 경요도 전립샘절제술, 치골상부 전립샘절제술, 치골후부 전립샘절제술, 회음부 전립샘절제술, 근치회음부 전립샘절제술 • 방사선 요법

SET 055

음경 기능장애

215 기타 남성생식기 질환

감돈포경	포피가 귀두 뒤로 무리하게 퇴축 → 혈관 압박, 혈류 감소로 음경 괴사
음부포진	귀두, 포피의 홍반성 작은 수포, 표재성 궤양 → 환부 청결, tetracycline 연고 도포

매독	• 원인균: Treponema pallidum
	• 질병경과 〈첫〉 1하 / 2장발/ 3전신, 하아C하감, 장발C장미발진이 전신에 퍼졌구나!
	  - 1기: 경성하감(chancre)
	  - 2기: 장미진
	  - 3기: 전신증상으로 장기, 뼈 침범(매독성 관절염, 골고무종, 매독성 구루병, 매독성 대동맥염)
	• 약물요법: 페니실린 근육주사

임질	• 원인균: 임균 (성관계로 감염) • 증상: 배뇨시 작열감, 장액성 분비물 → 농성 분비물

SET 056

유방건강 개요

216 유방에 영향 주는 3가지 요인

영향요인	성장과 발육 / 월경주기 / 임신과 수유

217 유방 자가검진 ▶ 2023

시기	• 월경주기 첫날을 1일로 간주하는 월경주기의 7~10일째 • 경구피임약 복용자: 새롭게 한 달 복용하는 첫날
방법	• 선 상태에서 시진 → 촉진 → 누워서 시진 → 촉진 • 둘째, 셋째, 네 번째 손가락 사용(약간 눌러서 느껴보는 방식으로 촉진) • 한쪽 끝나면 반대편 유방 사정 • 마지막으로 액와 촉진: 상부 외측이 림프조직이 많고 두터워 유방암 발생빈도가 가장 높기 때문에 마지막으로 촉진해야 함. • 누워서 촉진시 가슴 밑에 수건을 넣고 검진(유방 조직이 넓게 퍼져서 촉진에 용이함)

유방 진단 검사

218 유방 진단 검사

개요	• 남성에게 나타나는 유방질환(일시적 비염증성 비후 상태) • 대부분 양성 • 안드로겐과 에스트로겐의 비율 장애 • 약물 부작용: 호르몬요법, 디기탈리스, isoniazid, ranitidine, spironolactone
유방 촬영술	• 종괴가 촉진되지 않고 증상 없는 40세 이상 여성의 선별검사: 국가 필수 암검진 항목-2년마다 • 고위험군의 선별검사: 유방암 가족력 있는 35세 이상 여성, 유방암 치료환자의 반대측 유방 추적 조사 • 종괴가 만져지는 등 증상 호소하는 경우 • 유방 생검, 미용수술 전에 원발 병소의 유무 확인하는 경우 • 전이성 암을 가진 환자 원발 병소 찾을 경우 • 암 공포증이 있는 여성
초음파 검사	• 악성 종양, 양성 종양 구분에 유용 • 섬유낭종성 질환 진단에 우수(95~99% 확진) • 유방 촬영술로 발견되지 않는 병소 발견되기도 함
임상병리 검사	• 암종항원배아(CEA): 치료 평가, 악성종양 예후 결정에 매우 유용한 방법
생검	• 멍울이 지속적으로 있을 때 • 유두 분비물이 혈액 같아 보일 때 • 습진성 모양의 유두 • 유방 촬영술에서 양성으로 나타날 때

SET 058

유방암

219 유방암 ▶ 2023

위험요인	연령 증가, 여성, 가족력, 유전적 위험요인, 방사선 조사 경험, 치밀유방조직, 개인병력, 월경력(이른 초경, 늦은 폐경)
증상	• 멍울이나 종괴: 통증(-), 단단하고 모양 불규칙, 움직임 없음 • 침윤성 유관암: 전체 85%이며 액와 림프절로 전이 잘되며 가장 예후 나쁜 유방암 • 유방의 상외측 1/4부위에 주로 발생 • 오렌지 껍질모양피부 • 중요한 예후인자: 액와림프절 전이여부 • 호르몬 요법: 타목시펜(에스트로겐을 차단하여 작용하는 대표적 약물)

중재	• 외과적 절제: 유방부분절제술, 유방전절제술
	• 방사선요법: 수술 후 보조적 치료법, 국소 재발이나 뼈·뇌에 전이된 경우, 초기단계의 암치료 위해 유방보존술과 병용, 전이성 암세포 파괴
	• 화학요법: 사이클로포스파마이드, 메토트렉세이드, 독소루비신, 5-플루오로우라실 등
	• 호르몬요법
	  ① 타목시펜, 토레미펜: 에스트로겐 차단하는 대표 약물
	  ② 풀베스트란: 에스트로겐 수용체 제거 약물
	  ③ 토레미펜: 타목시펜, 풀베스트란에 반응하지 않는 암을 가진 폐경 후 여성
	  ④ 아로마타제 억제제: 폐경 후 에스트로겐 생산 중단시키는 약물
	• 표적치료: HER-2/neu에 대한 재조합 DNA 유도 단일클론항체

눈의 구조와 시각전달 경로

220 눈의 구조

눈의 구조	• 결막 – 각막 – 공막(각막과 시신경 제외한 안구 전체 둘러쌈) – 포도막(홍채, 섬모체, 맥락막) – 수정체(빛 굴절로 상이 맺힘) – 유리체 – 망막 • 방수: 섬모체에서 형성, 홍채와 섬모체 사이 후방에서 동공 통하여 홍채와 각막 사이 전방으로 흐른 후 섬유주와 쉴렘관으로 배출

221 시각전달 경로 ▶ 2018

시각 경로	망막 시세포 → 시신경 → <u>시신경 교차</u>(내측 시신경의 정반 교차) → <u>시삭</u> → 외측슬상체 → 시방사 → 대뇌시중추 → 대뇌후두엽

SET 060

시력 검사, 시야 검사

222 시력 검사 ▶ 2013·2017·2022

스넬렌 시력	• 분모: 정상인이 볼 수 있는 거리 • 분자: 시력표에서 떨어진 거리 • 큰 시표에서 → <u>작은</u> 시표로 검사 진행 • 예 20/30: 시력표에서 떨어진 거리 20, 정상인이 볼 수 있는 거리 30 • 분모가 클수록 환자 눈은 나쁨
손가락지수	• 대상자 50cm 앞에서 손가락 개수를 세도록 하여 손가락지수 측정
수지운동	• 손가락지수로 측정되지 않을 때 눈 앞에서 손을 움직여 알아차리는지 확인하는 방법
광각유무	• 수지운동을 보지 못하면 암실에서 광선의 유무를 판단하게 함 • 이때 시력을 광각의 유무로 표시함

223 대면법(시야 검사) ▶ 2017

개요	• 측정거리는 0.5~1m로 근거리 측정법 • 검사자와 환자의 마주보는 눈을 가리고 시표를 주변에서 → 중앙으로 이동하여 볼 수 있는 각도 측정

224 안약 점안법

점적약	하결막낭에 점적하여 다른 안구 조직에 약물 닿지 않게 함
연고	내쪽에서 외측으로 점안
방법	• 도포 후 내측 눈 가장자리 눌러주어 약물이 누관으로 흡수되어 전신반응 나타나지 않게 해야 함 • 흘러넘치는 약물: 내측 → 외측으로 닦아 줌

SET 061

감염성 눈 질환

225 급성결막염

개요	• 가장 흔한 염증성 질환 • 포도상구균, 헤모필루스 인플루엔자, 세균 등에 의한 감염으로 주로 눈과 손의 직접 접촉으로 감염됨
증상	발적, 가려움, 화끈거림, 이물감
중재	항생제, 항바이러스제, 항염제

SET 062

백내장, 녹내장

226 백내장 ▶ 2025

개요	수정체 혼탁으로 점진적 시력감소, 시력상실, 복시 초래
증상	• 진행 단계 ① 미숙기: 수정체가 불완전 혼탁, 일부 시력 있음 ② 성숙기: 수정체가 완전 혼탁, 시력의 현저한 감소 ③ 과숙기: 수정체의 단백질 파괴로 밖으로 새어 나옴, 모양주 폐색으로 녹내장 초래 • 보통 양측성, 양 눈의 진행 속도는 다름
중재	인공수정체 삽입술 → 원근 조절력이 없어 근거리에서는 독서용 안경 사용해야 함을 교육

227 녹내장

개요	섬유주와 쉴렘관의 폐쇄로 방수 유출 통로가 막혀 안압 상승되는 상태
분류	• 개방각 녹내장: 만성으로 서서히 진행, 양쪽 모두 발생 • 폐쇄각 녹내장: 급격히 진행(각막 편평, 홍채의 전방안으로 팽창), 보통 한쪽만 발생, 심한 안압 상승으로 수술 필요함
증상	주변시야 결손, 광선주위 무지개(달무리), 시신경 위축과 함몰(검안경 검사시)
중재	약물 요법 • 방수 형성 억제 및 방수흐름 증가: 베타 아드레날린 길항제(베타수용체 작용하여 방수 생성 억제), 알파 아드레날린 효능제(알파수용체 작용하여 방수 생성 억제), 탄산탈수효소억제제 • 방수 흐름 증가: 프로스타글란딘 효능제, 축동제, 콜린에스트라제 억제제, 삼투성 약물

SET 063

망막 박리, 황반 변성

228 망막 박리 ▶ 2013

개요	망막과 색소 혈관층인 맥락막의 분리 → 안과 응급상황
증상	섬광 부유물, 환측 시야 흐림, 커튼 드리운 시야
중재	• 체위: 중력에 의하여 망막과 맥락막의 박리 예방할 수 있는 <u>엎드린 자세</u> • 수술법: 공막 버클링, 띠 두르기

229 황반 변성 ▶ 2025

개요	• 65세 이상에서 발생하는 황반과 주위조직 위축성 병변 • 망막의 색소상피 하부에 노폐물이 쌓여 신경이 서서히 위축되는 진행성 질환
증상	<u>중심시력 상실</u>, 주변시 정상, 직선이 구부러지거나 왜곡

230 당뇨망막병

개요	망막 모세혈관의 경화로 인한 혈관장애 산소/영양분 공급 장애
증상	흐린 시야, 검은색 점의 부유물, 거미줄, 눈앞의 섬광, 갑작스런 시력상실
중재	혈당 조절 중요함

SET 064

소리 전달경로와 청력 검사

231 소리 전달 과정

과정	• 공기전도: 귓구멍 → 고막 → 이소골(추골/침골/등골) → 달팽이관 → 청신경 → 대뇌 • 골 전도: 표피 → 귀주변뼈, 머리뼈(뼈의 진동이 달팽이관 청신경 자극) → 달팽이관 → 청신경 → 대뇌

232 Rinne 검사 ▶ 2004·2015

방법	음차 진동후 유돌기에 대고 소리 들리지 않을 때 외이도로 옮겨서 소리 들리는지 확인
결과	• 정상: 공기 전도 > 골 전도 (공기 전도가 2배 가까이 길게 들림) • 전도성 장애: 공기 전도 < 골 전도 • 감각신경성 장애: 공기 전도 > 골 전도

233 Weber 검사 ▶ 2015

방법	대칭성 골전도 검사로 음차를 진동시켜 이마 중앙에 대고 양쪽 귀에 들리는 정도 확인
결과	• 정상: 양쪽 동일하게 들림 • 전도성 장애: 병변 쪽이 더 잘 들림 • 감각신경성 난청: 정상이 잘 들림

234 평형 검사

Romberg 검사	두 발 모으고 서서 눈을 감게 함
Barany 검사	특수회전의자 돌리다가 정지한 후 안구 진탕, 현훈 등 관찰
온도안진 검사	온수, 냉수 교대로 주입하여 온도차에 따른 전정기관 평가 → 냉수는 자극 반대방향 안진, 온수는 자극방향으로 안진(COWS)

SET 065

귀 질환

235 외이염 간호중재

중재	• 여름철 물놀이, 녹농균 등 세균에 의함 • 주로 편측성으로 소양감, 충만감, 통증, 염증, 부종, 장액성 분비물

236 중이염 간호중재 ▶ 2012

급성	• 발열, 청력감퇴, 어지러움, 현훈, 이명 등 • 합병증으로 유양돌기염, 뇌농양, 뇌막염 발생 가능함 • 약물요법: 항생제, 진통제, 해열제 • 배액 필요할 경우 → 고막 천공시켜 압력 균등하게
만성	• 중이내 공기 평형 손상, 청력장애, 귀에서 공기 빠지는 소리, 심한 통증, 현훈 • 검진시 고막 움직임 없음, 진주종 형성
중재	• 전신 항생제, 유양돌기절제술, 고막 천공시 고막성형술

237 메니에르병

개요	내림프 과다로 인한 압력 증가로 현훈, 이명, 점진적 편측 청력상실
중재	급성 현훈 → 움직임 최소화, 조용하고 어두운 방에서 안정, 저염식이

238 난청

전도성	• 외이도 ~ 내이의 기계적 소리 전달장애 • 모든 주파수 동일하게 청력장애 • 보청기 사용으로 청력개선 가능
감각 신경성	• 내이 ~ 청신경, 뇌까지 장애로 내이 수용체 세포의 변화와 손상 • 고주파음 듣는 능력 장애, 소리의 왜곡 • 보청기 사용, 인공와우 수술, 청력소실의 악화를 방지하기 위한 일상생활방식 개선, 의사소통 증진기법
노인성	• 감각신경성 난청의 한 종류 • 노화로 인한 미로 구조의 변화 • 보청기, 다른 증폭기기 모두 유용

SET 066

피부 개요, 진단 검사

239 피부의 기능

기능	보호 / 감각 / 항상성 / 체온조절 / 분비(땀·염분) / vit D 형성

240 피부 진단검사 ▶ 2024

패치검사 (첩포검사)	• 목적: 접촉시 피부알레르기 반응 유발물질 진단, 알레르기성 접촉피부염 진단 • 방법: 소량의 의심물질을 전박, 등 상부에 붙임 → 패치를 붙임 → 48시간 후 반응 확인 → 지연성 반응 확인 위해 72~96시간 후 관찰 • 결과: 양성 → 홍반, 구진, 소수포
챙크 도말 검사	• 수포의 세포, 체액 성분 채취하여 검사 • 결과: 다핵성 거대세포 존재 ☞ 단순포진, 대상포진 감염 의미

SET 067

원인별 피부 질환

241 농가진(세균 감염) ▶ 2013

개요	• 전염성 높은 표재성 피부감염 • 환부 직접 접촉, 간접 접촉(환자 의복, 만진 장난감, 수건 등)으로 감염 • 위생상태가 불량한 어린이들에게 발생(주로 얼굴, 손, 목과 하지) • 덥고 습한 여름, 초가을 많이 발생
증상	홍반, 수포, 황색 가피 형성
중재	• 딱지 제거, 병소 청결 • 항생제 국소도포 • 홑이불, 수건 등 구분하여 사용

242 단순포진(바이러스 감염)

원인	Herpes simplex virus. 1형(얼굴, 구강), 2형(성기 주위)
증상	다수의 작은 수포, 발진 무리지어 나타남
중재	• 특이치료 없이 7일 정도 경과 후 호전 • 연고도포(acyclovir), 환부 건조 • 2차 세균 감염시 항생제 연고, 피로/스트레스 주의

243 대상포진(바이러스 감염) ▶ 2013

원인	• varicella zoster virus (수두 바이러스) • 노인, HIV 환자, 림프종 환자, 면역결핍증 환자 등에서 발생
증상	<u>선형의 일측성 수포</u>(2/3 흉부에 발생), 통증이나 가려움증, 통증 먼저 발생하고 피부 병변이 이후에 나타남.
중재	• 항바이러스제(심한 경우 Acyclovir IV), 진통제, 항히스타민제(소양감), 손 씻기(전염 예방) • 포진후 신경통: 피부 병변 호전 후에 통증 지속됨(4주 이상)

244 피부사상균(진균 감염)

개요	• 각질(피부, 머리, 손톱)에서 발생 • 흙, 동물, 사람 접촉으로 감염 획득 • 발생 부위에 따라 무좀, 머리백선증, 몸백선증

245 이 감염증(기생충 감염) ▶ 2011

개요	• 불결한 시설, 사람 밀집 공간, 아이들 모여 있는 장소(학교보건 중요) • 사람간 접촉, 감염자의 옷, 수건, 빗 같이 사용할 때 전파 • 이 기생충 특징: 생활주기 30일, 암컷 7-10개/day 알을 낳음, 몸에서 떨어져 나와도 48시간 생존가능
증상	심한 가려움증(밤에 심함), 구진이나 판(몸통, 사지)
중재	이살충제 도포(1% permethrin), Pyrethrins(RID), Lindane

246 옴 감염증(기생충 감염)

개요	• 붐비는 환경에서 전파가 잘 됨 • 피부간 집적 접촉이 주 감염통로, 의복/침대보에 의해서도 감염
증상	밤에 심한 가려움, 피부에 누공이 생기고 표피 박리
중재	머리에서 발끝까지 permethrin 도포후 취침(8시간 후 샤워, 증상 지속시 14일후 반복), Gamma benzene hexachloride 전신도포 취침(기상후 샤워, 1주후 진드기 발견시 반복)

247 아토피 피부염 ▶ 2009·2021

개요	• 유전적 만성적 재발성 피부질환 • IgE 상승으로 히스타민 과민반응에 의해 나타나는 염증 상태 • 아토피성 습진병력, 천식, 건초열, 비염, 두드러기 가족력 • 악화요인: 온도, 습도, 운동, 정신적 스트레스, 울/ 털소재 옷, 세탁제, 향수
증상	심한 가려움으로 만성화되면 피부 태선화(피부가 건조하고 딱딱해져 거친 주름이 뚜렷해지는 상태)
중재	• 피부 자극 제한(손톱 짧게), 과도한 목욕 제한, 지방비누 / Burow 용액 침수(알루미늄 아세테이트 용액) • 피부 연하제 도포, 국소 항생제나 코티코스테로이드제, 항히스타민제나 광선요법 적용 ★ 금기 → 모섬유, 폴리에스테르 제품

SET 068

화상

248 화상의 분류

1도	홍반, 누르면 창백, 통증, 가벼운 종창, 수포와 물집은 없음
2도	발적, 습기(수포 파열시), 수포, 신경손상으로 심한 통증, 경증~중등도 부종
3도	흰색 가죽 같은 딱딱한 피부, 신경 파괴로 통증은 둔함

249 화상의 범위 사정 ▶ 2013

Lund-Browder 차트	나이에 따른 상대 신체크기 비율 고려하여 계산	
9의 법칙	부위	범위(%)
	두부	9
	양쪽 팔	9 × 2 = 18
	몸 앞뒤	18 × 2 = 36
	양 다리	18 × 2 = 36
	회음부	1

250 화상의 병태생리

개요	• 수분과 전해질: 혈관이완, 모세혈관투과성 증가로 저혈량성 쇼크, 저나트륨혈증, 저칼륨혈증 • 순환계: 카테콜라민 분비 / 혈량 감소로 심박출량 감소 • 호흡기계: 점막부종으로 상기도폐쇄, 폐부종, 호흡부전, 성인호흡곤란증후군 • 피부통합성: 감염의 위험 증가, 땀샘 / 모낭 기능손상 • 위장관계: 허혈성 위장관 미란으로 Curling's 궤양 • 면역계: 림프구 기능저하, 면역글로불린 생산저하, 호중구와 대식세포 증가

251 화상의 단계 ▶ 2011·2013

응급기	· 저혈량 쇼크 중재, 수액요법 · Parkland 공식 |	계산 방법
---	---
공식	하트만 용액 <u>4cc/kg/%</u> = 화상 첫 24hr 수액보충량
적용방법	· 첫 8hr: 총량의 1/2 · 그 후 8hr: 총량의 1/4 · 나머지 8hr: 총량의 1/4 | · 간호중재: 기도관리, 수액요법, 상처간호(세척 및 괴사조직 제거), 감염 조절, 약물치료(진통제, 파상풍주사, 항생요법), 영양요법(충분한 에너지 공급)		
급성기	· 이뇨 시작되며 부종 사라짐, 상처 및 통증 관리, 피부이식 · 간호중재: 상처간호, 절개와 이식, 인공피부 적용, 통증관리, 물리치료 및 작업치료, 영양요법		
재활기	· 상처 회복과 재활 운동 · 간호중재: 상처치료, 드레싱 교환지속, 보습제 적용, 수치료, 수동적/능동적 관절운동, 물리치료		

응급간호 개요

252 응급간호의 정의

응급	갑작스런 질병·상해로 건강과 안녕이 급속히 위협받는 긴박한 상황
응급간호	• 실제적·잠재적·갑자기·위급하게 발생된 신체적 또는 사회 심리적 문제들에 대한 사정, 진단, 치료 및 간호 포함 • 안전하고 적절한 간호 제공을 위한 광범위한 지식, 신속하고 사려 깊은 사정기술, 생리적 반응, 사회 심리적 행위, 위기중재, 의사소통술, 중증환자간호 등 포함

253 응급환자 분류 ▶ 2009·2016

긴급	Red: 위기 혹은 생명위협 → 기도 폐쇄, 심장 마비, 심한 쇼크, 의식 불명, 다발성 외상
응급	Yellow: 중함 → 고열, 경증 화상, 열상, 뇌졸중, 심한 통증
비응급	Green: 경함 → 연조직 상해, 피부 손상, 순환장애 없는 사지골절
사망	Black: 생존 가능성 희박, 현장 사망

SET 070

기본 심폐소생술, 자동심장충격기

254 기본 소생술 흐름도 ▶ 2022

흐름도	① 현장 안전 확인 ② 반응 확인: 두드려 깨워보기 ③ 구조요청, 119 신고 및 자동심장충격기 요청/ 구급상황요원의 조언에 따라 행동 ④ 호흡 확인(㉠ 정상호흡 - 구급차 기다리기, ㉡ 호흡 없거나 비정상호흡) ⑤ 가슴압박소생술(5cm 깊이, 분당 100~120회로 가슴 압박) ⑥ 자동심장충격기 사용 ⑦ 자동심장충격기 심장리듬분석 　㉠ 심장 충격 필요 - 심장충격 　㉡ 심장 충격 불필요 - 가슴압박 ⑧ 2분간 가슴압박소생술(구급대 도착 또는 움직이거나 정상호흡 회복될 때까지)
경추 손상시	① 경추손상 의심시 목보호대 적용 ② 대상자 체위변경: 통나무 굴리기 ③ 기도 유지: 하악견인법(턱 밀어올리기)

255 자동심장충격기 작동순서 ▶ 2010·2017·2021·2024

작동순서	① 자동심장충격기 전원을 켠다 ② 두 개의 패드 부착한다 (오른쪽 쇄골중심아래, 왼쪽 젖꼭지아래의 중간 겨드랑선) ③ 심장 리듬분석을 분석한다 ☞ (심전도 분석의 혼선을 피하기 위해 환자와 접촉을 피하고 환자 몸이 움직이지 않도록) ④ 심장 리듬 분석 결과에 따라 다음과 같이 실시한다 　• "제세동이 필요없습니다." → <u>심폐소생술</u> 다시 실시 　• "제세동이 필요합니다." (안전을 위하여 환자와 접촉한 사람이 없는지 확인한 후에 제세동 버튼 누르기) ⑤ 즉시 2 분간 <u>심폐소생술</u> 다시 실시한다.

256 기본 심폐소생술 순서 ▶ 2010·2017·2020

순서	① 반응의 확인 ② 구조요청 ③ 호흡확인 ④ 가슴압박 30회 시행 ⑤ 인공호흡 2회 시행 ⑥ 가슴압박과 인공호흡 반복 ⑦ 회복자세
실시	C(가슴 압박) - A(인공호흡) - B(가슴 압박과 인공호흡 반복)

257 가슴압박과 인공 호흡 ▶ 2023

개요	• 딱딱하고 편평한 바닥에 앙와위 자세, 대상자 체위변경은 통나무 굴리기 방법 • 압박부위: 흉골 아래 1/2 지점(흉부 중앙의 양쪽 유두 사이) • 가슴 압박 속도: 분당 100~120회, 깊이 5~6cm 강하고 깊게 압박 • 구조자 자세: 팔꿈치 펴고 팔을 흉부와 수직, 체중 이용하여 압박 • 압박 : 이완 = 1 : 1 • 기도유지 　① 경추 손상 의심: 턱 밀어올리기(하악견인법) 　② 경추 손상 없는 경우: 머리 기울이기 턱 들어올리기(두부 후굴-하악거상법) • 가슴압박과 인공호흡은 30 : 2 비율 • 언제까지: 구급대원 현장 도착까지, 대상자의 소생 징후 보일 때까지 계속 • 심폐소생술 5 주기 후 다른 사람과 역할 교대 → 구조자 피로 예방 • 인공호흡이 어려운 경우 → 가슴압박만 계속 시행 • 가슴압박시 합병증: 타박상, 찰과상, 늑골뼈 골절, 골수색전증, 심장손상 등

SET 071

영아·소아 심폐소생술

258 영아·소아 심폐소생술 ▶ 2009

	영아(~1세 미만)	소아(1~만8세)
부위	젖꼭지 잇는 선의 정중앙 바로 아랫부분	흉골 아래 1/2 부분
손	• 검지와 중지, 중지와 약지 첫 마디 • 구조자 2인 이상: <u>양손 감싼 두 엄지 가슴압박법</u>(두 손으로 흉곽 감싸고 두 손의 엄지손가락으로 흉골압박이 효율적)	한 손 or 두 손 뒤꿈치
자세	구조자 <u>손가락</u>과 영아의 흉골 수직	구조자 팔꿈치와 소아의 흉골 수직
속도·깊이	100~120회/분, 4cm(가슴깊이 1/3)	100~120회/분, 4~5cm(가슴깊이 1/3)

기도 폐쇄

259 기도 폐쇄 ▶ 2005·2010·2011

기도폐쇄 징후	기침, 청색증, 말하거나 숨쉬기 힘든 호흡곤란, 양쪽 손으로 목을 움켜잡는 징후, "목에 뭐가 걸렸나요?" 질문에 대답하지 못하고 고개를 끄덕임
가벼운 기도폐쇄	자발적인 기침, 숨을 쉬기 위한 노력을 방해하지 않기
심각한 기도폐쇄	• 심각한 기도폐쇄 징후 보이며 효과적인 기침을 하지 못하는 성인이나 1세 이상의 소아는 즉시 <u>등 두드리기</u> 시행 • 등 두드리기 5회 연속 실시 후에 효과없으면 5회의 복부 밀어내기 시행 • 언제까지: 기도폐쇄 징후 해소되거나 환자 의식 잃기 전까지 계속 등 두드리기와 복부 밀어내기 5회씩 반복함 • 임산부와 고도 비만자는 등 두드리기 시행후 이물 제거되지 않으면 <u>가슴 밀어내기</u> 시행 • 1세 미만 영아: 5회 등 두드리기와 5회 가슴 밀어내기 교대로 반복실시(언제까지: 이물이 나올 때까지 또는 의식이 없어질 때까지), 복강내 장기 손상의 우려가 있어 복부 압박 권고되지 않음

SET 073

상황별 응급 간호

260 중독응급 간호 ▶ 2009

섭취중독	• 섭취 후 시간경과 짧을 때는 구토가 더 효과적 • 구토 금지: 의식저하, 부식성 물질(강산·강알칼리), 경련환자, 급성 심근경색, 임산부 • 위세척: 약물 복용 1hr 이내, 중추신경 억압, 구역반사 소실, 구토하지 못하는 경우 / 좌측위(음식물의 십이지장 유입 억제) / 세척액이 맑아질 때까지 시행 / 총 배설량 확인
피부 접촉중독	다량의 흐르는 물로 세척, 의복 제거, 고체형 물질은 솔로 털고 나서 물로 세척
흡입중독	가스 있는 장소에서 이동, 심폐상태 사정, 인공 환기 제공, 필요시 심폐소생술

261 고열 손상 ▶ 2004·2011·2012·2024

열실신	• 발생이유: 체표면의 혈액량이 증가하고 심부혈액량이 감소하여 일시적 뇌혈량 감소 • 증상: 일시적 의식 소실, 어지러움 • 중재: 시원한 장소 이동, 다리 들어올리기, 의사소통 가능시 수분 섭취
열경련	• 발생이유: 심한 발한으로 수분, 염분의 소실로 인한 근육 경련 • 증상: 수의근 경련, 오심, 창백, 허약, 빈맥, 차고 축축한 피부 • 중재: 시원한 장소 이동, 경련근육 마사지, 염분이나 이온 음료 섭취, 1시간 내 회복되지 않으면 의료기관 방문
열탈진	• 발생이유: 과도한 수분과 염분의 소실로 인한 순환 장애 • 증상: 빈맥, 차고 축축한 피부, 무력감, 저혈압, 체온은 크게 상승하지 않음 • 중재: 시원한 장소 이동, 염분이나 수분 섭취, 시원한 물 샤워, 1시간 내 회복되지 않으면 의료기관 방문
열사병	• 발생이유: 체온조절중추의 기능 상실(중추성 체온조절장애) • 증상: 심부 고열(중심부 41~43℃), 뜨겁고 건조한 피부, 의식장애, 혼수 • 중재: 시원한 장소로 급히 이동, 옷을 느슨하게 해줌, 체온 하강 중재로 얼음마사지나 냉수 샤워, 응급 후송(발작, 경련 대비)

262 한랭 손상 ▶2024

동상	말초혈관 수축으로 혈행 정체 → 피부 따끔거림, 무감각, 창백, 수포형성 → 의복 등 제거, 미온수 침수, 필요시 드레싱 ★ 금기: 마사지, 뜨거운 물주머니 적용, 건조한 열적용
저체온증	체온 35℃ 이하, 체온조절력 상실 → 떨림, 오한, 의식저하 → 의복제거, 가온 가습한 산소공급, 따뜻한 정맥액 투여

263 교상 응급간호 ▶2011

벌	• 얇은 카드 판으로 침 제거 • 얼음찜질(20분), 에피네프린 주사(IgE 매개반응 억제)
뱀	• 상처 위를 넓은 끈으로 묶기, 부목으로 환부 고정 • 환부절개후 독 흡인: 교상 후 20분 이내 실시해야 효과적, 입에 상처가 있는 사람 금지 • 항사독소 Cro-Fab, 진통제 투여(코데인)
동물	• 상처부위 깨끗이 소독, 이물질 제거 후 드레싱 • 파상풍 예방주사, 면역글로불린 주사, 해당 동물은 2주정도 관찰

264 기타 응급상황

응급상황	중재내용
안구 손상	눈에 이물질이나 유독 액체가 튀었다면 즉시 흐르는 물에 최소한 15분 이상 씻도록 함.
치아 손상	치아 적출시 - 흐르는 물에 씻은 후 우유나 생리식염수에 담가 운반하거나 입 안에 넣고 병원으로 후송

쇼크

265 쇼크정의 및 단계 ▶ 2009·2013·2021

정의	• 불충분한 혈액순환으로 조직내 혈액의 확산 감소 • 세포 신진대사 부전 • 비정상적인 생리적 상태 초래 → 세포대사 필요한 혈류와 산소공급 부족 상태 → 심박동수 증가, 수축력 저하, 호흡 증가, 차고 습한 피부
단계	• 보상 단계: 혈액량 변화 감지(대동맥동, 경동맥궁), 모세혈관 수축하여 전신 순환량 증가, <u>교감신경계</u> 자극으로 혈관 수축 및 혈압 유지, 빈맥 • 보상부전 단계: 혈관수축 지속, 모세혈관 삼투력 증가, 중심정맥압 감소, 우심방 귀환 감소, 조직의 저산소증 • 비가역적 단계: 조직 무산소증, 세포 허혈 및 괴사, 다기관 기능장애

266 쇼크의 종류

저혈량성	• 원인: 체순환 혈액량 감소 • 증상: 빈맥, 호흡수 증가, 청색증, 발한, 차고 축축한 피부(교감신경계 항진) • 중재: 쇼크 체위, 산소요법, 지혈 등
심인성	• 원인: 심장 기능 문제 → 심근 경색, 부정맥, 심장압전 등 • 증상: 경정맥 정체, 중심정맥팽대, 저혈압, 청색증, 차고 축축한 피부 • 중재: 산소투여, 부정맥 조절, 모르핀 투여
패혈성	• 원인: 혈액내 세균감염으로 혈관확장, 혈압저하 • 증상: 안절부절 못함, 빈맥, 호흡수 증가, 초기 피부 따뜻 건조, 후기 피부는 차고 창백함 • 중재: 감염 치료, 산 염기 균형, 체온조절, 혈압상승제
신경성	• 원인: 교감신경계 손상, 약물 과다복용, 척추손상 • 증상: 서맥, 저혈압, 건조한 피부, 혈관이완, 혼돈, 실신 • 중재: 기도유지, 호흡과 혈압유지, 심박출량 유지, 척수손상 최소화
아나팔락틱	• 원인: 항원 항체 과민반응으로 순환부전 • 증상: 기관지 경련, 두드러기, 발진, 혈관 부종, 피하조직과 점막 부종, 저혈압, 두통, 불편한 느낌 • 중재: 기도유지, 산소 보충, 항히스타민제·에피네프린·기관지확장제·코르티코이드 투여

Memo

제4편
여성간호

2026 김동현 전공보건 암기의 맥

SET 001

생식기구조

1 외생식기

질어귀(질전정)	질, 요도, 스킨샘, 바르톨린샘 개구
바르톨린샘	질 입구 윤활작용, 임균 은신처
처녀막	무공 처녀막-사춘기 초경 지연

2 질: 산도, 성교, 월경 배출 통로 ▶ 2024

질원개 (질천장)	질 상부와 자궁 목이 겹치는 공간 ★후질원개 ① 자궁 분비물 고이기 용이 ② 복강 내 천자 부위(맹낭 천자) ③ 내진 시 생식기촉진
질벽	에스트로겐 영향으로 감소 시 얇아지고, 건조, 평평해짐
질의 산도	• 사춘기 이전 pH 6.8~7.2 • 사춘기 이후 산성(pH 4~5): 되더라인 간균이 글리코겐을 분해하여 유산 생성해 산성을 유지

3 자궁 ▶ 2023

막(3)	자궁내막, 근육층, 장막
근육층(3)	(밖)종행근, (중간)사위근, (안)윤상근
자궁 협부	생리적 견축륜/ 병리적 견축륜
자궁경부	분만 시 개대와 소실 - (안)원주섬모 상피세포 / (바깥)중층편평 상피세포 - (접합부) 편평원주 접합부 = 변형대 / 자궁경부암 호발 / 화생 활발

4 난소와 난관

난관 팽대부	수정이 이루어지는 부위로 자궁외임신 발생률 높음
난소	난포성숙·배출 / 호르몬 분비

5 유방

젖무리	몽고메리선: 젖 무리 표면에 거칠고 작은 결절. 임신 중 색소 침착
젖샘	젖샘엽 - 소엽 - 선방 세포
젖샘관동	유즙 저장 - 젖샘관동, 젖꽃판 깊이 물면 젖샘관동 젖이 쉽게 배출
쿠퍼씨 인대	Cooper's ligament:섬유성 조직으로 유방을 지지하는 기능, 흉벽에 매달리는 형태로 가동성 보유

6 유방의 변화 ▶ 2006, 2011

사춘기	에스트로겐-2차 성징	
월경 시작 3~4일 전	에스트로겐과 프로게스테론 영향 • 젖샘관과 젖샘 세포가 성장 • 결합조직에 수분 저류로 팽만감과 무게감, 통증 발생	
월경 후	세포증식 감소, 젖샘 세포 크기 줄고, 수분 저류 현상 소실 **월경 후 5~7일이 유방의 크기가 가장 작을 때(병리적 변화 관찰 용이)**	
임신 초기	압통, 색소침착(임신 2개월), 크기 증대, 몽고메리선 크기 증가, IgA분비	
임신 중기	전초유 분비 가능(임신 3~4개월), 호르몬의 영향으로 젖샘 발달 완성	
분만 후	유방 울혈(젖 생산량의 급증), 초유 분비	
	프로락틴	젖분비 증가/ 피임 효과
	옥시토신	유즙 사출/ 자궁수축
신생아	마유(Witch's milk): 태반호르몬, 모체 호르몬의 영향	

SET 002

여성호르몬의 이해

7 호르몬 주기(시상하부 – 뇌하수체 – 난소축) ▶ 2011

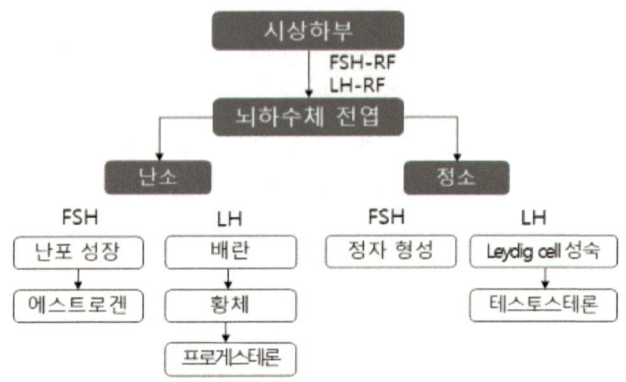

시상하부호르몬		GnRH
뇌하수체호르몬	FSH	난포성장 / E분비
	LH	배란 / 황체화 / P분비

8 난소호르몬과 자궁경부 점액 변화 ▶ 2013

	에스트로겐	프로게스테론
점성	감소 – 묽어짐	증가 – 끈적해짐
견사성	증가(5cm 이상)	감소
색	무색투명	불투명
양	많음	적음
모양	양치엽상 결정	염주 모양

9 Estrogen (난포호르몬) 성>여성화 + RM 응근 소심갑

E1	estrone	폐경 후 / 부신의 androstenedione에서 전환
E2	estradiol	비임신 / 난포
E3	estriol	임신 / 태아 부신피질
여성화	자궁·난소·난관의 성장 / 난관 운동성 증가 / 자궁내막 비후	
	유방의 크기 성장	
	질의 산도 유지, 감염에 대한 저항력 강화	
	피부층 얇게(안드로겐 길항)	
R	알도스테론 분비 촉진 → RAA 기전 활성화	
M	멜라닌 색소 침착	
응	응고인자 활성화/ 응고 경향증가	
근	골 형성, 골량 유지, 근골격계 이완, 단백질 합성	
소	소화기 장애 유발(위액 감소와 위액 pH 증가)	
심	지방 대사(HDL↑ / LDL↓)	
	혈관 확장과 탄력성 유지 / 혈류 증진	
갑	갑상선에 영향	

10 progesterone (황체호르몬) 성>모성화 + 체지호↑ 혈방탄평↓

모성화	자궁 성장 / 자궁내막 비후 → 임신 유지
	유방의 샘 발달
	자궁경부 점액 - 점도 증가 및 염주 모양
체	체온 상승 유발
지	지방 침착
호	과호흡 유발/ CO_2에 대한 중추성 호흡 자극 증가
혈	혈관 탄력성 저하
방	방광 탄력성 및 신장기능 저하
평	평활근 이완 - 위장기능 저하
기타	인슐린 기능 저하
	알도스테론과 경쟁(Na^+배설 증가)

난소 주기와 월경 주기

11 난소 주기 ▶ 2019

난포기	제1일~	원시 난포 중 하나 선택해 성장 E·FSH↑ / LH↓ / 저온기
배란기	월경 전 14일	난자의 복강 내 배출 E최고 농도에서 LH surge / 체온변화(저→고)
황체기	~28일	고온기 / 황체 → 백체

12 자궁내막 주기(= 월경주기) ▶ 2013·2019

월경기	• 제1일~5일 • 기저층 남고 기능층 분해 배출
증식기	• 제5일~14일(배란일) / 에스트로겐 분비기 / 난포기에 해당 • **기능층 성장**
분비기	• 배란~월경 전 3일 / 프로게스테론 분비기 / 황체기에 해당 • **기능적 자궁내막 형성** - 샘세포 비대/ 많은 혈관이 형성/ 수분 저류로 벨벳과 같은 자궁내막 형성
허혈기	• 월경 전 3일~월경 시작 전 • 황체 퇴화 → 에스트로겐과 프로게스테론 급격한 저하 • 혈액공급 차단(허혈)→혈관수축/국소빈혈→자궁내막조직 괴사, 샘조직 분비 감소 → 기능층 박리/월경

건강사정

13 유방 자가진단

시기	사춘기 이후	매월 1회, 월경 끝난 직후 1주 이내 → 호르몬 영향이 가장 적은 시기로 유방 부드럽고, 멍울, 불쾌감, 통증이 적음
	폐경	매월 일정한 날
	기타	경구 피임약 복용 첫날
방법	시진	양팔 내리고/올리고/양쪽 허리에/ 허리를 앞으로 굽히고 팔을 앞으로 뻗음
	촉진	누워서/ 검사 부위 아래 타월/방향/부위 등 확인
장점		쉽고 간단한 방법으로 유방암 조기발견으로 여성 건강 수준 향상
주의		자가검진 시 정상이어도 연1회 이상 전문인 진찰·X-선 촬영 월경 직전 이상 있다면 월경 직후 일주일 내 다시 실시

	선 자세	누운 자세	
체크 포인트	• 피부 함몰, 부스럼, 종기, 홍반(염증성 유방암에서 볼 수 있음) • 오렌지 껍질 피부(pea-d' orange)-진행성 유방암에서 관찰 • 유두 함몰·모양 변화, 궤양·습진, 분비물(한쪽 유두의 분비물) • 유륜 변화	• 유방 표면 상태를 느끼고 힘주어 눌러 조직의 경도 확인 • 주변과 구분되는 멍울이 있다면 중점적으로 관찰	
		양성	표면 매끈, 부드러움.
		암	표면 거칠고 각져 있고 단단

14 여성 암의 종류별 검진 주기와 나이 기준 ▶ 2023

유방암	2년/40세 이상 여성 - 유방촬영술
자궁경부암	2년/20세 이상 여성 - 자궁경부 세포 검사

15 자궁경부 세포검사(파파니콜로 검사)

목적	악성 종양 진단
주의	검사 전 24~48시간 내 질 세척, 질정, 탐폰, 성교 금지, 월경 중 시행 안 함
방법	① 자궁경관 내부: 식염수 적신 면봉을 자궁경관 속 삽입. 시계 방향과 시계 반대 방향으로 360° 돌려 검사물 채취해 슬라이드 유리 도포 ② 자궁경관 외부: 편평원주접합부에 압설자로 압력 가해 360° 돌려 검사물 채취 ③ 질강 후부: 후질원개 부위에서 면봉이나 압설자로 검사물 채취

SET 005

초경과 사춘기 발현 장애

16 초경 ▶ 2013

특성	• 평균 12세경 시작, 무배란성의 불규칙하고 양이 많은 월경 • 최초 12~18개월 동안 초경이 있고, 이후 정상적 월경주기 갖게 됨.
기전	• 시상하부 - 뇌하수체 - 난소축 미성숙 → 무배란성 출혈(프로게스테론 분비x) • 에스트로겐↑ → 자궁내막 과다증식과 출혈(에스트로겐 돌발출혈)

17 사춘기 발현 장애

사춘기 조발증(성조숙증)				
정의	2차성징 발현 - 여아 8세(유방), 남아 9세(고환) 이전 / 여아 > 남아		
분류	진성	• 시상하부 - 뇌하수체 - 성선 축 조기 성숙 • 생식능력 있음, 골 성숙 - 성장판 일찍 닫혀 최종 신장은 평균 이하	
		진단	GnRH 반응검사 - GnRH agonist 투여 후 혈중 FSH, LH, 에스트로겐, 테스토스테론 농도 측정
		치료	GnRH agonist 주입 → GnRH 수용체 지속 자극 → 수용체 감수성 저하 → LH, FSH 분비 억제 → 성호르몬 분비 억제 * GnRH agonist 종류: Zoladex, Lupron Depot
	가성	• 성선 축 미성숙, GnRH, FSH, LH 수치 정상 • 에스트로겐, 안드로겐 증가	
사춘기 지연증				
정의	15세까지 2차 성징이 발현 안 됨, 시상하부 - 뇌하수체 성선 축 발달 지연		
특징	16~17세 정도에 자연적 2차 성징 발현, 골단 발육도 2~4세 정도 늦어짐		

SET 006

무월경

18 무월경

정의	원발성	• 2차성징(-) + 만13세까지 초경(-) • 2차성징(+) + 만15세까지 초경(-)
	속발성	월경 후 월경 부재(6M↑ 또는 월경주기 3배 이상 기간)
원인	원발성	• 뮐러관 기형 / 처녀막 폐쇄 • 난소기능부전증(터너증후군 / 칼만 증후군)
	속발성	조기폐경 / 다낭성난소증후군
진단		• 임신 test: β-hCG(human Chorionic Gonadotropin) • 호르몬 검사: FSH, LH, TSH(갑상선 기능 저하증과 감별), prolactin
치료		• 교정 및 성형 수술, 생식선 제거술 • 배란유도 - clomiphene • bromocriptin: prolactin 분비 억제 • HMG(human menoupausal gonadotropin), GnRH 투여 • 호르몬 대체 요법 - 결합에스트로겐(premarin) 1~25일까지 경구 복용 + 프로게스테론(provera) 16일부터 25일까지 추가 복용

SET 007

비정상 자궁출혈

19 월경과다

정의	7~8일 이상 월경 지속 / 양(80~100mL) ↑
원인	• 내분비계 문제: 뇌하수체 선종 / 다낭난소증후군 • 비만 → E자극↑ → 자궁내막증식증 → 월경과다 • 기질적 문제 / 피임약 / IUD 등
치료	원인 제거 / 호르몬 균형 유지 치료

20 과소월경

정의	1~2일 정도로 양이 적고 / 규칙적
원인	• 내분비장애 / 식욕부진 / 체중감소 • 경구피임약(상대적 에스트로겐 결핍 초래)
치료	원인 치료 / 호르몬 치료 / 영양개선 등

21 희발 월경 ▶ 2015

정의	긴 월경 간격(35~40↑) / 규칙적
원인	무배란 - 배란 장애, 비정상적 시상·뇌하수체·난소 기능
치료	원인 치료

22 빈발 월경 ▶ 2015

정의	21일 미만 월경주기 / 규칙적
원인	호르몬 불균형 / 자궁근종 등 기질적 병변
치료	난포기 단축 → E, 클로미펜 투여 / 황체기 단축 → P 투여

※ 클로미펜 약리 작용: 에스트로겐 수용체에서 에스트로겐과 경쟁하면서 수용체에 대신 결합, 에스트로겐 부족으로 인식하여 뇌하수체에서 성선자극호르몬 분비를 촉진하여 배란을 유도

23 부정 자궁출혈 ▶ 2013

정의	월경 기간 외 불규칙한 출혈 / 배란혈은 정상
원인	• 혈중 에스트로겐 저하 • 생식기 병소 / 자궁내막암 초기 / 태반 조각 잔여 / 자궁경관폴립 / IUD

24 기능성 자궁출혈

종류		
종류	에스트로겐 돌발(파탄) 출혈	• P없이 E 지속↑ / 사춘기(고농도E), 폐경(저농도E) • 다낭성난소증후군
	에스트로겐 쇠퇴성 출혈	• E 급감 → 자궁내막 통합성 유지 실패 • 배란혈
	프로게스테론 돌발(파탄) 출혈	• E 비해 상대적으로 높은 P • Progestin 사용 시
	프로게스테론 쇠퇴성 출혈	• E에 의해 자궁내막 증식 → P 노출 후 P 급감 • 정상 월경
중재	사춘기	• 관찰 / 주기적 P, E·P 복합제 투여 • 자궁내막증식증 → Progestin 치료
	피임 원할 시	저용량 경구 피임제 - 출혈 예방 / 배란 억제
	고령	전 자궁적출술

월경전증후군(PMS)

25 개요 ▶ 2016

정의		황체기 / 월경 시작 시 소실 / 일상생활지장
증상	신체	유방 팽만 / 두통 / 골반통 / 부종 / 배변 장애 / 식욕 변화 / 홍조 / 여드름 등
	정신	우울증 / 집중력 장애 / 불안 / 피로 / 성욕감퇴

원인설		
① 영양결핍설	비타민B6 / 마그네슘 부족	
② 내분비설	에스트로겐 과잉 / 프로게스테론 결핍 불균형 • 프로락틴↑(황체기) → 유방 압통 • 인슐린 수용체↑(난포기)	
③ 체액저류설	에스트로겐 → 알도스테론 분비↑	
④ 내재성 엔도르핀설	아편제제펩타이드 후기 황체기 절정 → 월경 시작 시 소실	
⑤ 프로스타글란딘 과잉 혹은 결핍설		⑥ 심신기능장애 또는 스트레스에 민감

26 치료 및 간호 ▶ 2013

프로게스테론 투여		
부종 치료	저염·고단백식/이뇨제 단기사용	
정서장애 치료	우울	리튬
	불안	클로니딘/베라파밀
	두통	mefenamic acid
유방 팽만	**브로모크립틴(팔로델)**	
배란 억제	경구 피임약, Danazol 최소투여, GnRHagonist 단기투여	
기타	비타민 B6 장기 투여 / 식이요법/ 운동	
식이	제한	카페인, 붉은 살코기, 지방, 염분, 알코올/담배
	권장	고단백, 복합탄수화물, 야채/콩/섬유소, 비타민B6 1g 미만 섭취 적당한 수분 섭취, 과일 쥬스, 간식 소량씩 자주
월경일지, 이완 요법, 규칙적 운동, 정보제공, 교육과 상담		

27 월경전 불쾌감장애 (DSM-5)

진단기준

A. 대부분의 월경주기 / 월경 1주 전 / 증상 5↑ / 월경 시작 수일 내 호전 / 월경 끝난 후 경미 or 소멸

B. 적어도 1↑ 포함

1. 현저하게 불안정한 기분
2. 현저한 과민성, 분노, 대인관계 갈등
3. 현저한 우울 기분, 절망감, 자기비난
4. 현저한 불안, 긴장, 신경 곤두섬, 과도한 긴장감

C. 적어도 1↑ 추가적 존재/B증상+ 5↑

1. 일상활동에서 흥미 저하
2. 집중곤란(주관적 느낌)
3. 기면, 쉽게 피곤함, 현저한 무기력
4. 식욕의 현저한 변화(과식, 음식 탐닉)
5. 과다수면 또는 불면
6. 압도 / 자제력 잃을 것 같은 주관적 느낌
7. 유방 압통, 부종, 두통 등 신체증상

D. 학교, 일상 사회활동, 대인관계 현저 저해
E. 다른 장애의 증상 악화 ×
F. A는 연속 2회 주기 동안 일일평가로 확인
G. 물질, 다른 의학적 상태 ×

월경곤란증

28 분류 ▶ 2012

원발성	골반 기질적 병변(-), 배란주기에 발현-초경 시작 후 6~12M 이내
	월경 시작되기 전 수시간 내 시작, 1~2일 지속/ 72시간 내 소실
	NSAIDs 효과적
속발성	골반 기질적 병변(+), 무배란성 월경 주기 또는 초경 시작 후 2년 이후에 발현
	월경 1~2주 전 발생, 월경 후 수일까지 지속
	NSAIDs나 경구 피임약으로 통증 감소 잘 안됨

29 병태생리 ▶ 2007

원발성	**프로스타글란딘의 평활근 수축 → 자궁동맥 혈관 경련 야기 → 허혈 / 통증 유발** 전신반응:요통 / 허약감 / 발한 / 위장 관계증상 / 어지럼증 / 실신 / 두통
	자궁 협부 긴장도 증가 → 월경혈 배출 곤란
	자궁내막 동맥이 경련
	통증 역치 저하
속발성	PID / 난소낭종 / 자궁근종 / 자궁내막증 / 자궁내막 유착 / IUD / 뮬러관 기형 등

30 월경곤란증 비약물 요법 ▶ 2010

방법		효과
통증관리	열 요법	혈관 확장 / 혈류 증진 / 근육수축 감소 / 통증 완화
	허리 마사지	허리 양쪽 근육 이완 → 골반 혈액공급↑ → 통증↓
	이완 요법	바이오피드백 / 요가 / 명상 / 점진적 이완 요법
	운동	혈관이완/허혈개선 / **엔돌핀방출** / **프로스타글란딘 억제**
비타민B6 섭취		단백질 이용↑ / 피로, 긴장, 우울 완화
간식		고단백 / 복합탄수화물 소량 자주 섭취, 저혈당 증상 완화
기타		천골전신경술, 전자궁적출술

31 월경곤란증 약물요법 ▶ 2012

방법	효과
에스트로겐	매일 투여 / 배란성 주기 → 무배란성 주기
경구피임제	배란억제 / 프로스타글란딘↓
프로게스테론	프로스타글란딘↓
자궁수축 억제제	자궁근육수축억제 / 혈류량↑ -ritodrine / terbutaline
인도메타신	프로스타글란딘 합성 억제
기타	naproxen / mefenamic acid

SET 010

자연피임

32 피임의 조건

효과성	수용성	안전성
성병 예방	경제성	복원성
간편성		

33 자연피임법 ▶ 2013·2020·2025

	월경력법
기본가정	배란: 월경 시작 전 14±2 / 정자 72시간 생존 / 난자 24시간 생존
방법	6개월 이상 월경 주기 기록　★ 암기 Tip: Long - 11 / Short - 18 짧은 주기 - 18 = 금욕 시작 / 긴 주기 - 11 = 수정 가능 마지막 날
장점	부작용 없음 / 경제적 / 간편
단점	규칙적 월경주기에 가능/실패 확률 높음
	기초체온법
방법	6시간 이상 수면 / 월경주기 6일부터 측정 매일 기상 후 같은 시각 누워서/ 구강·화씨 체온계
체온변화	① 배란 전: 낮은 저온기 ② 배란: 체온 급하강 ③ 배란 후: 0.2~0.5℃ 이상 3일 연속 고온기
단점	수면 부족·감염·과로·불안·성교·음주 등 영향 요소 존재
	자궁경부 점액관찰법
점액변화	① 건조기: 안전/월경 후 3~4일 ② 건조기 후: 불안전 ③ 배란기: 수정 가능 ④ 배란 후 3일: 임신 가능 ⑤ 배란3~4일 후: 안전
단점	성적 자극, 질·경부 감염, 약물 등 영향 / 실패 확률 높음

SET 011

인공피임

34 차단법 ▶ 2025

	콘돔
장점	처방 불필요 / 경제적 / 간편 / 성병·PID예방 / 부작용 없음 / 안전
단점	남성의 협조 필수 / 찢어지면 피임 실패
주의 사항	**발기 동안 제거**(정액 유출 예방)/시원하게 보관, 질 건조 시 찢어질 위험(수용성 젤리 사용)
페미돔	질에 맞게 제조된 여성 콘돔, 성교 전에 자궁경부 바로 앞까지 씌움.
	경부차단법
다이아프램	• 경부를 씌우는 볼록한 실리콘 마개, 재사용 가능 • 성교 시마다 살정제 투여 • 매 2년·체중 변화·복부 수술·임신 후 교정 / 요로감염 위험성
경부 캡	컵 모양 고무 제품
피임 스펀지	살정제 바른 일회용 폴리우레탄 스펀지 / 독성쇼크증후군 **위험 有**
페서리	실리콘 소재 반구 모양 막

35 독성쇼크증후군(TSS) ▶ 2017

개요	탐폰 / 다이아프램 / 경부캡에서 황색 포도상구균의 내독소에 의한 급성질환
증상	고열 / 근육통 / 구토 / 설사 / 발진 / 어지럼증 / 손발 표피 탈락
예방	손 씻기 / 4~8시간마다 교체 / 제거 확인

36 질 살정제

특징	화학적 차단 / 성병 예방 안 됨 / 단시간 작용
간호	성교 전 깊이 투여 / 매 성교 시 / 성교 후 6시간 내 질세척 하지 말 것, 사용 전 손 씻기 / 타 방법과 병용

SET 012

호르몬 피임법

37 호르몬 피임법 종류

구성	경로	효과
복합 E-P 피임제	경구	24hr
	경피	7일
	질링	3주
단일 P피임제 - norgestrel - MPA - progestin - levonorgestrel	경구	24hr
	IM/SC	3개월
	피하이식	3년
	자궁내장치	5년

38 경구 복합 피임제 ▶ 2012·2020

기전	• 시상하부 - 뇌하수체 활동 억제 → FSH/LH 분비↓ → 난포성숙과 배란을 방해 • 자궁내막 위축 / 경관 점액 점성 증가 • 섯) OEM-TM: ovulation, endometrium, mucus, tubal mobility
장점	피임 효과↑ / 수용성↑ / 성 반응 개선 / 월경 일자 예측 가능 → 편리성 • 월경량 감소 효과 → 철분결핍성빈혈 예방 / 월경주기 조절 • 월경곤란증 & PMS 완화 / 자궁내막암 & 난소암 & 양성 유방질환 위험성 감소 • 여드름 개선 등
적용	• 월경 첫날 / 출산·유산 후 5일 이내 • 비 수유모 - 산후 2~3주 시작 • 분만 후 1개월 이내 사용 시 혈전색전증 위험성 有
금기	혈전 색전 질환 / 심뇌혈관질환 / 고혈압 / 당뇨병 / 국소적 신경 손상 동반 두통 유방암 / 에스트로겐 의존성 종양 / 임신 / 간 기능 손상 / 담낭 질환 산후 6주 이내 모유 수유 여성 / 흡연자 / 부동이 필요한 수술·하지 수술
부작용	불규칙 출혈(점적 출혈)

39 프로게스테론 단독 피임(minipill)

기전	자궁내막 위축 / 점액 점성 증가 / 배란 억제
장점	모유 생산량 유지 (에스트로젠은 유즙분비 감소)
적용	매일 같은 시간 복용 / 4시간 경과 시 → 2일간 타 방법 병행(프로게스테론은 대사가 빠름) ※ 복합제제: 12시간 경과 시 → 7일간 타 방법 병용 만일 1정 복용을 잊었을 때는 즉시 한 알 먹고 2회 복용을 잊었을 때는 그 시기가 첫 1~2주라면 하루 2정을 2일간 복용 후 다음 약은 제시간 그대로 복용

40 기타 프로게스테론 피임제

주사식 프로게스테론 피임제(데포프로베라)	
방법	3개월마다 근육주사
피하이식 프로게스테론 피임제	
	Norplant 캡슐 이식법: 5년간 유효 / 임플라논: 3년↑ 장기간 효과

41 자궁내장치 ▶ 2021

기전	정자 이동 방해 / 자궁내막 변화 유도 → 수정 및 착상 방지, 성장 방해
장점	장기간 피임(5년~10년) / 제거 후 수태 능력 회복
단점	골반염증성 질환 위험성 증가 / 장치 탈출·감염·자궁 천공 위험
구리 함유 자궁내장치(Copper IUD)	
기전	구리 함유 → 살정제 기능, 자궁내막에 염증반응 유발, 착상 방지, 정자 이동 방해
삽입 시기	비임신 확인 / 월경 직후(경관 부드럽고 개대되어 삽입이 용이) / 자연분만 6주 후 / 제왕절개술 후 8~10주 후 ※ 자궁경부로 연결된 줄 확인→제대로 자리 잡고 있음을 의미
적용	터울 조절 / 모유 수유 시 / 안정적인 성관계
장점	효과 지속 / 성교 시 조작 불필요 / 복원성 / 간편 / 경제적
금기	임신 / 골반염증 / 성병 / 자궁외임신력 / 자궁 이상 / 질 출혈 / 빈혈
부작용	월경통 / 과다월경 / 감염 / 자궁 천공 / 자궁외임신 / 자궁경부파열

	호르몬 자궁내장치(미레나)
기전	프로게스테론 함유 - 자궁 내 분비 → 내막 위축 / 경부점액 점성 증가 / 배란 억제 / 정자 운동 방해
장점	월경량·월경 기간·생리통 감소 / 장기간(5년) 효과
적용	수유모 / 피임&월경량 감소, 생리통 치료 / 피임 & 빈혈 치료 / 구리 함유 자궁내 장치 부적합
교육	실 제자리 위치 여부 확인(실 부재시 → 즉시 보고)

42 응급피임 ▶ 2009·2016

	응급피임약
기전	배란 억제 / 자궁내막변형 / 난관 통과 방해
방법	72시간 내 / 복용 1시간 전 진토제 복용(오심·구토 예방)
주의	복용 후 2~3주 이내 월경 없으면 임신 검사 / 착상 이후에는 효과 없음
금기	임신/비정상 질 출혈, 에스트로겐 금기 시 → 프로게스테론 단일 제제(노레보)

copper IUD
5일 이내, 장기간 피임 원하면 추천

SET 013

불임

43 불임 ▶ 2017·2025

정의	피임× / 정상 성생활 / 1년 내 임신× / 세 번 연속적 임신에도 생존아 분만×
여성 불임 검사	
배란 사정	• 월경력, 기초체온, 경관 점액 검사 • 호르몬 검사: 난소 호르몬, LH
경관 점액 사정	양, 점성도, 형태 및 세포 수 평가난관 통기성 검사
자궁내막 검사	수정란 착상 부위, 황체 기능, 황체 호르몬 영향 평가
항뮬러관 호르몬 검사	• 원시 난포 과립막 세포에서 분비, 난소 예비력 파악에 좋음 • 생리 주기에 영향 받지 않아 검사와 해석이 용이
난관 및 복강 사정	
루빈 검사 (Rubin test)	난관 통기성 검사 월경 주기의 초기에 실시, 루빈관으로 CO_2 자궁경부로 주입 정상이면 복강내 가스 배출 ⇒ 견갑통(횡격막 신경 자극 증상)
자궁난관조영술	조영제를 경부 주입해 자궁과 난관의 해부학적 특성 촬영 월경 2~5일 후 - 색전이나 월경 부산물의 복강내 유입 위험 낮은 시기
진단적 복강경	전신마취, 복부에 CO_2주입 후 복강 촬영 최종 불임 검사, 견갑통 - 슬흉위 도움
남성 불임 검사	
정액 검사	금욕 2일 후, 2~4주 간격 2회 시행 정상: 1회 2~5ml, 정자 수: 2,000만/ml 이상
성교 후 검사	배란 1~2일 전, 성교 후 경관 점액 정자 수용성과 정자 침투력과 운동성 확인

시험관 임신

과배란 유도 ⇒ 난자채취 ⇒ 정자채취 ⇒ 시험관 수정 및 배양 ⇒ 배아 이식 ⇒ 임신의 확인과 유지

※ 배아 이식 3-5일 전부터 착상을 돕기 위해 황체호르몬을 투여

배란유도제	
Clomiphene(E 길항제)	성선자극호르몬 분비↑ → 난포발달 촉진
HCG	배란 유도
GnRH pump	성선 호르몬 생산 자극
Bromocriptine	Prolactin 길항제

난소 과자극 증후군	
원인	배란유도제 사용으로 인한 모세혈관 투과성 증가에 기인함.
증상	체중 증가, 복부팽만, 통증, 오심·구토, 난소 비대, 복수, 흉수, 혈액 응고 장애, 신기능 장애
치료	• 경증: 충분한 수분 섭취와 고단백 식품 섭취 • 중증: 생리 식염수와 알부민 정맥 공급, 복수 천자, 흉수 천자

임신과 신체 변화

44 임신 징후 ▶ 2010·2015

추정적 징후(임부 - 주관적)	
무월경 / 빈뇨 / 첫 태동 / 체증증가 / 감정변화 / 피로 / 유방의 변화 / 오심·구토	
가정적 징후(검사자 - 객관적) 성〉 6주 HCG 3B 라피맥	
복부증대	태아 외형 촉진

6주에 발현	H헤가 징후	자궁 협부 유연해짐
	C채드윅 징후	질 점막과 경부 혈관↑ → 푸르스름하게(자청색)
	G구델 징후	자궁경부 부드러워 짐(혈관증가/세포증식)
B브라운본펜왈드 징후		15주/착상 부위의 크기와 부드러움↑
B부구감		16~18주
B브랙스톤 힉스 수축		불규칙/무통성 수축
라딘징후		체부와 경부 접합부 앞쪽 반점
피스카섹 징후		종양같은 비대칭성
맥도날드 징후		자궁체부가 경부 반대쪽으로 기울어짐
확정적 징후		
임신 만이 유일한 근거		초음파 검사
		도플러 초음파 검사
		태아심음 청취
		태동 및 움직임 촉진

45 임신 생식기계 변화

자궁	자궁(저부) 위치 확인
경관 연화	에스트로겐 작용 → 혈관증가 / 부종 / 자궁경부 비대와 비후
질 점막	에스트로겐 작용 → 결체조직 유연성 증가 / 질점막 비후 → 분만 준비
점액 마개	프로게스테론 작용 → 경관차단 / 태아 세균감염 예방 / 진통 시 배출 → 혈성 이슬
질 분비물	에스트로겐 증가 → 백대하 점액성 증가 / 글리코겐 증가 - 칸디다성 질염 호발

46 임신 유방 변화

에스트로겐	유관발달 / 유방 지방조직 침착 / 혈관분포 증가 / 유방 발달 자극
프로게스테론	선방 세포 발달 / 유방 발달 자극
몽고메리샘	유륜 피지샘 비대
전초유	16주/선방 세포 / 점액성 분비물 → 초유로 변화

47 호흡기계

비강충혈	에스트로겐 → 비강충혈 / 부종 / 코피	
흉곽	자궁증대로 인한 횡격막 상승 / 에스트로겐 → 흉곽 인대 이완	
호흡증가 (과다호흡)	호흡량 증가 - 태아, 태반 산소소모량·임부 요구량 충족	
	프로게스테론 → **CO_2 중추성 호흡기계 민감성 증가**	
	호흡성 알칼로시스 - 태아 CO_2 배출 용이	
호흡곤란	24주 이후 흉식 → 복식호흡 / 자궁의 압박으로 **횡격막 위치 상승** 폐 압박 → 호흡곤란	

48 임신 심혈관계 변화 ▶ 2009·2010

체액 증가: 혈액손실대비 모아 요구량 충족	• 에스트로겐 → RAA 기전 활성화 → Na^+, 수분 저류 • 혈액 희석 → 생리적 빈혈 / 모체 심박출량 증가	
	혈량증가 / 혈청 단백질 저하 / 혈장 교질삼투압 감소 → 세포 부종 / 수분축적	
혈압	에스트로겐 / 프로게스테론 / **프로스타글란딘** → 말초혈관 **확장** → 혈량증가에도 혈압 유지, 혈관 벽 민감도 감소 ※ renin, angiotensinⅡ, 알도스테론 증가	
	1기	임신 전 수준
	2기	약간 감소(20~24주 가장 낮음) ※**20주 이후 BP 상승 → PIH 의심**
	3기	임신 전 수준
앙와위성 저혈압 - 치질 - 정맥류	• 앙와위에서 자궁이 대동맥, 하대정맥 압박하여 정맥혈 귀환 방해 및 심박출량 감소 → 수축기압 감소 • 측와위 - 심장 귀환 혈류량↑ → 심박출량↑ → 신혈류↑ → 소변 배설↑ → 부종↓	

49 조혈계 ▶ 2010

생리적 빈혈	적혈구 생산량이 혈장 증가와 비교해 상대적으로 적어 발생
응고인자 증가	에스트로겐의 영향으로 응고인자, 섬유소 원 증가 & 섬유소 용해작용 저하 → 임신·산욕기 출혈 가능성 대비

50 소화기계 ▶ 2009·2010

프로게스테론	가슴앓이	평활근 이완 → 식도 괄약근 이완(식도 역류) 위 운동력 감소 및 자궁증대로 인함
	담낭	① 담즙 내 콜레스테롤 증가 ② 담낭 수축력 감소로 담즙 배출 지연 → 소양증 유발, 담석 생성
	변비	연동운동 저하 / 철분제 부작용 / 활동감소 / 자궁증대
에스트로겐	오심 구토	• 염산·펩신분비 감소 → 소화성 궤양 발생은 감소 • 상대적으로 역류성 식도염 증상 완화 • 소화 장애 호소
입덧		• hCG **영향**, 임신 초기 말 호전 • 3개월 이상 지속·증상 심한 경우 → 치료 요(임신오조증)
타액 분비 과다증		타액량 변화라기 보다 입덧으로 삼키지 못해 타액 증가 호소
이미증 pica		
치육염 / 치육비대		에스트로겐 작용 / 충혈, 결체 조직 증식 / 분만 후 대부분 소실

51 신장/비뇨기계 ▶ 2009·2010

빈뇨	초	증가	방광과민성 증가
	중	완화	자궁이 골반강 바깥으로 상승
	말	증가	선진부의 방광 압박
신우 요관 확장증			• 프로게스테론 → 평활근 이완, 탄력성 저하 → 요관이 늘어나고 꼬임 • 커진 자궁이 요관 압박
요로감염			소변 배설 속도 지연 / 영양소함유 높은 알칼리성 소변 → 요로감염에 취약

방광	방광과 요도 충혈 / 방광 점막 손상, 출혈 증가 프로게스테론 → 방광 긴장력 저하 / 용적 1,500mL까지 증가
당뇨	① 임신으로 인한 당뇨 호발 ② 당에 대한 신장의 요 역치 감소 ③ 사구체 여과작용 증가 ④ 세뇨관에서의 당 재흡수 장애
단백뇨	• 임신 중 단백뇨는 정상적으로 보이지 않음 • 분만 진통·산후 1~2일 → 단백뇨1+

52 신경 근골격계 ▶ 2009·2012

관절 근육 이완	릴락신·에스트로겐 작용 → 골반 운동성↑(분만 준비)
척추만곡증	자궁 무게 증가 → 과다 복부 신전 → 척추만곡, 척추인대, 근육, 신경 압박 → 요통 발생
복직근 이개	임신 3기 자궁증대로 인함, 출산 후에도 지속 가능
목, 어깨, 팔 통증	자세 변화 - 척추전만 / 목전향굴근 / 어깨 함몰
수근관증후군	임신 3기 부종 → 정중신경 압박받아 유발, 분만 후 증상 개선
말단과민증	상완신경총 압박
대퇴부 감각 변화	자궁증대로 골반 신경 압박과 혈액 정체로 인함
저칼슘혈증	근육경련 / 강직

53 피부계

혈관종	에스트로겐 → 혈류 증진과 혈관 확장 → 분만 후 증상 호전	
색소 침착	유두, 유륜, 액와, 외음부 검게 변화	• 에스트로겐 영향 MSH 증가 작용 • 분만 후 소실 또는 옅어짐
흑선	복부 중앙 갈색·검은색 선	
갈색반	얼굴, 이마, 볼 등 갈색 변화	
임신선	ACTH → 피부 콜라겐층 얇아짐 → 피부·결합조직 단열 → 분만 후 위축 → 은백색 반흔	

54 내분비계-태반호르몬 ▶ 2023

hCG	임신 초 황체 유지(태반 성숙 때까지) / 진단적 가치 / 입덧 유발
프로스타글란딘	자궁수축 / 혈관 확장
hPL(hCS)	• 지방 분해와 유리지방산 증가 • 인슐린 작용 억제, 모체 당 흡수 억제 → 포도당·단백질 보존 • 태아 성장(성장호르몬 유사작용)

55 대사

단백질	요구량↑
탄수화물	• 태반 호르몬 → 인슐린 저항성 상승 → 태아에게 충분한 당 공급 • 당 부족 시 지방 불완전 산화로 케톤혈증 발생
지방	프로게스테론 → 지질량 증가 / 담즙 배출 지연
BMR 상승	말초 혈관 확장과 땀샘 활동증가 / 프로게스테론 증가로 BMR과 체온 상승·덥게 느낌

SET 015

임신 검사

56 임신 확인 검사 ▶ 2019

혈액검사 / 소변검사 → 가정적 징후

| ELISA(스틱) | • β-hCG → 수정 후 7~10일경 검출
• 이른 아침 중간 뇨 |

57 임신 초기검사 ▶ 2019·2022

임신초기검사 … 첫 산전검사	
산과력	청> 임만조유현
네겔 법칙	청> 네겔 DM칠구 EDC = LMP + 7일 - 3개월 + 1년 = LMP + 7일 + 9개월
검사	• 풍진 → 태아 기형 유발(예방접종 시 1~3개월 정도 피임 필요) • 매독 → 초기 치료 가능(매독균 임신 16주까지 태반 차단 가능) • B형간염 → 태아전파 가능(수직 감염)

58 임신 유지 검사 ▶ 2020

임신유지검사 … 추후 방문		
개월(방문 주기)	7(매 4주) / 9(매 2주) / 10(주1회)	
자궁저부 높이검사	12주 치골결합	16주 치골결합과 제와 중간
	20주 제와(20~22주)	36주 검상돌기(가장 높음)
	38주 이후 하강	
	맥도날드 법칙(16주 이후 / 2, 3기): 줄자 / 치골결합~자궁저부까지 *맥 이럴팔주	
	월 = 높이 × 2/7 주 = 높이 × 8/7	
triple screen (1차 기형아 검사)	15~19주 혈액검사 AFP / estriol / HCG(Quadri: +inhibin)	
	AFP ↑	다태임신 / 태아 사망 / 태아 신경관 결함 / 양수과소증
	↓	염색체 삼체성 / 포상기태 / 태아 사망
	estriol	• 태아 안녕 - 태반 기능 반영 - 부신피질 전구물질 생산 • 태반에서 E3 합성, 모체 소변으로 배설
	hCG ↑	60~70일 최고, 이후 안정적 / 다태임신 / 다운증후군 → 100일 이후 수치 높다면 포상 기태/ 융모상피암
	↓	절박유산/자궁외임신

59 레오폴드 4단계 복부촉진

준비	방광 비우고 / 무릎을 굽힌 앙와위 / 엉덩이 밑 타월
1단계	임부 머리쪽 / 선진부, 태위
2단계	임부 머리쪽 / 태아 등, 손발
3단계	임부 머리쪽 / 진입, 태위, 태향
4단계	임부 다리쪽 / 하강 정도, 아두 굴곡

산전 간호

60 산전 간호 ▶ 2012·2019

개인위생	샤워 ○ / 뜨거운 물 ✕ → 임부체온상승 → 태아 기형 유발	
운동	케겔 운동 / 운동 대화 검사 → 운동강도조절	
자세	요통 예방 *청> 골반자신새통*	
	골반 흔들기(운동)	요통 완화 / 복직근 강화
	자세	적절한 신체 선열 유지
	신발	적정한 신발 굽 높이
	체중 관리	적절한 체중증가
	통증 감소 간호	열/이완/마사지
영양	칼로리	300kcal + 비임신 요구량 / 다태아 300kcal + 300kcal
	체중 (11~16kg)	• 1기 1~2kg • 2기 4.5~6kg(0.5kg/주) • 3기 4.5~6kg(0.5kg/주) 체중감량 금지 - 케톤혈증 유발
	엽산	• 신경관 결함 예방 - DNA 합성 / 적혈구 성숙 • 임신 전 3개월부터 복용 권장 / 임신 초 3개월 필수
	칼슘	칼슘 부족 시 하지 경련 / 700mg(우유1L-1200mg)

61 유방 간호 ▶ 2012

관리	온수 매인 / 공기 노출 / 햇빛 건조 / 라놀린 크림 / 비누 사용 금지(유두 유연성) / 거친 타월(유두 단련)
함몰 유두	• 5~6개월 - 유두 준비 / pinch test / 유두 덮개 착용 • 유두 당기기·굴리기·마사지(조기 분만·자궁수축 이력이 있다면 금기)

62 위험 증상 ▶ 2012

태동 감소/소실		태아질식 / 사망
액체 누출		조기 양막 파열
질 출혈	초기	자궁외임신 / 절박유산
	중기/말기	전치태반 / 태반조기박리
시야장애 / 두통 / 경련 / 상복부 통증 / 부종 / 체중증가 / 핍뇨		PIH
고열		감염
배뇨장애		

63 하지 경련

원인		저칼슘 / 신경 압박 / 순환 장애
중재	칼슘 보충	고칼슘식 / 칼슘 제제 / 비타민D / 인 섭취 과하지 않도록
	보온, 마사지	순환 증진 / 근육 이완
	종아리 펴기 운동	경련 예방

64 예방접종

생균(생) MMR 황금장수소 BCG) 금기 / 사균 접종 가능

풍진 임신 2~3개월 전 접종 (접종 후 2~3개월 피임)

임신 전반기 출혈성 합병증

65 자궁외임신 ▶ 2017

기전		좁아진 난관 등으로 수정란의 통과 어려워 발생
원인		골반 감염력 / 성병 / 과거 난관임신 / IUD / 자궁내막증 / 불임 치료 등
증상	파열 전	무월경 / 복부 통증 / 질 출혈
	파열 후	• 6~12주 많이 파열 • 돌발 산통 / 복부와 골반통 / 횡격막 자극 증상 → 어깨통증 • 질 출혈 / 오심·구토 / 활력징후 변화 / cullen's sign
진단		• 초음파 검사 / 프로게스테론 저하 / 맹낭 천자 → 혈액 확인 • β-hCG 연속 검사 - 정상:48~72시간마다 2배 / **비정상**: 정체·감소
MTX	치료	파열 전 적용 / 4cm 미만 / 6주 이내 / 엽산길항제 - 세포 파괴
	간호	• 피임 / hCG 검사 / 감염 주의 • 약물 교육: 태양 노출 제한(감광성) / 알코올과 엽산 함유 비타민 제한

66 자연유산

정의		20주 이전 임신 종결
원인	조기	염색체 이상 / 감염
	후기	자가면역 / 감염 / 자궁경관무력증 / 부적절한 영양 / 약물
진단		• 임신 초기 출혈, 하복부 통증 시 유산 의심(자궁외임신, 월경곤란증과 감별) • 소변 임신 반응검사: 음성, 약한 양성 • 혈액: 빈혈(Hb 10.5mg/dl 이하), 백혈구 12000/㎣ 이상, ESR 증가 • 내분비 검사: 임신 8주 전 유산되면 48시간 후 β-hCG는 떨어짐. • 초음파검사: 재태낭 확인
간호		• 임신 초기 약간 질 출혈: 절박 유산 가능성 고려 - 안정, 보고 • 출혈 48시간 내 멈추면 며칠간 활동 제한하고, 성관계는 2주까지 피함.

종류	절박	경관 개대(-) / 질 출혈 / 50% 유산 진행 / ABR / 성교 금지
	불가피	경관 개대(+) / 양막파수(+) / 심한 자궁 통증 / 임신 지속 불가 / dilatation and curettage
	불완전	유산(+) / 태아·태반 일부 잔류 / 심한 출혈·자궁통증 / D&C / 항생제
	완전	수태 산물 모두 배출 / 미미한 출혈 / 자궁 통증/ 경부 닫힌 상태 자궁수축제 3~5일 투여 / 산후관리
	계류	태아 사망 / 임신 산물 남아 / 질 출혈 / 통증(±) / DIC 가능 자궁과 유방 크기 감소·체중 감소 / 임신 반응검사(-) / 자연적 배출 / D&C
	습관성	자연유산 **3회 이상**
	패혈성	유산에 중증의 치명적 감염 동반 / 질 출혈 / 악취

67 자궁경부 무력증 ▶ 2018

증상	임신2기 / 3기 초(태아 커질 때), 자궁 목 무통성 **개대** / 자궁 경부의 깔대기 모양 변화
치료	쉬로드카술 / 맥도날드술 / 변형 쉬로드카술
수술 후 합병증	자궁수축 / 난막파열
수술 후 간호	ABR / 자궁이완제 투여

68 포상기태

종류	완전	90% / 태아 無 / 20% → 융모상피암
	부분	10%/ 태아 有 / 계류유산 증상 / 암 가능성 6% 이하
진단		• 비정상적으로 높은 β-hCG • 비정상적 초음파 - 자궁 내 수포성기태, 태아 부분 안보임
증상		질 출혈 / 오심·구토 / 임신성 고혈압 / 갑상선 기능항진증 / 루테인 낭종
합병증		융모상피암 / DIC/ 폐색전증
치료		흡인 소파술 / MTX
간호		• 침윤성 기태나 융모상피암으로 진전 감시 ① 흉부 x - 선 검사로 폐 전이 확인(융모상피암 전이 호발 부위) ② 혈청 hCG 감시, 피임(1년간 - 임신과 혼돈) • IUD 금기(자궁 천공 위험) - 경구피임약, 콘돔 등 권장

SET 018

임신 후기 출혈성 합병증

69 전치태반

정의	태반이 자궁경부의 내구를 전체 또는 부분적으로 덮고 있는 것
증상	• 무통성 (선홍색) 질 출혈 / 정상적 긴장력 • 자궁저부 상승(태반의 하부 착상이 태아 선진부 하강을 방해)/ 비정상 태위
진단	질/ 복부 초음파
위험성	• 조기 파막·조산 / 자궁내 성장지연 / 선진부 이상 / 감염 • 산후 출혈(자궁 하부 수축력 부재 - 자궁수축 잘 돼도 태반부착 부위 출혈)
치료	• 약물요법-임신 지속: MgSO$_4$, turbutaline, ritodrine • 자궁근 이완제와 침상 안정으로 출혈 조절 성공 시 태아의 성숙이 완성되는 임신 37주 이후 제왕절개수술 계획
간호	침상 안정 / 출혈 사정 / 질 검진 금지

70 태반조기박리 ▶ 2019

분류	외출혈(70~80%) / 은닉 출혈
증상	복부 통증 / 자궁수축 / 자궁저부 상승 / 암갈색 출혈
진단	초음파 검사 / 질 검진
위험성	조기진통, 조산 / 태아 곤란증(태아 절박 가사) / 자궁 일혈(자궁 태반 졸증) 저혈량 쇼크 / 신부전, 뇌하수체 괴사 / DIC
약물	부신피질호르몬 / Rho(D) immunoglobulin
치료	제왕절개 / 질식 분만(태아 사망 시)

71 전치태반 Vs. 태반조기박리

	전치태반	태반조기박리
원인	다태임신 / 다산모 / 35세 이상 산모 / PPROM / 흡연	
	• 전치태반 과거력, 제왕절개 분만력 • 수술: 자궁근종 제거술, 인공유산	태반조기박리 과거력, 고혈압, 코카인, 외상, 고긴장성 자궁수축, 양수 과다증
증상	• 자궁저부 상승, 정상 자궁 • 무통성 질 출혈, 선홍색 출혈	• 자궁저부 상승, 단단한 자궁 • 통증 동반 질 출혈, 암갈색 출혈

72 태반 유착 ▶ 2022

분류	유착태반	태반 융모가 자궁근층에 붙어 있는 경우
	첨입태반	태반 융모가 자궁근층을 침입한 경우
	침투태반	태반 융모가 자궁근층을 천공한 경우
의의	제왕절개술 증가로 급격히 증가 심한 출혈, 자궁천공, 감염으로 모성 이환률과 사망률 높음	
진단	초음파, MRI	
치료	자궁절제술	

임신 중 고혈압성 장애

73 임신성 고혈압 장애 분류 ▶ 2012·2021

임신성 고혈압	
혈관 경련 질환 / 임신 20주 후 고혈압(140/90mmHg)	
자간전증	고혈압 + 단백뇨 + 부종
자간증	고혈압 + 단백뇨 + 부종 + 경련
만성 고혈압	
임신 20주 이전 고혈압 + 산후 12주 이후에도 지속	

74 임신성 고혈압 병태생리 ▶ 2025

① 태반 형성 과정에서 태반 혈관 형성을 촉진하거나 저해하는 물질이 출현하여 태반 관류에 문제 발생
② 태아는 정상적 성장이 어려워지고, 모체 내로 단백 물질을 유리
③ 모체 혈관의 세동맥 수축, 혈관 경련, 혈관 손상

혈관 내피의 손상
- 혈소판, 섬유소와 혈액 성분들이 내피세포 사이로 유출
- 단백질 투과력이 증가되어 혈관 외로 수분이 이동되어 부종이 발현

75 HELLP 증후군 ▶ 2021

간 기능부전 수반 / 중증 자간전증 확진 → 임신주수와 무관하게 분만 필요

H	용혈
EL	간 수치 상승
LP	혈소판 감소
진단	• Roll over test - 임신 28~32주 초임부 / 임신성 고혈압 예측검사 ① 검사 방법: 혈압 안정될 때까지 15~20분 좌측위 → 임부 등쪽으로 굴려 (roll-over) 눕힌 후 즉시 혈압 측정, 5분 후 재측정 ② 양성: 이완기 혈압이 20mmHg 이상 상승 - 고혈압 위험군 • 평균동맥압(mean arterial pressure, MAP) ① 혈액을 체순환계로 밀어내는 평균압력 ② (수축기압 + 이완기압 × 2) ÷ 3 ③ 양성: 20mmHg 이상 증가

76 자간전증 분류

	경한 자간전증	중증 자간전증
고혈압	140/90mmHg 이상 상승	160/110mmHg ↑
부종	얼굴 / 눈 / 손가락 / 의존성 부종	전신 부종 / 요흔성 부종 / 뇌·간·폐부종
단백뇨	++ ~ +++	+++ ↑
소변량	30㎖/hr 이상	20㎖/hr 이하 핍뇨
자궁	태반 관류 저하	태반경색 / 박리 / 자궁 수축력 ↑
신경계		두통 / 오심·구토 / 경련 / 의식 변화 / 심부건 과반사
눈		말초 세동맥 수축 → 흐린 시야 / 암점
혈액		용혈 / 혈소판 감소

77 PIH 관리 방법 ▶ 2009·2012·2021

관찰	혈압 / 체중 / 단백뇨 / 태동 관찰보고 / 무자극 검사 2주 1회 병원에서
체위	좌측위 / 정맥 환류량↑ → 순환혈액량↑ → 태반 관류·신장 관류↑ → 이뇨↑
발작 예방	• 산소공급 장비 / 흡인 장비 준비 • Hydralazine-항고혈압제(이완기 110mmHg 이상 시) • 황산마그네슘과 칼슘 글루코네이트(중화제) 준비 • 자극제거 / 활동 제한

78 PIH 약물치료 ▶ 2013·2017

황산 마그네슘	약리	대뇌피질에 작용해 경련을 감소, 근육 신경 전달 억제
	독성증상	중추신경계 억제 - 심부건반사 확인(반사 소실 → 초기 독성증상)
		호흡 억제
		핍뇨: 신장 문제 있을 시 독성 빠르게 발현
	중화제	10% 칼슘 글루코네이트
	치료농도	4.0~7.5mEq/L(정상 1.5~2.5mEq/L)
혈압 하강제		CCB-칼슘길항제(calcium antagonist)로서 혈관을 확장
		Hydralazine-혈관 평활근 직접 작용
		이완기 90mmHg이하 시 태반 관류 감소로 태아 가사, 저산소증 발현
스테로이드		태아 폐성숙 도모(분만 24~48시간 전)
기타		진정제, 알부민, 수액 공급

임신과 당뇨

79 임신성 당뇨 병태생리와 진단 ▶ 2012·2024

당은 태반을 통과하나, 인슐린은 태반 통과 못 함.

	임신1기	황체호르몬(E/P↑) 영향으로 인슐린 분비의 증가, 인슐린 요구량 저하로 약한 저혈당 상태
	임신2기	인슐린 저항성 증가(태반호르몬)로 인슐린 기능-작용 저하되어 혈중 당 상승하여 태아 혈당 전달 용이, 모체는 당뇨 발현 가능
	임신3기	인슐린 저항성 증가 유지
	분만	태반호르몬 소실로 인슐린 민감성 회복(정상화)
산후	수유	모체 당 소모 증가로 인슐린 요구량 감소
	비수유	임신 전과 동일
진단	시기	임신 24~28주 임산부
	준비	50g 경구 당부하 검사 - 준비사항 없음. 100g이나 75g 경구 당부하 검사 - 8시간 이상 금식
	방법	50g 포도당 섭취 1시간 후 혈중의 포도당 농도 측정 ⇒ 140mg/dL 이상 → 100g 경구당 부하 시행

80 임신성 당뇨 합병증 ▶ 2020·2024

모체	자연유산·자간전증·감염 위험성의 증가	
	양수 과다증	양수 내 포도당 농도증가 / 태아 다뇨증
	케톤산증	인슐린 저항성 증가와 인슐린투여 부족으로 유발 / 질병·감염 시
	난산	거대아
태아	1) 태아 거구증 2) 출생 시 급격한 저혈당 발생 3) 호흡곤란증후군(**폐성숙 지연**) - 인슐린이 계면활성제 합성 억제	

81 임신성 당뇨 산전 간호 ▶ 2009

약물	인슐린	1기	약한 저혈당 상태 → 인슐린 용량 줄임
		2기 / 3기	인슐린 저항성↑ → 인슐린 용량 늘림
	경구용 혈당강하제		금기 - 태아 기형 유발

82 임신성 당뇨의 분만 후 간호

	인슐린 요구량 감소	모유 수유 권장 / 이유 시기 - 임신 전 수준 투여
	저혈당 예방	수유 전후 스낵 섭취
	유선염 위험 증가	
피임	복합 경구 피임제 제한	에스트로겐의 응고인자 활성화
	IUD 제한	감염 위험성 증가
	권장	차단법/ 영구적 피임

임신중 갑상샘 문제

83 갑상샘 기능항진증

임신 영향	갑상샘 과형성 / 혈액공급 증가 / 태반 에스트로겐 → 티록신 증가
관리 부재 시	자연유산 / 조산 / 산후 출혈
PTU 치료	• propylthiouracil은 태반 통과 / 태아에 독성 → 점액수종(갑상샘 기능저하증) 유발 • 초기에 최소량 투여 / 서서히 감소 / 후기에 투여 금지 백혈구감소증 증가 / 모유로 전달되므로 수유 금기

84 갑상샘 기능저하증

임신 영향	무배란 / 무월경 → 임신↓
관리 부재 시	• 태아 → 갑상샘 호르몬 12주까지 생산 못 함 → 정신지체 유발 • 크레틴병(선천성 갑상샘 기능저하증)↑
levothyroxine (Synthroid)	임신 기간 중 T4 용량 50%↑ / 출산 후 이전 용량

혈액학적 문제들

85 철분 결핍성 빈혈

생리적 빈혈	혈장량 증가 > 적혈구 생산량 → 희석으로 인함
철분 결핍성 빈혈	임신 중반기 이후 태아 철분 요구량의 증가(출생 후 5~6개월 치 저장)
	모체 철분 고갈 시 빈혈 발생
영향	피로감 / 감염 / 심장기능부전 / 유산·조산
투여 시기	임신 1기에는 임신성 구토 악화 가능해 4개월부터 섭취 권장

86 Rh 동종면역

기전	① Rh(-) 모와 Rh(+) 부 사이에 1st. Rh(+) 태아의 Rh항원이 모체에 감작
	② 분만 72시간 내 Rh(+)항체 형성, Coomb's test(+)
	③ 2nd Rh(+) 태아 모체 항체가 용혈
	④ 태아 적아구증 유발
Rho GAM 주사	Coomb's test(-), Rh(-) 산모
	• Rh(-) 임부 / 동종면역 생성 전
	• 임신 28주 / 유산·분만 후 72시간 내

SET 023

태아발달

87 수정과 착상

수정	수정란	배포	자궁내막에 착상 / 수정 후 6~10일 경
		배아기	**수정 후** 15일~8주, 외형 / 신경계 형성 → 엽산 공급 중요
		태아기	9주~임신 말기
	※ 투명대 반응: 정자가 난자에 밀착된 접촉점에서 난자 세포질이 밀려나 정자 흡입해 다른 정자를 방어하는 현상			
착상	• 배포가 자궁내막에 묻힘 • 수정 후 6~10일, 영양 배엽에서 효소 분비 / 착상혈 • hCG: 황체에서 E과 P 분비 자극 → 배란 및 월경 소실			

88 태아의 계통별 발달

심맥관계	① O_2 풍부한 혈액공급 ② 태아 Hb의 O_2 운반 능력(20~30% 높음) 〉 모체 ③ Hb 농축 2배 〉 모체 ④ FHR 120~160/분
위장계	5개월 초 양수 삼키고 / 위 비우고 / 소장 연동운동 / 태변 확인
간장계	출생 후 5개월분 철분 저장 / 비타민K 합성 못 함(응고인자 결핍)
호흡기계	폐 계면활성 물질 - L:S비율 확인
신장계	비뇨기 문제 시 양수과소증 유발
신경계	수정 3주 후 외배엽에서 발달

내분비계	• 임신 8주 갑상선 호르몬(발달 / 성장 / 지능) 생성 • 부신피질 임신 6주경 형성, 인슐린 20주 이후 생산
생식기계	울프관(남) / 뮐러관(여) 남녀 모두에 존재/모체 여성호르몬 영향 → 마유 / 유방 종창
면역계	IgG 태반 통과 / IgM 태아가 생산 / IgA 모유

89 임신 관련 부속물 ▶ 2025

양막	• 난막의 안측 • 양수 지지, 양수를 생산 • 인지질을 생산 → 자궁수축을 유발하는 프로스타글란딘 형성
융모막	난막의 외측

양수	• 30mL(임신 10주) / 임신 말기 700~1,000mL / pH 7.0~7.25
	• 기능: 체온 유지 / 구강액 근원 / 노폐물 저장 / 수분 전해질 균형 유지 / 근골격계 발달 지원 / 태아 보호 / 태아와 양막 유착 방지 → 균형 잡힌 성장과 발달 도모
	• **양수천자** → 진단적 가치
	  - **양수과소증**: 500mL↓
	  - **양수과다증**: 2,000mL↑

제대	• 5주에 형성/ 2동맥 1정맥 • 와튼 젤리: 제대 혈관보호, 혈액 운반촉진
태반	12주 완성 / 호르몬 분비 → 임신 유지기능 / 대사교환 기능
	호르몬: hCG, hPL, 프로게스테론, 에스트로젠
	태반 통과 질환: TORCH

Toxoplasmosis	Other(B형 간염/HIV/매독/수두)
Rubella	Cytomegalovirus
Herpes Simplex	

SET 024

태아 건강사정

90 생물리학적 계수 ▶ 2025 심> 호흡 긴장도 반응양

결과	30분 동안 관찰 / 8~10 정상, 6점 저산소 위험↑ → 모니터링		
항목	호흡운동	2	30초 이상 지속
		0	30초 미만
	신체 운동	2	태동 3회↑
		0	육안/태동 2회 이상
	긴장성	2	사지 굴곡 → 신전 → 굴곡 1회↑
		0	사지 신전 or 반신전 → 굴곡 천천히 or 움직임(-)
	반응성 태아심음	2	15회 / 분 심박 수 상승 15초↑ 지속 / 2회 이상
		0	심박 수 상승 2회 미만
	양수량 *양수지수	2	2곳/ 양수 포켓 2cm↑
		0	2곳/ 양수 포켓 2cm 미만

91 매일 태동 측정법 ▶ 2012

사도프스키	매일 식후 4회 측정 / 시간당 3회↑ → 정상 / 시간당 2회 이하 → 병원 방문
카디프	아침 처음 10회 측정 / 12hr 10회 미만 → 보고

92 양수검사 ▶ 2024

목적	유전적 문제(염색체 검사) / 태아 폐 성숙도 확인(임신 3기)	
내용	인지질	• 폐 성숙도 검사 - L/S 비율 2 : 1적정 • Shake test(거품 검사): 양수1cc + 에틸알콜1cc
	빌리루빈	동종면역 / 용혈성 질환 사정
	태변	태변(+) → 태아 저산소증 의심/둔위(정상 태아)/제대압박

93 양수량 부적절 ▶ 2022·2025

양수과다증	
기준	2000cc↑ / 양수지수 24cm↑
원인	위장계통 폐쇄 / 신경관 결함 / 당뇨병 / 자간전증 / 울혈성 심부전 / 다태임신 / 태반 이상
합병증	비정상적 태위, 조기파수, 유산·조산, 저긴장성 자궁수축, 이완성 산후 출혈
양수과소증	
기준	500cc↓ / 양수지수 5cm↓
원인	태아 요로계 이상, 양막 누수·조기 파막, 과숙아, 태반 노화·조기 박리
합병증	제대압박/ 골격기형/ 폐형성 부전

94 태아 심음감시 ▶ 2022·2025

무자극 검사 - 태동 - 심음	태동에 대한 반응으로 심박수가 적절하게 증가하는지 검사	
	반응	태동 + FHR 15회 이상 상승, 15초 이상 지속하는 경우가 20분 동안 2회 이상 있을시
	무반응	20분 / 태동 HR 15회 / 분 이하 or 15초 이하 지속
자극 검사	자궁수축	• 유두 자극검사: 비용과 검사 시간 줄임 • 옥시토신 자극 자궁수축 검사 금기: 조기진통, 전치태반, 양수 과다증, 다태임신, 파수 등

분만의 요소

95 분만 5요소(5P) ▶ 2024

5P : passenger / passageway / power / position / psychologic response

태아	태아 머리 크기	전후경선 / 횡경선
	태위	모체 장축과 태아 장축의 상호관계
	태세	임신 후반기 자세 / 머리, 몸통, 사지의 상호관계
	선진부	골반 입구에 접한 태아면
	태향	• 후두·턱·천골 Vs. 모체 골반의 좌우 면과의 관계 • 두정위 / 안면위 / 둔위 / 견갑위
산도	골반 입구	진골반 / 가골반
	대각결합선	치골결합 하연~천골갑 / 12.5cm↑ → 자연분만
	진결합선	치골결합 상연~천골갑
	산과적 결합선	치골결합상연 최대돌출부~천골갑 최단선 태아 통과 / 10cm↑
	좌골극간 경선	골반강 최단선 / 10cm↑

만출력	호르몬	0기	프로게스테론↓ / 에스트로겐↑
		1/2기	옥시토신↑
		2기	프로스타글란딘↑
	자궁수축 결과		• 하강, 경관개대와 소실: 양수 → 경부와 자궁 하부 수압 작용 • 파막 → 선진부 압력

	생리적 견축륜	병리적 견축륜
	협부 중심 자궁 상하 구분 경계선 • 자궁저부 짧고 두꺼워짐 • 자궁 하부 늘어나고 얇아짐	자궁 하부가 지나치게 늘어나 자궁저부와 하부가 반지 모양으로 구분됨 → 자궁파열 가능

① 1차적 힘: 자궁수축
② 2차적 힘: 수의적으로 내려 미는 힘 → 만출 도움

산부의 자세	산부의 심리적 반응

SET 026

분만 생리

96 분만 전구증상 ▶ 2016

가진통	브랙스턴 힉스 수축 ① 임신 중 자궁 긴장 유지, 자궁 혈액 공급증진 ② 약하고 간헐적 무통성 자궁수축 ③ 분만 임박 시 **강하고 빈번하며 불규칙한 수축** ④ 이슬(-) / 경관 변화(-)
하강감	• 초산부: 분만 예정 2주 전 / 선진부가 모체 진골반 안으로 • 다산부: 진통 시작 시 하강/ 선진부 진입과 하강이 동시에 자궁저부 높이 낮아지고 호흡 용이, 복부 충만감 & 위장장애 완화 / 방광 압박 → 빈뇨, 골반 압박감 → 다리 통증 / 하지 경련 / 질 분비물 증가
양막 파열	• 분만 임박 첫 번째 지표, 밀짚 색 양수 • 나이트라진 검사(청> 나이트황청망청)
요통	릴락신, 에스트로겐 → 골반 관절 이완
혈성 이슬	선진부 하강→자궁경관 미세혈관 압박·파열 + 점액 마개 / 분홍색, 점액 포함되어 끈적임
경부 연화	태아 통과 용이
체중감소	• 에스트로겐과 프로게스테론의 변화로 유발 • 전해질 변화로 인한 수분 소실로 0.5~1kg 감소
에너지분출	에피네프린↑ → 신체활동↑ '둥지 틀기 본능(nesting instinct)'

97 진진통과 가진통 비교

특징	진진통	가진통
규칙성	규칙적	불규칙적
간격	점점 짧아짐	변화 없음
강도	점점 강해지고, 보행 시 증가	변화 없음, 보행 시 완화
부위	등·복부·허리 → 복부로 방사	복부에 국한

태아 하강	진행	×
경부 개대, 소실	○	×
이슬	○	×
진정제 효과	×	○

98 분만단계 ▶ 2018, 2023

제1기	개대기	규칙적 자궁수축~경관 완전 개대			
			잠재기	활동기	이행기
		경관 개대	~3cm	4~7cm	8~10cm
		빈도(분)	5~30	3~5	2~3
		기간(초)	10~30	30~45	45~60
		강도	약	보통	강
		호흡	느린 흉식호흡	규칙 빠른 흉식호흡	수정된 빠른 흉식호흡
		※ 활동기: 가속기 - 최대경사기 - 감속기				
제2기	태아 만출기	자궁경관 완전 개대~태아 만출 팽륜(bulging)/배림(appearing)/발로(crowning): 회음절개 ※ 호흡법: 심호흡 ① Valsalva maneuver: 발성하며 힘주기, 1회 5초 이상 호흡 참지 않도록 ② 발로 - 헐떡거리거나 내쉬는 호흡				
제3기	태반 만출기	태아 만출~태반 만출 • Schultze 기전: 가운데부터 • Duncan 기전: 가장자리부터 박리				
제4기	회복기	태반 만출~산후 1~4hr				
두정위 분만 기전		진입 - 하강 - 굴곡 - 내회전 - 신전 - 복구 - 외회전 - 만출				

99 분만 중 태아 사정 ▶ 2023

조기 하강	
양상	FHR 하강이 자궁수축과 함께 시작, 자궁수축 끝나면 기본선으로 복귀
병태생리	아두 압박 - 미주신경에 의해서 연결된 부교감 신경 자극으로 FHR하강, 정상적이고 긍정적 반응
후기 하강	
양상	FHR이 수축의 극기에서 떨어지기 시작해 자궁수축이 멈춘 후 기본선으로 회복 지연, FHR은 정상 범위지만 부정적 결과
병태생리	자궁과 태반의 혈액 순환 부적절
간호중재	측위 - 대동맥·대정맥의 압력을 완화, 산소10L/분 공급
가변성 하강	
양상	자궁수축 동안 또는 수축 사이에 FHR하강, 기본선에서 U,V형으로 갑자기 떨어졌다 회복
병태생리	탯줄 압박
간호중재	측위나 슬흉위 - 제대 압력 제거에 도움, 산소10L/분 공급
지연된 하강	
양상	FHR이 2분 이상 10분 이내로 약 30회/분 이상 기본선 아래로 감속
병태생리	제대 압박, 태반 순환의 부적절, 아두 하강이 급격히 될 때
간호중재	옥시토신 투여 중지, 측위, 슬흉위, 측위+트렌델렌버그 자세 - 제대 압박·대동맥 눌림완화, 수액-저혈압시 효과, 산소공급

고위험 분만

100 조기진통 / 조산

정의	임신 20~37주 자궁수축, 자궁경부 개대 2cm 이상 / 소실 80% 이상	
치료	조기진통억제제 ① β교감 신경 항진제: Yutopar(Ritodrine) IV ② CCB: Nifedipine ③ 프로스타글란딘 합성억제제: Indomethacin ④ 마그네슘 설페이트	
스테로이드	약명	Betamethasone
	기전	폐계면활성제 분비 유도 → 태아 폐성숙 도모 / 호흡억제증후군 감소
	투여 시기	임신 24~34주 이전, 7일 이내 분만, 분만 24시간 전에 투여
간호	자궁수축 관찰	절대안정
	좌측와위	트렌델렌버그 체위
	내진	

101 만삭 전 조기 파막(PPROM) ▶ 2018

진단	나이트라진 검사
	양치엽 검사
	초음파 - 양수량 측정
영향	제대 탈출
	자궁 내 감염 - 내진 금기
	양수과소증

102 양수 색전증

정의	양수가 모체 폐순환을 차단, 분만 직후 쇼크, DIC 유발
원인	옥시토신 이용 유도분만, 심한 자궁수축, 다태아, 거대아, 고령 산모
증상	호흡곤란, 고혈압 → 쇼크증상 → DIC

103 자궁 관련 문제

자궁 파열	정의	자궁의 근육이 열상을 입어 파열되는 현상
	원인	다산부, 자궁 수술, 인공유산, 수축제 부적절 사용, 개대 전 감자분만, 이상 태위 교정, 자궁저부 지나친 압력
자궁 내번증	정의	태반 박리 전후, 태아 만출 후 자궁저부가 자궁 강으로 내려온 상태
	원인	• 자궁수축이 없을 때 태반의 제대를 잡아당김으로써 유발 • 자궁이완 시 태반을 배출시키려고 저부를 압박하여 발생
	증상	① 치골결합 상부에서 자궁 바닥이 촉진되지 않음 ② 태반이 부착된 상태로 자궁 내번이 발생하기도 함 ③ 양손 진찰법 시행 시 질내에서 컵 모양 덩어리 촉진 ④ 많은 양의 질 출혈, 저혈량성 쇼크 ⑤ 질 내 충만감, 심한 통증, 감염

	치료	① 서서히 밀어 넣어 자궁저를 복귀시키고 자궁수축 증진 및 출혈
		② 약물투여
		  • Terbutaline, 황산마그네슘(자궁이완)→복귀→자궁수축제를 투여
		  • 항생제 투여로 감염 예방

	예방	• 태반 만출을 너무 서둘러 시행하지 말 것. • 불필요하게 자궁 바닥을 압박하지 말 것. • 탯줄 견인은 태반이 자궁에서 완전 박리 확인 후 시행

정상 산욕

104 분만 후 자궁의 변화 ▶ 2010·2011

수축	• 수유 중 유두 자극 → 옥시토신 분비 → 자궁 내 잔여물 배출 • 태반부착 부위 혈관 압박 → 지혈	
퇴축	기전	① 자궁수축: 옥시토신 ② 자궁 용량 감소: 에스트로겐↓ ③ 자가분해: BUN↑ / 단백뇨 ④ 세포축소
	사정	자궁저부 높이, 자궁저부 강도, 오로
	촉진	초산부 / 수유부
	지연	거대아(저긴장성 자궁)
자궁내막	괴사 / 재생 / 지혈	

105 산후 자궁저부 위치변화 ▶ 2011

분만 직후	제와부에서 2cm아래 or 치골결합과 제와 중간
12hr 이내	제와부로 상승(골반 저부 근육·방광 근 긴장도 회복)
12hr 이후	매일 1~2cm 하강
6일	치골결합과 제와 중간
10일	복부에서 자궁 촉진 불가

106 오로 ▶ 2010·2011

적색	분만 후 3일 / 양 보통
갈색	분만 후 4~10일 / 장액성 / 양↓
백색	분만 후 10~20일(3주) / 양↓↓ / 질 분비물 3주 후 거의 사라짐

※ 오로 지속: 태반, 난막 잔류, 치유 부전 → 적색 / 갈색오로 지속, 자궁내막염

107 산후통

자궁이완	자궁 과다팽창, 자궁수축 유지 안 됨
모유 수유	옥시토신 분비 → 자궁수축 유발

108 산후 질과 회음부 변화 ▶ 2011

분만 후 에스트로겐 감소	• 성기 혈관충혈·점액·윤활 기능 저하(회복까지 2개월 소요) • 성교통·성적 반응감소
성생활 시작	오로가 줄고, 회음부 통증이 없으며, 혈종·감염이 없을 때
수유부	생리할 때까지 질 점액 저하
비수유부	분만 2주 후부터 에스트로겐 증가

109 산후 유방 변화

임신 중	에스트로겐·프로게스테론↑ → 유즙분비 억제	
태반 만출 후	프로락틴↑ - 지방·유당 합성 자극, 선방 세포 카제인 합성 자극	
유방울혈	일시적인 상태로 24~48시간 정도 지속	
	1차 울유	• 산욕 초 유방 민감성과 울혈 발생 • 분만 후 3~4일에 발생 • 림프와 정맥의 팽창으로 유즙 분비 준비
	2차 울유	• 유즙 분비 후 발생 • 유방 소엽에 젖이 채워져 팽만 • 유방이 무겁고, 커지며, 딱딱하고 예민해짐 • 열감, 동통

110 산후 심혈관계 변화 ▶ 2010

혈액손실 보호기전	
• 임신 시 순환혈액량 50% 증가 - 혈관 외액 → 혈관 내 이동으로 혈액량 증가
• 혈관 탄력성 회복 → 혈관 크기 감소
① 혈관 탄력성 회복과 확장: 에스트로겐/ 프로스타글란딘
② 혈관 탄력성 저하: 프로게스테론	

심박출량(혈액량) 시기적 변화	
임신	50% 증가
분만 후 48hr	일시적 증가(60~80%) → 심장질환 임부 CHF 위험
• 태반순환 상실 → 자궁과 태반 혈액 유입
• 자궁에 의한 압박 소실 → 정맥압↓/ 정맥 귀환량↑
분만 후 3~4일	에스트로겐↓ → 세포외액 배출, 혈액량 서서히 감소
분만 3주경	임신 전 수준으로 회복

기타	
경한 서맥	분만 후 40~70회(7~10일 동안) - 심박출량 증가에 대한 보상
미주신경 반사작용(분만 동안 증가한 교감신경계 활동)
※ 빈맥: 감염/ 출혈 의심
기립성저혈압	분만 후 48hr 복강 내압의 급격한 감소
→ 혈관 저항↓/ 내장 혈관 울혈 / 혈관 확장 / 혈액 정체

111 산후 비뇨기계 변화

요실금과 잔뇨증	
• 요실금: 증가한 방광 내압 감지 능력 감소, 방광 용량은 커지며, 산후 이뇨로 방광 급속히 채워 방광 과도팽창
• 잔뇨증: 배뇨를 충분히 못 하여 초래
• 방광 근 강도 회복은 산후 5~7일 경	

이뇨작용	
• 에스트로겐↓ / 사구체여과율↑ / 산후 1주일
• 배뇨·발한 → 과다 축적 체액 배출(3,000㎖/d)	

검사	
당뇨	수유부에게는 나타나는 것은 정상
아세톤뇨	지방 대사나 탈수로 인해 나타날 수 있음
BUN	자궁근육의 자가분해 때문에 증가
단백뇨	산욕기 산모 50%, 1~2일간 +1 정도 경함, 자궁근 자가분해 작용

112 산후 조혈계 변화

Hb/Hct	분만 후 48hr	↓/혈액희석
	분만 후 3~7일	↑/이뇨작용→혈액농축
	분만 4~6주	정상
백혈구	임신 2/3기	12,000/mm³까지 증가
	분만 10~14일	20,000~30,000mm³(림프구↓/ 중성구와 호산구↑) ESR↑→ 감염식별 어려움
응고 경향	응고인자↑	에스트로겐↑/ 산후 2~3주 회복
	혈소판↑	분만 후 증가, 산욕기 동안 회복
	색전증 위험	부동과 상호작용

113 산후 체온변화

24hr 이내	상승 / 호르몬 변화, 탈수, 근육운동 등
24hr 이후	감염 의심

114 산후 태반 호르몬 변화

HCG	분만 후 1주일 검사(-)
E/P	분만 후 1주일에 최저

115 산후 근골격계 변화 ▶ 2010·2011

복부 근육과 복강구조	회복 6주
이완된 골반 근육	서서히 회복
관절/골반 인대	2~3개월 이상 경과 후 정상으로 회복

116 산후 배란과 월경의 회복 ▶ 2010·2011·2022

배란	• 분만 후 첫 월경은 무배란인 경우가 많음 • 분만으로부터 멀수록 배란된 월경일 가능성 높아짐
비수유	빠르면 4주 후 배란 가능
	6~8주 이내 월경 회복
	산후 2~3주부터 피임 권장(첫 성교부터 모두 피임하는 것이 가장 안전)
수유	프로락틴↑ → GnRH억제 → FSH/LH↓ → 배란/월경 지연
	프로게스테론 단독(미니필/노플랜트/임플라논) → 모유량 유지 / 정맥혈전증 위험↓
	에스트로겐 제한(모유 생산량 감소)

SET 029

산모 간호

117 산욕기 신체적 간호

자궁 퇴축 간호	자궁저부 마사지, 옥신토신 투여
산후통 관리	• 방광 비우기 / 자궁저부 마사지 / 고온 팩 / 하지 거상 운동 • 진통제(모유 수유 30분 전), 산후 3일 경이면 완화됨을 알릴 것
	배뇨·배변 간호, 유방 간호, 휴식과 수면, 출혈 간호
회음부 간호	REEDA 사정: 발적 / 부종 / 점상 출혈 / 분비물 / 치유 상태 → 냉 / 습열 / 건열 요법
금지	무거운 것 들기, 장시간 서 있기
운동	자세 유지 / 골반 흔들기
질 회음 근육운동	골반저근·회음 근육 강화, 긴장성 요실금 예방, 회음부 혈액순환 증진
슬흉위	3~4회 / 일 - 5분씩, 자궁후굴 예방, 자궁 퇴축 도모
조기 이상	분만 8~24시간 내 시작, 제왕절개술 → 다리운동 혈액순환 증진 → 혈전증 예방, 방광 기능증진, 장운동 자극 → 배변 증진

118 산후 사회 심리적 간호

산후 우울감	• 정상적으로 3~10일에 나타나 1~2주 이내 회복 • 호르몬 변화가 자율신경을 자극하여 감정이 불안정
산후우울증	산후 ~6주 발생 / 수주~수개월 지속 / 산후 우울감보다 증상 심각
엄마 되기	의존기 / 의존·독립기 / 상호 의존기
아버지 되기	예상기 / 현실기 / 숙달기

SET 030

산후 출혈

119 조기 산후 출혈 ▶ 2009

정의	분만 후 24시간 이내
원인	자궁이완 … 90%, 질·자궁경부 열상, 태반 조각 잔류, 응고장애 4T: Tone, Tissue, Trauma, Thrombin

자궁 이완	원인	• 방광 팽만, 자궁 과다 팽만, 4회 이상 다산부, 급속분만·분만 지연 • 옥시토신, 황산마그네슘 장기간 사용, 전신마취
	사정	• 접시 모양의 원판형 자궁저(단단하고 작고 주먹같은 구형 → 잘 수축) • 질 출혈 - 자세변경·압박해 볼 것 • 방광 팽만 여부-자궁이 제와 상부, 한쪽으로 치우침
	약물	옥시토신 ergonovine(Methergine) - 맥각알칼로이드 약물 ※ ergonovine 금기: 고혈압, 심혈관 질환자 → 말초혈관수축작용
	간호	자궁저부 마사지, 양손 자궁 압박법, 조기 모유 수유(옥시토신 분비), 트렌델렌버그 체위로 자궁 상승(뇌 순환장애나 호흡기 가스교환의 장애가 있을 때는 피함)

120 후기 산후 출혈

정의	분만 24시간~산후 6주
원인	태반 조각의 잔류, 자궁 퇴축 부전, 감염
증상	출혈, 자궁이완
치료	자궁수축제, 항생제, D&C

SET 031

산후감염

121 자궁내막염 ▶ 2009

원인	제왕절개술 / 조기 파막 / 지연분만
증상	자궁 퇴축 부전 / 오로 배출 / 동통 / 체온 상승
합병증	골반감염
간호	• 침상 안정, 반좌위(상행성 감염 전파 예방, 오로 배출 증진), 수액공급 • 고단백·고비타민, 모유 수유 가능

122 유방염(유선염) ▶ 2009

정의	• 일측성이며 유즙 형성이 완전히 이루어진 후 발생 • 적절한 관리 없을 시 유방 농양으로 발전 가능
기전	유두균열 부위 황색 포도상구균 감염, 유관 폐쇄로 유즙이 흐르지 못해 울혈, 세균증식
증상	유방 부종 / 단단 / 열감 / 압통 / 액와 림프선증 / 유방 농양 / 전신증상
간호	• 유방 청결, 유즙 배출:모유 수유빈도 증가시켜 유방 비우기 • 유방을 묶게 되면 유방 농양 발생 • 유두 열상 예방, 온찜질·냉찜질, 유방대
유방 농양	모유 수유 중단 ※ 모유 수유 재개 시기 - 체온 정상, 감염징후 소실 시

123 혈전성 정맥염

호발 부위		하지 대퇴정맥, 복재 정맥, 슬와 정맥
혈액 응고력↑	임신	• 자궁증대로 인한 정맥 혈액 정체 • 혈액 과응고력(에스트로겐) - 응고인자·섬유소원 증가, 섬유소 용해 작용 저하
	산욕	출산 시 정맥벽 손상, 혈액의 과응고력(산후 2~3주까지)

SET 032

산후 정신 심리적 문제

124 산후 우울감

발병 시기	산욕 초기(3~5일)에 일시적으로 발생 - 많은 산모가 겪는 정상적 감정
증상	경한 우울감 - 운다
현실감	정상적
위험 요소	극소
치료	상실감 표현 / 지지 / 이해
예후	매우 좋음
신생아 영향	미미함

125 산후 우울(증)

발병 시기	산후 2~6주 / 10~15%가 경험
증상	불안 / 공포 / 실망감
현실감	현실감 유지 / 이인성, 지남력 장애±
위험요소	자살위험
치료	심리치료 / 약물치료
예후	과거력과 관련성 있음
신생아 영향	애착 행위·모아 관계 발달 저해

126 산후정신병

발병 시기	산후 1개월 이내 / 2%정도가 경험
증상	망상 / 환각 / 지남력장애
현실감	현실감 상실
위험 요소	자살, 신생아 살해 위험
치료	정신과 입원 치료 필요
예후	나쁨 - 계속적인 약물치료 요구

127 산후공황장애

원인	산욕기 동맥 내 이산화탄소 분압 변화와 관련 → 출산 후의 프로게스테론 감소와 PCO_2 증가는 공황발작 유발
증상	극도의 불안, 심계항진, 숨 막히는 느낌, 흉통, 안절부절, 사지 저림, 죽을 것 같은 느낌, 두려움 ⇒ 공황 발작(계기 없이 예상 못 하게)
치료	① 인지 요법: 인지 재구성과 사고방식 변화 → 현실적 긍정적 생각으로 대치 ② 필요시에는 약물 요법: 항우울제, 항불안제 ③ 행동요법, 이완 요법, 지지그룹

모유 수유

128 모유 수유 관련 호르몬 ▶ 2015·2022

- 모유 생성: 프로락틴
- 모유 사출: 옥시토신

129 모유 수유 방법

유방 청결	물로만 세정 / 비누·알코올 사용하지 말 것
자세	미식축구공 잡기 자세(풋볼 자세), 요람 자세, 누운 자세
입의 위치	유두·유륜 2cm 충분히 덮도록
손가락	C-hold technique
10~12회/일	낮 2~3hr 마다, 밤 4~5hr 마다
자주 오랫동안	• 출산 후 30분~1시간 이내에 자주 오랫동안 젖 주기 • 1주일간은 모유량 적으므로 아이가 원할 때 수유
끝까지 먹일 것	전유는 양이 많고 지방이 적고, 후유는 양은 적으나 지방함량이 높음
보충 수유 제한	유즙 생산 감소 됨
젖꼭지 혼동	nipple confusion, 고무젖꼭지 사용하지 말고 숟가락·컵 이용
트림	수유 후 트림시키고 우측위 취할 것(역류·흡인 감소 도모)

130 직장여성 모유 수유

냉동 모유
• 냉장고에서 꺼내 수유 직전 55℃ 이하의 물로 중탕 • 해동 후 30분 이내 섭취 • 직접 가열 금지: 항염작용 성분·비타민 파괴, 우유 층 분리, 구강 화상 • 모유 보관: 실온 4~6hr / 냉장 48hr / 냉동 3~6개월

131 모유 수유 장점

모체 측	자궁수축, 지방감소, 월경 지연, 골다공증 감소, 심리적 이점, 편리성
신생아 측	초유, 단백질, 유당 농도↑, 지방 → 뇌 성장 도모, 철분흡수 촉진 소화효소, 면역학적 가치, 알러지 감소, 호흡기계 질환 감소, 치과 문제 감소, 변비 예방

132 약물과 모유 수유

알코올	① 알코올은 섭취 30분 후 유즙에서 발견 ② 과다한 섭취는 옥시토신 분비에 영향, 사출 반사 방해 ③ 아이를 무기력, 젖을 잘 빨지 않아 적절한 체중 증가가 이루어지지 않음.
카페인	과도할 경우 카페인(커피, 콜라, 차, 초콜릿 등에도 포함) 과민 반응 보임.
니코틴	① 프로락틴 분비 감소시켜 모유 생산 저하 ② 간접 흡연: 호흡기 질환 등 여러 질환에 취약

133 모체의 질병과 모유 수유

Herpes Simplex	① 상처로 전달되는 Herpes균은 3주까지 신생아에게 치명적 ② 병변 만질 수 없게, 다른 쪽 유방 수유 가능(양쪽 - 완전치유 시까지 중단)
B형 간염	① 임신 모체 혈액, 양수, 질 분비물, 모유 수유로 수직전파 가능 ② 출산 후 12시간 이내 아기에게 감마 글로불린 주사 + 백신 3회 접종 ③ 예방적 처치 적절히 하면 B형간염 보균자인 경우도 모유 수유 가능
당뇨	① 당뇨 어머니는 모유 수유가 항당뇨성 효과 있어 추천함. ② 모유 수유 시 나오는 호르몬과 모유 생산 시 사용되는 에너지는 혈중 글루코스 수준과 인슐린 요구량을 감소 ③ 인슐린은 분자량이 커 모유를 통과 못 해 아이에게 전달되지 않음.

폐경기

134 폐경 생리

난소기능부전 → 호르몬 변화 - 에스트로겐↓ → FSH⇑/LH↑ → 난포성숙↑ → 난포 소실 현상 가속화 → 폐경

135 폐경 생식 생리의 변화

폐경 전기: 지난 3개월 이내 월경 有

- 난소기능부전 → 에스트로겐↓ → FSH↑ → 난포 자극 → 무배란성 출혈
- LH↑ → LH surge 이상 → 배란 안 됨

폐경기: 월경 정지 후 12개월 이상 월경 無

- 난소기능 쇠퇴 / 월경 없음(시상하부 - 뇌하수체 - 자궁 내막축 기전 장애)
- FSH증가가 LH증가보다 먼저 발현
- FSH와 LH 동시 증가
- 배란 일어나지 않고 프로게스테론↓

폐경 후기 … 난소 에스트로겐 분비 안 됨

- 시상하부 - 뇌하수체 - 난소 축 퇴축되어 시상하부 - 뇌하수체 - 부신 축이 활성화
- 안드로스테네디온 → 지방과 근육, 골 기질에서 estrone으로 전환

136 폐경으로 인한 단계별 변화 ▶ 2006·2010·2013

초기	정신		우울증·기분 변화 / 부정적 자아개념 / 빈둥지 증후군
	혈관 운동계	기전	에스트로겐↓ 자율신경계 **불안정** → 모세혈관 불규칙한 수축과 이완
		증상	열감 / 안면 홍조 / 발한 / 불면 / 심계 항진 / 감각 변화
중기	비뇨 생식기계	위축성 질염	질 위축 / 되더라인 간균↓
			외음 소양증 - 에스트로겐 질정, 질 크림
		질 출혈	프로게스테론 없이 에스트로겐 노출 / 자궁내막 과증식
		요실금	요도 점막 퇴행 / 요도괄약근 약화
말기	근골격계	골다공증	E 기능: • 골 형성 자극 / 골 흡수 억제 • Vit.D 활성화 • 칼슘 배설억제
			E 결핍: 활성 Vit.D↓→ 장내 칼슘흡수↓ /신세뇨관 칼슘 배설↑→ 혈중 칼슘 농도↓→ 뼈로부터 칼슘 유출되어 골밀도 저하
		골관절염	E 결핍 → 연골세포 증식↓ / 연골세포 분해↑
	심혈관계	고혈압	에스트로겐↓ → 혈관확장작용↓
		동맥경화증	에스트로겐↓ → 항동맥경화작용↓

137 폐경기 호르몬요법 ▶ 2023

금기	질 출혈 / 유방암 / 자궁내막암 / 혈전성 정맥염 / 뇌졸중
에스트로겐 대체 요법	자궁내막암·유방암**의 위험성 증가** → 정기적 검진 필요
에스트로겐-프로게스테론 병용	
선택적 에스트로겐 수용체 조절제(SERMs)	
Tamoxifen	유방에서만 항에스트로겐 작용 / 뼈, 심혈관, 자궁 작용
Raloxifen	유방, 자궁에서 항에스트로겐 작용 / 뼈, 심혈관 작용

138 폐경 관련 간호

	호르몬요법에 대한 지식
효과	혈관 운동성 증상 / 비뇨생식기계 증상 / 골다공증 치료
금기	질 출혈 / 유방암 / 자궁내막암 / 혈전성 정맥염 / 뇌졸중
간호	중단: 의사와 상의, 점진적, 대안 마련 / 6개월 간격으로 평가
	폐경에 대한 이해와 관리
에스트로겐 함유 식품	• 리그난-참깨와 아마씨, 곡류(호밀, 밀, 귀리, 보리), 호박씨, 콩, 브로콜리 등 • 이소플라보노이드(콩, 두부, 채소 등)
체중 유지	
검사	유방질환 / 자궁내막암 / 난소암 / 골밀도 검사(DEXA)
	난소기능 쇠퇴와 관련된 감각지각 변화
홍조 / 열감	자극적 음식과 환경 / 소음많고 덥고 사람이 많은 밀집된 환경 제한 얼음물 / 찬물 / 샤워 / 요가
옷	여러 겹
밤	면 의복 / 면 침구 / 시원한 환경 / 침대 옆 물병
신경과민	명상법, 이완 요법 등
	요로 생식기 위축과 관련된 비뇨생식기 기능장애
비뇨기계	물 충분히 섭취 / 방광 자주 비우기 / 케겔 운동 / 면 내의 / 젖은 수건에 앉지 말 것
성교	전희 충분히 / 수용성 윤활제 / 에스트로겐 질 크림
피임	최종 월경 후 12개월까지

자궁 종양

139 자궁근종 ▶ 2021

원인	에스트로겐 의존성 → 35~45세↑ / 임신 / 경구 피임제 / 비만 등		
증상	자궁출혈: 월경과다, 부정 자궁출혈, 부정 과다출혈 이물 촉지 / 만성 골반통 / 불임 / 비뇨기계·소화기계 정맥·신경 압박		
임신 시	에스트로겐·혈류량↑ → 근종 성장 1기: 유산 / 성장지연　　　　　　2기: 혈액순환 장애 / 괴사성 변성 3기: 출혈 / 자궁무력증　　　　　분만: 산도 폐쇄 / 자궁이완 → 출혈↑		
분류	점막	5%	자궁강 돌출 / 질 출혈 / 불임 / 유산 / 이차성 변성
	근층	80%	자궁 크기↑ / 다발성 / 결절 뚜렷 / 견고
	장막	15%	임신 → 종양 표면 혈관 파열 → 복강내 출혈↑
2차 변성	초자화	가장 흔함, 근종의 혈액공급 장애로 발생. 소용돌이 형태가 사라지고, 조직이 균일하게 보임	
	낭포화	조직이 액화되어 젤라틴 또는 물처럼 변성	
	석회화	종양 부위의 허혈로 인한 괴사가 일어나고 탄산·인산칼슘 등이 침착되어 굳어지는 형태	
	감염화농	점막하 근종에서 호발, 괴사된 조직에 연쇄상구균 등 화농성 병변	
	적색변성	심한 감염, 육경성 염전으로 근종 내부가 검붉은 출혈성 색채 띠게 됨	
	지방화	초자화에서 드물게 발생 가능	
	육종화	악성 종양화, 자궁근종이 갑자기 커지거나, 폐경기 후 여성에게 자궁 출혈과 함께 나타날 시 의심. 발생 빈도는 낮음	
치료	고식적 요법	• 근종 크기가 작고 증상이 없을 시 6개월마다 정기검진 • 폐경 무렵 무증상: 폐경 후 에스트로겐 분비↓, 수술을 서두르지 않음	
	호르몬 요법	GnRH 활성제, 프로게스테론 제제 사용(저용량으로 단기간 사용)	
	수술 요법	• 처음 발견보다 크기가 클 때 (자궁 크기가 임신 12주 이상) • 비정상적인 출혈로 인한 빈혈, 통증, 불임증 원인 • 폐경 관련 　① 폐경 전 근종의 급속한 증가 　② 폐경 후 자궁의 크기 증가로 육종성 변성 의심	

140 자궁경부 상피 내 종양(CIS) ▶ 2023

단계		CIN	이형성증
		CIN I	경증
		CIN II	중등증
		CIN III	중증 / CIS(상피내암)
		침윤성 자궁경부암	자궁경부암
자궁 경부	내	원주상피	
	변형대	편평원주접합부 • 화생: **초경** 시 경부 성장 → 내자궁경 원주상피 외자궁구 외번 → 질 산성 환경 노출 → 편평상피 치환 • 폐경기: 화생과정↓→ 이형성상피증 변형⇓	
	외	편평상피	

141 자궁경부암 ▶ 2020

원인	기혼 / 성 경험 / HPV / HSV II / 흡연 / 포경수술 안 한 배우자
예방	성 경험 늦게 / 안전한 성관계 / 성병 예방 / 포경수술 / 금연 / 예방접종(인유두종 바이러스 백신)
임상적 병기	침윤 전 암: 0기(CIS) • 1기: 경부 국한 • 2기: 질 상부 2 / 3까지 • 3기: 질 하부 1 / 3까지 / 골반 벽 침범 • 4기: 진 골반 밖으로 전파
증상	비정상적 질 분비물 / 질 출혈 / 빈혈 / 동통 / 임파샘 부종 / 요독증 / 직장 침윤

진단	세포진 검사(pap smear)
	실러 검사(Schiller test)
	• 질확대경 검사(Colposcopy) 　비정상: 백색 상피 / 백반증 / 모자이크 / 반점 / 비정형성 혈관 • 조준하 생검(punch 생검)
	원추 절제술(conization)
	LLETZ(Large Loop Excision of Transformation Zone) = LEEP (Loop Electronical Excision Procedure)

142 HPV 국가예방접종 지원사업

지원대상	• 만 12세~17세 여성 청소년 • 만 18세~26세 저소득층 여성
지원내용	• 첫 접종 나이 및 접종 내역에 따라 접종 횟수 상이 　- 만 12~14세 1차 접종 시 총 2회로 접종 완료 　- 만 15~26세 1차 접종 시 총 3회로 접종 완료 ※ 만 12세 대상자 표준 여성 청소년 건강상담 지원

143 자궁내막암

특징	폐경 후 여성에게 多 / 70% 선암 • 에스트로겐 의존성: 에스트로겐 장기간 자극 / 폐경기 전후 자궁내막증식증 　→ 악성종양 발전 • 에스트로겐 비의존성: 위축성 자궁내막
위험요인	미산부 / 무배란성 월경 / 늦은 폐경 / 비만 / 자궁내막증식증 / 에스트로겐 요법 / 타목시펜 / 당뇨병 / 유방암·자궁암 기왕력
증상	부정 자궁출혈 / 빈혈 / 통증(말기)
진단	세포진검사 / 자궁내막 생검(확진) / 자궁경 조준 생검

SET 036

난소종양

144 난소 양성종양 ▶ 2025

난포 낭종	
증상	난소 비대칭 / 중압감 / 둔통 / 월경이상
합병증	염전 / 자연파열
치료	수주 관찰 후 수술
루테인 낭종	
원인	포상기태·융모암(HCG↑) / 기태 제거 후 2~4개월 내 소실 / 악성화 안 됨
황체 낭종	
기전	황체의 비정상적 성장
증상	무월경 / 자궁출혈 / 자연파열 등
다낭성 난소낭종	
원인	• 시상하부-뇌하수체-난소의 호르몬 불균형, 인슐린 저항성, 남성 호르몬 과다분비 등
증상	• 난소 표면 2.8배 두꺼워지고, 초음파상 2~9mm 미성숙 난포 12개 이상 보임(진주목걸이) • 무배란→황체호르몬 생성 안되어 자궁내막과증식(자궁내막암 위험성 3~6배)불임, • 남성 호르몬 과다 증상(고안드로젠혈증): 다모증, 탈모, 여드름 등 • 대사 이상: 제2형 당뇨병, 이상지질혈증, 고혈압, 비만
치료	• 비만 관리, 호르몬제로 규칙적인 생리를 유도해 자궁내막암의 위험을 낮춤. • 난임 치료-경구 배란유도제(클로미펜, 레트로졸), 배란 유도 주사, 인공수정이나 체외수정 • 혈당 강하제인 메트포르민(metformin) - 당 대사 이상 교정

145 난소암 ▶ 2018

상피성 난소암 ··· 난소암의 90%	
억제	무배란 기간 → '보호 기간', 난소가 일하지 않는 기간이 중요
위험	난소 사용 많은 경우 → 독신, 출산 안한 경우, 빠른 초경, 배란 많을 시, 경구 피임제 사용 안 한 경우
증상	• 초기 증상 없음 / 난소 크기 증가 / 3기 이상 통증 발현 - 조기발견 어려움 • 골반 진찰 소견:유착·고정 → 이동성 적음 / 견고하고 불규칙적 외형
표지자	CA-125

비상피성 난소암	
① 생식 세포성 난소종양	
유피낭종	임신 중 흔함
미성숙 기형종	
미분화 세포종	비정상적 성선 가진 女, 임신·다른 생식 세포암과 동반, 예후 好
내배엽동 종양	단측성 / AFP 생산
태생암	심한 악성, AFP·HCG·CEA(+)
융모상피암	포상기태에서 발전
② 간질세포성 난소종양	
과립막 세포종	• 과립막 성장 → 에스트로젠↑, 자궁내막 주기적 출혈 • 사춘기 전 성적 조숙, 자궁내막 자극 증상
세르톨리-레이디그 세포종양	여성 성징 결여 → testosterone↑ / 남성화

자궁내막질환

146 자궁내막증

정의	자궁내막조직이 자궁 밖에 존재(주로 골반장기와 복막)
역학	에스트로겐 영향 / 가족력
증상	무증상 / 월경통 / 만성 골반통 / 불임 / 자연유산
사정	골반 검진 / 초음파 / 복강경 검사 / 혈중 CA-125↑
약물	에스트로겐 저하 유도 → GnRH활성제(zoladex / lupron) / 프로게스테론 / 경구 복합피임제 / 다나졸

147 자궁선근증

정의	자궁내막조직 → 자궁근층 내
증상	자궁 크기 증가 / 월경과다 / 월경통 / 성교통
진단	초음파 검사 / CA-125(보조) / 조직검사(확진)
치료	NSAIDs / 저용량 피임약 / 자궁적출술

148 자궁내막증식증

정의	자궁내막의 비정상적 증식 + 비정상적 자궁출혈 / 모든 연령에 발생
기전	프로게스테론 없이 에스트로겐에 의한 계속적 자극 → 자궁내막증식증·자궁내막암↑
증상	질 출혈 / 하복부 통증
진단	자궁경 검사 / 조직검사
치료	10대: 에스트로겐 - 프로게스테론 cycle로 6개월 이상 치료 / Progestin 10일 / 월 투여
	폐경 전후: 황체 호르몬요법 / 자궁적출술

SET 038

질염

149 칸디다성 질염

원인	칸디다균(항생제·에스트로겐·스테로이드 사용), 당뇨, 임신, 폐경, 외부자극
성 전파	배우자에게 균 존재 시 → 배우자 약물치료 필요
증상	소양감, 희고 노란 치즈같은 질 분비물, 악취(곰팡이냄새), 질 점막발적과 부종
치료	항진균제 Mycostatin(nystatin), 질정 삽입, 탐폰·질 세척은 금지
임신 영향	산도 감염 → 신생아 구강 칸디다증
진단 검사	질경 검진·습식도말검사 → 칸디다균 / Nickerson배지 → 확진용 세포배양

150 트리코모나스질염

원인	트리코모나스 원충
기전	성전파
증상	소양감, 녹황색 거품 많은 농성 분비물, 악취, 자궁경관의 접촉성 질 출혈, 과립상, 딸기 모양 출혈 반점
치료	메트로니다졸: 파트너 치료 • 알코올 금지(복부 경련, 오심 구토, 두통) • 임신 3개월까지 금지(조기진통 유발) • 투약 후 24시간 동안 수유 금지
임신 영향	조기 양막파수 / 조산 / 저체중아
선별 검사	식염수 습식 두말 → 트리코모나스 원충 확인 - 질 세척 금지, 윤활제 사용금지 나이트라진 검사 → pH 5~5.5(알칼리)

151 비특이성 질염(세균성 질염, 가드넬라 질염)

원인	호기성·혐기성 세균의 과잉증식, 젖산균 파괴
증상	소양감(경한 자극), 묽으면서 회백색 균질한 질 분비물, 비린내(생선 썩은 냄새)
합병증	경관염 / 골반감염
치료	메트로니다졸
임신 영향	조기 양막파수 / 조기진통 / 조산 등
선별 검사	• 습식도말검사 → clue cell • whiff test: 질 분비물+KOH(수산화칼륨) → 생선 썩은 냄새 • 나이트라진 검사 → pH 5~5.5(알칼리)

152 위축성 질염(노인성 질염)

원인	• **폐경**으로 에스트로겐 혈중 농도 낮아, 질 상피 얇아지고 출혈성 반점, 궤양 등 염증 반응을 나타남. • 양측 난소 절제술 후 호르몬 대체 요법 받지 않을 시
증상	• 소양감, 타는 듯한 통증, 질 궤양 • 질 분비물-비교적 엷으며 혈액 섞인 분비물 • 질강 수축으로 성교통 유발로 성생활 장애 초래
치료 및 간호	• 에스트로겐 치료 - 국소치료로 질정 스틸베스테롤 0.5mg이나 에스트로겐 질크림 • 재발 예방위해 지속적 투여, 국소적 에스트로겐 요법으로 자궁출혈 올 수도 있음.

SET 039

기타 감염

153 급성 골반염증성 질환

전파		상행성 전파 / 월경 중·직후 경부점액 차단력 감소, 생리혈 균주 성장 배지 역할, 내막 탈락 후 저항력 저하
증상		• 통증 / 질 분비물 / 질 출혈 / 고열 / 비뇨기계 증상 / 직장 불편감 • 골반 진찰(양손 진찰법) - 골반종괴 / 압통 / 샨들리에 sign(severe cervical motoin tenderness)
합병증		난관폐쇄, 불임, 자궁외임신, 만성 골반통, 골반농양, 골반 유착
간호	통증	온찜질 / 좌욕 / 지지
	감염	• 반좌위: 자궁강 분비물 배설촉진 / 상행성 감염 / 재감염 예방 • 입원 / 휴식 + 음식 / 항생제
	전파	성교 금지 / 파트너치료 / 차단법 / IUD 금기

154 골반결핵

개요	주로 2차성 / 양측 난관 침범 / 진단의 어려움
증상	만성 난관염과 유사, 오후 체온 상승, 빈혈, 심계항진, 월경량 감소
치료	항결핵제 복용
	난관 절제술

SET 040

세균성-STD

155 임질 *성> 임질과 클라미디아: - 암프가 1페니에 네고해서 T를 안염걸린 클라라에게 샀다.* ▶ 2010

원인균		임균(Neisseria gonorrhea)
전파		성적 접촉 / 간접 전파
증상	男	요도 농성 분비물, 비뇨기계 증상, 고환염·정관 손상 → 불임
	女	무증상 / 화농성 질 분비물 / 질 출혈 / 비뇨기계 증상 / 골반통 등
진단		TM(Thayer Martin) 배지 / 양손 골반 검진 / 성병 검사
치료		항생제
임신 영향		자궁내 성장지연, 조기 파막 / 자연유산 / 조산 페니실린 + 프로베네시드 → 페니실린의 세뇨관으로의 분비를 차단해 항생제 농도를 증가
모자 감염		임균성 안염: 전염력 높음 / 실명 가능 / erythromycin

156 클라미디아

원인균		클라미디아 트라코마티스 균
증상	男	묽은 점액성 화농성 요도 분비물, 요도염 / 전립샘염 / 부고환염 / 불임
	女	무증상 / 점액성·화농성 질 분비물
합병증		생식기 감염, PID → 자궁외임신, 불임, 요도염, 급성 요도염
검사		클라미디아 배양검사
임신		조기 파막 / 저체중아 / 사산 / 조산
치료		항생제
모자 감염		클라미디아 결막염 - 안연고 사용

157 매독 ▶ 2010

원인균		트레포네마 팔리듐 균		
전파		성적 접촉 / 혈액 / 타액		
구분	1기	3~4주	청> 경림 열	암시야 / 항체(-)
	2기	6주	청> 장편전	암 / 혈청 / 항체(+)
	잠복	조기(1년 이내)		혈청(+)
		후기(1년 이후)		
	3기	2년 후	청> 고무신 대동	뇌척수액 검사(+)
진단		암시야 현미경 검사		
		혈청 항체검사 청> VR / FMCVR로 보면 어지러워 선별 FM으로 봐야 확진) • 선별 검사: VDRL / RPR • 확진 검사: treponemal검사 / FTA-ABS / MHA-TP(= TPHA)		
		뇌척수액 검사		
모자 감염		매독균 5개월 이후 태반 통과 → 5개월 이전 치료하면 태아 영향 없음		
		조기 선천성 매독: 생후 2년 이내		
		후기 선천성 매독: 허친슨 징후 청> 허영 청(출)각		
치료		페니실린(98% 효과), erythromycin → 선천성 매독 예방 못 함, tetracycline → 태아 유치 변색 유발		

158 연성하감, 서혜육아종, 성병성 림프육아종 ▶ 2010

연성하감	원인	듀크레이 간균
	증상	통증(+) / 작은 피부구진 / 소농포
	치료	항생제 / 청결 유지
서혜육아종		Wright와 Giemsa염색 → 도노반 소체(+)
성병성 림프육아종		Frei 검사

청> 연듀를 쓰는 육아의 달인 서혜씨와 성림씨, 서혜씨는 뱀꾼 남편 도노반 라이트에게 검사주고, 성림씨는 딸 클라라에게 취포프라이를 해줌

SET 041

바이러스성-STD

159 음부포진

원인균		단순포진 바이러스 II형(85%)
전파		성 접촉 / 재발은 성접촉 무관
증상	1차	양측성 / 심한 통증 / 전신증상
	2차	단측성 / 1차보다 약함
합병증		자궁경부암 → 매년 pap smear
검사		챙크(Tzanck's)검사: 수포 배양
약물		항바이러스 연고: Acyclovir(Zovirax)
간호		전파 예방: 손 씻기, 옷·수건 공유 금지 / pap smear / 유발요인 제거
임신		출산 시 산도 감염
		자궁내 성장지연 / 자연유산 / 조기진통 / 조산아
분만		제왕절개(병변이 없다면 질식분만 가능)
모유 수유		수유 가능

청) 음부포진과 첨형 콘딜로마: 단순한 아씨가 수포를 챙하자 / 목 쉰 파파가 꽃양배추밭에서 포도를 FU하고 뺑고 가다(살)

160 첨형 콘딜로마 ▶ 2011

원인균	인유두종 바이러스
전파	성교
예방	자궁경부암 예방접종: 가다실
치료	사마귀 제거와 증상 완화, 완치는 안 됨 • podophylline 도포: 점막(질 / 자궁목)에는 적용 금지 / 임신 시 사용 금지 → 태아 기형 유발 • 삼염화아세트산 - 임신 시와 점막에 사용 가능
간호	면 소재 / 헐렁한 옷 / 좌욕 / 건조 / 윤활제 / 파트너치료 / 콘돔
기타	주산기 노출 시 → 2~4세에 후두유두종(쉰목소리) 발현 가능

SET 042

비뇨생식기 구조 이상

161 골반장기 탈출 ▶ 2022

원인	골반 기저층의 과다신전으로 인한 근육 이완과 탄력조직 손상
종류	방광류, 요도류, 직장류, 탈장
	자궁 탈출증 • 자궁이 하강되어 자궁경부가 질 입구로 내려온 것 • 노화, 다산부 + 복압의 지속적 상승 요인으로 인함 • 증상: 오후에 심화 양상, 압박감, 하수감, 요통, 하복부 중압감
치료	외과적 수술, 질식 수술이 원칙
간호중재	• 관련 요인 치료 및 교정: 비만, 만성변비, 기침 등 악화요인 교정 • 폐경 여성: 에스트로겐 대체 요법으로 골반근막조직 탄력성 유지 • 골반저근 훈련: 6개월 이상 지속하여 근력유지와 배뇨조절력 향상 도모 • 페서리 요법: 자궁 탈출증의 보존 요법 ① 수술 위험하고 회음부가 질내 장치 지탱 가능 시 적용 ② 꼭 맞는 것 사용 ③ 간호: 페서리 착용과 제거법 교육, 매일 희석한 식초, 과산화수소로 질 세척, 페서리 주기적 세척 ④ 금기: 골반 내 염증, 자궁내막증, 자궁 후굴 및 방광류, 직장류 ⑤ 합병증: 질 상피 자극성 외상, 장기 사용 시 감염, 요폐증, 질 분비물 증가, 원발암 발생 증가, 방광-질 누공 ⑥ 합병증 예방 - 에스트로겐 감작된 질에 사용

162 생식기 누공

유형	방광 질 누공, 요도 질 누공, 요관 질 누공, 직장 질 누공, 복합형
원인	• 산과적 원인: 지연 분만, 난산, 분만 외상 • 부인과적 원인: 질, 회음, 항문 수술, 자궁절제, 방사선 치료 • 이물 자극, 선천 이상 등
증상	질을 통한 대소변 누출, 질 회음부 소양증과 작열감, 궤양과 염증, 악취, 요실금, 불면증, 우울증

관리	• 진단: 질내 유출 소변과 분변으로 알 수 있으나 누공이 미세하거나 상부에 위치 시 슬흉위로 시진하여 진단하거나 방광에 메칠렌블루 300cc채워 유출 관찰함, 그 외 방광경 검사, 조영술, 초음파, MRI 이용 • 치료: 작은 누공은 자연 치유, 복원 수술

163 요실금의 종류 ☆ 복철혼일기

복압성	방광내압 > 요도폐쇄압, 골반부 근육 이완, 출산, 노화, 비만
절박성	방광 배뇨근 과반사, 방광 요도 불안정, 신경학적 질환
혼합성	복압성 + 절박성
일류성	방광 수축 긴장 저하로 요축적, 많은 잔뇨량
기능성	거동 불편, 요로계 장애와 무관

164 요실금의 치료

골반저근훈련법		Kegel's exercise, 복압성에 효과
방광훈련법		배뇨일지 작성, 대뇌피질 방광 지배능 재습득 훈련, 절박성에 효과
약물요법	항콜린	방광의 과잉수축 감소 - 절박 요실금 - Oxybutynin
	α-교감신경 흥분제	• 요도 저항 증가 / ephedrine - 복압성 요실금 • 부작용: 혈압상승, 불면, 두통-심질환자, 갑상샘기능항진증 환자 사용 금물
	α-교감신경 차단제	배뇨 시 요도괄약근 저항 감소 doxazosin(Cadura)
	TCA	방광의 과잉수축 감소 imipramine - 절박 요실금
전기자극		근육 긴장 야기, 배뇨근 활동 억제
바이오피드백		골반저근 위치 강도를 환자가 알도록 하여 골반저근 훈련 유도
콜라겐 주입		요도주위 콜라겐 주입으로 요도폐쇄 강화, 복압성에 효과
수술		다른 치료 효과 없을시

성폭력

165 성폭력 ▶ 2002·2006·2009

정의	성을 매개로 상대방 동의 없이 가해지는 정신적·신체적·언어적·상징적 폭력
간호	① 치료 전 샤워, 목욕, 질 세척 안 됨을 교육 ② 피해 당시 입었던 옷을 증거물로 보관 ③ 응급피임약 처방과 복용 ④ 정신적 치료 권유 ⑤ 가족 간호

166 강간 상해 증후군 성> 급리적재통합 ▶ 2002

강간상해 단계(Burgess & Holmstrom)	
1단계	급성 혼란기: 정신적 / 생리적 증상 / 장면 + 후회
2단계	외부적응기: 부정 / 억압 / 신체화 / 활동재개 / 행동제한
3단계	재조직기: 부정과 억압 사라지고 현실 변화와 정서적 적응을 꾀함
4단계	통합과 회복기
5단계	침묵반응

SET 044

인공임신중절

167 임신 중절술(인공유산) ▶ 2018

정의	임신 20주 이전 / 의도적 종결
허용한계	※ 모자보건법 - 임신 24주 이내 _{청>} 우유전 강인모 • 우생학적. 유전학적 정신장애나 신체 질환 • 전염성 질환 • 강간 또는 준강간 • 혈족 또는 인척간 임신 • 모체건강 위협

168 임신중절 건강 문제

신체적	• 자궁천공 • 자궁경관무력증 • 불완전 유산 • 출혈 • 생식기 염증 • 자궁외임신
정신적	• 유산 후 증후군 • 불안 / 우울 / 상실감 / 분노 / 죄의식

제5편
아동간호

2026 김동현 전공보건 암기의 맥

SET 001

성장발달 개요

1 아동의 성장과 발달 개념

성장(growth)	양적 변화, 측정 가능
발달(development)	질적 변화, 성장·성숙·학습·경험의 결과
성숙(maturation)	유전요인, 높은 수준으로 기능, 신체 구조에 나타나는 변화

2 성장발달의 원리 청> 순개상결방

- 순서적 연속적 경향
- 결정적 시기
- 개인차
- 방향성 경향
- 상호작용적 영향

3 성장발달 곡선 ▶ 2009, 2023

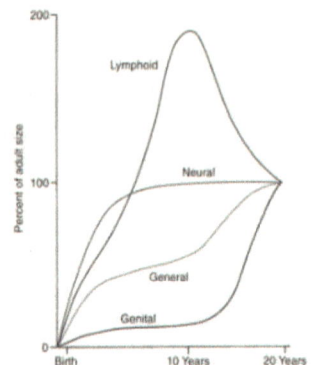

일반	영아, 사춘기 급성장	
신경	36개월까지 급성장, 4세 - 성인의 80%	
림프	흉선, 림프절	12세 최고 (성인의 2배), 6세 = 18세
	편도	학령전기까지 성장, 이후 작아짐
생식	사춘기부터 급격한 발달, 18세 이후 안정화	

SET 002

성장발달 이론

4 성장발달 이론

청> 인성사도대인, 감전구형C전물중전자 변상마비, 구보조가 탈과분, 형축가조명, 구항남장생, 산자주근점, 처도대법사보, 점참도친성동

연령 구분	인지발달 (피아제)	성심리 (프로이드)	사회심리 (에릭슨)	도덕 (콜버그)	대인관계 (셀리반)
영아 (~1y)	감각운동기	구강기	신뢰감 / 불신감	전인습적: 복종-처벌지향	영아기 접촉욕구 (~18m)
유아 (~3y)	전조작기 - 전개념기 (~4y) - 직관기(~7y)	항문기	자율감 / 수치심		
학령전 (~6y)		남근기	주도성 / 죄책감	전인습적: 도구적 현실	초기아동기 참여욕구
학령 (~12y)	구체적 조작기 (~11y)	잠재기	근면성 / 열등감	인습적: 대인관계지향 법과질서지향	후기아동기 또래욕구(~9y) 청소년 전기 친교(동성) 욕구
청소년 (~18y)	형식적 조작기 (~15y)	생식기	정체성 / 역할혼돈	후인습적: 사회계약 보편윤리	중기 청소년기 성적욕구 (~15y) 후기 청소년기 자아정체감 (~19y)

5 인지발달이론(Piaget) 참> 감전구현 ▶ 2008·2011

단계	특징
감각운동기(~2세)	• 반사행동과 우연한 행위 등으로 학습 • 대상 영속성 발달(8~12개월, 완결 18~24개월) - 물건 숨기고 찾기, 까꿍 놀이
전조작기(~7세) 참> 보물중전자변상 마비	논리가 부족, 자기중심적 사고, 현재 위주의 사고 • 보존개념 결여 • 물활론적 사고 • 중심화 • 전체적 조직화 • 자기중심성 • 변환 추리 • 상징적 사고 • 마술적 사고 • 비가역성
구체적 조작기(~11세) 참> 보조가 탈~ 과분	• 보존개념 • 조작적 사고(초기 - 귀납적, 후기 - 연역적) • 가역성 • 탈중심화: 사물, 사건, 상황의 여러 면 고려 • 과학적 사고: 실제와 상상 구분 • 분류화, 서열화
형식적 조작기(11~) 참> 추가조명반	• 추상적 사고 • 가설 설정 - 논리적 사고 • 조합적 사고 • 명제적 사고 • 불합리에 대한 반항

6 성 심리 발달 이론(Frued)의 성격 구조

본능(id)	쾌락원리	1차적 사고과정(충동적, 이기적, 무분별)
자아(ego)	현실원리	이성적 통제, 본능과 초자아를 적절히 조정, 2차적 사고과정
초자아 (superego)	사회적 원리	양심, 유년기 발달 시작 학령전기와 학령기에 출현

7 발달단계 ▶ 2011·2016

리비도(성적 에너지)의 신체 내 이동에 따른 분류 생> 구항남잠생

연령	단계	특징	
영아기 (~1세)	구강기	빠는 것 쾌감, 욕구를 채워주는 대상과 애착 중요	
		성공: 긍정적 성격 - 타인 신뢰, 자신감, 관대함	실패: 구강 고착 행동(흡연, 폭식), 불신, 의존적, 자기중심적, 수동적 성격
유아기 (~3세)	항문기	괄약근 조절을 통해 쾌감, 배변 훈련이 성격에 영향	
		성공: 자율성 획득	실패: 결벽증, 인색, 강박적이고 소심, 죄책감
학령전기 (~6세)	남근기	• 생식기를 통하여 쾌감 • 오이디푸스, 엘렉트라 콤플렉스(성별 차이를 인지) • 거세 불안, 동성 부모-동일시, 이성 부모-소유욕	
		성공: 성 정체성 획득	실패: 성 정체성 혼란, 반사회성 인격
학령기 (~12세)	잠복기	성에 관한 관심 감소, 또래 집단 영향, 지식획득과 사회적 역할 익힘	
		성공: 대인관계 원만	실패: 사회 부적응, 동성애, 열등감
청년기 (12~)	생식기	이성에 대한 성적 욕구, 성 충동의 적절한 조절, 정서적 독립. 성 문제에 관해서는 감정적 판단	
		성공: 성적 주체성 확립	실패: 성적 주체성 혼돈

8 사회 심리적 발달(Erikson) 이론 ▶ 2010

대인 간 상호작용의 중요성, 발달의 결정적 시기가 존재 생> 신자주근정

시기	과업	위기	관계대상	특성
영아기 (~1세)	신뢰감	불신감	주 양육자	일관된 돌봄으로 욕구 충족
유아기 (~3세)	자율성	수치심	부모	독립적 행동 배우며, 혼자 하려고 함 → 부모가 거절하면 위기 형성
학령전기 (~6세)	주도성	죄책감	가족	행동 주도, 책임감 가질 때 주도성 획득 → 엄격한 통제, 비난, 처벌 시 죄책감 형성 / 목표 지향적, 경쟁적, 모험적 행동
학령기 (~12세)	근면성	열등감	외부환경	성취 경험, 긍정적 피드백이 근면성 형성 → 부모와 주변의 과도한 기대와 그에 부응하기 어렵다 느낄 때 열등감 형성

| 청년기
(12~) | 정체감 | 역할
혼미 | 또래,
지도자 | • '나는 누구인가?'라는 의문 발생 / 자신의 존재 의미와 능력 탐색
• 아동과 타인의 관점이 일치하면 자아 정체감 형성 |

9 도덕발달 이론(Kohlberg) 참> 기출대비사본 ▶ 2008·2011·2014

수준	단계	내용
전인습 수준	처벌과 복종 지향(2~4세)	상·벌 때문에 행동
	도구적 현실 지향(4~7세)	이득과 만족을 위해 행동
인습적 수준	대인관계 지향(7~10세)	칭찬과 비난이 행위 동기
	법과 질서 지향(10~12세)	권위 존경, 법과 질서 준수
후인습 수준	사회계약 지향(12~청소년기)	최대 다수 최대만족, 공리주의적 행동
	보편윤리, 도덕 지향	신념과 절대적인 도덕 가치와 양심 중시

10 대인관계 발달이론(Sullivan)의 자아상 형성

좋은 나	아이 반응에 따뜻하고 적절한 보상 제공, 만족스러운 관계의 결과
나쁜 나	엄마의 불안하고 예민한 반응에 아이는 긴장과 불안을 느낌
내가 아닌 나	강한 불안 경험 시, 현실접촉 어려움, 경험 조직화 안 됨, 조현병

11 대인관계 발달이론 단계 참> 정창또신성통

단계	나이		욕구
유아기	0~2세	접촉 욕구	양육자에게 사랑받고 싶은 욕구
아동기	2~6세	참여 욕구	성인이 바라는 행동을 하는 시기
후기아동기	6~9세	또래 욕구	또래 집단에 속고자 하는 시기
청소년 전기	9~12세	친교 욕구	동성 친구와 우정을 나누는 시기
중기청소년기	12~15세	성적 욕구	이성 친구와 애정 관계 형성
후기청소년기	15~19세	통합 욕구	성인 사회로의 통합 원함
성숙기	20~30세		완전한 사회화, 부모로부터의 독립

SET 003

신생아기 특성

12 신생아 Vital sign 정상치

체온	36.1~37.7℃
맥박	120~140회 / min
호흡	35~60회 / min
혈압(수축압)	80~90mmHg

13 신생아 반사 ▶ 2021·2023·2025

반사 명칭		검사법 및 특징	소실
포복 반사		엎드려 눕히면 기는 듯한 모습	6주
체간 만곡 반사		척추 자극 시 그쪽으로 등이 구부러짐	2~3개월
모로반사		갑작스러운 충격, 평형 변화에 포옹하려는 반사	3~4개월
비대칭 긴장성 경 반사		머리 돌린 쪽 팔·다리를 신전하고 반대쪽은 굴곡	3~4개월
수유 반사	포유 반사	뺨 자극 시 그쪽으로 머리 돌림	4개월
	흡철 반사	입술에 닿으면 빠는 반사	7개월
밀어내기 반사		혀를 자극 시 혀로 밀어내는 양상	4개월
보행 반사		발을 단단한 곳에 두면 걷는듯한 모습을 보이는 반사	4개월
파악 반사	손바닥	물건을 꼭 쥐는 반사	2~4개월
	발바닥	발가락 기저부에 손가락을 두면 아래로 굴곡	8개월
바빈스키반사		• 뒤꿈치부터 긁으면 발가락 과다신전, 엄지발가락 배굴 • 뇌성마비 시 지속적 발현	1년

신생아 심혈관 이해

14 태아 혈액순환

태반	가스교환 장소	
제대 정맥	우측 심장으로 O_2와 영양분 많은 신선혈 유입	
특별 순환	난원공	우심방 → 좌심방 혈액 이동 통로
	동맥관	폐동맥 → 대동맥 혈액 이동 통로
	좁은 폐동맥	폐순환이 의미 없기 때문

15 신생아 혈액순환

폐순환 ↑ O_2 포화도↑	첫 호흡 → 폐 환기 시작
난원공 폐쇄 동맥관 폐쇄 폐동맥 확장	• 폐 확장 → 폐동맥압 저하 → 폐 유입 혈액량 증가, 혈중 O_2 농도 상승, 혈액순환 변화 • 좌심방 압력이 높아져서 난원공 폐쇄 • 동맥혈 산소분압이 상승하면서 동맥관 폐쇄

16 신생아 혈액의 특성

빈혈 호발	총혈량↑, Hb↑, Hct↑	
	↓ 적혈구 수명이 짧고 쉽게 파괴됨.	
	2~3개월 후에 용혈현상에 의한 <u>생리적 빈혈</u>	
	↓ 이유식으로 철분 보충해주지 않으면 병리적 빈혈	
	생후 6~24개월에 <u>철분결핍성</u> 빈혈 호발	
관리	제대 절단	제대 박동이 멈추기까지 기다린 후 (100㎖ 정도 혈량 증가 효과)
	Vit.K투여	Vit.K 결핍 → 프로트롬빈 생성 저하 → 출혈성 경향 증가

SET 005

신생아 황달

17 생리적 황달 기전 ▶ 2023

시기	생후 2~3일 발생 → 7일 후 자연소실
기전	적혈구 파괴량 증가(짧은 적혈구 수명 + 높은 적혈구 순환 농도) → 빌리루빈 생산이 성인보다 평균 2배
	간 효소의 활성화 미숙: 간접 → 직접 빌리루빈 전환 능력 저하

18 병리적 황달 ▶ 2023

원인	Rh 부적합·ABO 부적합, 담관폐쇄, 감염, 용혈성 빈혈
시기	생후 24시간 내 발생 → 7일 후에도 지속
증상	공막, 구강 점막, 손톱, 피부 사정(노란빛)
합병증	간접 빌리루빈 → 신경독성(핵 황달: 간접 빌리루빈이 뇌세포에 침착되어 뇌 손상 발생 상태)
핵 황달 (혈청 빌리루빈 20mg/dl 이상)	1. 초기: 기면, 식욕부진, 모로 반사 소실 2. 중등도 진행: 건반사 감소, 호흡곤란, 활모양 강직, 천문 팽창, 얼굴 및 사지 연축, 고음의 울음소리 3. 중증 진행: 전신 경련, 경축, 사망

19 모유 수유 황달

초기	생후 첫 주	원인	모유 섭취 부족-배변 감소로 빌리루빈 배출 저하
		관리	충분한 모유 수유
후기	생후 첫 주 이후	원인	빌리루빈 전환을 억제하는 모유의 성분(지방산)
		관리	모유 수유 일시중단, 빌리루빈을 확인해 재개

20 황달 간호

형광요법	① 기전: 푸른 빛이 지용성 빌리루빈 → 수용성 빌리루빈으로 전환
	② 간호
	  - 생식기, 망막보호 → 기저귀, 안대(피부 간호 주의)
	  - 오일 사용금지: 화상유발
	  - 체위 변경을 주기적으로 실시
	  - 수분 섭취 증가: 탈수 예방(무른 변, 소변 증가)

보온	체온 저하 시 대사 증가로 산혈증 유발 → 산이 알부민과 결합해 비결합 빌리루빈의 알부민 결합 능력 저하 유발 → 비결합 빌리루빈 상승
교환수혈	① 빌리루빈 20mg(혈액 100㎖ 중) 이상의 핵 황달에 적용 ② 아기 혈액을 사혈하고, 제대 정맥으로 Rh-O형 혈액을 주입
알부민투여	혈청에서 빌리루빈과의 결합을 증가시켜 줌
분유 수유	모유의 Pregnandiol- 간 효소 기능 약화 황달 유발⇒ 황달 심하면 인공수유 바람직

SET 006

신생아 호르몬

21 신생아 호르몬

항이뇨호르몬 생산 부족	다뇨 & 탈수증 호발
모체 호르몬 영향	유방 종창(에스트로겐), Witch's milk(마유)(프로락틴)
	질 출혈(가성 월경), 질 분비물(태반 에스트로겐, 프로게스테론)
	※ 구분-요산 배설: 수유량이 부족하여 기저귀 붉게 보임 → 태아 세포 파괴로 요산염 배설

SET 007

신생아 호흡

22 신생아 호흡

호흡 개시 (30초 이내)	화학적 자극	$PaO_2\downarrow$, $PaCO_2\uparrow$, $pH\downarrow$
	온도변화	피부의 감각자극 흥분
	좁은 산도 통과	액체 성분 배출, 계면활성제 기능 활성화

23 주기성 호흡과 무호흡 비교

주기성 호흡	① 계면활성제 부족으로 폐의 확장이 원활하지 못하여 불규칙한 호흡 유발 ② 주기성 호흡은 생리적 현상으로 정상적 반응으로 간주 ③ 20초 이내 호흡 중단 ④ 청색증·서맥 없음(→ 무호흡과 비교)
무호흡	① 병리적 현상으로서 20초 이상의 호흡 중단 ② 청색증과 서맥이 나타남

24 신생아 호흡 간호

기도유지	앙와위·측위로 두부 15도 낮춰 분비물 배액
구강 흡인기 (필요한 경우)	양수나 점액 제거

SET 008

신생아 체온조절

25 신생아 열 손실이 큰 이유

① 몸 크기에 비해 큰 체표면적
② 얇은 피하지방층
③ 양수에 젖음
④ 떨림(shivering)으로 열 생산 못 함
※ 열 생산 기전: 말초 수용체 온도 자극 → norepinephrine 분비 → 말초혈관수축 → 갈색지방 triglycerides를 지방산으로 분해 → 열 생산(갈색지방: 견갑골 간, 목덜미, 심장, 신장 주위 위치)

26 신생아 체온 유지의 중요성

고온 노출	발한 작용의 어려움, 땀샘이 성인 1/3 수준의 용량
저온 노출	대사성 산증

27 신생아 낮은 온도 노출 시 영향

무기폐	갈색지방 이용(NE 분비) → 폐혈관 수축 → 폐 혈류 감소 → 산혈증, 계면 활성 물질 생산 저하
고빌리루 빈혈증	산혈증, 산이 알부민과 결합 간접 빌리루빈이 알부민과 결합 못 해 간접 빌리루빈 증가
저혈당증	대사율 증가로 산소소모량과 포도당 이용 증가
간호	열 손실 최소화 → 목욕 시간 짧게 하고, 건조도 신속히 / 보온유지

SET 009

신생아 면역

28 면역 글로불린(antibody): 면역계의 단백질

이름	비중, 특징	주요 기능
IgG	75% 차지 / 태반 통과	2차 면역 주항체
IgM	분자 크기 큼 / 태반 통과 ×	새로운 감염 시 1차 반응(출생 시 증가는 선천성 감염의미)
IgA	15%	타액, 눈물, 모유, 소화액
IgE	극소량	기생충질환, 알레르기, 아토피 질환 시 증가

29 출생 시 감염 예방

임균성 안염	0.5% erythromycin 안연고, 1% tetracycline 안연고 → 예방적 항생제 투약
제대 간호	70% 알코올, 포비돈-과산화수소 용액 소독 / 분만 7일 탈락 / 탈락 3일 후 통목욕
예방접종	BCG, B형간염

SET 010

신생아 영양

30 초유의 중요성

한정적	출산 후 2~4일에만 분비
풍부한 영양소	단백질과 무기질, 비타민(A, E), 칼슘, 인
면역 물질	다량 함유(IgA와 면역 단백질)
태변 배출	설사 유도 작용

31 신생아 배변

태변	출생 ~ 3일	암녹색 / 끈적거리며 냄새 없음
이행 변	생후 3~5일	녹황색 / 묽고 점액 포함
정상 변	생후 5일 이후	

32 수유에 따른 배변 양상

모유 수유	난황색 풀 같은 변 / 자주 배변
인공 수유	황색 견고한 변 / 1일 1회 배변

33 생리적 체중 감소

정의	분만 3~4일에 출생 시 체중의 5~10%가 감소
원인	태변 배설, 제한된 수분 섭취, 호르몬 분비 변화

34 치아 발달 ▶ 2017

치아 형성	유치	태생 7~8주(임신 7~8주)
	영구치	태생 20주(임신 5개월)
치아 맹출	\multicolumn{2}{l}{생후 6개월, 하악유중절치부터, 30개월(2년 반)에 20개 완성}
	유치 개수	**아동의 개월 - 6 = 예상 치아 수**(생후 2년까지 적용)
	간호	냉 요법, 마취, 해열 - 시원한 치발기, 구강용 국소마취제
치아 관리	\multicolumn{2}{l}{18개월부터 본격 관리}
	\multicolumn{2}{l}{젖병 충치 예방: 자는 동안 우유나 주스를 물고 자는 경우 호발 → 밤 수유 금지, 우유 대신 물, 젖병 대신 컵 사용}
치아 교환	\multicolumn{2}{l}{생후 6세부터 영구치 교환, 12~13세 28개 맹출 완료(영구치 32개)}
석회화	\multicolumn{2}{l}{15~16세 완료, 석회화 완료 전 초등학생 충치 호발}

SET 011

천문 이해

35 천문폐쇄

소천문	생후 2개월
봉합선	6~8개월
대천문	12~18개월

36 천문 비정상 소견: 아기가 평온한 상태에서 측정

봉합선 융합	두개골 유합증
천문 함몰	탈수
팽만	ICP 상승
넓은 천문	• 구루병 • 갑상선 부전증

이유식

37 영양-이유식 필요성

철분 보충	모체로부터 받아 저장한 철분이 생후 4~6개월경 소실
모유 영양공급 한계	생후 4~6개월경 영아 성장 속도 빨라지나 모유량 줄어 추가 영양 공급 필요

38 이유식 실시 순서

월령		식재료	횟수	특이사항	
초기	4~6	쌀	2번	철분 함량↑, 소화↑, 알레르기 ×	
중기	6~10	소고기, 채소, 과일	2~3	단맛 노출(과일 나중에), 철분 - 비타민C 함께	
후기	10~12		3	돌 전 금지	
				알레르기 유발 식품: 딸기, 토마토, 땅콩, 밀가루, 초콜릿, 조개, 새우, 생우유	
				꿀	신경근손상 사망(보툴리즘)
				생우유	위장관 출혈

SET 013

놀이 발달

39 놀이 발달 섭> 방단 편연(구)형 ▶ 2018

발달단계	놀이의 형태	특징
신생아기	방관 놀이	
영아기	단독 놀이	함께 있어도 혼자 논다
유아기	평행놀이	동료 옆에 있지만 혼자(모래 놀이, 블록 쌓기)
학령전기	연합놀이	동료, 조직과 목적 없음(소꿉놀이, 병원 놀이)
학령기	협동놀이	리더, 목표, 역할 수행(축구, 피구)

애착 발달

40 애착이론

개요	• 인간은 태어난 지 1개월이 되면 대상(주로 어머니)을 추구하고 그에 대해 애착이 일어나기 시작함. • 애착은 소아와 보호자 간의 감정적 상태로, 이는 생리적 생존을 위하여 상호 만족과 기쁨을 느끼는 따뜻하고 친밀하며 지속적인 관계로 정서적인 측면을 포함함 • 보울비는 소아가 애착대상과 이별할 때 고통을 느끼고, 이것이 불안의 원형이라고 설명함

41 애착 발달단계(Bowlby) 애착 – 양육자와 영아 간 강한 정서적 유대감 ▶ 2015

단계	나이	특성
전 애착기	출생~6주	애착 형성 전, 미소·울음 등 신호체계로 관계 맺음 비 변별적 반응
애착 형성기	6주~8개월	변별적 반응 시작, 낯가림(6~8개월), 신뢰감 발달 시작, 익숙한 타인 초점
애착기	8~18개월	애착 형성된 사람에게 적극적, 분리 불안(12개월경)
상호관계 형성기	18개월~2세	• 애착 형성한 사람의 행동 예측 가능(2세 말) • 양육자와 협상하고 자신의 바람대로 행동 수정 시도 • 목표수정 동반자 관계

42 애착 발달과 부모교육

낯가림	• 낯선 사람과의 접촉 경험 제공, 양육자가 먼저 낯선 사람과 대화, 영아가 보도록 함 • 낯선 사람과 안전거리 유지, 강제적 움직임 표현 금지, 낯선 사람이 부드러운 목소리로 접근
분리 불안	• 숨바꼭질 놀이로 분리 경험 반복하여 분리 불안 극복 • 양육자와 떨어질 때 아동에게 설명·인사, 익숙한 물건 제공(장난감, 보호자 물건 등)

배변 훈련

43 신체 성숙과 배변 훈련 ▶ 2009

비뇨기계	요도 조임근 조절능력
	방광 용적 증가
신경계 (척수의 수초 형성)	보행 가능
	방광과 장 조절능력 생김

44 배변 훈련

시작 시기	• 배변에 대한 인지(기저귀 젖음을 인식) • 2시간 이상 기저귀가 젖지 않을 때 • 의사표현(기저귀 교환 요구) • 혼자서 바지를 내리거나 앉을 수 있을때
유의사항	• 격려와 긍정적 강화 제공 • 과도한 압박은 오히려 역효과(스트레스는 배변 훈련 방해, 퇴행 초래) • 퇴행이 보여도 이는 일시적임을 이해

유아기 특성과 이해

45 유아기 심리적 특성 *거부의 양태* ▶ 2007·2016·2022

거절증	자율성·독립성의 표출 / 반대하려는 의도적 행위는 아님
분노발작	내재한 긴장 표현, 독립성을 주장하는 미성숙 반응
의식주의적 행동	불안감 완화
양가감정	자율성 vs 의존심 / 무조건적 거부 vs 강한 애착
퇴행	• 자율성을 위협하는 스트레스 상황이 현재 발달과업을 방해 • 과거의 발달단계의 행태로 돌아가 정신적 에너지를 보존

46 훈육

원칙	*일시 비행은 융통성 있게 계출시켜라* 일관성, 시간성, 비밀유지, 행동 중심, 융통성, 통일성, 계획성, 종료
방법	한계설정, 타임아웃, 무시하기, 격려 행동, 주의 전환

47 교통안전

교통안전교육	2개월에 1회 이상, 연간 10시간 이상 실시(아동복지법 시행령)
카시트 적용	법 규정: 모든 좌석의 동승자에게도 좌석 안전띠 적용(영유아는 유아보호용 장구를 장착/ 도로교통법 제50조) * 영유아(6세 미만인 사람) ① 영아용: 만1세까지, 자동차 뒷좌석, 자동차의 후면 쪽을 바라보도록 장착 ② 유아용: 만1세 이후~3세, 자동차 뒷자석, 자동차 앞면을 향하도록 장착한다. ③ 4세 이상에서는 부스터시트를 장착한다.

SET 017

학령전기 특성과 이해

48 학령전기 특성

언어 능력	3세 900단어, 4세 1500 단어, 5세 2100 단어(극적 발달)
주도성	자기 스스로 새로운 것에 도전 "내가 할래!"(에릭슨)
상상력	역할 놀이, 상상 친구와의 대화
성 정체성	(6세) 형성 → 사실에 근거한 정확한 성교육
	자위 행동 → 혼내지 말고 관심 전환하기
공포감	자연현상, 상상하는 것(벌레, 폭풍우 등)
	야간에 미등을 켜두는 등 중재, 체계적 둔감법, 친숙한 물건 제공

49 성장통 ▶ 2009

원인	뼈 성장이 근육 성장보다 빨라 불균형, 뼈의 광화 작용이 미성숙하여 근육 끌어당기는 힘 약함
양상	신체 활동 많은 날 심함(저녁에 심함), 휴식 시 소실, 간헐적, 양측성, 하지 / 정확히 표현 못 함
간호	온열요법, 마사지, 진통제, 스트레칭, 바른 신체 선열 유지, 휴식

SET 018

청소년기 특성과 이해

50 청소년기 호르몬 변화

GH		신체 크기 성장	성장호르몬 유리호르몬(시상하부) → GH(뇌하수체전엽)
T3, T4		대사, 성장, 지능	TRH(시상하부) → TSH(전엽) → T3, T4(갑상선)
ACTH		2차성징 발현	부신피질자극호르몬유리호르몬 → ACTH(뇌하수체전엽) → 안드로겐(부신피질) → 테스토스테론(고환)
성호르몬	FSH	남: 정자생성, 정세관 성숙	성선자극호르몬 유리 호르몬(시상하부) → FSH, LH(뇌하수체전엽)
		여: 난소 여포, 에스트로겐 생산 자극	
	LH	남: 고환 성숙, 테스토스테론 분비	
		황체 생성 → 프로게스테론생성(황체)	

51 사춘기 5단계(Tanner) ▶ 2013·2019, 2023

단계	남자	여자
	성) 고음사키움	성) 유음키초움
1	사춘기 전기	사춘기 전기(유두 융기)
2	고환 커지고 음낭착색, 음경 약간 커지거나 그대로, 음경저부 긴 솜털	유방, 음모 발달
3	고환, 음경 더 커지고 음모 많아짐, 사정	신장의 급성장
4	신장과 체중 급성장	체중 증가, 초경
5	성인 수준	

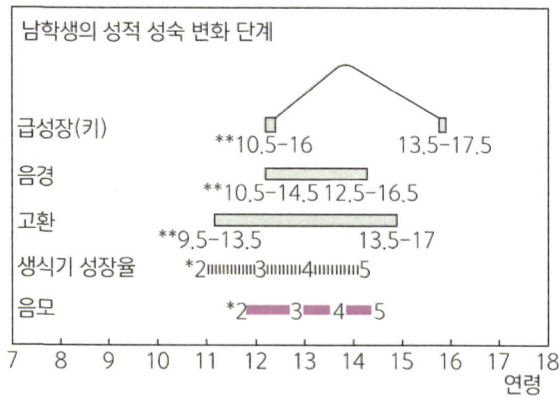

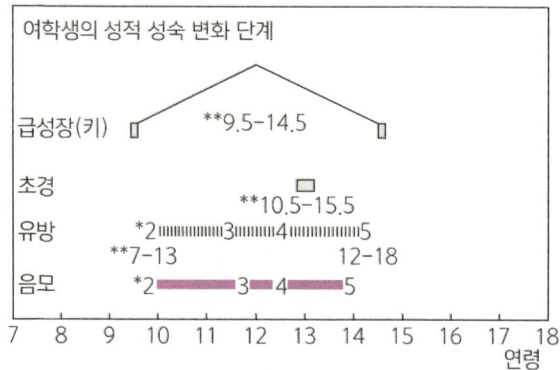

* 숫자는 Tanner의 발달 단계를 의미함.
** 성장과 성적 성숙 변화가 나타나는 동안의 연령 범주임.
※ 꼭짓점은 키 성장의 최고점을 나타냄.

52 청소년기의 행동 특성 – 자기 중심성(엘킨드) ▶ 2006

상상적 관중	과장된 자의식, 자신에게 관심 집중
개인적 우화	특별하고 독특한 존재라는 믿음, 불멸감

SET 019

신생아 사정

53 아프가 점수 ▶ 2017·2021

항목	피부색, 맥박, 자극에 대한 반응, 근 긴장도, 호흡	
결과	7점 이상 (대행운의 刀)	정상
	4~6점	중등도 어려움, 간호 관리 대상
	3점 이하	심한 곤란증, CPR 대상
시기	생후 1분, 5분	

54 New Ballard 사정 척도 첫) 자손 팔발 스슬, 유생 발피눈 송

목적	신경학적 검진 및 신생아의 재태 기간 반영	
구성	신경근육계	자세, 손목, 팔 반동, 슬와각도, 스카프 징후, 발뒤꿈치에서 귀
	신체성숙도	피부, 솜털, 발바닥, 유방, 눈 / 귀, 생식기
결과	신체성숙도 점수로 재태 기간 산정하여 신생아 간호 제공	

55 신생아 선천성 대사이상 검사 ▶ 2025

중요성	① 방치 시 뇌, 간, 신장 등의 비가역적 문제 초래 ② 조기에 발견하여 중재 시 장애 방지 가능 ③ 임상 증상만으로 조기 진단 곤란
시기	생후 5~7일
방법	신생아 발뒤꿈치에서 소량의 채혈

※ 신생아 선천성 대사 이상 질환: 특정 유전자 돌연변이, 단백질 이상에 의해 초래되는 질환

56 선천성 대사이상 검사 종류

Guthrie검사	페닐케톤뇨증, 호모시스틴뇨증, 단풍당뇨증
	고초균이용 → 혈중 아미노산 측정
Paigen법, Beutler법	갈락토스혈증
	대장균을 이용

57 신생아 난청 검사

개요	출생 후 6개월 이전 난청 발견, 재활 통한 언어발달 장애 예방
시기	출생 후 1개월 안에
방법	아기가 자고 있을 때 실시

시력검사

58 적색 반사 ▶ 2022

방법		검안경 이용 30cm 거리에서 동공 관찰 → 반사된 색 기록
결과	정상	선명하고 동일한 붉은 빛
	비정상	• 검은 반점, 적색 반응이 없는 경우: 백내장 의심 • 흰색 반사(고양이눈 반사): 망막아종(악성신경교종), 망막박리

59 양안시 ▶ 2009

정의	생후 6주 시작, 생후 3~4개월까지 양 눈을 동시에 하나의 대상에 고정할 수 있는 능력 ※안구의 적응력과 굴절력은 6개월에 완성
중요성	부정렬 지속 시 약한 눈 점점 사용 안 해, 뇌는 그쪽 눈에 의해 만들어진 상 억제 → 4~6세까지 교정하지 않으면 약시 초래

60 사시 검사 ▶ 2008·2009·2016

각막광반사 (Hirschberg 검사)		검안경을 40.5cm(16인치)에서 눈에 비추어 보는 검사	
	결과	정상	불빛이 양 동공 중앙 대칭적으로 비춰짐
		비정상	빛이 한쪽 눈 중심에서 벗어나 비춰짐
차폐검사 (cover test)	방법		한쪽 눈 가리고 33cm(근거리)나 6m(원거리) 이격해서 물체를 바라볼 때 가리지 않은 눈 움직임 관찰
	결과	정상	가리지 않은 눈이 움직이지 않음
		비정상	가리지 않은 눈 움직임 / 강한 눈 가려지면 약한 눈이 물체 고정
교대 차폐검사	방법		한곳 응시할 때 눈가리개를 바꿔가며 가리개 제거한 순간 가려진 눈 움직임 관찰
	결과	정상	가려진 눈의 눈동자가 움직이지 않음
		비정상	가려진 눈에서 가리개를 제거했을 때 움직임

차폐 노출검사 (cover -uncover test)	방법	전방 물체 응시하고 한쪽 눈 차폐 후 가리지 않은 눈 움직임 관찰 → 가리지 않은 눈 집중할 때까지 기다린 뒤 차폐 치우고 양안의 협응 관찰
	결과	정상	차폐 제거 후에도 양안 움직임 없이 고정
		비정상	차폐 후 노출 시 노출된 눈이 움직일 시

61 가성 사시

가성 사시	• 코가 낮고 양안 사이의 거리가 멀거나 심한 몽고주름으로 눈 안쪽의 흰자위가 눈 주위의 피부로 많이 덮여 실제로는 사시가 아니나 사시처럼 보이는 경우 • 12개월까지는 생리적으로 발현 가능, 이후 소실

62 시력검사

Snellen symbol test	학령전기나 읽는데 어려움 있는 아동용 / 알파벳 E 이용
검은 새(Blackbird) 시력검사	학령전기 아동, 문맹, 의사소통 어려움 있는 경우, 새가 날아가는 방향 표현
Allen 검사	• 7개의 그림 카드 이용, 이름을 말하도록 • 정상: 3회 연속 3개 그림 정확히 대답, 9m에서 판독 → 2~3세는 15 / 30(4.5m), 3~4세는 20 / 30(6m) / 양 눈 시력 동일

63 주변시(시야)

대면법	정면의 특정점에 시선 고정 후 손가락이나 연필 등 물체가 시야 밖에서 안으로 들어오는 범위 사정
정상	상측 50°, 하측 70°, 코 쪽 60°, 측두부 쪽 90°

64 색각

Ishihara 검사	혼란스러운 점들로 구성된 일련의 카드로 검사 색 바탕에 숫자나 심볼을 인쇄 → 색각 장애 시 바탕색과 혼돈
Hardy-Rand-Rittler (HRR) 검사	X, O, △ 세 가지 모양 발견, 숫자에 익숙하지 않은 소아나 성인용

청력검사

65 신생아와 영아의 청력검사

	신생아	영아
임상 청각 검사	경악 반사(startle reflex test): 얼굴표정, 울음, 행동 변화 관찰	조용한 환경에서 소리 반응 관찰
Crib-O-Gram	전·중·후 영아 운동 양상 비교	매트리스 행동감지기 마이크로 프로세서 영아 행동 감지

66 청각 검사 ▶ 2004·2015

		Rinne test	Weber test
방법		소리굽쇠 손잡이를 소리 들리지 않을 때까지 유양돌기 위치 후 소리굽쇠 외이도 접근	소리굽쇠 진동시킨 후 머리 중앙선 위치
결과	정상 (양성)	소리를 들을 수 있음	양쪽 귀 동일 소리 들림
	비정상 (음성)	소리를 들을 수 없음 → 공기전도장애 * 길이: 공기 전도 > 골 전도	전도성 장애 - 이상 있는 쪽이 잘 들림 (소리 빠지지 못해 골전도 강화)
			감각신경성 장애 - 정상 귀 잘 들림

67 이경에 의한 귀 검진 판독

투명하고 밝은 진주빛 분홍 or 회색빛	정상고막
고막의 붉은 반점	화농성 중이염
불투명한 회색빛	장액성 중이염
잿빛 부분	이전 천공 흔적

발달검사

68 Denver II 발달 사정 (Denver developmental screening test, DDST) ▶ 2009·2012

청) 미개년동 진정의연 정의(불)

검사영역			
미세운동-적응력	개인적-사회적발달	언어	전체운동발달
점수해석			
진보(advanced)	연령선 우측으로 완전 통과(더 나이 많은 아동의 25% 미만이 통과)		
정상(OK)	연령선 25%~75% / 통과, 실패, 거절		
주의(caution)	연령선 75%~90% 실패, 거절		
지연(delay)	연령선의 왼쪽 지나 완전 실패		
검사의 해석			
정상(normal)	지연 없음, 주의 1개		
의심(suspect)	1개 이상의 지연 or 2개 이상의 주의		
검사 불가 (untestable)	연령선의 완전 왼쪽으로 거절된 항목이 1개 이상 연령선의 75%~90% 사이를 지나는 항목이 2개 이상		

69 Denver II 발달 사정 주의점 ▶ 2009·2025

검사 시기	출생 ~ 6세 / 24개월까지는 월별, 그 후 6세까지는 매 6개월마다
선별검사	발달지연, 문제 가능성 선별
연령선 교정	미숙아로 출생 여부 파악 → 현재 나이에서 일찍 출생 개월 빼서 교정
반복 검사	특정 항목 점수 기록하기 전 3회 정도 시도

통증 사정

70 통증 과정

변환	• 말초 통각수용기 유해 자극 → 활동전위 전환 → 신경섬유 활성화 → 중추신경계전달 • 손상 조직에서 히스타민, 브라디키닌, 프로스타글란딘, 산 등 유리 → 대뇌전달
전달	통증 자극 전달 섬유: 직경 작은 두 종류로 통증을 척수에 전달 참) 델타 아파 씨
	A-델타 섬유 / 빠른 전도, 날카로운 국소성 통증 전달
	C섬유 / 느린 전도, 데는 듯한 둔한 광범위 통증 전달
조절	엔돌핀, 세로토닌, 노어에피네프린 등 시냅스 전후 작용 → 통각 자극 억제
지각	통증 기억, 동기적-감정적, 인지적 측면들이 통증 지각 영향 미침

71 관문조절이론(gate control theory): 통증 조절 체계를 정리한 이론

조절수준	통증 차단(닫힌 문)	통증 전달(열린 문)
대뇌	통증 경험, 통증 조절감	경험, 불안도
뇌간	다양한 감각 투입(엔돌핀 효과)	불충분한 감각 투입(야간)
섬유	직경 큰 A-베타, A-알파섬유 자극 → 통증 전달 억제	느리고 작은 A-델타 섬유, C섬유

72 통증에 대한 아동 단계별 양상

영아	울음, 전신적 반응과 얼굴 찡그림
유아	통증 부위 표현 가능, 치료 자체에 두려움
학령전기	신체 절단 관심, 아픈 것 = 벌 받는 것, 사전 설명 효과적
학령기	질병과 치료에 대한 논리적 설명 원함
청소년기	질병과 관련된 신체상 변화에 관심, 통증 표현 잘 안 함

73 신생아기, 영아기 통증 사정 도구(객관적 사정) ▶ 2012

검사명	사정 항목
CRIES pain scale	울음, 산소요구량, 활력징후, 표정, 수면 변화
COMFORT behavior scale	각성상태, 차분함 - 불안함, 호흡 반응, 울음, 신체적 움직임, 근육 긴장도, 얼굴 긴장
FLACC scale	얼굴, 하지 위치, 활동, 울음, 진정되는 정도 등
NIPS	얼굴표정, 울음, 호흡 양상, 상지 상태, 하지 상태, 각성상태 등

74 유아기 이상 아동 통증 사정 도구 ▶ 2012

검사명	적용 나이	특징
Oucher	3~13	6개의 얼굴 사진 이용, 0~100까지 숫자 척도로 표현
Poker chip	4	4개의 포커 칩을 이용, 4단계로 통증 표현
FACES	3	안면 통증 사정 척도
색상 도구	4	신체 그림 위에 색상 펜으로 통증 부위 표시하게 함
숫자 척도	5	
APPT (Adolescent Pediatric Pain Tool)	8세 이상	청소년 아동 통증 도구, 다차원적 통증 사정 가능, 통증 위치, 강도, 질 사정

SET 024

출생시 손상

75 출생 시 두부 외상 ▶ 2023

산류	• 두정위 분만 시 발생 • 선진부 두피 연조직의 경계 불명확한 부종(봉합선 넘어감) • 광범위하게 혈청과 혈액 고임 → 2~3일 내 자연소실
두혈종	• 난산으로 두개골과 골막 사이 혈관 파열 → 골막하 출혈 • 경계 명확, 뼈 경계 이상 확장되지 않음(봉합선 넘지 않음) → 출생 시 미미, 2~3일째 커짐 / 2주~3개월 내 자연소실
두개 내 출혈	증상	ICP 상승, 고음+날카로운 울음&사출성 구토, 대천문 팽창, 모로반사 소실
	치료	Vit. K, 머리 상승, 요추천자

76 신생아 안면신경마비

원인	분만 시 안면신경이 forceps이나 산모 천골(sacrum)에 압박
증상	손상된 쪽 운동 소실 → 이마 주름 ×, 환측 눈 못 감고, 입 건강한 쪽으로 당겨짐
치료	자연치유(예후 좋다) / 안구 건조 예방 & 수유 장애 개선

77 신생아 사경

원인	분만 시 흉쇄유돌근의 손상에 의함
증상	손상된 쪽으로 머리 기울며, 턱은 반대쪽으로 돌려짐
치료	대부분 자연치유, 손상 근육의 스트레칭 운동

78 신생아 상지 마비

원인	둔위 분만 시 호발
증상	팔이 내전·내회전 되어 있으며, 외전 안 됨
치료	팔을 90° 외전시켜 6개월간 고정함

79 신생아 쇄골골절

원인	가장 흔한 출생 시 손상 / 평균보다 큰 신생아가 난산과정의 두정위·둔위 분만 시 흔히 발생
증상	모로반사 없거나 국소 부종이 있으며 팔 움직일 때 울음

SET 025

호흡 관련 문제 신생아

80 신생아 무호흡

증상	20초 이상 호흡 중단 & 청색증 & 서맥 → 뇌 저산소증 위험
관리	① 부드러운 감각자극(가슴, 등 문지르기…) ② suction & 고농도 O_2 공급 ③ 심폐소생술 & 양압 호흡 유도 ④ 교감신경흥분제 투여

81 특발성 호흡 장애 증후군(초자양막증, 유리질막증)

원인	폐성숙도 미숙으로 계면활성제가 부족하여 호흡곤란이 초래되는 질환
기전	① 폐포와 폐 모세혈관 사이 기체교환 안돼 저산소혈증 ② 폐포 손상 → 계면활성제 생산능력 약화 & 괴사 ③ 폐 모세혈관에서 폐포 내 삼출액 유입 ④ 삼출액과 괴사조직이 섞여 초자양막 형성 ⑤ O_2, CO_2 교환 더욱 안 되고 호흡부전증 발생
증상	호흡 노력증가로 흉골함몰, 비익호흡, 호흡수 증가, 청색증
치료	① 40% 이하의 저농도 O_2 공급 ② 허탈 된 폐포의 재팽창과 강제적 환기를 위한 양압 호흡 ③ 계면활성제를 폐에 직접 주입

82 미숙아 망막증(Retinopathy of prematurity)

발생 기전	망막의 미숙함, 고농도 산소, 쇼크, 가사, 저체온, 비타민 E 결핍, 빛에 노출 등으로 손상 → 망막혈관 증식 → 부종, 출혈, 초자체액과 망막의 혼탁 및 망막박리 → 시력 상실
예방	산소 투여 신중, 비타민 E 투여, 빛 노출 방지 / 출생 후 산소치료 6시간 이상 받은 신생아 f / u(4~6주 후)

83 기관지·폐 형성 장애(기관·폐 이형성 부전증)

원인	고농도 O_2 공급 & 양압호흡기 사용, 장기간 endotracheal tube 사용
증상	기도의 지속적 자극으로 상피조직이 과잉증식되어 기도 폐쇄 만성적인 병리 과정 진행 - 폐기종, 폐부전 → 폐동맥압↑, 폐인성 심질환
치료	예방 중요, 위험시기를 넘기면 5~6세 정상 기능

84 태변 흡인

원인	자궁 내 태아질식·무산소증 → 양수 내 배변&출생 첫 호흡 시 기도 흡인
증상	뇌 저산소증으로 중추신경계 손상 → 높은 사망률 원인

위장관 문제 신생아

85 괴사성 소장 결장염

발생 기전	• 위장계 혈관 장애 미숙아에게 호발 • 고농도 유즙 너무 일찍 주입 → 대장벽 혈류저하&장벽 세포 파괴 → 장벽 기능 약화로 윤활성 점액 생산 부족 → 병원균 독소공격 장벽파괴·괴사
증상	세균증식으로 인한 가스 형성
관리	• 절대 금식 • 복압 상승 방지 → 직장체온 측정 및 복위 금지 • 기저귀 느슨하게 채우며 환아 격리 • 구강 수유 시도: 멸균수, 전해질 용액, 모유 수유 가능 → 모유 내 IgA, 대식세포 저항력 상승 도움

SET 027

미숙아 / 과숙아

86 미숙아 / 과숙아 ▶ 2017

	미숙아	과숙아
정의	재태 기간 37주 전, 체중 2500gm 이하	재태 연령 42주 이상
증상	• 작고 야윈 외모, 피하지방↓ • 가늘고 솜털 같은 머리카락 • 신체와 비교해 머리가 큼 • 이완된 자세, 귀 연골 발달 미약 • 손바닥, 발바닥 주름 적거나 없음 • 음핵 돌출, 음낭 발달↓, 고환 하강 ×	• 솜털 없음 • 태지 감소 • 머리카락 많고 손톱 길다 • 피부 창백, 갈라지거나 벗겨짐 • 키가 크고 야윈 모습
발생 빈도	고령 출산, 산모 음주·흡연, 스트레스 불임시술로 증가 추세	부모가 크거나 다산모, 당뇨병 산모일 경우 발생 빈도 높음
참고	• 캥거루식 안기 • 철분 보충(2개월)	• 만삭아보다 사망률 높음 • 태반 부전, 태변 흡인 → 저산소증

염색체 이상

87 상염색체 이상 증후군

명칭	특징	
Down증후군 (21triosomy syndrome) 고령 임부 관련	핵형	47, XX(or XY)+21
	특징	둥근 얼굴, 눈 사이 멀고 눈꼬리 올라감, 혀 크고 코 납작, 짧고 덧살 목, 손바닥 원선, 손발 짧고 뭉툭 / 지능 저하, 근력 저하
	합병증	선천성 심기형(40%), 안과 문제, 청력 장애, 백혈병, 감염 취약(T림프구 이상), 위식도역류, 십이지장 폐쇄, 수면 무호흡, 갑상선 질환, 척추 변형
	진단	• 임상 증상으로 95% 이상 의심 가능 • 산전 진단(35세 이상): 임부 융모막 채취나 양수천자 통한 염색체 분석 • 산전선별검사(35세 이하): AFP감소, estriol감소, 　　　　　　　　　　　　　　hCG증가(임신 16~18주경)

88 성염색체 이상 증후군

명칭	특징
Klinefelter 증후군	47, XXY (표현형은 남자) • 큰 키, 여성형 유방, 2차 성징 발현 없음, 고환 작고 무정자증(불임) • 지능 정상(X 염색체 많을수록 지능 박약 정도 심함) 남성 호르몬 요법
Turner 증후군	45, X (표현형은 여성) • 키가 작음, 방패형 흉부, 물갈퀴 목(목의 덧살), 심장 기형 • 성선 미숙(원발성 무월경, 불임, 성적 유아증) • 지능 정상 또는 약간의 학습장애 • 골연령은 정상 또는 약간 지연 호르몬 요법(에스트로겐)-호르몬 이상(FSH, LH 증가)
Fragile X 증후군	취약한 X 염색체가 정신 지체(IQ 20~50) 유전자로 발현 • 남: 지능 저하, 큰 고환, 긴 얼굴, 튀어나온 턱, 구부러진 귀, 단일선 손금, 사시 • 여: 드물게 발현

SET 029

유전성 대사 질환

89 유전성 대사 질환이란?

특정 유전자의 돌연변이로 유전자의 산물인 단백의 변화에 의해 초래되는 질환의 총칭

90 페닐케톤뇨증(phenylketonuria; PKU)

특징	phenylalanine hydroxylase(페닐알라닌 → 티로신) 선천적 저하
증상	페닐알라닌 축적-페닐알라닌 단백합성(1/4), 티로신(3/4)대사 • 구토, 습진 • 담갈색 모발, 흰 피부(티로신 → 멜라닌) • 정신 운동 발달지연(티로신 → 에피네프린, 트립토판, 세로토닌, 도파민 전구물질) ⇒ mental retardation(생후 1년까지 치료 시작하지 않으면 IQ 50 이하 저하, 생후 1개월 내 치료 시 증상발현 없음) • 땀과 소변 쥐 오줌 냄새: 페닐파이로빅산, 페닐초산 대사 후 배설
검사	• 혈액 내 페닐알라닌 상승 • 소변 페닐초산, 페닐케톤 뇨 배설 • Guthrie test: 신생아기 선별검사
관리	• 저페닐알라닌 분유, 저페닐알라닌 식이(채소, 과일, 주스, 일부 곡류, 빵, 전분), 티로신 보충식이 • 고단백식이(고기, 우유 등) 제한, 인공감미료 아스파탐 제한

91 단풍당뇨증(Maple syrup urine disease)

특징	α-ketoacid dehydrogenase장애(α-keto산 축적)
증상	• 심한 신경학적 증상 • 생후 3~5일경 수유 곤란, 구토, 모로반사 소실, 경련, 호흡 장애, 발육 장애 • 치료 안 하면 생후 수주~수개월 내 사망 • 소변에서 단 냄새, 메이플 시럽과 비슷

진단	• Guthrie test • 혈장 루신, 이소루신, 발린 증가
치료	• 저루신, 이소루신, 발린 분유 • 중증 시 복막투석, 교환수혈

92 호모시스틴뇨증

특징	cystathionine 합성 효소 장애
증상	• 정신 신경 증상, 지능 장애, 경련, 보행장애 • 시력장애, 수정체 탈구 • 혈전 형성, 골다공증
진단	Guthrie 법
치료	Vit B6 대량 투여, 시스틴 첨가 저메티오닌 식

93 당원 축적병 - 간형 글리코겐증

특성	간, 신장, 장점막의 glucose-6-phosphatase결핍(glucose-6-phosphate⇌glucose)
증상	저혈당, lactic acidosis
진단	Glucagon, Epinephrine투여시 glucose변화 없고, lactic acid 상승
치료	적절한 에너지 섭취-과하면 간에 글리코겐 축적, 부족 시 저혈당

94 갈락토오즈 대사 이상(Galactosemia)

특징	Galactose-1-phosphate uridyl transferase 결핍 (Galactose-1-phosphate → Glucose-1-phosphate)
증상	• 간기능 장애: 황달, 간비대, 구토 • 성장 부진, 저혈당, 정신운동 발육지연, 경련 발작, 늘어짐, 보챔 • 감염에 취약: 대장균에 의한 패혈증
진단	대장균을 이용한 Paigen법과 Beutler법(결손 효소 측정법)
치료	식사에서 갈락토오스 제거 식이 • 제한: 우유, 치즈, 버터, 유제품, 페니실린 • 권장: 콩, 고기

95 선천성 갑상선 기능 저하증 ▶ 2025

특징	갑상선 호르몬 합성 장애, 갑상선 형성 장애, 출생 시 발견, T3, T4의 양이 적어 대사율 감소 (갑상선 호르몬: 태아~2세까지 근골격, 중추신경, 성장발달에 중요함 - 성장, 지능, 대사) 조기 발견 및 치료로 크레틴병(심한 정신지체) 방지
증상	출생 시 무증상(모체 호르몬 영향) • 근골격계 문제: 근 긴장도 저하, 넓은 대천문 • 신경계 문제: 활동 수준 저하, 느린 반응 속도, 수유 곤란 • 성장 문제: 성장 저하, 크고 두꺼운 혀, 황달, 제대 탈장, 부은 눈꺼풀 • 대사 저하: 창백, 저체온, 차고 건조한 피부, 체중 증가
진단	출생 48시간 후 선별검사: TSH와 T4 또는 유리 T4 측정 → TSH는 높고 갑상샘 호르몬은 낮음 • 갑상선 스캔 검사상 갑상선 모양과 크기 진단 • 무릎 X-ray 검사를 통해 성장지연 문제 평가
치료	• 갑상선 호르몬 대체 요법: 신디로이드 평생, 모니터링(초기 2주마다, 그 후 3~6개월마다) ※ 두유 제한 - 콩이 신디로이드 흡수 저해 • Vit.D와 철분 보충: 골격 성장과 적혈구 생산으로 인해 증량 필요 • 출생 직후 치료 시 정상적 성장, 생후 3개월 지나면 지능 저하, 성장지연

96 선천성 부신 과형성증

특징	• 21-hydroxylase(수산화효소) 결핍 - 부신피질 호르몬(cortisol, aldosterone) 합성 필수 효소 • 상염색체 열성 유전
병태	21-OH결핍 → 코티솔↓ → 부신피질자극호르몬↑ → 부신 지속 자극 → 부신 비대 → 안드로겐↑

증상	① 안드로겐 증가 관련
	  • 남아는 정상, 여아는 남성화 → 외부 생식기 이상(음핵 비대, 음순 융합, 모호한 생식기)
	  • 내부 생식기(난소, 나팔관, 자궁) 정상
	  • 골 연령의 급속 증가, 여드름, 다모증, 음모 조기 발생(유아, 학령 전)
	② 알도스테론 합성결함: 부신위기(생명위협수준 저나트륨, 고칼륨, 저혈량증)

치료	• 안드로겐 분비 억제(남성화 예방) • 스테로이드 투약 / 수분과 코티솔 투여

97 낭포성 섬유증

특징	호흡기와 위장관에 영향, 상염색체 열성 유전, 생후 첫 6개월 내 진단	
병태	CFTR 단백질 손상 초래 7번 염색체 유전적 기형 / 외분비샘 기능 저하 Na+, Cl- 수치 비정상 변화, 점막 분비물 점도 증가 - 기도분비물 탈수, 폐 분비물 증가 / 진득한 점액은 위장관과 췌장 폐쇄	
증상	호흡기	기관지 폐색, 폐 기능 저하, 기침, 가래, 기관지 확장증, 기흉, 무기 폐
	위장관	변비, 영양소 흡수 저하, 췌장 기능 상실, 당뇨병

학대받는 아동

98 아동학대 ▶ 2005·2009·2013

증거	• bruise, laceration, scar, hematoma, 손자국, 화상, 물린 자국, X-ray상 시기 다른 multipleFx., 골막하 출혈, 골막하 석회화, 골절 • 행동 단서: 과민반응, 불안, 애착없음, 공격반응, 위축, 수동적 태도
조치	증거 확인 → 신고 → **격리·치료·보호** → 가족 지지·교육 → 지역사회 자원 지원 → 학대 예방 교육 성> 학~ 신경(적) 가지예!
질환	**흔들린 아이 증후군**: 2세 미만 아동을 심하게 흔들어 발생하는 비가역적 뇌 손상-기면, 늘어짐, 경직, 비정상적 호흡, 발작, 천문팽창, 망막출혈, 안면부 반상출혈, 장골 골절
	뮌하우젠 증후군: 양육자가 질병의 증상을 만들어 아동에게 환자 역할 유도해 관심받는 행동방식

99 방임 ▶ 2014·2025

정의	방임: 보호자가 아동에게 위험한 환경에 처하게 하거나 아동에게 필요한 의식주, 의무교육, 의료적 조치 등을 제공하지 않는 행위
유형	1) 물리적 방임 • 의식주 제공하지 않고 불결한 환경이나 위험한 상태에 방치 • 출생신고를 하지 않고, 보호자가 가출, 연락않고 친족 집 근처나 병원에 두고 사라짐 2) 교육적 방임 • 특별한 사유 없이 학교(의무교육)에 보내지 않거나 무단결석 방치 • 의무교육은 6년의 초등교육 및 3년의 중학교를 의미함 (교육기본법 제8조 제1항) 3) 의료적 방임: 필요한 의료적 처치 및 개입을 하지 않는 행위 4) 유기: 아동을 보호하지 않고 버리거나 시설근처에 버리고 가는 행위

100 성적 학대 ▶ 2010

유형	성폭행, 근친상간, 매춘행위, 소아성애 / 가출의 가장 많은 원인
증상	① 대처 행동 부적절: 약물 남용, 자해, 타해, 가출, 식이 및 수면 장애 ② 기분 조절 장애: 우울감, 불안, 짜증, 공격성, 공포증, 반복된 악몽 ③ 인지 문제: 학습장애, 성 정체성 혼란 ④ 성적 문제: 난잡한 성행위, 매춘, 자위 ⑤ 신체적 단서: 성병, 비뇨기 문제, 유분증, 유뇨증, 직장·질 파열, 처녀막 손상, 검사 공포심

관리	① 증거 수집 - 신체 검진(72시간 내 표본수집), 전문가 면담, 인형·그림 이용
	② 예방 교육
	  - 정확한 신체 명칭 사용
	  - 접촉의 적절함과 부적절함 구분
	  - 부적절한 접촉이 있었다면 즉시 보호자에게 말하도록 교육
	  - 비밀만들기 의미 교육
	  - 감정을 솔직히 말하도록 교육
	  - 아동들만 있는 공간은 관찰 가능토록
	  - 위급 시 소리 지르거나 피할 수 있는 방법에 대해 교육

학대 순응 증후군 *청> 비밀무기 순갈폭철*

①단계:	비밀유지	사실 말하면 가족들과 못 살고, 학교도 못 다녀
②단계:	무기력	수치심, 죄책감으로 자포자기
③단계:	순응	생존을 위해 적응, 채팅, 게임에 몰두
④단계:	갈등	쾌락과 수치심 양가감정, 죄책감 증폭
⑤단계:	폭로	우연히, 신뢰가 가는 어른, 견디기 어려울 때
	철회	폭로 시 상황이 더욱 악화할 것에 대한 우려

101 관련 법령

아동복지법	
제3조(정의)	• 아동: 18세 미만인 사람 • 아동학대: 보호자를 포함한 성인이 아동의 건강 또는 복지를 해치거나 정상적 발달을 저해할 수 있는 신체적·정신적·성적 폭력이나 가혹행위를 하는 것과 아동의 보호자가 아동을 유기하거나 방임하는 것
아동학대범죄의 처벌 등에 관한 특례법 (약칭: 아동학대처벌법)	
제10조 (아동학대 범죄 신고 의무와 절차)	다음 각호의 어느 하나에 해당하는 사람이 직무를 수행하면서 아동학대 범죄를 알게 된 경우나 그 의심이 있는 경우에는 시·도, 시·군·구 또는 수사기관에 즉시 신고하여야 한다. • 의료인 직군: 의료인, 의료기사, 응급구조사, 구급대원, 정신의료기관 등 • 교사 직군: 교사, 강사 • 시설종사자 및 공무원 직군 등
제12조 피해 아동에 대한 응급조치	1. 아동학대범죄 행위의 제지 2. 아동학대행위자를 피해아동등으로부터 격리 3. 피해아동등을 아동학대 관련 보호시설로 인도 4. 긴급치료가 필요한 피해아동을 의료기관으로 인도 5. 피해아동등을 연고자 등에게 인도

SET 031

신경계 질환

102 뇌수종(수두증) ▶ 2018

원인	뇌척수액 순환로 폐쇄, 뇌척수액 재흡수 장애
증상	• 안구진탕, 사시, 동공의 비대칭적 반응, 시신경 장애(뇌간 압박 시) • ICP 상승에 의한 고성의 날카로운 울음, 두위 증가, 정신·운동 발달지연 • Macewen징후: 대뇌피질 얇고 두개골 밀도 낮고 골 두드리면 깨진 항아리 소리 남 • 일몰 증상(setting sun sign): 위를 못 보고 동공 위 공막이 보이는 징후
치료	• 뇌실복막강 전류술(shunt): 비대해진 뇌실로 인한 두개내압 감소 위해 • 약물치료: Acetazolamide(diamox), 방수 생산 감소, 일시적
관리	• Head elevation: 뇌척수액의 경정맥 배액위해 • 구토 예방: 수유 후 트림시키고 소량씩 자주 수유 • 피부 간호 및 체위 변경: 두부 피부가 얇아진 상태

103 열성경련

특징	• 6~24개월 남아 호발, 유전적 경향 / 5분 이하 지속(5분 이상 → 119) • 뇌파 정상, 전신형 발작(→ 간질성 발작일 수 있으므로 발작 후 뇌파검사) • 신경학적 손상 위험, 간질, 정신지체, 행동 변화 등 후유증, 사망 위험성 거의 없음
원인	고열(보통 38.8도 이상 시, 체온 상승하는 동안 발생)
관리	① 약물: diazepam(valium) - 발작 통제 / AAP - 체온 하강 ② 신체 손상 예방 ③ 질식 예방: 머리 옆으로 ④ 예방적 항경련 요법은 권장하지 않음

104 뇌전증(seizure) 분류 ▶ 2013

부분발작	단순	전조 없고, 의식 소실 없음	
		초점성 운동 발작	신체 한 부분 제한 운동증상, 타 부위로 퍼져감
		초점성 감각 발작	감각 증상 동반, 무감각, 저림, 감각 이상
		잭슨 발작	신체의 한 부분에서 근육수축 일어나 주저앉거나 몸 전체로 퍼져 대발작이 되기도 함
	복합	의식 소실 수반 / 전조증상(이상 감각 - 금속성 맛, 고무 타는 냄새, 밝은 섬광, 불쾌하고 모호한 느낌) / 뇌 통합 기능장애 → 이해되지 않는 목적 없고 부적절한 행동	
		발작 전	자동증(불수의적 행동)
		발작 시	정신운동성 증상(기시감, 이상한 맛·냄새)
		발작 후	기억상실, 의식 소실
전신발작	소발작	• 전조증상 없으며, 의식장애 있음 / 결신 발작 • 10초 정도 짧은 의식 소실 후 발작 전 동작 연결 • 근 긴장도 변화 없어 넘어지지 않음	
	대발작	• 가장 심하고 가장 흔한 형태의 발작 / 의식 소실 있음 • 강직성 발작(10~20초) → 간대기(30~40초, 수축 이완 교대 - 율동적 경련) → 무기력, 깊은 잠	

105 뇌전증 지속증

정의	30분 이상 발작 지속 / 발작 후 의식 회복 전 재발작 이루어지는 것
위험성	호흡곤란(반복적 발작으로 인한 근육수축), 저산소증, 산혈증, 저혈당
응급처치	기도확보, 50% 포도당 투여, Diazepam or lorazepam(Ativan) IV. inj.

106 뇌전증 간호

발작 직전	• 기도유지, 측위(타액 기도 흡인 폐색 예방), 턱 거상(구강 인두 폐쇄 예방) • 필요시에만 설압자 치아 사이에 넣을 것(억지로 X - 치아 골절 기도 폐색 위험) • 외상 보호(억제대 사용 금지), 산소 투여
발작 중	• 외상 예방: 머리는 담요 등으로 보호, 위험한 물건 제거, 억제 말고 놔둘 것 • 기록: 증상 및 처치 사항
발작 후	• 바른 신체 선열 정비 및 기도유지, 구강 내 분비물 배액을 위해 측위 • 지속적 관찰: 손상 부위 유무, 완전히 회복할 때까지 • 뇌전증 환자 인식표 착용 및 보호자 동행 귀가

107 뇌전증 약물 요법

원칙	한 번에 한 가지 약물 선택, 효과 없으면 용량 증가나 변경 필요	
치료약물	phenytoin (Dilantin)	부작용: 성> 이만신 / 소임중 / 흥3 이·간·신독성 / 소화 장애, 임파 조직 증식, 중추신경계 증상 / 잇몸 출혈(비대), 피부홍조, 붉은 소변
	carbamazepine (Tegretol)	부작용: 복시, 졸림, 운동실조, 기면, 피부홍조, 소화 장애, 간독성
교육	대부분 정확한 약물 투여로 교정 가능 → 정확한 시간, 규칙적 항경련제 복용하도록 교육, 자신의 건강 상태를 유지하도록 하는 것 중요	

108 뇌성마비

원인	뇌 가사 상태 저산소증 → 영구 뇌 손상(운동영역) → (발달지연&신체 불구)

	마비 유형	특징
증상	강직성 (추체로 형, 60%) 대뇌피질 손상	① 수의조절 능력↓, 근 긴장도↑ ② 지능발달지연 & 간질 합병 ③ 가위 모양 다리, 첨족 보행 ④ 반사 항진: 바빈스키, 모로, 심부건, 긴장성 경 반사
	운동장애성 (추체외로 형) 기저신경절 손상	① 불수의운동 발현, 스트레스나 흥분 시 심해짐 ② 구강 근육 침범 시 침 흘림, 구음장애 ③ 인지능력 양호, 심부건 반사 정상
	운동 실조성 -소뇌 병변	① 근육 조절 협력 X, 다리 벌리고 걸음, 빠른 반복 운동 ② 소뇌와 경로에 있는 병변 → 평형감각 문제 ③ 지능 정상
	혼합형	강직성 + 운동장애성

치료	① 운동, 의사소통, 자립 유지, 적절한 외모 유지 ② 아동 요구 능력에 맞는 교육 기회 제공 ③ 다른 아동과의 사회화 기회 제공 ④ 적절한 식습관 유지 & 치아 관리

109 신경아세포종

특징	① 교감신경계 배아성 전구물질 신경능 세포에서 발생하는 악성 종양 ② 종양 유전자인 MYCN 엔-믹유전자 증가(수는 예후와 연관) ③ 뇌, 부신수질, 골반, 종격, 교감신경절 발생 종양 ④ 다량의 에피네프린, 노에피네프린 분비
증상	① 복부(교감신경절 많이 분포) 내 일측성 덩어리 만져짐(좌측 호발) 　배꼽 중앙선 넘는 고정·단단한 무통성 불규칙 덩어리, 복부 팽만감, 하지 부종 　(혈관 압박 증상) ② 과다 카테콜라민(epi. norepi.) 분비 → 교감신경 흥분작용(소화 억제)-체중감소, 　식욕부진, 복통 ③ 골수 전이 흔하며 그로 인한 통증

진단	① 소변검사: VMA(Vanillymandelic acid), HVA(Homovanillic acid) 상승 카테콜라민 대사산물, 재발 판단 중요 표지자, 관해 시 소변에서 소실 ② 혈액검사: 종양표지자 LDH, ferritin 수치 상승 ③ 생검 및 골수 검사, 초음파, X-ray, CT, MRI

110 신경관 결함(Neural Tube Defect)

특징	• 신경관 융합 장애 선천기형 / 요추와 천골 사이에 척수 돌출 • 임신 4주 동안 신경관이 덜 닫히거나 ICP 상승 등 이유로 열창 발생 • 엽산 부족시 • 초음파상 기형 관찰, 양수천자 α-fetoprotein(알파태아단백질) 증가	
종류	폐쇄형 이분척추 (잠재성 이분척추)	• 영아기까지 증상 없음 • 아동 걸음걸이 이상, 배변 조절 장애
	수막류	척수 안전, 신경계 손상 없음, 빛 투과
	척수수막류	빛 투과 X, 신경계 증상(하지 마비, 항문·방광 괄약근 기능 부전)
간호	① 낭종 손상 방지 가장 중요 ② 뇌수종 우려 시 머리 높여 복위 ③ 복위 수유 - 소화 장애 발생 ④ 감염 예방 - 기저귀 ✕ ⑤ 24~48시간 내 외과적 수술	

111 라이증후군

특징	• 간·신장에 미세혈관 지방축적 동반 → 포도당 고갈 • 암모니아 요소 전환효소 감소 → 급성 뇌증과 간 기능 이상 동반 • 임상소견: 뇌압 상승, 혈중 암모니아 상승, 황달 없는 AST / ALT의 상승, PT 연장 / 3세 이하 호발
원인	수두, 인플루엔자 등 바이러스 질환 치료를 위해 아스피린 사용
증상	• 상기도 감염·수두 회복기 갑자기 열 동반 심한 구토, 의식 혼탁, 경련, 혼수 • 뇌압 상승: 동공 확대, 혼수, 의식장애, 경련 등 • 황달이 없는 급성간부전 소견(빌리루빈 정상), 치료를 않을 시 2~3일 내 사망
치료	• 10%~15% Glucose 정주 → 수액량 제한: 뇌부종이 의심될 때 • hyperventilation: PCO_2 농도 저하 → 뇌혈관 수축 → 뇌 혈류량 감소 • Mannitol - 고삼투성 이뇨제로 뇌부종 경감 도모 • Pentobabital, benzodiazepine, phenytoin - 발작 조절 • Neomycin 비위관 공급, Lactulose 관장 - 암모니아 수치 교정을 위해

호흡기계 질환

112 영아 돌연사증후군

- 2~4개월 영아에게 푹신한 침구로 인해 발생 / 복위로 재우는 영아에 호발
- 신경학적 심·폐 조절기능에 이상이 있는 경우 호발

113 이물 흡인 ▶ 2011

특성	① 우측기관지 호발(짧고, 굵고, 곧고, 수직) ② 구강기 영아 흔히 발생 ③ 지방 성분 흡인: 2차 합병증 지질성 폐렴 발생	
증상	질식, 구역질, 기침, 호흡곤란, 쉰 목소리, 청색증, 갑작스러운 사망	
	작은 물체	기도의 부분적 폐쇄로 인한 천명음
	큰 물체	기도 완전폐쇄로 인한 무기폐, 폐기종
응급처치	① 삼킨 물건 확인 ② Heimlich 법: 머리 낮추고 등을 위로 ③ 직접 제거: 후두경·기관지경	

114 급성 연쇄상구균성 인두염

정의	A군 용혈성 연쇄상구균 감염, 합병증으로 인한 문제	
합병증	류마티스 열	심장·관절·중추신경계 염증성 질환 진행 (→ 인두염 발병 18일 후 류마티스 열 진행, 면역복합반응)
	급성 사구체신염	인두염 발병 10일 후 ASO로 사구체 막힘 → 부종, 혈뇨
치료	10일 페니실린 요법	

115 편도선염

원인		바이러스 or 박테리아에 의한 상기도 감염
증상		연하곤란 & 호흡곤란 / 구강호흡(점막 건조·점막 자극·악취)
치료	내과	박테리아성 – 항생제 / 대부분 바이러스성 – 항생제 불필요
	외과	구개편도 절제: 호흡곤란·연하 곤란 시 / 인두편도 절제:호흡곤란 시
편도선염 수술 간호		① 수술 직후 복위 or 측와위 ② 의식 회복 시 반좌위 ③ 인후통 완화-얼음주머니 ④ 출혈 예방 간호 중요

116 중이염 ▶ 2012

특징		면역력 약한 영아에게 비인두염 후유증으로 발병(6개월~3세 호발 – 유스타키오관 굵고 짧고 곧음)
증상		① 동통: 농 축적 ② 식욕부진: 씹고, 삼키면 통증 증가 ③ 청력발달 이상: 언어·인지 발달장애, 큰 목소리
치료	내과	항생제, 진통제, 스테로이드 • 국소적 투약법: 3세 이내 귀 후하방, 3세 이후 후상방 당김 → 투약 후 5분간 약물 머물게 • 중이염 재발 방지 – 항생제 요법 교육
	외과	고막 천자, 고막 절제술: 유양돌기염, 뇌막염 등 합병증 우려 시
간호		① 통증 완화 ② 배액 촉진 ③ 합병증 예방 ④ 가족 교육 및 지지

117 흡인성 폐렴

원인	① 음식물과 토물 흡인: 영아 분문 괄약근 약해 유즙 역류 ② 지질성 폐렴: oil 성분 약물 흡인
치료	• 수유 후 머리 낮춰 우측위 or 복위(→ 유즙 유문 유통, 역류 시 구강배출) • 2차 감염 기회 줄이고, 갑작스러운 고열 간호 • 효율적 환기(→ 높은 습도, 산소 공급)

118 크룹증후군 성> 원개천호~흡

	급성 후두개염 (Epiglottis)	급성 후두 기관 기관지염 (바이러스성 크룹)	급성 연축성 (경련성) 후두염 (Spasmodic croup)	세균성 기관염 (bacterial tracheitis)
침범	후두개	후두	후두	기관
호발	2~5세	5세 이하	1~3세	5~7세
원인	세균 (H.influenza)	바이러스 (Parainfluenza virus)	알러지 유발 바이러스, 정신적요인 위식도 역류, 감염	세균(S.aureus, 황색포도상구균)
발병	빨리 진행	서서히 진행(다양)	빠른 진행 **야간 갑자기 발병**	점차 진행
발열	고열	미열(다양)	없음	고열
bark cough	-	+	+	+
증상	**연하 곤란**, 앙와위에서 악화되는 협착음, **침흘림**, 매우 아파보임, 빈맥, 호흡곤란	상기도 감염 선행, 협착음, 쇳소리 같은 기침, 쉰목소리, 호흡곤란, 안절부절, 별로 아파보이지 않음	상기도 감염, 협착음, 호흡곤란, 안절부절, **낮 동안 증상 소실, 재발 경험**	상기도 감염 선행, 협착음, 침분비 저하, 진한 **농성 분비물** (호흡곤란 유발)
치료	기도폐쇄 가능해 **기도유지 중요**, 항생제, 스테로이드 / ※예방접종: H.influenza type b	기도유지, 찬 습기 에피네프린 흡입 (혈관 수축 작용) 스테로이드	찬 습기, 증상 심할 시 에피네프린, 스테로이드, 항히스타민제	산소, 해열제, 찬습기 항생제, 기관내 삽관, 흡인
특이 사항	설압자 검진은 기관내 삽관이나 기관절개술 준비 후 (기도완전폐쇄유발)	기도내 삽관 준비 울리지 않기 (호흡곤란, 저산소증 악화)	증상과 가습 효과에 따라 입원 결정, 보통 가정에서 자연 치료됨	기관지 확장제는 일반적으로 효과 없음

SET 033

소화기계 질환

119 구순열(Cleft Lip) / 구개파열(Cleft Palate)

개요	구순열	남 호발, 빠는 능력↓	Z-plasty: 생후 3개월, 체중 5kg
	구개파열	여 호발, 연하 능력↓	1세에 수술(언어발달, 영양 섭취)
원인	임부 알콜, 흡연, 영양 불균형(엽산, 비타민 부족), 약물(Phenytoin, diazepam)		
진단	출생 시 시진, 촉진 / 우유가 코로 나옴		
간호	① 기도유지(흡인 예방) ② 수유법(ESSR method) - Enlarge, Stimulate, Swallow, Rest 앉은 자세로 수유, 자주 트림, 수유 후 우측위 ③ 감염 예방 - 수유 후 찌꺼기 남지 않게, 생리식염수·과산화수소 소독		
수술 후 봉합선 보호	① 비강 흡인, 비강 호흡 ② 봉합선 보호: 울리지 않으며, 팔꿈치 억제대 ③ 복위 금지(→ 옆으로 눕힐 것)		

120 식도폐쇄(Esophageal Atresia) / 기관식도 누공(Tracheophageal Fistula)

정의	식도 불완전 형성 - 식도·기도 연결되어 흡인 문제 발생 / 기도유지 어려움 → 응급 수술
증상	다량의 거품 가득한 점액이 입에서 뿜어져 나옴, 호흡 시 소리, 기침, 청색증, 복부 팽만(위 공기 유입)
진단	임신 상태 - 양수 과나증 소견(양수 과소증: 태아 비뇨기계 문제)

121 비후성 유문협착증

정의	유문근 비후 - 유문 폐쇄, 가족력, 건강한 남&첫아기 호발
증상	① 담즙이 포함되지 않은 사출성 구토 ② 배고픔, 섭취 부족과 탈수로 인한 변비 ③ 탈수 & 요비중 증가, 대사성 알칼리증(염산 소실) ④ 수유 후 기침 ⑤ 좌 → 우로 연동운동 ⑥ 우상복부 덩어리(올리브, 도토리 모양) ⑦ 혈변 없음 ⑧ 아동의 구토물은 위산과 결합-시큼한 냄새
진단	Barium study(상부위장관 조영술), 복부 초음파
치료	유문근층 절개술(통로 확보)
간호	• 구토 예방: 소량씩 자주 수유, 반좌위, 천천히 수유, 수유 후 우측 횡와위 • 탈수 예방: I / O, 탈수사정(피부탄력, 점막, 천문, 소변량, 빈맥, 혈압, 체중)

122 산통

특징	3~4개월 예민한 영아 흔히 발생
원인	급한 수유, 우유 민감성, 과다 공기 흡인, 모아 정신적 긴장
증상	다리를 복부로 끌어당기며 지속적 크게 울음(갑작스러운 발작성 장 경련) *3의 법칙: 첫 3개월 전 발생, 하루 3시간 이상 울고, 1주 3번 이상, 3주간 지속
치료	① 복부 따뜻, 마사지, 복위(자세 자주 바꿔줌) ② 환경 변화: 산책, 금연, 정서적 안정 ③ 수유 후 앉히며, 트림, 따뜻한 물 공급

123 탈장

정의	복강 내 장기나 장기의 부분이 복벽의 비정상 개구부로 탈출
제대 탈장	울거나 기침하면 복압↑ → 탈장 심해짐(울리지 않음) / 제대 근막 주위 근막 결손 - 제대에서 장 돌출(호발 부위 제대, 서혜부) / 수술: 3~5세까지 지속할 경우
서혜부 탈장	초막 돌기 통해 장 탈출, 남아 호발 / 부종 감소 - 얼음주머니 복압 상승·체위의 영향 - 울리지 않으며 하체 상승
횡경막 탈장	흉곽으로 장 탈출 → 폐 억압 - 호흡곤란 / 반좌위 & 환측으로 / 복압 낮추기 위해 울리지 않음

124 장중첩증(Intussusception)

정의	장 일부가 장 말단 내로 말려 들어가 폐색 / 3개월~1세 건강한 남아 호발- 기능적 장폐색 주원인
증상	• 간헐적이고 갑작스러운 복통, 산통 / 담즙 포함 사출성 구토 • 건포도 젤리 같은 점액성 혈변 / 회맹장 중첩 → 우상복부 소시지 같은 덩어리 • 회맹판(ileocecal junction) 호발-소장이 대장 쪽으로 밀려 들어가 장벽 눌러 혈액과 림프 차단 → 염증, 부종, 출혈 → 대변에 혈액, 점액 출현
진단	바륨 관장, 공기 조영 관장
치료	내과	바륨 관장 → 바륨 정수압, 공기압력, 장운동 자극으로 장이 원위치로
	외과	장천공 우려 시

125 급성 충수염 (Acute Appendicitis) ▶ 2011·2021

특징	평균 발병: 6~10세 → 어른보다 충수 길고 얇아 조기 천공 쉽고, 10세까지 대망 얇고 짧아 복막염 진행 위험	
증상	복통-배꼽 주위에서 시작 → RLQ로 국소화 / 식욕 감퇴, 오심, 구토, 복통	
진단	McBurney point	전상 장골능, 배꼽연결하부 1/3지점 / Rebound tenderness
	Rovsing 로브싱	맥버니 포인트 대칭 좌하복부 압력 시 우하복부 통증
	obturator 폐쇄근	앙와위 우측무릎, 고관절 90도 구부려 고관절 내회전 시 통증
	Psoas 요근	좌로 누워 우측다리펴서 뒤로 젖히면 우하복부 통증
	Rosenstein's 로젠슈타인	좌로 눕혀 맥버니 포인트 세게 누를시 똑바로 누운 상태보다 더 강한 통증
간호	권장	반좌위, 무릎구부리기, 아이스백((복압감소 통증 경감, 염증 확산 예방)
	금지	진통제	동통 양상 파악 방해
		핫 백, 마사지, 관장, 하제	장운동 자극해 천공 유발
		물·음식 제공	충수 절제술 준비를 위한 금식

126 선천성 거대결장(Hirschsprung's Disease)

정의	• S상 결장 부교감신경 선천적 결손 → 연동운동 부재 → 대변 축적, 장 폐쇄 • 남아 호발, 가족력 관련, 다른 유전성 질환 합병 ※ 장내 부교감신경 - 배변과 항문 조절	
증상	① 생후 24~48시간 내 태변 배설 ✕ ② 복부팽만, 복부 대변 덩어리 촉지 ③ 담즙이 섞인 구토 ④ 심한 변비, 악취, 리본 모양 변 ⑤ 식욕 저하, 성장지연, 체중 증가 ⑥ 소장 염증(나쁜 징후 - 소장 결장염)	
진단	직장 생검	신경절 세포 존재 여부로 확진
	직장수지검사	직장검사에서 가스와 분변이 폭발적 배출 시 의심
	대장 조영술	24시간 후에도 조영제가 대장에 잔재
	직장 압력 검사	직장 항문 억제 반사 소실 → 압력↑(내괄약근 수축 후 이완 안 됨)
관리	내과	완화제, 저잔여 식이, 직장체온 ✕, 등장액 관장 → 수돗물, 비눗물, 고장액 관장은 전해질 불균형
	외과	무신경성 장 제거 & 일시적 인공 항문술
	• 수분 전해질 사정 및 적절한 보충: 반복적 장세척, 항생제 투여 및 항생제 관장: 장내균 감소 • 복위 측정: 복부팽만 진행 여부 판단	

127 밀폐 항문

정의	항문과 직장을 분리하는 막이 흡수되지 않고 존재
증상	• 루(fistula) 형성 - 여: 질·회음, 남: 요도·방광 → 질·요도로 태변이 배설(녹색 소변) • 복부팽만: 24시간 내 태변 배설 ✕, 태변·가스축적 → 심한 복부팽만
치료	수술 요법 • 수술 부위 감염 예방: 회음부 청결 유지, 기저귀를 채우지 말고 환부를 공기 중에 노출 • 수술 부위 상해 예방: 수술 부위 긴장을 감소시켜 주기 위해 측위나 복와위에서 둔부를 살짝 올려준 체위

128 중독

강한 호기심을 가진 5세 이하 남아에게 호발

조치	병원 후송		증거자료
	제거 - 구토		구토 금지: 부식성(강산·강알칼리), 무의식
	흡수방지	위세척	토근시럽 금기일 때 적용
		활성탄	구토·위세척으로 제거 안 된 독물질 활성탄 결합 배변
		하제	독물질을 장으로 빨리 나오게 하여 흡수를 최소화
	배설촉진		이뇨제 / 복막·혈액 투석: 이미 혈액에 흡수된 독물질 제거

순환계 질환

129 비청색증형 선천성 심질환 ▶ 2017

개요	O_2 풍부 좌심 혈액이 우심으로 유입되는 질환(청색증 없음)
동맥관 개존증 (PDA)	• 대동맥 혈액이 폐동맥으로 → 폐순환 혈액량 증가 • 폐에 과다한 혈액 울혈 & 좌측 심장에 혈량 증가 • 혈량에 비해 심박출량 적어 울혈성 좌심부전 발생 • 특징적 심잡음(기계음)·천둥소리 • Indomethacin 투약(Prostagandin 억제제)
대동맥 축착 (COA)	• 대동맥궁 이하 부위 혈관 좁아짐 / 튀는 듯한 맥박 촉진 • 상체 다량의 혈액 공급 → 혈압이 높음 • 하체 혈량 부족 → 혈압이 낮음
심방중격결손(ASD) 심실중격결손(VSD)	• 좌심 혈액이 우심으로 유입 → 폐 혈류량 많아짐 • 울혈성 심부전증 발생
폐동맥 협착(PS)	폐 혈류량 감소 / 우심비대 → 우심부전증
대동맥 협착(AS)	좌심부전으로 인한 관상순환 장애 / 폐울혈 → 폐수종 & 급사

130 청색증형 선천성 심질환 ▶ 2010, 2023

개요	• 우심의 혈액이 좌심으로 섞이는 질환(청색증 발현) • 증상: 곤상지두, 서맥, 뇌 저산소증, 지능 저하
활로 4징후(T.O.F Tetralogy of Fallot)	
증상	• 4대 증상: **폐동맥협착증, 우심실 비대, 심실중격결손, 대동맥 우위** • 호흡곤란 방어기전: 슬흉위 / 방사선검사: 장화모양 • 합병증: 다혈구혈증, 혈전성정맥염, 색전증, 뇌혈관질환, 뇌농양 • 심각한 청색증 동반 과호흡(무산소발작) → 무의식·사망
교정술	폐동맥 완전 개구, 결손 심실중격 봉합, 좌심과 대동맥 연결

	대혈관 전위(폐동맥은 좌심실 연결, 대동맥은 우심실 연결)
증상	• 체순환 – 폐순환 교통 없음 / 주 사망원인 • 방어기전: 동맥관 개존, 난원공, 심실중격결손 • 방사선검사: 달걀모양 심 음영 / 심전도: 우심실 비대 → QRS축 우측 치우침
치료	• 심낭 이용 기능적 교정 심방: 체순환과 폐순환 교통을 위해 인위적 혈액순환 과정 • O2 공급 주의: 청색증 개선목적 O_2 공급은 동맥관 폐쇄를 유발 가능해 주의 • prostaglandin E1: 동맥관 개방 → 동맥혈과 정맥혈 혼합증가

131 가와사키 질환 ▶ 2012·2022

개요	급성 전신성 혈관염, 1세 미만 영아 치명적, 심장합병증 위험
진단기준	*청> 닷째 양막(대)달 경림 손발발 오열* 5일 이상 지속 발열 + 진단기준 4개 이상 ① 화농이 없는 양측성 결막충혈 ② 입술, 입안의 변화: 입술의 홍조 및 균열, 딸기 혀, 구강발적 ③ 비화농성 경부 림프절 비대 ④ 손발 변화: 급성기 손발 경성 부종·홍조, 아급성기 손발톱 주위 막양낙설 ⑤ 부정형 발진
기타 증상	• 관상동맥류(치료하지 않으면 20% 정도, 오랜 발열 – 관상동맥 합병증 위험요인) • 소화기: 설사, 복통 등 • 혈액: 백혈구 증가, 혈소판 증가, ESR 항진 CRP 양성 • 피부: BCG 접종 부위의 발적, 가피 형성 • 신경: 척수액 단핵구 증가, 안면신경 마비

혈액계 질환

132 RH 부적합 용혈성 질환(태아적아구증)

정의		Rh^- 엄마 + Rh^+ 아빠 → Rh^+ 아기에게 발생하는 심한 용혈성 질환
원인		첫 아이 분만 시 아기 Rh^+ 혈액이 엄마에게 주입 → 엄마는 Rh^+ 항체 만들어 보유 → 둘째 임신 시 엄마 Rh^+ 항체 아기에게 전달 → 태아 적혈구 용혈
증상		황달: 혈중 간접 빌리루빈 수치 증가 / 심한 뇌 증상: 간접 빌리루빈 신경독성 → **핵황달**
치료	모체	분만 72시간 내 RhoGAM 주사
	아기	제대 정맥 통해 Rh-O형 혈액 교환수혈 & Vit K 주사

133 ABO 부적합 용혈성 질환

- 엄마는 O형이고, 아기는 A형 or B형일 때 발생
- 엄마의 항A or 항B 인자가 아기에게 전달되어 태아의 적혈구를 공격하여 파괴

134 철분 결핍성 빈혈 ▶ 2009

개요	인공 수유아 생후 6~24개월 호발(6개월 이후 저장 철 부족)
원인	① 출생 시 철 저장 부족, 철 소실 증가 - 미숙아, 쌍둥이, 태아 실혈, 분만 출혈 ② 부적절한 섭취, 흡수 불량, 만성 설사, 위장 이상 ③ 철 수요량 급증 - 미숙아, 성장 속도가 빠른 영아기, 사춘기 ④ 월경과다, 위궤양, 출혈 등의 실혈
증상	피부 점막 창백, 설염, 구각염, 두통, 감각 이상, 스푼형 손톱 ※ Plummer Vinson Syndrome(철 결핍성 빈혈 3대 증상): 구내염, 연하곤란, 위축성 설염

관리	고철분 식이	간, 굴, 살코기, 계란 노른자
	철분제	• 흡수 도움: 식간, VitC와 함께 • 흡수 저해: 제산제, 카페인, 유제품, 계란 등(2시간 정도 간격을 둘 것) • 위장장애 예방: 식 직후 투약, 검은 변, 변비 시 완화제 사용 • 치아착색(액상 철분): 희석 + 빨대
	철분 주사	• 피부 착색 위험: 공기를 남긴 채 주사, 마사지 금지 • Z-트랙 기법:피하조직 누출방지 / 준비 시 사용 바늘 바꿔 주사

135 급성 림프구성 백혈병(ALL) ▶ 2024

증상	골수 부전 진행 pancytopenia 범혈구감소증 증상(빈혈, 정상 출혈, 감염) / 생존률 80% → 완치 가능 - 고열, 창백, 식욕부진, 피로, 골통, 복통, 관절통, 림프절 종대, 체중감소	
	적혈구 생성 저해	빈혈
	혈소판 생성 저해	출혈
	미성숙 백혈구(호중구) 다량 출현	감염성문제

예후	좋은 경우	초기 백혈구 수치 5,000 / ㎕ 미만, 2~9세 사이
	나쁜 경우	초기 백혈구 수치 50,000 / ㎕ 이상, 1세 이하 또는 10세 이상, 남, 중추신경계 침범 (초기 백혈구 수, 진단 시 연령, 성별 - 예후 결정 인자)

치료	관해 도입	• 관해: 골수 백혈병 세포 5% 미만, 말초 혈액소견 정상, 증상소실 • 약물: prednisone, vincristine, L-asparaginase, daunorubicine
	강화(공고)	• 강화: 관해 유도 후, 백혈병 세포 줄여 장기 예후 좋게 함 • 약물: 관해 유도 약물 + 골수 억제 / 고용량 MTX, cyclophosphamide, cytrabine
	중추 신경계 예방	공고요법 기간에 시행 / 두개강 방사선 소사, 척수강 내 화학요법 MTX 안 할 경우 50% 이상 첫 재발 부위가 CNS / 예방으로 CNS 재발 5% 이하, *요추천자로 중추신경계 침범 여부 감시
	관해 유지	6-MP, MTX
	• **조혈모세포 이식**(재발 후 2번째 관해 된 경우 시행 - 장기 생존율 높임) • 면역억제요법 & HLA 일치하는 골수 주입 / 저항력 없어 무균실 격리 • 이식 후 거부반응 줄이기 위해 면역억제제 지속 투여	

136 급성 골수성 백혈병(AML)

증상	• 감염: 과립구 감소로 인해 발열 / 출혈: 혈소판 감소, 빈혈로 인해 창백 • 림프절 비대, 중추신경계 침범 / 잇몸 비대: 악성 골수성 세포의 잇몸 침윤 • 녹색종: 악성 세포 국소 결집 → 안와, 경막 외부 결절 융기 → 경막외 녹색종 → 척수 압박 증상(보행 어려움, 대소변 조절 곤란) • DIC 유발		
치료	화학요법		
	관해 도입	Ara-C, daunorubicine, idarubicine	
	강화 요법	관해와 동일	

137 종양 용해 증후군

기전	백혈병 치료 초 백혈병 세포 대량 파괴 → uric acid 결정체가 신장에 축적
예방	충분한 수액, 소변의 알칼리화, allopurinol투여

138 혈우병

정의	혈액응고인자 감소로 인한 출혈성 질환, 성염색체 열성 유전 - 남성만 발생	
유형	혈우병 A(Classic hemophilia)	factor Ⅷ 결핍
	혈우병 B(Christmas 병)	factor Ⅸ 결핍
증상	• 전신 출혈: 피하, 근육, 혈관절증(Hemathrosis), 관절 출혈 → 만성 관절통 • 중추신경계, 상기도의 출혈: 치명적, 사망원인	
	정상	혈소판 수, 출혈 시간(BT), prothrombin 시간(PT)
	지연	응고 시간(CT), partial thromboplastine 시간(PTT)
치료	• 지혈: 관절 고정, 얼음찜질 • 통증 완화(혈관절증): 진통제(aspirin 금기 / acetaminophen, codein 사용), 부신피질 호르몬제(corticosteroid) • 관절강 혈액 천자 / 항혈우병인자 보충 - 수 분에서 1~2시간 내 통증 소실 • 급성기 이후 출혈 예방위한 운동: 근육 관절 강화 → 비접촉운동(수영, 골프)	

139 특발성 혈소판 감소성 자반증

개요	선행 URI로 혈소판 항체 형성 → 혈소판 조기 파괴(자가면역질환), 2~8세 호발
증상	① 점상 출혈에 의한 자반증 ② 자연치유와 재발 반복 ③ 환자 자각증상 약함 ④ BT 지연, PT 정상, CT 정상
치료	① 아세트아미노펜: 관절통 완화 ② 스테로이드제: 자가면역억제 ③ 혈소판 수혈 & 비장 절제술 ④ 혈소판 10만/mm³ 이하 → 활동 제약

140 아나필락시스 자반증(알러지성 자반증) ▶2008

개요	혈소판·혈액응고인자 감소 없이 자반증 일으키는 과민성 면역질환 2~8세 남아, 알러지 반응에 의한 소혈관 염증 관찰
원인	발병 1~3주 전 감기 or 알러지성 음식 or 예방접종
증상	① 관절 출혈: 혈관절통(고관절, 무릎, 발목 종창) ② 피부 자반증: 둔부, 하지 대칭적 자반 ③ 위장 출혈: 배꼽 주변의 복통, 구토, 하혈 ④ 신장 출혈: 혈뇨, 단백뇨, 핍뇨, 고혈압
치료	① 혈관 손상과 출혈성 문제 완화 중요, 대부분 합병증 없이 완치 ② 적절한 운동 제한, 느슨한 옷, 조용한 놀이, 진통제, 스테로이드

141 파종성 혈관 내 응고 장애

원인		세균감염에 의한 패혈증 / 산과적 합병증(태반조기박리) 분만 신생아 호발
증상		심한 출혈성 문제 해결하기 위한 혈전증 / 저섬유소 혈증 → 출혈성 문제
치료	출혈 문제 개선	혈장, 혈소판 수혈
	혈전 문제 개선	헤파린

SET 036

비뇨기계 질환

142 급성 사구체신염 ▶ 2007·2011·2018

개요	어린 남아 호발, 용혈성 연쇄상구균 감염에 따른 면역학적 질환
원인	URI, 피부감염 → ASO 항체 형성 → ASO 면역복합체가 사구체 막아 손상
증상	① 신기능 장애: 콜라색 혈뇨, 부종, 핍뇨, 무뇨 ② 고혈압 ③ 혈관 경련 → 뇌빈혈
치료	① 체중측정, I&O 측정 → 부종 평가 ② 식이요법: 저염, 저단백, 저수분

143 신증후군 ▶ 2013·2020

분류	1차성-90% / 미세변화형(85%)
원인	T세포 이상 → 사구체 모세혈관 투과성 증가 물질 분비 → 단백뇨(알부민)
증상	**4대 증상: 심한** 알부민뇨, 저알부민혈증, 저삼투압성 전신부종, 고지혈증 남아 2배 더 호발(2~6세) / 눈 주위 부종 → 전신부종, 음낭부종 / 소변량↓, 식욕부진, 복통, 설사
진단	거품뇨, 단백뇨(3+, 4+), 현미경적 혈뇨, 혈청알부민 저하, 혈청 지질 상승
합병증	• 감염 호발-혈청 IgG 감소, 부종(세균 배양액), 면역억제제, 스테로이드사용 • 혈전증: 섬유소원 증가, 섬유소 용해 방해물질 증가, 혈장 antithrombin 저하, 혈소판 응집성 증가 • 급성 저혈량 위기 - 수분이 급속히 혈관에서 간질 내 이동 → 쇼크 증상
치료	① 식이: 부종 시 저염식(2g / day)& 수분 제한, 단백질 통상적 양(고단백 식이는 단백뇨 악화) ② 체액 균형 유지: I&O측정, 체중측정 ③ 이뇨제, 알부민-부종 심할 시만(고혈압, 폐부종 초래 가능) ④ 면역억제제: 스테로이드, Cyclophosphamide

144 신아 세포종(윌름스 종양)

개요	신장 일측성 호발 악성 종양 / 배아세포종으로 성장 속도 빠르고, 폐 전이
증상	• 초기 무증상, 커진 종양 촉지, 통증과 출혈은 전이 의미 • 복부 한쪽 편 자리, 복부 중앙선 가로질러 위치하지 않음
치료	일측성일 경우 수술 제거 / 복부 자극 가하지 말 것(얇은 막 종양이 터질 시 파종성 전이)

145 유뇨증

정의		불수의적 소변 배설(5세 이상) / 진단기준 - 연속 3개월 동안 주2회 빈도
원인	신체 기능적 요인	중추신경발달 미숙, 방광 기능장애, 요 농축 능력 장애, 방광 용적 문제, 비뇨기계 감염 및 질환, 만성 변비
	정신 심리적 요인	스트레스, 수면장애
	환경적 요인	강압적 배변 훈련, 아동학대 방임
관리		• 항유뇨증 약물: 이미프라민(TCA) • 행동 치료적 요법: 이불이나 기저귀에 전자경보장치 / 놀이, 가족 치료 • 자극적 식품 제한: 카페인, 탄산, 고당도, 인공색소 함유, 유제품 등

146 잠복 고환

개요			• 고환이 서혜부관에서 음낭으로 하강하지 못한 상태 • 고환은 임신 28주 음낭으로 하강하기 시작, 32주 하강 끝나는데 저체중아, 미숙아 등에서 하강 완료 전 출생 시 발생 / 고환이 서혜부 관에 있을시 손상(서혜부관의 온도가 음낭보다 높음)
음낭 촉진	방법	수검자	이완 상태에서 양반다리로 풍선 불도록 해 복압 증가유도
		검진자	서혜부관 따라 음낭 윗부분 1,2수지로 눌러 고환 통로 차단 후 서혜부관 위에서 아래로 훑음
	결과	정상	타원형 고환 두 개 만져짐
		비정상	촉진되는 것이 없음, 통증-고환염이나 고환 염전 의심

관리	① 관찰: 1세경까지		
	② 자연적 하강이 되지 않을시		
		호르몬 요법	HCG-테스토스테론(고환 크기 증가)생성
		수술	고환 고정술(1~2세)
교육	• 자가검진: 사춘기 이후 매달 고환 자가검진-신생물 등 이상 탐지 • 2세 이후까지 하강 실패: 불임 위험성(고환 위축, 기능 변화 → 정자 형성 어려움 발생), 성인이 되어 고환암 가능성 상승		

147 서혜부 탈장

개요	초상 돌기 폐쇄가 이루어지지 않아 복부 내용물이 초상 돌기로 팽륜
진단	탈장 검사: 서 있는 상태에서 힘을 주도록 하여 서혜부와 대퇴부 변화 관찰하면서 검사자의 검지를 서혜부 관에 대고 탈장 부위를 촉진
증상	복압 증가 상황 서혜부나 음낭의 크기 커짐, 감돈 탈장 시 통증, 장 허혈로 인한 괴사와 천공 발생 가능
간호	복압 예방 / 감돈 관련 간호: 예방을 위해 온 목욕, 감돈 시 찬물적용

148 음낭수종

개요	초상 돌기 비정상적 개방 → 음낭에 복수 고여있는 상태	
유형	비교통성	복강과 분리 상태, 복압 증가 시 음낭 변화 없고, 무통성 유동적 덩어리 촉지
	교통성	초막 돌기 개방 복강과 음낭 열려있는 상태 / 음낭 크기- 복압이나 자세에 따라 달라짐
관리	수술: 돌 지난 후 음낭 크기 변화 없거나 크기 증가 시(1세 전 초막 돌기 폐쇄 복수 흡수 가능)	

149 음낭수종과 탈장 비교

	음낭수종	탈장
촉진시	물찬 느낌, 크기 동일	압력에 따른 크기 변화
청진시	아무 소리 안들림	장음 들림
고환 투영시	빛이 투과	빛 투과 안 됨

150 용혈성 요독 증후군

분류	설사 연관형	전구증상 설사 동반 - STEC(Shiga toxin-producing E.coli0157:H7이 흔한 원인) - Shigella dysenteriae type1 → shiga toxin - 내피 손상 유발
	비전형	설사 연관형 이외의 모든 유형 (폐구균, 바이러스 등 특발성, 가족력, 약물, 전신질환, 종양 등)
증상		• 설사 연관형: 설사, 발열, 구토, 복통 선행되고 5~10일 후 발병 • 빈혈 증상(창백, 보챔, 기면 등) • 신부전, 고혈압, 부종, 복수, 혈뇨 • 피부나 위장관의 출혈반, 황달, 간 비장 비대 • CNS 침범: 경련, 편마비, 혼수
진단 Triad		★ MAT(MAHA, ARF, Thrombocytopenia) ※Microangiopathic hemolytic anemia 미세혈관병성 용혈성 빈혈, 저혈소판 혈증, 가벼운 신기능 감소~급성 신부전
관리		수분, 전해질, 산·염기 균형 유지, 혈압 조절, 적혈구 수혈(혈소판 수혈은 경과 악화) 필요하다면 투석, 설사 연관형 항생제 금기(독소 생산 증가), 지사제 금기
예후	설사 연관형	예후 비교적 좋음, 재발 적고 CRF 이행률 15~25%
	비전형 HUS	재발가능, 예후 나쁨

SET 037

감각계 질환

151 영아 습진(아토피성 피부염) ▶ 2009·2021

개요	• 아토피성 알러지 질환(IgE 항체에 대한 면역반응) / 1형 즉시형 과민반응 • 인공영양아 & 겨울철 & 2~3세까지 호발 / 가족력
원인	촉발 요인: 집먼지진드기, 반려동물 털, 화분, 비누, 식품(우유·달걀 등 고단백, 오렌지 주스), 화학 물질, 정서적 스트레스, 약물 등
증상	• 아토피 반응: 모세혈관 이완 과민반응 → 홍반, 부종, 구진, 수포, 소양증, 경화, 감염 • 1형 즉시형 과민반응: 염증성 시토카인 방출 → 소양증 • 병변분포: 영아 – 신전부(얼굴, 두피, 사지) / 아동 – 굴곡부(전박,슬와,손발목, 목)
진단	• IgE 증가, 호산구혈증 • 피부병변의 경과: 급성기(소양증, 구진, 벗겨짐, 미란, 장액성 삼출물, 가피) → 아급성기(인설, 벗겨짐, 태선, 두꺼워짐) → 만성기(태선화, 섬유화) ※ 주 진단기준 *3가만이 있으면 진호 된다* ① 소양증 ② 전형적 발진 모양 및 호발 부위 ③ 아토피 질환 동반 및 가족력 ※ 만성 재발성의 임상경과
간호	간호 목표 – 소양증 경감: 시원한 온도 유지 <table><tr><td rowspan="2">보습</td><td>건성</td><td>목욕을 자주 하지 말고, 건조되는 것 예방</td></tr><tr><td>습성</td><td>목욕 후 즉시 윤활제 적용 → 촉촉하게 함</td></tr></table> • 긁지 않도록: 팔꿈치 억제대, 장갑 • 약물: 항히스타민제, 부신피질 호르몬제, 진정제 • 알러지 물질 제거: 비누, 모직, 털 있는 동물, 향수, 파우더, 물휴지 등

152 농가진 ▶ 2011

원인	용혈성연쇄상구균
기전	면역반응에 의한 ASO 면역복합체에 의한 자가면역질환 진행

153 기저귀 발진

개요	회음부 습기·pH 상승·대변 등 지속 자극으로 인한 피부질환
원인	기저귀 자주 교환하지 않고 방치 / 비누, 세제, 연고 반복 접촉 / 기저귀 화학성분
증상	붉고 거친 피부, 염증 / 심한 홍반, 열상, 구진, 두드러기
치료	① 기저귀 자주 교환, 통풍 - 느슨하게 착용, 건조 ② 약산성 비누 or 물로 세척 ③ 알칼리성 제제 ×, 연고 ×, 파우더 ×

154 여드름 ▶ 2009·2020

병태 생리	모발 피지성 모낭 호르몬(부신 및 성선 호르몬 - 안드로젠) 영향 크기증가 피지생성 증가 → 모낭 안 상피세포 변성 이상 각화(피지와 상피세포의 축적) → 모낭 폐색(면포성 여드름 발생) → P.acnes균 성장 → 염증반응 자극, 유리 지방산·효소생성(모낭벽 손상) → 여드름 악화 성) 호피요(C각)피영		
유형	면포성 여드름	모낭 폐색, 비염증성	
	염증성 여드름	염증 진행, 구진, 농포, 결절	
약물	연고류	주로 경증에 사용	
		Benzoyl peroxide	P.acnes 성장 억제, 레티놀 종류와는 동시 사용하면 안 됨(레티놀 산화 작용)
		tretinoin (레티놀)	모낭의 이상 각화를 막아주며, 면포 형성 억제 자외선 차단하거나 밤에 사용(감광성 약물), 피부 자극(홍반, 타는 느낌) 있을 수 있으며 효과는 6~8주 이후 천천히 나타남
	경구 약물	중등도 이상 시 사용	
		tetracycline	P.acnes균 억제, 연고와 함께
		estrogen	여성호르몬 이용 여드름 억제
		Isotretinoin	다른 치료 효과 없을 때 부작용: 정신적 문제 유발(우울, 자살 충동), 성장판 조기폐쇄, 기형 유발(피임)

성)

호피	오	피	영
E	T	BP	항
		I	

155 머릿니 ▶ 2011

특징		• 유충 1주 부화, 1주 성충, 1달 생존, 숙주 밖 2일 죽음 *성) 1주주달 2일* • 두피 6mm내 서캐 활동성 머릿니, 6mm 이상 알 과거 감염 의미 치료 필요 없음
관리	약물	1% Permethrin로션(2세 미만 금지) - 1~2일 머리감지 말 것
	격리	직접 접촉하지 않도록, 빗, 의류, 침구 분리, 뜨거운 물세탁, 삶거나 2주 관리

156 사시

정의	• 눈 운동 조절 근육 협응 능력 문제 → 양안이 한 물체 주시 못 하고 교차한 듯이 보임 • 안구 운동 협응 관련 신경: 3번 동안, 4번 활차, 6번 외전
증상	복시, 안구 편위, 시력 저하, 시력 소실 → 6세 전 교정 안구 근육 안정화

157 약시

정의	시각 자극 적절하게 주어지지 않아 생기는 시력 저하(교정시력 0.04~0.3)
기전	여러 원인(선천성백내장, 양안 부동시, 사시 등) → 시각 자극 박탈 → 뇌 자극 감소 → 뇌 시각중추 발달 × → 약시 발생 → 시각중추 6세까지 발달, 7세 이후 시력 회복 불가)
예방	• 정기 안과 검진 / 안경, 렌즈 등을 사용하여 굴절이상 교정 • 차폐법: 건강한 눈 가려 시력 좋지 않은 눈 사용 시력 증진 도모(건강한 눈도 하루 2시간 정도 안대 제거 자극 받게 해야 약시 발생 예방)

SET 038

근골격계 질환

158 내반족

개요	남아 호발, 가족적 소인, 자궁 내 비정상적 성장이 원인 요소 / 내반첨족이 흔함
치료 목적	통증없이 발바닥을 땅에 닿게 하고 안정된 발 획득 → 기형 교정, 정상 근육 발달까지 교정 유지, 기형 재발 가능성 관찰
치료 방법	**Ponseti method** ① 출생 직후 교정 시작 → 방치 시 뼈와 근육이 비정상적 발달하며 인대 짧아짐 ② Casting ③ Tenotomy ④ Denis Brown Splint: 양말 착용, Splint 단단히 고정
	수술치료 교정 안 될 때

159 척추 측만증 ▶ 2014·2019

개요	척추가 C 또는 S자형 변형 / 원인 확실치 않은 병 / 10세 전후 시작 / 키크는 동안 만곡 / 사춘기 동안 악화		
진단	1 단계	척추측만증 의심 자세: 어깨 기울거나 치우침, 견갑골 한쪽이 더 튀어나옴, 몸이 한쪽으로 기울어짐, 골반이 한쪽으로 기울어짐	
	2 단계	척추측만증 의심 시 전방굴곡검사(forward bending test)	
		서 있는 자세	구부린 자세
		자세: 다리 약간 벌리고 똑바로	양팔 나란히 등 90도 굽히고 검사자는 뒤에서 눈을 수검자 등 높이
		촉진: 척추형태파악 C, S형 • 시진: 어깨선, 견갑골 **높이** • 견갑골, 늑골,둔부 **돌출부**	견갑골, 늑골, 요추부 돌출부 높이차 비교
		- 참고: 전방굴곡검사 이상에도 정상인 경우 많아 엑스레이 확인요	

	3 단계	방사선 검사: Cobb 방법 - 척추 만곡 정도 측정 * Cobb각도 - 척추만곡 오목한 방향으로 가장 경사진 상위 척추체 상연과 하위 척추체 하연에 평행 직선 그어 각각 직선과 수직으로 다시 직선을 그었을 때 교차하면서 형성되는 각도	
치료	경과 관찰: 대부분(90% 정도) 특별한 치료 필요하지 않음		
		만곡도	관리
		20도 이하	경과 관찰, 6개월 또는 1년 간격으로 X-ray F / U
		20-40도	보조기 착용(성장 끝나는 15-16세 정도까지)
		40-50도	성장이 한창인 경우 수술 / 성장 멈춘 경우는 수술X
		50도 이상	수술로 척추 교정 / 1년에 1°~3°진행 80°이상시 심폐기능 영향 → 수술요
	※ 보조기:교정 효과보다 더 이상 휘지 않게 방지 목적		
		밀워키 보조기	후두부와 골반 이어 지지하는 힘과 등 뒤쪽에서 돌출부를 패드로 눌러주어 교정, 하루종일 착용(목욕, 운동 시 제거)
		보스턴 보조기	목 부분 받침 없어 비교적 간편, 흉요부 만곡시 효과

160 선천성 고관절 형성 장애(고관절 이형성증) ▶ 2018

정의	대퇴골두가 관골구에 잘 맞지 않는 선천기형	
진단 증상	Allis (갈레이지징후)	눕혔을 때 탈구된 쪽 무릎 높이가 낮음
	Trendelenburg 징후	뒤뚱뒤뚱 오리걸음, 탈구 다리로 서면 정상인 골반 쳐짐
	Ortolani 검사	탈구된 골두 정복 검사
	Barlow 검사	탈구 유도하며 진단하는 검사
	외전 제한	대퇴관절과 슬관절 90도 굴곡, 외전 → 탈구 시 외전 제한
	대퇴내측 피부 주름 검사	세워 하지 대퇴내측과 둔부 부위 관찰 → 탈구된 쪽이 주름 생김
	피스톤 징후	대퇴 상단 촉지하며 탈구 의심 다리를 아래위로 움직이면 탈구 시 대퇴 상단 촉지 부위에서 비정상 운동 촉지

치료	조기 진단	• 생후 2개월내 치료시 성공확률 높고 좋은 예후 • 탈구 방치 시: 대퇴골두 무혈성 괴사, 퇴행성관절염 → 고관절통 및 파행성 보행 유발
	3개월 이전	기구사용 외전 유도: Pavlik harness(외전용 부목) - 하루 24시간 3~4개월 적용
	3개월 이상	피부 견인 적용 / 수술(수술 후 hip spica cast)

161 소아기 류마티스성 관절염(Juvenile Rheumatoid Arthritis:J.R.A.)

	정의	15세 이하 소아에서 최소한 6주 이상 지속 관절염(관절 종창, 삼출, 관절부 열감, 움직일 때 통증,제한된 관절운동범위)이 한 개 이상 관절에서 나타남
	발생 기전	지속적 외부자극에 관절 손상, 손상 조직 혈액 내 유입 → 손상 조직 외부 항원 인식 공격(항원 항체 면역복합체 형성) → 관절강 침착 - 섬유화 - 강직

다관절형: 5개 이상 / 소수 관절형: 4개 이하 / 전신형:39℃ 이상 고열 2주 이상

구분	다수관절형		소수관절형		전신형
	Rheumatoid factor		Ⅰ형	Ⅱ형	
	음성	양성			
성별	90% 여아	80% 여아	80% 여아	90% 남아	60% 남아
연령	전 소아기	소아 후기	4세전	소아 후기	전 소아기
침범	모든 관절	모든 관절	큰 관절	큰 관절	모든 관절
RF	-	+(100%)	-	-	-
ANA	25%	75%	90%	-	10%
기타	류마티스 결절	류마티스 결절	만성 홍채염	급성 홍채염	열, 피로, 권태, 발진
검사	ESR상승, 경한 빈혈	ESR상승, 빈혈	ESR상승	ESR상승 HLA-B27	ESR, WBC↑ 빈혈, 혈소판↑
예후	심한 관절염 10~15%	심한 관절염 〉50%	눈 손상: 10% 다발성 관절염20%	강직성 척추염 진행	심한 관절염: 25% 전신증상 완화

(유형)

증상	• 관절 종창, 통증, 강직(아침에 더 심함) / 침범 관절 운동성과 ROM의 감소 / 고열과 피부 발진 • 주위 근육 경련, 관절 염증은 질병 초기 운동 장애 주 요인 / 종창은 관절 삼출액과 부종 및 활막의 비후로 나타남	
관리		급성기	아급성기, 만성기
	통증 관리	냉요법(부종, 근경련 감소)	온요법(근이완), 마사지, 진통제, 전환 요법
	활동 관리	절대 안정, 수동관절운동, 등척성 운동	• 휴식과 운동 교대 • 능동·수동운동, 걷기, 수영, 자전거
	영양 관리	• 적정 체중(과체중은 관절 무리) 유지를 위해 균형 잡힌 식사 • 칼슘과 비타민 D 섭취 권장	
	일상생활	단단한 매트리스, 부목, 엎드린 자세	독립적 일상생활, 사회생활 참여 권장, 관절통이나 피로시 휴식
약물	• 항류머티스 약물 　- 항암제-Methotrexate(엽산 보충제 복용 시 부작용 감소) 　- 항생제-Sulfasalazine(알러지 반응) 　- 항말라리아제-Hydrochloroquine(망막병증-정기적 눈 검진 필요) • 스테로이드: Corticosteroids(부작용:달덩이 얼굴, 혈압↑, 체중↑, 골밀도↓) • 진통제: NSAIDs, Aspirin(라이증후군 위험성) 금지 • 생물학적 제제: tumor necrosis factor alpha(TNF-α)inhibitor-류머티스 관절염을 일으키는 중간물질인 TNF를 차단해 염증 반응 저지 / 위험성: 악성종양(림프종) 가능성, 감염 증가사용 전 결핵 피부반응 검사 음성임을 확인(해마다 확인) / entanercept, infliximab, adalimumab	

162 근이영양증 ▶ 2013

특성	X염색체 열성 유전 / 근육 소모 특징 / 진행성 퇴행 유전 질환 / 호흡기 기능 부전으로 사망	
종류		뒤시엔느형	벡커형
	병태생리	디스트로핀 부재	디스트로핀 감소
	경과	2~6세 발병, 빠른 진행, 증상 심각	2~16세 발병, 느린 진행, 증상 경함
		정신지체 동반하기도 함	정상 지능
	증상	• Gower's sign: 앉은 자세에서 일어날 때 손을 다리 위에 올리면서 일어나는 모습 보임 • 가성 비대: 지방침윤으로 인해 근육이 비대한 것에서 유래 • waddling gait(동요성 보행): 특징적으로 뒤뚱거리는 걸음 • 척추 측만: 근육 상실로 발생	
관리	• 호흡 심장 모니터링 주기적 / 균형 잡힌 영양 섭취 • 근력 유지하기 위해 적절한 활동 / 피부 통합성 유지하기 위해 바른 자세 유지	

163 유잉육종(Ewing sarcoma)

개요	뼈에 주로 발생하는 악성 골종양 / 소아, 청소년 호발 / 폐, 골수 전이
증상	국소 통증(성장통으로 오인하여 발견 지연), 부종, 발열, 병적 골절, 흉벽에 발생 시 흉통, 호흡곤란, 척추 주변 발생 시 신경 압박 증상 ※ 호발 부위: 하지 장골 > 골반 > 상지 장골 > 흉벽

내분비계 질환

164 소아 당뇨

- 췌장의 β 세포 파괴로 인슐린이 생산되지 않아서 발생. 빠른 진행, 당뇨성 산증 호발
- 유전적 소인이 있는 사람에게 자가면역성 기전에 의해 발생, 평생 인슐린 주사 / 저혈당 쇼크 관찰

165 성장 호르몬 결핍증 ▶ 2014·2024

개요	• 뇌하수체 기능 저하로 성장 호르몬이 부족해져 평균보다 신장이 작고 발육 부진 • 원인: 출생 시 두부 손상, 뇌종양(두개인두관종), 선천 기형, 방사선 노출, 유전적 결함 등
증상	저신장증(평균과 비교해 50~60%), 피로, 허약, 사춘기 지연, 성장 속도 지연
치료	• 성장 호르몬: 처방받은 양 잠자기 전 피하주사, 성장, 근육량증가, 지방감소 • 부작용: ICP상승, 여성형 유방, 알레르기, 주사 부위 지방위축, 당뇨병 등 • 치료 중단: 1inch/year 미만 성장 속도 보이면서 골 연령이 여아 14세 이상, 남아 16세 이상이면 중단 기준이 됨./ **골단 성장판** 닫혀 성인 키 확정시 투여 중지

166 성조숙증 ▶ 2013

정의		2차 성징 발현 - 여아 8세(유방), 남아 9세(고환) 이전 / 여아 > 남아
분류	진성	• 성선 자극 호르몬 의존성, 시상하부 - 뇌하수체 - 성선 축의 조기 성숙 • 성선 자극 호르몬(FSH, LH) 분비 → 에스트로겐, 테스토스테론 증가 • 사춘기 발현 → 배란, 정자 형성 가능 → 임신 가능 • 신장, 체중증가, 골 성숙 촉진(골 연령 > 실제 연령) → 성장판 일찍 닫혀 최종 신장 평균 이하

	진단	GnRH 반응검사-GnRH agonist 투여 후 혈중 FSH, LH, 에스트로겐, 테스토스테론 농도 측정(진성, 가성 여부)
	치료	GnRH agonist 주입(매달) → GnRH 수용체 지속 자극 → 수용체 감수성 저하 → LH, FSH 분비 억제 → 성호르몬 분비 억제 * GnRH agonist 종류: Zoladex, Lupron Depot
가성		• 성선 자극 호르몬 비의존성, 성선축 성숙 X / GnRH, FSH, LH 수치 정상 • 원인: 에스트로겐, 안드로겐 증가시키는 난소나 부신 종양, Leydig 세포종, hCG 분비 종양, 호르몬 치료 부작용

SET 040

감염질환

167 전염 질환 ▶ 2008·2009·2013·2019·2022

※ 홍수풍 발잔457 백형 항51 이5-홍수풍 발잔(발생)457(명이) 백성(에게)~ 항오일 이민

	홍역	수두	풍진
원인균	Measles morbillivirus	Human alphaherpesvirus 3	Rubivirus rubellae
관리 유형	표준주의, 공기주의	표준주의, 공기주의, 접촉주의	표준주의, 비말주의 (임신부 접촉금지)
전염기간	발진 시작 4일 전 ~4일 후까지	발진 1~2일 전부터 모든 피부 병변에 가피가 생길 때까지	발진 7일 전부터 ~7일 후까지
격리 기간	발진 시작 후 4일까지	모든 피부 병변에 가피가 생길때까지(발진 발생 후 최소 5일간)격리	발진 시작 후 7일까지
임상 증상 및 치료	① 카타르기: 전염력 강함 (3~5일) - 3C(Cough, Coryza, Conjuntivitis) / Koplick반점 → 발진 2일 전 관찰 ② 발진기: **홍반상 구진상 발진** - 목의 외상부, 귀뒤, 이마 ⇒ 24시간내 얼굴, 목, 팔, 몸통 ⇒ 2일째 대퇴 ⇒ 3일째 발(발생순으로 사라짐) - 고열: 발진 후 2~3일 동안 ③ 회복기: 발진 소실 색소 침착, 피부낙설 • 대증요법: 진통제, 해열제	① 전구기: 발진 시작 24~48시간 전부터 발열, 권태, 식욕부진, 두통, 복통 ② 발진기 - 발진: 가슴, 배, 몸통 ⇒ 두피, 얼굴, 어깨 ⇒ 사지 - 심한 소양증 동반 홍반 ⇒**구진**⇒ 눈물모양수포 ⇒ 농포(24~48시간) ⇒ 가피형성 (같은 시기 여러 형태 발진 관찰) • 병원격리: 감수성자, 신생아, 면역억제자 접촉방지, 수포건조시까지 격리(발진 후 6~7일)	① 전구기 - 림프절 종창(귀뒤, 목 뒤, 후두)-발진출현 1일 전부터 1주일 이상 지속 동통 - 미열, 홍반성 구진 ② 발진기 - 연분홍 홍반성 구진/발진은 얼굴 → 상지, 몸통, 다리로 퍼짐(24시간내 전 신체로) - **삼일홍역**:3일째 발진 발생 순서대로 소실 • **선천성 풍진 증후군**: 임신 3개월 내 감염-기형 유발 • 3대증상: 백내장, 심장기형, 난청

	• 눈: 결막염 분비물(식염수세척), 광선과민증(선글라스) • 예방: 접촉3일내-인공능동면역/접촉5일내-감마글로불린 • 예방접종: 12~15개월 1회 / 4~6세 추가(모체에게 받은 수동면역은 생후 첫 4~6개월 동안만 유효)	• 아스피린 금지: 라이증후군 • 소양증완화: 전분목욕, 칼라민 로션 도포, 차가운 스폰지 목욕(비누X)	• 진단: 풍진IgM항체-태아 감염의 증거

	백일해	성홍열	유행성 이하선염
원인균	Bordetella Pertussis	A군 β용혈성 연쇄상 구균 (ASO titer상승)	Mumps orthorubulavirus
관리유형	표준주의, 비말주의	표준주의, 비말주의, 접촉주의	표준주의, 비말주의
전염기간	발병 후 기침이 멈출 때까지 최소 3주 이상 (적절한 항생제 투여시작 후 5일까지)	• 적절한 항생제 치료 시작하면 24시간 후 전염력 소실 • 치료하지 않으면 수개월 동안 전염 가능	이하선염 발병 2일 전부터 5일 후까지
격리기간	• 적절한 항생제 투여 시작 후 5일까지 • 치료받지 않은 경우, 기침이 멈출 때까지 최소 3주 이상	적절한 항생제 치료시작 후 24시간까지 호흡기(비말)격리	이하선염 발현 후 5일까지
임상증상 및 치료	① 카타르기: 콧물, 결막염, 눈물 ② 발작기(paroxysmal stage): 1~6주간 발작성 기침/ Whooping ③ 회복기: 4~6주 후 발작 약해지며 증상소실	① 전구기: 발열, 빈맥, 인후통, 구토, 두통, 오한, 불안, 복통 ② 발진기 - 선홍색작은구진(누르면 소실후 나타남) - 목, 액와, 서혜 ⇒ 몸통, 사지(24시간내) ⇒ 소실(3~7일내)	① 급성기: 타액선 비대, 동통, 이하선 침범(양측성), 고열, 통증(음식 섭취시), 난청 ② 회복기 - 생식기-사춘기 고환염, 부고환염, **불임** 초래 / 난소염

	- pastia: 접히는 부위, 사타구니 내측-눌러도 없어지지 않음 - 안면 홍조(입주위 제외), 편도, 인후두비대 붉어짐, 삼출물과 반점 뒤덮임 - **딸기혀**: 1~2일차 흰색 딸기혀 → 4~5일차 붉은 유두 딸기혀 ③ 낙설기: 1주말 안면에서 시작 3주 전신 피부낙설 • 합병증: 과민반응(류머티스열, 급성사구체 신염)	• 통증경감: 냉온습포, 신맛 음식(침샘자극)은 통증 증가, 저작 피하기 • 예방접종: 생후 12~15개월 / 추가 4~6세

부록

2026 김동현 전공보건 암기의 맥

학교보건법 3단 비교표

학교보건법	학교보건법 시행령	학교보건법 시행규칙
제1조 【목적】 이 법은 학교의 보건관리에 필요한 사항을 규정하여 학생과 교직원의 건강을 보호·증진함을 목적으로 한다.		

제2조 【정의】 이 법에서 사용하는 용어의 뜻은 다음과 같다.
1. "건강검사"란 신체의 발달 상황 및 능력, 정신건강 상태, 생활습관, 질병의 유무 등에 대하여 조사하거나 검사하는 것을 말한다.
2. "학교"란 「유아교육법」 제2조제2호, 「초·중등교육법」 제2조 및 「고등교육법」 제2조에 따른 각 학교를 말한다.
3. "관할청"이란 다음 각 목의 구분에 따른 지도·감독기관을 말한다.
  가. 「유아교육법」 제7조제1호에 따른 국립유치원 및 「초·중등교육법」 제3조제1호에 따른 국립학교: 교육부장관
  나. 「유아교육법」 제7조제2호·제3호에 따른 공립유치원·사립유치원 및 「초·중등교육법」 제3조제2호·제3호에 따른 공립학교·사립학교: 교육감
  다. 「고등교육법」 제2조에 따른 학교: 교육부장관
[전문개정 2007. 12. 14.]		

학교보건법	학교보건법 시행령	학교보건법 시행규칙
제2조의2 【국가와 지방자치단체의 의무】 국가와 지방자치단체는 학생과 교직원의 건강을 보호·증진하기 위한 기본계획을 수립·시행하고, 이에 필요한 시책을 마련하여야 한다.		
제2조의3 【학생건강증진 기본계획의 수립·시행】 ① 교육부장관은 5년마다 학생의 신체 및 정신건강 증진을 위한 기본계획(이하 "기본계획"이라 한다)을 수립·시행하여야 한다. ② 기본계획에는 다음 각 호의 사항이 포함되어야 한다. 1. 학생의 건강증진을 위한 기본방향 및 목표 2. 학생의 건강증진을 위한 주요 추진과제 및 추진방법 3. 그 밖에 학생의 건강증진을 위하여 필요한 사항 ③ 교육부장관은 기본계획의 수립·시행에 필요한 자료의 제공 등을 관계 중앙행정기관의 장 및 그 밖의 기관·단체의 장에게 요청할 수 있다. 이 경우 자료의 제공 등을 요청받은 관계 중앙행정기관의 장 및 그 밖의 기관·단체의 장은 특별한 사유가 없으면 이에 따라야 한다. ④ 그 밖에 기본계획의 수립·시행에 필요한 사항은 대통령령으로 정한다. [본조신설 2021. 9. 24.]	제1조의2 【학생건강증진 기본계획의 수립 등】 ① 교육부장관은 「학교보건법」(이하 "법"이라 한다) 제2조의3제1항에 따라 학생의 신체 및 정신건강 증진을 위한 기본계획(이하 "학생건강증진기본계획"이라 한다)을 그 계획을 시행하는 해의 전년도 10월 31일까지 수립해야 한다. ② 교육부장관은 학생건강증진 정책의 변화나 관련 법령의 개정 등 학생건강증진기본계획을 변경할 필요가 있는 경우에는 학생건강증진기본계획을 변경할 수 있다. ③ 교육부장관은 학생건강증진기본계획을 수립 또는 변경하려는 경우에는 미리 관계 행정기관의 장 및 특별시·광역시·특별자치시·도·특별자치도(이하 "시·도"라 한다) 교육감(이하 "교육감"이라 한다)의 의견을 들어야 한다. ④ 교육부장관은 학생건강증진기본계획을 수립 또는 변경한 경우에는 지체 없이 관계 행정기관의 장 및 교육감에게 통보해야 한다. [본조신설 2023. 2. 14.]	

학교보건법	학교보건법 시행령	학교보건법 시행규칙
제3조【보건시설 등】학교의 설립자·경영자는 대통령령으로 정하는 바에 따라 보건실을 설치하고 학교보건에 필요한 시설과 기구(器具) 및 용품을 갖추어야 한다.	제2조【보건실의 설치기준 등】 ① 법 제3조에 따른 보건실의 설치기준은 다음 각 호와 같다.〈개정 2012. 8. 13., 2013. 3. 23., 2023. 2. 14.〉 1. 위치: 학생과 교직원의 응급처치 등이 신속히 이루어질 수 있도록 이용하기 쉽고 통풍과 채광이 잘 되는 장소일 것 2. 면적: 66제곱미터 이상. 다만, 교육부장관(「대학설립·운영 규정」제1조에 따른 대학만 해당된다) 또는 교육감(「고등학교 이하 각급 학교 설립·운영 규정」제2조에 따른 각급 학교만 해당된다)은 학생수 등을 고려하여 학생과 교직원의 건강관리에 지장이 없는 범위에서 그 면적을 완화할 수 있다. ② 제1항에 따른 보건실에는 학교보건에 필요한 다음 각 호의 시설과 기구(器具) 및 용품을 갖추어야 한다.〈개정 2019. 6. 18.〉 1. 학생과 교직원의 건강관리와 응급처치 등에 필요한 시설과 기구 및 용품 2. 학교환경위생 및 식품위생 검사에 필요한 기구 ③ 제2항에 따라 보건실에 갖추어야 하는 시설과 기구 및 용품의 구체적인 기준은 「초·중등교육법」제3조에 따른 국립학교와 「고등교육법」제2조 각 호에 따른 학교의 경우에는	제2조【보건실의 시설과 기구 및 용품】「학교보건법 시행령」(이하 "영"이라 한다) 제2조제2항에 따라 보건실에 갖추어야 하는 시설과 기구(器具) 및 용품의 구체적인 기준은 별표 1과 같다.

학교보건법	학교보건법 시행령	학교보건법 시행규칙
	교육부령으로 정하고, 「초·중등교육법」 제3조에 따른 공립학교 및 사립학교의 경우에는 시·도 교육규칙으로 정한다. 〈개정 2012. 8. 13., 2013. 3. 23., 2019. 6. 18.〉 [제목개정 2019. 6. 18.]	
제4조【학교의 환경위생 및 식품위생】① 학교의 장은 교육부령으로 정하는 바에 따라 학교시설[교사대지(校舍垈地)·체육장, 교사·체육관·기숙사 및 급식시설, 교사대지 또는 체육장 안에 설치되는 강당 등을 말한다. 이하 같다]에서의 환기·채광·조명·온도·습도의 조절과 유해중금속 등 유해물질의 예방 및 관리, 상하수도·화장실의 설치 및 관리, 오염공기·석면·폐기물·소음·휘발성유기화합물·세균·먼지 등의 예방 및 처리 등 환경위생과 식기·식품·먹는 물의 관리 등 식품위생을 적절히 유지·관리하여야 한다.〈개정 2008. 2. 29., 2013. 3. 23., 2019. 4. 23.〉 ② 학교의 장은 제1항에 따라 학교시설에서의 환경위생 및 식품위생을 적절히 유지·관리하기 위하여 교육부령으로 정하는 바에 따라 연 2회 이상 점검하고, 그 결과를 기록·보존 및 보고하여야 한다. 이 경우 환경위생 점검을 위한 공기 질 점검 시 학교운영위원회 위원		제3조【환경위생 및 식품위생의 유지관리】① 「학교보건법」(이하 "법"이라 한다) 제4조에 따라 학교의 장이 유지·관리해야 하는 학교시설[교사대지(校舍垈地)·체육장, 교사·체육관·기숙사 및 급식시설, 교사대지 또는 체육장 안에 설치되는 강당 등을 말한다. 이하 같다]에서의 환경위생 및 식품위생에 관한 기준은 다음 각 호와 같다.〈개정 2005. 11. 14., 2008. 4. 28., 2018. 3. 27., 2019. 10. 24.〉 1. 환기·채광·조명·온습도의 조절기준과 환기설비의 구조 및 설치기준은 별표 2와 같다. 1의2. 유해중금속 등 유해물질의 예방 및 관리 기준은 별표 2의2와 같다. 2. 상하수도·화장실의 설치 및 관리기준은 별표 3과 같다. 3. 폐기물 및 소음의 예방 및 처리기준은 별표 4와 같다. 3의2. 공기 질 등의 유지·관리 기준은 별표 4의2와 같다. 4. 식기·식품·먹는 물의 관리 등 식품위생에 관한 기준은 별표 5와 같다.

학교보건법	학교보건법 시행령	학교보건법 시행규칙
또는 학부모가 참관을 요청하는 경우에는 이를 허용하여야 한다.〈개정 2008. 2. 29., 2013. 3. 23., 2019. 4. 2., 2019. 4. 23., 2021. 12. 28.〉 ③ 학교의 장은 제2항에 따른 점검에 관한 업무를 교육부령으로 정하는 바에 따라 「환경분야 시험·검사 등에 관한 법률」 제16조에 따른 측정대행업자에게 위탁하거나 교육감에게 전문인력 등의 지원을 요청하여 수행할 수 있다.〈개정 2008. 2. 29., 2013. 3. 23.〉 ④ 학교의 장은 제2항과 제3항에 따른 점검 결과가 교육부령으로 정하는 기준에 맞지 아니한 경우에는 지체 없이 시설의 보완 등 필요한 조치를 하고 이를 교육부장관 및 교육감에게 보고하여야 한다.〈개정 2008. 2. 29., 2013. 3. 23., 2016. 3. 2., 2021. 12. 28.〉 ⑤ 교육부장관이나 교육감은 제1항에 따른 환경위생과 식품위생을 적절히 유지·관리하기 위하여 필요하다고 인정하면 관계 공무원에게 학교에 출입하여 제2항에 따른 점검을 하거나 점검 결과의 기록 등을 확인하게 할 수 있으며, 개선이 필요한 경우에는 행정적·재정적 지원을 할 수 있다.〈개정 2008. 2. 29., 2013. 3. 23.〉 ⑥ 학교의 장은 제2항 및 제4항에 따른 환경위생 및 식품위생		② 학교의 장은 학교시설에서의 환경위생 및 식품위생 상태가 제1항의 기준에 적합한지를 확인하기 위하여 점검을 실시해야 한다.〈개정 2019. 10. 24.〉 ③ 제2항에 따라 실시하는 점검의 종류 및 시기는 별표 6과 같이 하고, 점검방법 그 밖의 필요한 사항은 교육부장관이 정하여 이를 고시한다.〈개정 2005. 11. 14., 2008. 3. 4., 2008. 4. 28., 2013. 3. 23.〉 ④ 학교의 장은 제2항 및 제3항에 따라 점검을 실시하였을 때에는 그 결과를 기록·비치해야 하고, 학교시설에서의 환경위생 및 식품위생의 상태가 제1항의 기준에 미달되는 경우에는 시설의 보완 등 필요한 조치를 강구해야 한다.〈개정 2005. 11. 14., 2008. 4. 28., 2019. 10. 24.〉 ⑤ 삭제〈2019. 7. 3.〉 제3조의2 【검사요청 등】 ① 법 제4조에 따른 학교시설에서의 환경위생 및 식품위생을 유지·관리하기 위하여 학교의 장이 제3조제2항에 따른 점검을 실시하는 경우에는 교육감 또는 교육장에게 점검방법의 지도 및 전문인력 등의 지원을 요청하거나 환경위생 및 식품위생의 상태를 전문적으로 점검하

학교보건법	학교보건법 시행령	학교보건법 시행규칙
점검 결과 및 보완 조치를 학교의 인터넷 홈페이지 또는 교육부장관이 운영하는 공시 관련 홈페이지를 통하여 공개하여야 한다. 이 경우 측정된 수치는 최초측정과 재측정 이력을 포함하여야 한다.〈신설 2016. 3. 2., 2019. 4. 2.〉 ⑦ 학교의 장은 제2항에 따른 학교시설의 환경위생 점검을 실시하여 심각한 유해물질의 지속적 발생의 가능성이 확인된 경우 관할 교육감에게 특별점검을 요청하여야 하고, 교육감은 이에 특별점검을 실시하고 대책을 수립·실행하여야 한다.〈신설 2019. 4. 23.〉 [전문개정 2007. 12. 14.]		는 기관에 의뢰하여 오염의 정도를 측정하게 할 수 있다.〈개정 2008. 4. 28., 2019. 10. 24.〉 ② 교육감 또는 교육장은 제1항에 따라 지원요청을 받은 경우에는 소속 공무원으로 하여금 관할학교에 대하여 오염물질을 직접 검사하게 하거나 환경위생 및 식품위생의 상태를 전문적으로 점검하는 기관에 의뢰하여 오염의 정도를 측정하게 할 수 있다.〈개정 2008. 4. 28.〉 [본조신설 2005. 11. 14.]
제4조의2 【공기 질의 유지·관리 특례】① 학교의 장은 제4조제2항에 따른 공기 질의 위생점검을 상·하반기에 각각 1회 이상 실시하여야 한다. ② 학교의 장은 제4조제2항 및 제3항에 따라 교사 안에서의 공기 질을 측정하는 장비에 대하여 교육부령으로 정하는 바에 따라 매년 2회 이상 정기적으로 점검을 실시하여야 한다.〈개정 2021. 12. 28.〉 [본조신설 2019. 4. 2.]		제4조 【공기 질을 측정하는 장비에 대한 점검】 법 제4조의2제2항에 따라 실시해야 하는 교사 안에서의 공기의 질을 측정하는 장비에 대한 점검은 다음 각 호의 어느 하나에 해당하는 방법으로 한다. 1. 「국가표준기본법」 제3조제17호에 따른 소급성(遡及性) 확보를 위한 검사 2. 「환경분야 시험·검사 등에 관한 법률」 제11조제1항 본문에 따른 정도검사(精度檢査) [본조신설 2019. 7. 3.]
제4조의3 【공기정화설비 등 설치】 학교(「고등교육법」 제2조에 따른 학교는 제외한다)의 장은 교사 안에서의 공기 질 관리		제5조 【공기정화설비 등의 설치】 법 제4조의3에 따라 학교(「고등교육법」 제2조에 따른 학교는 제외한다)의 장이 교사 안에서

학교보건법	학교보건법 시행령	학교보건법 시행규칙

를 위하여 교육부령으로 정하는 바에 따라 각 교실에 공기를 정화하는 설비 및 미세먼지를 측정하는 기기를 설치하여야 한다.		의 공기 질 관리를 위하여 각 교실에 설치해야 하는 공기를 정화하는 설비 및 미세먼지를 측정하는 기기는 다음 각 호와 같다.
		1. 공기를 정화하는 설비: 다음 각 목의 어느 하나에 해당하는 설비
		  가. 「실내공기질 관리법」 제2조제5호에 따른 공기정화설비
		  나. 실내 공기 중의 분진을 추출하여 모으고 냄새를 탈취하는 기능이 있는 설비로서 내부에 먼지 제거부와 송풍기가 내장되어 있는 설비
		  다. 그 밖에 교육부장관이 관계 중앙행정기관의 장과 협의하여 교실의 공기를 정화하기에 적합하다고 인정하여 고시하는 설비
		2. 미세먼지를 측정하는 기기: 다음 각 목의 어느 하나에 해당하는 기기
		  가. 제1호 각 목의 어느 하나에 해당하는 설비에 부착되어 있는 부속품 형태의 측정기기로서 미세먼지의 농도를 표시하는 기능이 탑재된 측정기기
		  나. 가목 외의 기기로서 미세먼지의 측정결과를 실시간으로 확인할 수 있는 간이 측정기기

학교보건법	학교보건법 시행령	학교보건법 시행규칙
		다. 그 밖에 교육부장관이 관계 중앙행정기관의 장과 협의하여 교실의 미세먼지를 측정하기에 적합하다고 인정하여 고시하는 기기 [본조신설 2019. 7. 3.]
제5조【대기오염대응매뉴얼의 작성 등】① 교육부장관은 대기오염에 효과적으로 대응하기 위하여 환경부장관과의 협의를 거쳐「대기환경보전법」제7조의2의 대기오염도 예측결과에 따른 대응 매뉴얼(이하 "대기오염대응매뉴얼"이라 한다)을 작성·배포하여야 한다. ② 대기오염대응매뉴얼에는 대응 단계별 전파요령, 실외수업에 대한 점검 및 조치, 실내 공기질 관리를 위한 조치사항 등 대통령령으로 정하는 내용이 포함되어야 한다. ③ 학교의 장은 대기오염대응매뉴얼에 따라 학생 및 교직원의 세부 행동요령을 수립하고 학생 및 교직원에게 세부 행동요령에 관한 교육을 실시하여야 한다. ④ 그 밖에 대기오염대응매뉴얼의 작성·배포, 세부 행동요령의 수립에 필요한 사항은 대통령령으로 정한다. [본조신설 2018. 12. 18.]	제3조【대기오염대응매뉴얼의 작성 등】① 법 제5조제2항에서 "대통령령으로 정하는 내용"이란 다음 각 호의 내용을 말한다. 1. 대기오염 대응 업무 수행체계 및 관련 기관별 역할에 관한 사항 2. 대응 단계별 전파요령에 관한 사항 3. 대응 단계별 실외수업에 대한 점검 및 조치에 관한 사항 4. 대응 단계별 실내 공기질 관리를 위한 조치에 관한 사항 5. 그 밖에 교육부장관이 대기오염 대응에 필요하다고 인정하는 사항 ② 교육부장관은 법 제5조제1항에 따라 작성한 대기오염대응매뉴얼을 전자적 파일이나 인쇄물의 형태로 배포할 수 있다. ③ 법 제5조제3항에 따른 학생 및 교직원의 세부 행동요령(이하 이 조에서 "세부 행동요령"이라 한다)에는 다음 각 호의 내용이 포함되어야 한다. 1. 대기오염 대응 업무를 관리하는 교직원의 지정에 관한 사항	

학교보건법	학교보건법 시행령	학교보건법 시행규칙
	2. 등교·하교 시간 조정, 수업시간 단축, 질환자 관리 등 대응 단계별 안전조치 이행에 관한 사항 3. 교직원 비상연락망 유지, 학생·학부모에 대한 연락체계 구축 등 대응 단계별 전파요령에 관한 사항 4. 체육활동, 현장학습, 운동회 등 실외수업의 실내수업 대체 등 대응 단계별 실외수업에 대한 점검 및 조치에 관한 사항 5. 공기 정화 설비의 가동, 환기요령, 청소 등 대응 단계별 실내 공기질 관리를 위한 조치에 관한 사항 6. 그 밖에 학교의 장이 학교의 사정 등을 고려하여 대기오염 대응에 필요하다고 인정하는 사항 ④ 학교의 장은 세부 행동요령을 「학교안전사고 예방 및 보상에 관한 법률」 제4조제6항에 따른 학교안전사고 예방에 관한 학교계획에 포함하여 수립할 수 있다. [본조신설 2019. 6. 18.]	
제7조【건강검사 등】① 학교의 장은 학생과 교직원에 대하여 건강검사를 하여야 한다. 다만, 교직원에 대한 건강검사는 「국민건강보험법」 제52조에 따른 건강검진으로 갈음할 수 있다.〈개정 2011. 12. 31.〉		제3조【건강검사의 실시】① 건강검사는 신체의 발달상황, 신체의 능력, 건강조사, 정신건강 상태 검사 및 건강검진으로 구분한다.〈개정 2016. 3. 4.〉 ② 신체의 발달상황, 신체의 능력, 건강조사 및 정신건강 상태

학교보건법	학교보건법 시행령	학교보건법 시행규칙
② 학교의 장은 제1항에 따라 건강검사를 할 때에 질병의 유무 등을 조사하거나 검사하기 위하여 다음 각 호의 어느 하나에 해당하는 학생에 대하여는 「국민건강보험법」 제52조에 따른 건강검진 실시 기관에 의뢰하여 교육부령으로 정하는 사항에 대한 건강검사를 한다.〈개정 2008. 2. 29., 2011. 12. 31., 2012. 3. 21., 2013. 3. 23.〉		검사는 해당 학교의 장이 실시하고, 건강검진은 「건강검진기본법」 제14조에 따라 지정된 검진기관(이하 "검진기관"이라 한다)에서 실시한다.〈개정 2009. 5. 22., 2016. 3. 4.〉 ③ 제2항에도 불구하고 건강검진을 실시하는 학생에 대한 신체의 발달상황에 대한 검사는 검진기관에서 실시할 수 있다.〈개정 2020. 1. 9.〉 [전문개정 2006. 1. 10.]
1. 「초·중등교육법」 제2조제1호의 학교와 이에 준하는 특수학교·각종학교의 1학년 및 4학년 학생. 다만, 구강검진은 전 학년에 대하여 실시하되, 그 방법과 비용 등에 관한 사항은 지역실정에 따라 교육감이 정한다. 2. 「초·중등교육법」 제2조제2호·제3호의 학교와 이에 준하는 특수학교·각종학교의 1학년 학생 3. 그 밖에 건강을 보호·증진하기 위하여 교육부령으로 정하는 학생		제4조【신체의 발달상황에 대한 검사항목 및 방법】① 신체의 발달상황은 키와 몸무게를 측정한다.〈개정 2006. 1. 10.〉 ② 신체의 발달상황에 대한 검사의 방법은 별표 1과 같다.〈개정 1999. 3. 8., 2006. 1. 10.〉 ③ 신체의 발달상황에 대한 검사는 매학년도 제1학기 말까지 실시해야 하며, 필요한 경우 추가로 실시할 수 있다.〈신설 2020. 1. 9.〉 [제목개정 2006. 1. 10.]
③ 학교의 장은 제2항에 따른 건강검사 외에 학생의 건강을 보호·증진하기 위하여 필요하다고 인정하면 교육부령으로 정하는 바에 따라 그 학생을 별도로 검사할 수 있다.〈개정 2008. 2. 29., 2013. 3. 23.〉 ④ 학교의 장은 제1항과 제2항에도 불구하고 천재지변 등 부		제4조의2【건강조사의 항목 및 방법】① 건강조사는 병력, 식생활 및 건강생활 행태 등에 대해서 실시하여야 한다.〈개정 2016. 3. 4.〉 ② 건강조사의 항목에 따른 세부적인 내용 및 건강조사의 방법은 별표 1의2와 같다. ③ 건강조사는 매학년도 제1학기 말까지 실시해야 하며, 필요

학교보건법	학교보건법 시행령	학교보건법 시행규칙
득이한 사유로 관할 교육감 또는 교육장의 승인을 받은 경우에는 교육부령으로 정하는 바에 따라 건강검사를 연기하거나 건강검사의 전부 또는 일부를 생략할 수 있다.〈개정 2008. 2. 29., 2013. 3. 23.〉 ⑤ 제2항에 따라 건강검사를 한 검진기관은 교육부령으로 정하는 바에 따라 그 검사결과를 해당 학생 또는 학부모와 해당 학교의 장에게 알려야 한다.〈개정 2008. 2. 29., 2013. 3. 23.〉 ⑥ 학교의 장은 제2조제1호의 정신건강 상태 검사를 실시할 때 필요한 경우에는 학부모의 동의 없이 실시할 수 있다. 이 경우 학교의 장은 지체 없이 해당 학부모에게 검사 사실을 통보하여야 한다.〈신설 2012. 3. 21., 2016. 3. 2., 2021. 3. 23.〉 ⑦ 제1항과 제2항에 따른 건강검사의 시기, 방법, 검사항목 및 절차 등에 관하여 필요한 사항은 교육부령으로 정한다.〈개정 2008. 2. 29., 2012. 3. 21., 2013. 3. 23.〉 [전문개정 2007. 12. 14.]		한 경우 추가로 실시할 수 있다.〈신설 2020. 1. 9.〉 [본조신설 2006. 1. 10.] 제4조의3【정신건강 상태 검사】① 정신건강 상태 검사는 설문조사 등의 방법으로 한다. 이 경우 설문조사 등의 시행과 그 결과 처리는 「초·중등교육법」 제30조의4에 따른 교육정보시스템(이하 "교육정보시스템"이라 한다)을 통하여 할 수 있다. ② 학교의 장은 정신건강 상태 검사를 실시하는 경우(법 제7조제6항에 따라 동의 없이 실시하는 경우를 포함한다)에는 검사와 관련한 구체적인 내용을 학부모에게 미리 알려야 한다. [본조신설 2016. 3. 4.] 제5조【건강검진의 항목 및 방법】① 건강검진은 척추, 눈·귀, 콧병·목병·피부병, 구강, 병리검사 등에 대하여 검사 또는 진단해야 한다.〈개정 2006. 1. 10., 2020. 1. 9.〉 ② 건강검진의 방법은 별표 2와 같다.〈개정 1999. 3. 8., 2006. 1. 10.〉 [제목개정 2006. 1. 10.] 제5조의2【건강검진의 절차 등】① 학교의 장은 법 제7조제2항에 따른 학생의 건강검사를 실시하기 위하여 2개 이상의 검진기관을 선정하여야 한다. 다만, 검진기관을 2개 이상 선정할 수 없는 경우에는 관할 교육

학교보건법	학교보건법 시행령	학교보건법 시행규칙
		감(「지방교육자치에 관한 법률」 제26조제1항에 따라 하급 교육행정기관에 권한을 위임한 경우에는 교육장을 말한다. 이하 이 조에서 같다)의 승인을 얻어 1개의 검진기관만 선정할 수 있다.〈개정 2016. 3. 4.〉 ② 학교의 장은 제1항의 규정에 의하여 검진기관을 선정하고자 하는 때에는 「초·중등교육법」 제31조의 규정에 의한 학교운영위원회의 심의 또는 자문을 받을 수 있다. ③ 학교의 장은 검진대상자가 검진기관을 방문하여 건강검진을 받도록 하여야 한다.〈개정 2016. 3. 4.〉 ④ 학교의 장은 제1항 본문 및 제3항에도 불구하고 다음 각 호의 어느 하나에 해당하는 경우에는 1개의 검진기관만을 선정하여 검진기관이 검진대상자에 대한 출장검진을 하도록 할 수 있다.〈개정 2016. 3. 4.〉 1. 학교가 소재한 지역(읍·면·동을 말한다)에 검진기관이 없는 경우 2. 「장애인 등에 대한 특수교육법」에 따른 특수학교 및 특수학급의 학생을 대상으로 검진을 실시하는 경우 3. 그 밖에 부득이한 사유로 출장검진이 불가피하다고 교육감이 승인한 경우 ⑤ 검진기관은 검진대상자 여부를 확인한 후 검진대상자에

학교보건법	학교보건법 시행령	학교보건법 시행규칙
		대하여 별표 1 및 별표 2의 검사항목에 해당되는 신체의 발달상황에 대한 검사 및 건강검진을 실시하여야 한다.〈개정 2016. 3. 4.〉 ⑥ 검진기관은 검진을 실시하기 전에 검진에 필요한 별지 제1호의2서식부터 별지 제1호의4서식까지에 따른 문진표를 비치하고, 검진대상자에게 필요한 문진표를 작성·제출하도록 하여야 한다.〈개정 2016. 3. 4.〉 ⑦ 검진기관은 법 제7조제5항에 따라 다음 각 호의 서류를 작성하여 검사결과를 검사일부터 30일 내에 해당 학생 또는 학부모와 해당학교의 장에게 각각 통보하여야 한다. 이 경우 검진결과 질환이 의심되는 학생 또는 정밀검사가 필요한 학생이 있는 경우에는 해당 학부모에게 반드시 통보하여야 한다.〈개정 2016. 3. 4.〉 1. 별지 제1호의5서식에 따른 학생건강검사 결과 통보서 2. 별지 제1호의6서식에 따른 학생구강검사 결과 통보서 ⑧ 건강검진에 소요되는 비용의 범위는 「국민건강보험법」 제52조제4항 및 같은 법 시행령 제25조제5항에 따라 보건복지부장관이 정한 금액을 적용한다.〈신설 2016. 3. 4., 2020. 1. 9.〉 [본조신설 2006. 1. 10.]

학교보건법	학교보건법 시행령	학교보건법 시행규칙
		제6조【별도의 검사】① 학교의 장은 법 제7조제3항에 따른 별도의 검사를 다음 각 호의 학생에 대하여 실시할 수 있다.〈개정 2006. 1. 10., 2009. 5. 22.〉 1. 소변검사 및 시력검사 : 초등학교·중학교 및 고등학교의 학생 중 교육감이 지정하는 학년의 학생 2. 결핵검사 : 고등학교의 학생 중 교육감이 지정하는 학년의 학생 3. 구강검사 : 중학교 및 고등학교의 학생 중 교육감이 지정하는 학년의 학생 ② 제1항의 규정에 의한 검사의 시기 및 방법 등 검사에 필요한 사항은 교육감이 정한다.〈개정 2006. 1. 10.〉 [제목개정 2006. 1. 10.]
		제7조【신체능력검사의 대상 및 방법 등】① 신체능력검사는 체력요소를 평가하여 제8조에 따른 신체의 능력등급을 판정하는 필수평가와 신체활동에 대한 인식정도 등 필수평가에 대한 심층평가를 하는 선택평가로 구분한다. ② 학교의 장은 다음 각 호외 학생을 대상으로 신체능력검사를 실시한다. 다만, 심장질환 등으로 인한 신체허약자와 지체장애인은 그 대상에서 제외할 수 있다.〈개정 2025. 3. 10.〉 1. 초등학교 4학년부터 6학년까지의 학생

학교보건법	학교보건법 시행령	학교보건법 시행규칙
		2. 중학교 및 고등학교 학생 ③ 필수평가는 체력요소별로 1개의 검사항목을 선택하여 매 학년 초에 실시하는 것을 원칙으로 하되, 선택평가는 학교의 장이 해당 학교의 여건을 고려하여 검사항목, 검사주기 등을 자율적으로 결정하여 실시할 수 있다.〈개정 2014. 3. 3.〉 ④ 제2항 및 제3항에도 불구하고 학교의 장은 해당 학교의 여건을 고려하여 초등학교 3학년에 대한 필수평가 또는 선택평가의 실시여부를 자율적으로 결정할 수 있다.〈개정 2025. 3. 10.〉 ⑤ 제1항에 따른 필수평가와 선택평가의 검사항목 및 검사방법은 별표 3과 같다. ⑥ 선택평가의 검사항목 중 자기신체평가 및 자세평가를 측정하기 위한 설문지는 별지 제1호의7 서식과 제1호의8 서식에 따라 작성하여야 한다. [전문개정 2009. 5. 22.]
		제8조【신체의 능력등급】① 신체의 능력등급은 제7조제3항에 따라 체력요소별로 선택하여 검사한 검사항목의 항목별 점수를 종합하여 별표 6의 신체의 능력등급 판정표에 따라 판정한다. ② 제1항에 따른 검사항목의 항목별 점수는 별표 4의 신체능력검사(필수평가) 기준표와

학교보건법	학교보건법 시행령	학교보건법 시행규칙
		별표 5의 신체능력검사(필수평가) 항목별 등급 및 점수 기준표에 따라 산정한다 [전문개정 2009. 5. 22.]
		제12조【유치원 원아 등의 건강검사】유치원 원아에 대한 건강검사는 이 규칙의 검사항목에 준하여 이를 실시할 수 있다.
		제13조【대학 학생의 건강검사】「고등교육법」 제2조 각호의 학교의 장은 소속학생 및 교직원에 대하여 이 규칙에 준하는 별도의 방법으로 건강검사를 실시할 수 있다.
		제14조【건강검사실시의 예외】학교의 장은 법 제7조제4항의 규정에 의하여 당해연도에 건강검사를 실시할 수 없는 경우에는 관할 교육감 또는 교육장의 승인을 얻어 신체의 발달상황 및 신체의 능력과 건강조사를 생략할 수 있고, 건강검진은 다음 학년도로 연기할 수 있다.
제7조의2【학생건강증진 시행계획의 수립·시행 등】① 교육감은 기본계획에 따라 매년 지역의 여건 및 특색을 고려하여 학생의 신체 및 정신건강 증진을 위한 학생건강증진 시행계획을 수립·시행하여야 한다.〈개정 2021. 9. 24.〉 ② 제1항에 따른 계획에는 제11조에 따른 학교의 장의 조치를 행정적 또는 재정적으로 지원하는 방안을 포함하여야 한		

학교보건법	학교보건법 시행령	학교보건법 시행규칙
다.〈신설 2013. 12. 30.〉 ③ 학교의 장은 제7조에 따른 건강검사의 결과를 평가하여 이를 바탕으로 학생건강증진계획을 수립·시행하여야 한다.〈개정 2013. 12. 30.〉 ④ 학교의 장은 제3항에 따라 건강검사의 결과를 평가하고, 학생정신건강증진계획을 수립하기 위하여 제15조제1항에 따른 학교의사 또는 학교약사에게 자문을 할 수 있다.〈개정 2013. 12. 30.〉 [전문개정 2007. 12. 14.] [제목개정 2021. 9. 24.]		
제7조의3【건강검사기록】① 학교의 장은 제7조에 따라 건강검사를 하였을 때에는 그 결과를 교육부령으로 정하는 기준에 따라 작성·관리하여야 한다.〈개정 2008. 2. 29., 2013. 3. 23.〉 ② 학교의 장이 제1항에 따라 건강검사 결과를 작성·관리할 때에「초·중등교육법」제30조의4에 따른 교육정보시스템을 이용하여 처리하여야 하는 자료는 다음과 같다.〈개정 2008. 2. 29., 2013. 3. 23.〉 1. 인적사항 2. 신체의 발달상황 및 능력 3. 그 밖에 교육목적을 이루기 위하여 필요한 범위에서 교육부령으로 정하는 사항 ③ 학교의 장은 소속 학교의 학		제9조【건강검사 등의 실시결과 관리】① 학교의 장은 법 제7조의3제1항에 따라 건강검사의 실시결과를 다음 각 호의 기준에 따라 작성·관리하여야 한다.〈개정 2016. 3. 4.〉 1. 대상자가 학생인 경우: 다음 각 목의 구분에 따라 작성·관리 　가. 신체발달상황 및 신체능력검사 결과: 별지 제1호서식에 따른 학생건강기록부로 작성·관리 　나. 건강검진 결과: 제5조의2제7항에 따라 검진기관이 통보한 자료를 학생건강기록부와 별도로 관리 2. 대상자가 교직원인 경우:「국민건강보험법」제52조

학교보건법	학교보건법 시행령	학교보건법 시행규칙
생이 전출하거나 고등학교까지의 상급학교에 진학할 때에는 그 학교의 장에게 제1항에 따른 자료를 넘겨 주어야 한다. [전문개정 2007. 12. 14.]		에 따른 건강검진의 결과를 관리 ② 학교의 장은 제6조에 따른 별도검사의 실시결과를 학생건강기록부와 별도로 관리하여야 한다.〈개정 2016. 3. 4.〉 ③ 법 제7조의3제2항제3호에서 "교육부령으로 정하는 사항"이란 다음 각 호의 사항을 말한다.〈개정 2016. 3. 4.〉 1. 법 제10조제1항에 따른 예방접종 완료 여부 2. 제5조 및 제5조의2에 따른 건강검진의 검진일자 및 검진기관명 3. 제6조에 따른 별도검사의 종류, 검사일자 및 검사기관명 ④ 학교의 장은 법 제7조의3제2항 각 호의 사항을 교육정보시스템을 이용하여 처리하기 위하여 학생건강기록부에 기록해야 한다.〈개정 2016. 3. 4., 2020. 1. 9.〉 ⑤ 고등학교의 장은 소속 학생이 고등학교를 졸업할 때 학생건강기록부를 해당 학생에게 교부하여야 한다.〈신설 2016. 3. 4.〉 ⑥ 학생이 중학교 또는 고등학교에 진학하지 아니하거나 휴학 또는 퇴학 등으로 고등학교를 졸업하지 못한 경우 그 학생이 최종적으로 재적하였던 학교는 학생건강기록부를 비롯한 건강검사 등의 실시결과를

학교보건법	학교보건법 시행령	학교보건법 시행규칙
		학생이 최종적으로 재적한 날부터 5년간 보존하여야 한다.〈신설 2016. 3. 4.〉 ⑦ 교육감은 제7조제1항에 따른 신체능력검사 결과에 따라 학생 개인별 신체활동 처방을 제공하는 학생건강체력평가시스템을 교육정보시스템과 연계하여 구축하고, 학생·학부모가 조회할 수 있도록 관리하여야 한다.〈신설 2016. 3. 4.〉 [전문개정 2006. 1. 10.] [제목개정 2016. 3. 4.]
제8조 【등교 중지】① 학교의 장은 제7조에 따른 건강검사의 결과나 의사의 진단 결과 감염병에 감염되었거나 감염된 것으로 의심되거나 감염될 우려가 있는 학생 또는 교직원에 대하여 대통령령으로 정하는 바에 따라 등교를 중지시킬 수 있다.〈개정 2009. 12. 29., 2020. 10. 20.〉 ② 교육부장관은 감염병으로 인하여 「재난 및 안전관리 기본법」 제38조제2항에 따른 주의 이상의 위기경보가 발령되는 경우 다음 각 호의 어느 하나에 해당하는 학생 또는 교직원에 대하여 질병관리청장과 협의하여 등교를 중지시킬 것을 학교의 장에게 명할 수 있다. 이 경우 해당 학교의 관할청을 경유하여야 한다.〈신설 2020. 10. 20.〉	제22조 【등교 등의 중지】① 학교의 장은 법 제8조에 따라 학생과 교직원 중 다음 각 호의 어느 하나에 해당하는 사람에 대하여 등교중지를 명할 수 있다.〈개정 2010. 12. 29., 2016. 8. 29.〉 1. 「감염병의 예방 및 관리에 관한 법률」 제2조에 따른 감염병환자, 감염병의사환자 및 병원체보유자(이하 "감염병환자등"이라 한다). 다만, 의사가 다른 사람에게 감염될 우려가 없다고 진단한 사람은 제외한다. 2. 제1호 외의 환자로서 의사가 감염성이 강한 질환에 감염되었다고 진단한 사람 ② 학교의 장이 제1항에 따라 등교중지를 명할 때에는 그 사유와 기간을 구체적으로 밝혀야 한다. 다만, 질환증세 또는	

학교보건법	학교보건법 시행령	학교보건법 시행규칙
1. 「검역법」 제2조제7호에 따른 검역관리지역 또는 같은 조 제8호에 따른 중점검역관리지역에 체류하거나 그 지역을 경유한 사람으로서 같은 조 제1호에 따른 검역감염병의 감염이 우려되는 사람 2. 감염병 발생지역에 거주하는 사람 또는 그 지역에 출입하는 사람으로서 감염병에 감염되었을 것으로 의심되는 사람 3. 「감염병의 예방 및 관리에 관한 법률」 제42조제2항제1호에 따라 자가(自家) 또는 시설에 격리된 사람의 가족 또는 그 동거인 4. 그 밖에 학교 내 감염병의 차단과 확산 방지 등을 위하여 등교 중지가 필요하다고 인정되는 사람 ③ 제2항에 따른 명을 받은 학교의 장은 해당 학생 또는 교직원에 대하여 지체 없이 등교를 중지시켜야 한다.〈신설 2020. 10. 20.〉 [전문개정 2007. 12. 14.]	질병유행의 양상에 따라 필요한 경우에는 그 기간을 단축하거나 연장할 수 있다.	
제8조의2【등교 중지를 위한 개인정보의 처리 등】교육부장관, 관계 중앙행정기관(그 소속기관을 포함한다)의 장, 교육감 및 학교의 장은 제8조제2항에 따른 등교 중지를 위하여 필요한 경우 「개인정보 보호법」 제		

학교보건법	학교보건법 시행령	학교보건법 시행규칙
24조에 따른 고유식별정보를 처리할 수 있다. 이 경우 개인정보의 보호에 관한 사항은 「개인정보 보호법」에 따른다.		
제9조【학생의 보건관리】학교의 장은 학생의 신체발달 및 체력증진, 질병의 치료와 예방, 음주·흡연과 마약류를 포함한 약물 오용(誤用)·남용(濫用)의 예방, 성교육, 이동통신단말장치 등 전자기기의 과의존 예방, 도박 중독의 예방 및 정신건강 증진 등을 위하여 보건교육을 실시하고 필요한 조치를 하여야 한다.		
제9조의2【보건교육 등】① 교육부장관은 「유아교육법」제2조제2호에 따른 유치원 및 「초·중등교육법」제2조에 따른 학교에서 모든 학생들을 대상으로 심폐소생술 등 응급처치에 관한 교육을 포함한 보건교육을 체계적으로 실시하여야 한다. 이 경우 보건교육의 실시 시간, 도서 등 그 운영에 필요한 사항은 교육부장관이 정한다.〈개정 2008. 2. 29., 2013. 3. 23., 2013. 12. 30., 2016. 12. 20.〉 ②「유아교육법」제2조제2호에 따른 유치원의 장 및 「초·중등교육법」제2조에 따른 학교의 장은 교육부령으로 정하는 바에 따라 매년 교직원을 대상으로 심폐소생술 등 응급처치		제10조【응급처치교육 등】① 학교의 장이 법 제9조의2제2항에 따라 교직원을 대상으로 심폐소생술 등 응급처치에 관한 교육(이하 "응급처치교육"이라 한다)을 실시하는 경우 응급처치교육의 계획·내용 및 시간 등은 별표 9와 같다. ② 학교의 장은 응급처치교육을 실시한 후 해당 학년도의 교육 결과를 다음 학년도가 시작되기 30일 전까지 교육감에게 제출하여야 한다.〈개정 2016. 9. 1.〉 ③ 학교의 장은 공공기관, 「고등교육법」제2조에 따른 학교, 「교원 등의 연수에 관한 규정」제2조제2항의 연수원 중 교육감이 설치한 연수원 또는 의료기관에서 교직원으로 하여금

학교보건법	학교보건법 시행령	학교보건법 시행규칙
에 관한 교육을 실시하여야 한다.〈신설 2013. 12. 30., 2016. 12. 20.〉 ③ 「유아교육법」 제2조제2호에 따른 유치원의 장 및 「초·중등교육법」 제2조에 따른 학교의 장은 제2항에 따른 응급처치에 관한 교육과 연관된 프로그램의 운영 등을 관련 전문기관·단체 또는 전문가에게 위탁할 수 있다.〈신설 2016. 12. 20.〉 [본조신설 2007. 12. 14.] 제9조의3 【마약류 중독·오남용 예방교육】 ① 교육부장관은 매년 관계 중앙행정기관의 장과 협의하여 「마약류 관리에 관한 법률」 제2조제1호에 따른 마약류에 대한 중독·오남용 예방교육 추진계획(이하 "마약중독예방교육 추진계획"이라 한다)을 수립·시행하여야 한다. ② 교육부장관과 교육감은 마약중독예방교육 추진계획에 따라 「초·중등교육법」 제2조에 따른 학교에서 학교의 장이 모든 학생들을 대상으로 마약류 중독·오남용 예방교육(이하 "마약중독예방교육"이라 한다)을 체계적으로 실시하도록 하여야 한다. 이 경우 마약중독예방교육은 다음 각 호의 교육과 연계하여 실시할 수 있다. 1. 제9조의2에 따른 보건교육 2. 「학교안전사고 예방 및 보상에 관한 법률」 제8조에 따른 학교안전교육		응급처치교육을 받게 할 수 있다. 이 경우 예산의 범위에서 소정의 비용을 지원할 수 있다. [본조신설 2014. 7. 7.]

학교보건법	학교보건법 시행령	학교보건법 시행규칙
3. 「아동복지법」 제31조에 따른 아동의 안전에 대한 교육 ③ 교육부장관과 식품의약품안전처장은 「마약류 관리에 관한 법률」 제51조의4에 따른 실태조사에 학생의 마약류 중독·오남용에 대한 실태조사와 마약중독예방교육에 대한 효과성 평가가 포함되도록 적극 협력하여야 한다. ④ 교육부장관은 마약중독예방교육 추진계획을 수립할 때 「마약류 관리에 관한 법률」 제51조의4에 따른 실태조사 결과를 반영하여야 한다. ⑤ 마약중독예방교육 추진계획의 수립 절차 등에 필요한 사항은 대통령령으로 정하고, 마약중독예방교육의 실시 시기·방법 등에 관하여 필요한 사항은 교육부령으로 정한다.		
제10조 【예방접종 완료 여부의 검사】 ① 초등학교와 중학교의 장은 학생이 새로 입학한 날부터 90일 이내에 시장·군수 또는 구청장(자치구의 구청장을 말한다. 이하 같다)에게 「감염병의 예방 및 관리에 관한 법률」 제27조에 따른 예방접종증명서를 발급받아 같은 법 제24조 및 제25조에 따른 예방접종을 모두 받았는지를 검사한 후 이를 교육정보시스템에 기록하여야 한다.〈개정 2009. 12. 29., 2016. 2. 3.〉		

학교보건법	학교보건법 시행령	학교보건법 시행규칙
② 초등학교와 중학교의 장은 제1항에 따른 검사결과 예방접종을 모두 받지 못한 입학생에게는 필요한 예방접종을 받도록 지도하여야 하며, 필요하면 관할 보건소장에게 예방접종 지원 등의 협조를 요청할 수 있다. [전문개정 2007. 12. 14.]		
제11조【치료 및 예방조치 등】① 학교의 장은 제7조에 따른 건강검사의 결과 질병에 감염되었거나 감염될 우려가 있는 학생에 대하여 질병의 치료 및 예방에 필요한 조치를 하여야 한다. ② 학교의 장은 제7조제1항에 따라 학생에 대하여 제2조제1호의 정신건강 상태를 검사한 결과 필요하면 학생 정신건강 증진을 위한 다음 각 호의 조치를 하여야 한다.〈신설 2013. 12. 30.〉 1. 학생·학부모·교직원에 대한 정신건강 증진 및 이해 교육 2. 해당 학생에 대한 상담 및 관리 3. 해당 학생에 대한 전문상담기관 또는 의료기관 연계 4. 그 밖에 학생 정신건강 증진을 위하여 필요한 조치 ③ 교육감은 검사비, 치료비 등 제2항 각 호의 조치에 필요한 비용을 지원할 수 있다.〈신설 2013. 12. 30.〉 ④ 학교의 장은 제1항 및 제2항의 조치를 위하여 필요하면 보		

학교보건법	학교보건법 시행령	학교보건법 시행규칙
건소장에게 협조를 요청할 수 있으며 보건소장은 정당한 이유 없이 이를 거부할 수 없다. 〈개정 2013. 12. 30.〉 [전문개정 2007. 12. 14.] [제목개정 2013. 12. 30.]		
제12조【학생의 안전관리】학교의 장은 학생의 안전사고를 예방하기 위하여 학교의 시설·장비의 점검 및 개선, 학생에 대한 안전교육, 그 밖에 필요한 조치를 하여야 한다.		
제13조【교직원의 보건관리】학교의 장은 제7조제1항에 따른 건강검사 결과 필요하거나 건강검사를 갈음하는 건강검진의 결과 필요하면 교직원에 대하여 질병 치료와 근무여건 개선 등 필요한 조치를 하여야 한다.		
제14조【질병의 예방】① 학교의 장은 감염병 예방과 학교의 보건에 필요하면 휴업을 할 수 있다. ② 관할청은 감염병 예방과 학교의 보건에 필요하면 해당 학교에 대하여 다음 각 호의 어느 하나에 해당하는 조치를 명할 수 있다. 다만, 교육부장관은 제2조제3호가목의 학교의 경우에는 그 권한을 교육감에게 위임할 수 있다. 1. 학년 또는 학교 전체에 대한 휴업 또는 등교수업일 조정 2. 휴교(휴원을 포함한다) ③ 제1항 및 제2항에도 불구하		

학교보건법	학교보건법 시행령	학교보건법 시행규칙
고 감염병으로 인하여 「재난 및 안전관리 기본법」 제38조제2항에 따른 주의 이상의 위기경보가 발령되어 제1항 또는 제2항에 따른 조치를 하는 경우 학교의 장은 관할청의 동의를, 교육감은 교육부장관의 동의를 받아야 한다. [전문개정 2020. 10. 20.]		
제14조의2【감염병 예방접종의 시행】 시장·군수 또는 구청장이 「감염병의 예방 및 관리에 관한 법률」 제24조 및 제25조에 따라 학교의 학생 또는 교직원에게 감염병의 필수 또는 임시 예방접종을 할 때에는 그 학교의 학교의사 또는 보건교사(간호사 면허를 가진 보건교사로 한정한다. 이하 같다)를 접종요원으로 위촉하여 그들로 하여금 접종하게 할 수 있다. 이 경우 보건교사에 대하여는 「의료법」 제27조제1항을 적용하지 아니한다.		
제14조의3【감염병예방대책의 마련 등】 ① 교육부장관은 감염병으로부터 학생과 교직원을 보호하기 위하여 다음 각 호의 사항이 포함된 대책(이하 "감염병예방대책"이라 한다)을 마련하여야 한다. 이 경우 행정안전부장관 및 질병관리청장과 협의하여야 한다.〈개정 2017. 7. 26., 2020. 8. 11.〉 1. 감염병의 예방·관리 및 후속조치에 관한 사항	제22조의2【감염병예방대책의 마련 등】 ① 법 제14조의3제1항 제4호에서 "대통령령으로 정하는 사항"이란 다음 각 호의 사항을 말한다.〈개정 2019. 7. 2.〉 1. 감염병 예방·관리에 필요한 교육에 관한 사항 2. 감염병 대응 능력 강화를 위한 가상연습 등 실제 상황 대비 훈련에 관한 사항 3. 감염병 방역에 필요한 물품	

학교보건법	학교보건법 시행령	학교보건법 시행규칙
2. 감염병 대응 관련 매뉴얼에 관한 사항 3. 감염병과 관련한 학교의 보건·위생에 관한 사항 4. 그 밖에 감염병과 관련하여 대통령령으로 정하는 사항 ② 교육부장관은 제1항에 따라 감염병예방대책을 마련한 때에는 특별시장·광역시장·특별자치시장·도지사·특별자치도지사, 교육감 및 학교에 알려야 한다. ③ 교육감은 교육부장관의 감염병예방대책을 토대로 지역 실정에 맞는 감염병 예방 세부대책을 마련하여야 한다. ④ 교육부장관과 질병관리청장은 학교에서 감염병을 예방하기 위하여 긴밀한 협력 체계를 구축하고 감염병 발생 현황에 관한 정보 등 대통령령으로 정하는 정보(이하 "감염병정보"라 한다)를 공유하여야 한다.〈개정 2020. 8. 11.〉 ⑤ 학교의 장은 해당 학교에 감염병에 걸렸거나 의심이 되는 학생 및 교직원이 있는 경우 즉시 교육감을 거쳐 교육부장관에게 보고하여야 한다.〈개정 2021. 3. 23.〉 ⑥ 교육부장관은 제4항에 따른 공유를 하였거나 제5항에 따른 보고를 받은 경우 감염병의 확산을 방지하기 위하여 감염병정보를 신속히 공개하여야 한다. ⑦ 제4항부터 제6항까지에 따	의 비축 및 시설의 구비에 관한 사항 4. 그 밖에 감염병의 예방·관리를 위하여 교육부장관이 필요하다고 인정하는 사항 ② 법 제14조의3제4항에서 "감염병 발생 현황에 관한 정보 등 대통령령으로 정하는 정보"란 「감염병의 예방 및 관리에 관한 법률」에 따른 제1급감염병이 국내에서 새롭게 발생하였거나 국내에 유입된 경우 또는 같은 법 제41조제1항에 따라 질병관리청장이 고시한 감염병에 대하여 「재난 및 안전관리 기본법」 제38조제2항에 따른 주의 이상의 위기경보가 발령된 경우 해당 감염병에 관한 다음 각 호의 정보를 말한다.〈개정 2020. 9. 11., 2023. 2. 14.〉 1. 감염병명 2. 감염병의 발생 현황 또는 유입 경로 3. 감염병환자등(학생 및 교직원에 한정한다)의 발병일·진단일·이동경로·이동수단 및 접촉자 현황 4. 그 밖에 교육부장관 또는 질병관리청장이 감염병의 예방 및 확산을 방지하기 위하여 필요하다고 인정하는 정보 [본조신설 2016. 8. 29.]	

학교보건법	학교보건법 시행령	학교보건법 시행규칙
른 공유, 보고 및 공개의 방법과 절차는 교육부령으로 정한다. [본조신설 2016. 3. 2.]		제10조의2【감염병 정보의 공유 등】① 교육부장관과 보건복지부장관은 법 제14조의3제4항에 따라 영 제22조의2제2항에 따른 감염병 정보를 지체 없이 구두, 전화(문자메시지 등을 포함한다), 팩스, 서면(전자문서를 포함한다) 등의 방법 중 가장 신속하고 적합한 방법으로 공유하여야 한다. ② 교육부장관은 학교에서 감염병을 예방하기 위하여 법 제14조의3제4항에 따라 보건복지부장관과 공유한 정보를 교육감 및 학교의 장에게 제공할 수 있다. ③ 제2항에 따라 정보를 제공받은 교육감 및 학교의 장은 법 제8조 및 제14조에 따른 감염병 관련 업무 이외의 목적으로 해당 정보를 활용할 수 없다. ④ 학교에 감염병에 걸렸거나 걸린 것으로 의심이 되는 학생 및 교직원이 있는 경우 법 제14조의3제5항에 따라 해당 학교의 장이 교육감을 경유하여 교육부장관에게 보고하여야 할 사항은 다음 각 호와 같다. 1. 해당 학생 및 교직원의 감염병명 및 감염병의 발병일·진단일 2. 해당 학생 및 교직원의 소속 3. 해당 학생 및 교직원에 대한 조치 사항 ⑤ 제4항에 따른 보고는 서면(전자문서를 포함한다)으로 하

학교보건법	학교보건법 시행령	학교보건법 시행규칙
		되, 「초·중등교육법」 제2조에 따른 학교의 경우에는 같은 법 제30조의4에 따른 교육정보시스템을 통하여 할 수 있다. ⑥ 교육부장관은 법 제14조의3제6항에 따라 감염병 정보를 공개할 때에는 「정보통신망 이용촉진 및 정보보호 등에 관한 법률」 제2조제1항제1호에 따른 정보통신망에 게재하거나 보도자료를 배포하는 등의 방법으로 하여야 한다. ⑦ 제6항에 따른 정보의 당사자는 공개된 사항 중 사실과 다르거나 의견이 있는 경우 교육부장관에게 구두, 서면 등의 방법으로 이의신청을 할 수 있으며, 교육부장관은 이에 따라 공개된 정보의 정정 등 필요한 조치를 하여야 한다. [본조신설 2016. 9. 1.]
제14조의4【감염병대응매뉴얼의 작성 등】① 교육부장관은 학교에서 감염병에 효과적으로 대응하기 위하여 질병관리청장과의 협의를 거쳐 감염병 유형에 따른 대응 매뉴얼(이하 "감염병대응매뉴얼"이라 한다)을 작성·배포하여야 한다. 〈개정 2020. 8. 11.〉 ② 감염병대응매뉴얼의 작성·배포 등에 필요한 사항은 대통령령으로 정한다. [본조신설 2016. 3. 2.]	제22조의3【감염병대응매뉴얼의 작성 및 배포 등】① 법 제14조의4제1항에 따라 작성·배포하여야 하는 감염병 유형에 따른 대응 매뉴얼(이하 "감염병대응매뉴얼"이라 한다)에는 다음 각 호의 사항이 포함되어야 한다. 1. 감염병 유형에 따른 학생 및 교직원의 행동 요령에 관한 사항 2. 감염병 유형에 따른 예방·대비·대응 및 복구 단계별 조치에 관한 사항 ② 교육부장관은 감염병대응	

학교보건법	학교보건법 시행령	학교보건법 시행규칙
	매뉴얼을 배포하는 경우에는 전자적 파일이나 인쇄물의 형태로 배포할 수 있다. ③ 교육감 및 학교의 장은 감염병의 예방·대비·대응 및 복구 조치에 관한 업무를 추진할 때 감염병대응매뉴얼을 활용하여야 한다.〈개정 2017. 2. 3., 2023. 2. 14.〉 ④ 교육감 및 학교의 장은 각 지역 또는 학교의 특성을 반영한 내용을 감염병대응매뉴얼에 추가·보완할 수 있다. [본조신설 2016. 8. 29.]	
제15조【학교에 두는 의료인·약사 및 보건교사】① 학교에는 대통령령으로 정하는 바에 따라 학생과 교직원의 건강관리를 지원하는 「의료법」 제2조제1항에 따른 의료인과 「약사법」 제2조제2호에 따른 약사를 둘 수 있다.〈개정 2012. 1. 26.〉 ② 학교(「고등교육법」 제2조 각 호에 따른 학교는 제외한다. 이하 이 조 및 제15조의2에서 같다)에 제9조의2에 따른 보건교육과 학생들의 건강관리를 담당하는 보건교사를 두어야 한다. 다만, 대통령령으로 정하는 일정 규모 이하의 학교에는 순회 보건교사를 둘 수 있다.〈개정 2021. 6. 8.〉 ③ 제2항에 따라 보건교사를 두는 경우 대통령령으로 정하는 일정 규모 이상의 학교에는	제23조【학교에 두는 의료인·약사 및 보건교사】① 삭제〈2021. 12. 9.〉 ② 법 제15조제1항에 따라 학교에 두는 의료인·약사는 학교장이 위촉하거나 채용한다.〈개정 2021. 12. 9.〉 ③ 법 제15조제3항에서 "대통령령으로 정하는 일정 규모 이상의 학교"란 36학급 이상의 학교를 말한다.〈신설 2021. 12. 9.〉 ④ 법 제15조제1항에 따라 학교에 두는 의사(치과의사 및 한의사를 포함하며, 이하 "학교의사"라 한다) 및 학교에 두는 약사(이하 "학교약사"라 한다)와 같은 조 제2항·제3항에 따른 보건교사의 직무는 다음 각 호와 같다.〈개정 2021. 12. 9.〉 1. 학교의사의 직무	

학교보건법	학교보건법 시행령	학교보건법 시행규칙
2명 이상의 보건교사를 두어야 한다.〈신설 2021. 6. 8.〉 [전문개정 2007. 12. 14.] [제목개정 2012. 1. 26.]	가. 학교보건계획의 수립에 관한 자문 나. 학교 환경위생의 유지·관리 및 개선에 관한 자문 다. 학생과 교직원의 건강진단과 건강평가 라. 각종 질병의 예방처치 및 보건지도 마. 학생과 교직원의 건강상담 바. 그 밖에 학교보건관리에 관한 지도 2. 학교약사의 직무 　가. 학교보건계획의 수립에 관한 자문 　나. 학교환경위생의 유지관리 및 개선에 관한 자문 　다. 학교에서 사용하는 의약품과 독극물의 관리에 관한 자문 　라. 학교에서 사용하는 의약품 및 독극물의 실험·검사 　마. 그 밖에 학교보건관리에 관한 지도 3. 보건교사의 직무 　가. 학교보건계획의 수립 　나. 학교 환경위생의 유지·관리 및 개선에 관한 사항 　다. 학생과 교직원에 대한 건강진단의 준비와 실시에 관한 협조 　라. 각종 질병의 예방처치 및 보건지도 　마. 학생과 교직원의 건강관찰과 학교의사의 건	

학교보건법	학교보건법 시행령	학교보건법 시행규칙

	강상담, 건강평가 등의 실시에 관한 협조
	바. 신체가 허약한 학생에 대한 보건지도
	사. 보건지도를 위한 학생 가정 방문
	아. 교사의 보건교육 협조와 필요시의 보건교육
	자. 보건실의 시설·설비 및 약품 등의 관리
	차. 보건교육자료의 수집·관리
	카. 학생건강기록부의 관리
	타. 다음의 의료행위(간호사 면허를 가진 사람만 해당한다)
	  1) 외상 등 흔히 볼 수 있는 환자의 치료
	  2) 응급을 요하는 자에 대한 응급처치
	  3) 부상과 질병의 악화를 방지하기 위한 처치
	  4) 건강진단결과 발견된 질병자의 요양지도 및 관리
	  5) 1)부터 4)까지의 의료행위에 따르는 의약품 투여
	파. 그 밖에 학교의 보건관리
	[제목개정 2021. 12. 9.]	

제15조의2【응급처치 등】① 학교의 장은 사전에 학부모의 동의와 전문의약품을 처방한 의사의 자문을 받아 제15조제2항 및 제3항에 따른 보건교사		제11조【보조인력의 역할 등】① 법 제15조의2제3항에 따른 보조인력(이하 "보조인력"이라 한다)은 같은 조 제1항에 따른 보건교사등(이하 "보건교사

학교보건법	학교보건법 시행령	학교보건법 시행규칙
또는 순회 보건교사(이하 이 조에서 "보건교사등"이라 한다)로 하여금 제1형 당뇨로 인한 저혈당쇼크 또는 아나필락시스 쇼크로 인하여 생명이 위급한 학생에게 투약행위 등 응급처치를 제공하게 할 수 있다. 이 경우 보건교사등에 대하여는 「의료법」 제27조제1항을 적용하지 아니한다.〈개정 2021. 6. 8.〉 ② 보건교사등이 제1항에 따라 생명이 위급한 학생에게 응급처치를 제공하여 발생한 재산상 손해와 사상(死傷)에 대하여 고의 또는 중대한 과실이 없는 경우 해당 보건교사등은 민사책임과 상해(傷害)에 대한 형사책임을 지지 아니하며 사망에 대한 형사책임은 감경하거나 면제할 수 있다. ③ 학교의 장은 질병이나 장애로 인하여 특별히 관리·보호가 필요한 학생을 위하여 보조인력을 둘 수 있다. 이 경우 보조인력의 역할, 요건 등에 관하여는 교육부령으로 정한다. [본조신설 2017. 11. 28.]		등"이라 한다)의 지시를 받아 질병이나 장애로 인하여 특별히 관리·보호가 필요한 학생에 대해서 보건교사등이 행하는 다음 각 호의 활동을 보조한다. 1. 법 제15조의2제1항에 따른 투약행위 등 응급처치 2. 각종 질병의 예방처치, 건강관찰 및 건강상담 협조 등의 보건활동 ② 보조인력은 「의료법」 제7조에 따른 간호사 면허가 있어야 한다. [본조신설 2018. 5. 25.]
제16조【보건기구의 설치 등】교육감 및 교육장 소속으로 대통령령으로 정하는 바에 따라 학교의 보건 관리에 필요한 기구(機構)와 공무원을 둘 수 있다.		

학교보건법	학교보건법 시행령	학교보건법 시행규칙
제16조의2 【학생건강증진 전문기관의 설립 등】 ① 교육부장관은 교육감과 협의하여 학생의 신체 및 정신건강 증진을 지원하기 위하여 다음 각 호의 업무를 수행하기 위한 전문기관(이하 "학생건강증진 전문기관"이라 한다)을 설립하거나 지정할 수 있다. 1. 기본계획 수립의 지원 2. 국내외 학생의 신체 및 정신건강에 관한 정보·자료의 수집·분석, 통계 작성 및 간행물 발간 3. 학생의 신체 및 정신건강에 대한 교육자료 개발 4. 학생의 신체 및 정신건강을 위한 교직원 및 관계자, 학부모 등에 대한 교육훈련 및 지원 5. 학생의 건강증진과 관련한 정보시스템 구축·운영 6. 그 밖에 학생의 건강증진을 위하여 교육부장관이 필요하다고 인정한 업무 ② 교육감은 다음 각 호의 업무를 수행하기 위하여 관할 지역에 학생건강증진센터를 설치·운영할 수 있다. 1. 학생의 신체발달 상황 및 생활습관, 정신건강 상태 등의 실태조사 2. 학생의 건강증진 개선을 위한 프로그램의 개발·운영 3. 학생의 신체 및 정신건강 증진을 위한 상담 4. 건강이 취약한 학생에 대한	제23조의2 【학생건강증진 전문기관의 설립 등】 ① 교육부장관은 법 제16조의2제1항에 따라 학생건강증진 전문기관(이하 "학생건강증진전문기관"이라 한다)을 설립하거나 다음 각 호의 기관 또는 법인 중에서 학생건강증진전문기관을 지정할 수 있다. 1. 「고등교육법」 제2조제1호에 따른 대학 또는 그 부속병원 2. 특별법에 따라 설립된 법인 ② 제1항에 따라 학생건강증진전문기관으로 지정받으려는 기관 또는 법인은 다음 각 호의 기준을 모두 갖추어야 한다. 1. 학생건강증진전문기관으로서 업무수행에 필요한 조직과 인력을 보유할 것 2. 학생건강증진전문기관으로서 업무수행에 필요한 사무실, 장비·시설을 갖출 것 3. 학생건강증진전문기관으로서 업무수행에 필요한 사업계획 및 운영규정을 갖출 것 ③ 제2항에 따라 학생건강증진전문기관이 갖추어야 하는 기준의 세부 내용은 교육부장관이 정하여 고시한다. ④ 교육부장관은 학생건강증진전문기관을 지정하려는 경우에는 제2항에 따른 기준이 포함된 지정계획을 10일 이상 관보 또는 교육부 인터넷 홈페이지에 공고해야 한다. ⑤ 학생건강증진전문기관으로	

학교보건법	학교보건법 시행령	학교보건법 시행규칙
지원 5. 그 밖에 학생의 건강증진을 위하여 교육감이 필요하다고 정하는 사항 ③ 국가 또는 지방자치단체는 예산의 범위에서 학생건강증진 전문기관과 학생건강증진센터의 설립·운영 등에 필요한 경비를 출연할 수 있다. ④ 학생건강증진 전문기관과 학생건강증진센터의 설립·지정 및 운영 등에 필요한 사항은 대통령령으로 정한다. [본조신설 2021. 9. 24.]	지정받으려는 기관 또는 법인은 지정신청서에 다음 각 호의 서류를 첨부하여 교육부장관에게 제출해야 한다. 1. 업무수행에 필요한 조직·인력의 보유 현황이나 확보 계획 2. 업무수행에 필요한 사무실, 장비·시설의 보유 현황이나 확보 계획 3. 업무수행에 필요한 사업계획 및 운영규정 ⑥ 교육부장관은 학생건강증진전문기관을 지정한 경우에는 관보 또는 교육부 인터넷 홈페이지에 그 사실을 게시해야 한다. ⑦ 제1항부터 제6항까지에서 규정한 사항 외에 학생건강증진전문기관의 지정·운영에 필요한 사항은 교육부장관이 정하여 고시한다. [본조신설 2023. 2. 14.]	
	제23조의3【학생건강증진센터의 설치 등】① 법 제16조의2제2항에 따라 교육감이 설치·운영하는 학생건강증진센터(이하 "학생건강증진센터"라 한다)는 다음 각 호의 기준을 모두 갖추어야 한다. 1. 학생건강증진센터로서 업무수행에 필요한 조직과 인력을 보유할 것 2. 학생건강증진센터로서 업무수행에 필요한 사무실, 장비·시설을 갖출 것	

학교보건법	학교보건법 시행령	학교보건법 시행규칙
	② 제1항에 따라 학생건강증진센터가 갖추어야 하는 기준의 세부 내용은 시·도의 교육규칙으로 정한다. ③ 제1항 및 제2항에서 규정한 사항 외에 학생건강증진센터의 설치·운영에 필요한 사항은 시·도의 교육규칙으로 정한다. [본조신설 2023. 2. 14.]	
제17조【학교보건위원회】① 제2조의2에 따른 기본계획 및 학교보건의 중요시책을 심의하기 위하여 교육감 소속으로 시·도학교보건위원회를 둔다.〈개정 2008. 2. 29., 2012. 1. 26.〉 ② 시·도학교보건위원회는 학교의 보건에 경험이 있는 15명 이내의 위원으로 구성한다.〈개정 2012. 1. 26.〉 ③ 시·도학교보건위원회의 기능·운영과 그 밖에 필요한 사항은 대통령령으로 정한다.〈개정 2012. 1. 26.〉 [전문개정 2007. 12. 14.]	제24조【보건위원회의 기능】① 삭제〈2012. 8. 13.〉 ② 법 제17조제1항에 따른 시·도학교보건위원회(이하 "보건위원회"라 한다)는 다음 각 호의 사항을 심의한다.〈개정 2012. 8. 13.〉 1. 학생과 교직원의 건강증진에 관한 시·도의 중·장기 기본계획 2. 학교보건과 관련되는 시·도의 조례 또는 교육규칙의 제정·개정안 3. 교육감이 회의에 부치는 학교보건정책 등에 관한 사항 4. 삭제〈2017. 2. 3.〉 [제목개정 2012. 8. 13.]	
	제25조【보건위원회의 구성】① 보건위원회에는 위원장과 부위원장 각 1명을 두되, 위원장과 부위원장은 위원 중에서 호선한다.〈개정 2012. 8. 13.〉 ② 삭제〈2012. 8. 13.〉 ③ 보건위원회 위원은 해당 교육청의 국장급 공무원 및 학교보건에 관하여 학식이 있거나	

학교보건법	학교보건법 시행령	학교보건법 시행규칙
	경험이 있는 사람 중에서 교육감이 임명하거나 위촉한다.〈개정 2012. 8. 13.〉 ④ 제3항에 따라 위촉한 위원의 임기는 2년으로 하되, 연임할 수 있다. 다만, 보궐위원의 임기는 전임자 임기의 남은 기간으로 한다.〈개정 2012. 8. 13.〉 [제목개정 2012. 8. 13.]	
	제26조【위원장 등의 직무】① 보건위원회의 위원장은 보건위원회를 대표하고, 회의에 관한 사무를 총괄한다. ② 보건위원회의 위원장이 부득이한 사유로 직무를 수행할 수 없을 때에는 부위원장이 그 직무를 대행한다.	
	제27조【회의】① 보건위원회의 위원장은 다음 각 호의 어느 하나에 해당하는 경우에 회의를 소집하고, 그 의장이 된다. 〈개정 2012. 8. 13.〉 1. 교육감이 요청하는 경우 2. 재적위원 3분의 1 이상이 요구하는 경우 3. 그 밖에 학생과 교직원의 건강을 보호·증진하기 위한 사항을 심의하기 위하여 위원장이 필요하다고 인정하는 경우 ② 회의는 재적위원 과반수의 출석으로 개의하고, 출석위원 과반수의 찬성으로 의결한다.	

학교보건법	학교보건법 시행령	학교보건법 시행규칙
	제28조【분과위원회】① 보건위원회에 전문분야별로 분과위원회를 둘 수 있다. ② 분과위원회는 보건위원회의 심의사항 중 보건위원회에서 위임한 사항을 심의한다. ③ 보건위원회 위원의 분과위원회 배속은 교육감이 정한다.〈개정 2012. 8. 13.〉 ④ 분과위원회에 분과위원장 1명을 두되, 분과위원장은 분과위원회 위원 중에서 호선한다. ⑤ 분과위원회의 회의에 관하여는 제27조를 준용한다.	
	제29조【간사와 서기】① 보건위원회에 간사 1명과 서기 약간 명을 둔다. ② 보건위원회의 간사와 서기는 교육감이 소속 공무원 중에서 임명한다.〈개정 2012. 8. 13.〉 ③ 간사는 위원장의 명을 받아 위원회의 사무를 처리하고, 서기는 간사를 보조한다.	
	제31조【전문가 등의 의견청취 등】① 보건위원회와 분과위원회는 필요하면 관계 전문가의 의견을 들을 수 있다. ② 보건위원회와 분과위원회는 필요하면 관계 공무원에게 관련 자료를 제출하거나 출석하여 답변할 것을 요청할 수 있으며, 그 관계 공무원은 특별한 사유가 없으면 보호위원회 또는 분과위원회의 요청에 따라야 한다. [전문개정 2017. 2. 3.]	

학교보건법	학교보건법 시행령	학교보건법 시행규칙
	제31조의2 【수당과 여비】 보건위원회에 출석하는 위원회의 위원 또는 관계 전문가 등에게는 예산의 범위에서 수당과 여비, 그 밖에 필요한 경비를 지급할 수 있다. 다만, 공무원이 그 소관 업무와 직접적으로 관련되어 위원회에 출석하는 경우에는 그러하지 아니하다.	
	제31조의3 【운영세칙】 이 영에서 규정한 사항 외에 보건위원회와 분과위원회의 운영에 필요한 사항은 보건위원회의 의결을 거쳐 위원장이 정한다.	
제18조 【경비 보조】 국가나 지방자치단체는 제3조에 따른 시설과 기구 및 용품 구매, 제4조의3에 따른 공기를 정화하는 설비 및 미세먼지를 측정하는 기기 설치, 제7조제1항에 따른 건강검사에 드는 경비의 전부 또는 일부를 보조한다.		
제18조의2 【비밀누설금지 등】 이 법에 따라 교직원 및 학생에 대한 건강검사와 관련된 업무를 수행하거나 수행하였던 사람은 그 직무상 알게 된 비밀을 다른 사람에게 누설하거나 직무상 목적 외의 용도로 이용하여서는 아니 된다.		
제19조 【벌칙】 ① 제18조의2를 위반하여 직무상 알게 된 비밀을 다른 사람에게 누설하거나 직무상 목적 외의 용도로 이용한 사람은 3년 이하의 징역		

학교보건법	학교보건법 시행령	학교보건법 시행규칙
또는 3천만원 이하의 벌금에 처한다.〈신설 2013. 12. 30., 2021. 3. 23.〉 ② 삭제〈2016. 2. 3.〉 [전문개정 2007. 12. 14.]		
제20조 삭제		

먹는물 수질기준 및 검사 등에 관한 규칙[별표 1] 〈개정 2021.9.16.〉
먹는물의 수질기준(제2조 관련)

1. 미생물에 관한 기준
   가. 일반세균은 1mL 중 100CFU(Colony Forming Unit)를 넘지 아니할 것. 다만, 샘물 및 염지하수의 경우에는 저온일반세균은 20CFU/mL, 중온일반세균은 5CFU/mL를 넘지 아니하여야 하며, 먹는샘물, 먹는염지하수 및 먹는해양심층수의 경우에는 병에 넣은 후 4℃를 유지한 상태에서 12시간 이내에 검사하여 저온일반세균은 100CFU/mL, 중온일반세균은 20CFU/mL를 넘지 아니할 것
   나. 총 대장균군은 100mL(샘물·먹는샘물, 염지하수·먹는염지하수 및 먹는해양심층수의 경우에는 250mL)에서 검출되지 아니할 것. 다만, 제4조 제1항 제1호 나목 및 다목에 따라 매월 또는 매 분기 실시하는 총 대장균군의 수질검사 시료(試料) 수가 20개 이상인 정수시설의 경우에는 검출된 시료 수가 5퍼센트를 초과하지 아니하여야 한다.
   다. 대장균·분원성 대장균군은 100mL에서 검출되지 아니할 것. 다만, 샘물·먹는샘물, 염지하수·먹는염지하수 및 먹는해양심층수의 경우에는 적용하지 아니한다.
   라. 분원성 연쇄상구균·녹농균·살모넬라 및 쉬겔라는 250mL에서 검출되지 아니할 것(샘물·먹는샘물, 염지하수·먹는염지하수 및 먹는해양심층수의 경우에만 적용한다)
   마. 아황산환원혐기성포자형성균은 50mL에서 검출되지 아니할 것(샘물·먹는샘물, 염지하수·먹는염지하수 및 먹는해양심층수의 경우에만 적용한다)
   바. 여시니아균은 2L에서 검출되지 아니할 것(먹는물공동시설의 물의 경우에만 적용한다)

2. 건강상 유해영향 무기물질에 관한 기준
   가. 납은 0.01mg/L를 넘지 아니할 것
   나. 불소는 1.5mg/L(샘물·먹는샘물 및 염지하수·먹는염지하수의 경우에는 2.0mg/L)를 넘지 아니할 것
   다. 비소는 0.01mg/L(샘물·염지하수의 경우에는 0.05mg/L)를 넘지 아니할 것
   라. 셀레늄은 0.01mg/L(염지하수의 경우에는 0.05mg/L)를 넘지 아니할 것
   마. 수은은 0.001mg/L를 넘지 아니할 것
   바. 시안은 0.01mg/L를 넘지 아니할 것
   사. 크롬은 0.05mg/L를 넘지 아니할 것
   아. 암모니아성 질소는 0.5mg/L를 넘지 아니할 것
   자. 질산성 질소는 10mg/L를 넘지 아니할 것
   차. 카드뮴은 0.005mg/L를 넘지 아니할 것
   카. 붕소는 1.0mg/L를 넘지 아니할 것(염지하수의 경우에는 적용하지 아니한다)
   타. 브롬산염은 0.01mg/L를 넘지 아니할 것(수돗물, 먹는샘물, 염지하수·먹는염지하수, 먹는해양심층수 및 오존으로 살균·소독 또는 세척 등을 하여 먹는물로 이용하는 지하수만 적용한다)
   파. 스트론튬은 4mg/L를 넘지 아니할 것(먹는염지하수 및 먹는해양심층수의 경우에만 적용한다)

하. 우라늄은 30㎍/L를 넘지 않을 것[수돗물(지하수를 원수로 사용하는 수돗물을 말한다), 샘물, 먹는샘물, 먹는염지하수 및 먹는물공동시설의 물의 경우에만 적용한다)]

3. 건강상 유해영향 유기물질에 관한 기준
    가. 페놀은 0.005mg/L를 넘지 아니할 것
    나. 다이아지논은 0.02mg/L를 넘지 아니할 것
    다. 파라티온은 0.06mg/L를 넘지 아니할 것
    라. 페니트로티온은 0.04mg/L를 넘지 아니할 것
    마. 카바릴은 0.07mg/L를 넘지 아니할 것
    바. 1,1,1-트리클로로에탄은 0.1mg/L를 넘지 아니할 것
    사. 테트라클로로에틸렌은 0.01mg/L를 넘지 아니할 것
    아. 트리클로로에틸렌은 0.03mg/L를 넘지 아니할 것
    자. 디클로로메탄은 0.02mg/L를 넘지 아니할 것
    차. 벤젠은 0.01mg/L를 넘지 아니할 것
    카. 톨루엔은 0.7mg/L를 넘지 아니할 것
    타. 에틸벤젠은 0.3mg/L를 넘지 아니할 것
    파. 크실렌은 0.5mg/L를 넘지 아니할 것
    하. 1,1-디클로로에틸렌은 0.03mg/L를 넘지 아니할 것
    거. 사염화탄소는 0.002mg/L를 넘지 아니할 것
    너. 1,2-디브로모-3-클로로프로판은 0.003mg/L를 넘지 아니할 것
    더. 1,4-다이옥산은 0.05mg/L를 넘지 아니할 것

4. 소독제 및 소독부산물질에 관한 기준(샘물·먹는샘물·염지하수·먹는염지하수·먹는해양심층수 및 먹는물공동시설의 물의 경우에는 적용하지 아니한다)
    가. 잔류염소(유리잔류염소를 말한다)는 4.0mg/L를 넘지 아니할 것
    나. 총트리할로메탄은 0.1mg/L를 넘지 아니할 것
    다. 클로로포름은 0.08mg/L를 넘지 아니할 것
    라. 브로모디클로로메탄은 0.03mg/L를 넘지 아니할 것
    마. 디브로모클로로메탄은 0.1mg/L를 넘지 아니할 것
    바. 클로랄하이드레이트는 0.03mg/L를 넘지 아니할 것
    사. 디브로모아세토니트릴은 0.1mg/L를 넘지 아니할 것
    아. 디클로로아세토니트릴은 0.09mg/L를 넘지 아니할 것
    자. 트리클로로아세토니트릴은 0.004mg/L를 넘지 아니할 것
    차. 할로아세틱에시드(디클로로아세틱에시드, 트리클로로아세틱에시드 및 디브로모아세틱에시드의 합으로 한다)는 0.1mg/L를 넘지 아니할 것
    카. 포름알데히드는 0.5mg/L를 넘지 아니할 것

5. 심미적(審美的) 영향물질에 관한 기준
    가. 경도(硬度)는 1,000mg/L(수돗물의 경우 300mg/L, 먹는염지하수 및 먹는해양심층수의 경우 1,200mg/L)를 넘지 아니할 것. 다만, 샘물 및 염지하수의 경우에는 적용하지 아니한다.

나. 과망간산칼륨 소비량은 10mg/L를 넘지 아니할 것
다. 냄새와 맛은 소독으로 인한 냄새와 맛 이외의 냄새와 맛이 있어서는 아니될 것. 다만, 맛의 경우는 샘물, 염지하수, 먹는샘물 및 먹는물공동시설의 물에는 적용하지 아니한다.
라. 동은 1mg/L를 넘지 아니할 것
마. 색도는 5도를 넘지 아니할 것
바. 세제(음이온 계면활성제)는 0.5mg/L를 넘지 아니할 것. 다만, 샘물·먹는샘물, 염지하수·먹는염지하수 및 먹는해양심층수의 경우에는 검출되지 아니하여야 한다.
사. 수소이온 농도는 pH 5.8 이상 pH 8.5 이하이어야 할 것. 다만, 샘물, 먹는샘물 및 먹는물공동시설의 물의 경우에는 pH 4.5 이상 pH 9.5 이하이어야 한다.
아. 아연은 3mg/L를 넘지 아니할 것
자. 염소이온은 250mg/L를 넘지 아니할 것(염지하수의 경우에는 적용하지 아니한다)
차. 증발잔류물은 수돗물의 경우에는 500mg/L, 먹는염지하수 및 먹는해양심층수의 경우에는 미네랄 등 무해성분을 제외한 증발잔류물이 500mg/L를 넘지 아니할 것
카. 철은 0.3mg/L를 넘지 아니할 것. 다만, 샘물 및 염지하수의 경우에는 적용하지 아니한다.
타. 망간은 0.3mg/L(수돗물의 경우 0.05mg/L)를 넘지 아니할 것. 다만, 샘물 및 염지하수의 경우에는 적용하지 아니한다.
파. 탁도는 1NTU(Nephelometric Turbidity Unit)를 넘지 아니할 것. 다만, 지하수를 원수로 사용하는 마을상수도, 소규모급수시설 및 전용상수도를 제외한 수돗물의 경우에는 0.5NTU를 넘지 아니하여야 한다.
하. 황산이온은 200mg/L를 넘지 아니할 것. 다만, 샘물, 먹는샘물 및 먹는물공동시설의 물은 250mg/L를 넘지 아니하여야 하며, 염지하수의 경우에는 적용하지 아니한다.
거. 알루미늄은 0.2mg/L를 넘지 아니할 것

6. 방사능에 관한 기준(염지하수의 경우에만 적용한다)
   가. 세슘(Cs-137)은 4.0mBq/L를 넘지 아니할 것
   나. 스트론튬(Sr-90)은 3.0mBq/L를 넘지 아니할 것
   다. 삼중수소는 6.0Bq/L를 넘지 아니할 것

장기요양급여 제공기준 및 급여비용 산정방법 등에 관한 고시

[시행 2023. 1. 1.] [보건복지부고시 제2022-301호, 2022. 12. 28., 일부개정.]

제1조 【목적】 이 고시는 「노인장기요양보험법」 제13조제3항, 제23조제1항 및 제3항, 제24조제2항, 제28조제2항, 제35조의5제3항, 제38조제6항 및 제8항, 제39조제1항 및 제3항, 제42조 및 같은 법 시행령 제12조제1항, 같은 법 시행규칙 제4조제1항, 제11조, 제12조, 제18조, 제22조, 제27조의3, 제32조 및 제36조제1항에 따라 장기요양급여 제공기준 및 급여비용 산정방법 등의 사항을 규정함을 목적으로 한다.

제2조 【급여제공의 일반 원칙】 ① 장기요양급여는 수급자가 가족과 함께 생활하면서 가정에서 장기요양을 받는 재가급여를 우선으로 제공한다.
② 수급자 중 장기요양등급이 1등급 또는 2등급인 자는 재가급여 또는 시설급여를 이용할 수 있고, 3등급부터 5등급까지인 자는 재가급여만을 이용할 수 있다. 다만, 3등급부터 5등급에 해당하는 자 중 다음 각 호의 어느 하나에 해당하여 등급판정위원회로부터 시설급여가 필요한 것으로 인정받은 자는 시설급여를 이용할 수 있다.
1. 주수발자인 가족구성원으로부터 수발이 곤란한 경우
2. 주거환경이 열악하여 시설입소가 불가피한 경우
3. 치매 등에 따른 문제행동으로 재가급여를 이용할 수 없는 경우
③ 수급자 중 인지지원등급 수급자는 주·야간보호급여(주·야간보호 내 치매전담실 포함), 제36조의2제2항에 따른 단기보호급여 및 기타재가급여만을 이용할 수 있다.

제3조 【적정급여제공 등】 ① 장기요양급여는 장기요양인정서의 장기요양급여의 종류 및 내용에 따른 개인별장기요양이용계획서(장기요양 욕구, 장기요양 목표, 장기요양 필요영역, 장기요양 필요내용, 수급자 희망급여, 유의사항, 장기요양 이용계획 및 비용 등)에 따라 필요한 범위 안에서 적정하게 제공하여야 한다.
② 수급자와 장기요양기관은 「노인장기요양보험법」(이하 "법"이라 한다) 제28조의2에 따라 수급자의 가족만을 위한 행위, 수급자 또는 그 가족(이하 "수급자 등"이라 한다)의 생업을 지원하는 행위, 그 밖에 수급자의 일상생활에 지장이 없는 행위를 요구하거나 제공하여서는 아니 된다.
③ 「노인장기요양보험법」 시행령(이하 "영"이라 한다) 제9조에 따른 복지용구(이하 "복지용구"라 한다)의 적정 급여범위 및 기준 등에 대하여는 이 고시에 특별한 규정이 있는 경우를 제외하고는 「복지용구 급여범위 및 급여기준 등에 관한 고시」에서 정한 바에 따른다.

제4조 【급여의 중복제공 금지】 장기요양기관은 다음 각 호에 따라 장기요양급여를 중복하여 제공하여서는 아니 된다.
1. 타 법령에 따른 사회복지시설(「사회복지사업법」 제34조제2항의 규정에 의한 신고를 하지 아니하고 설치·운영되는 시설을 포함한다)에 입소중인 수급자에게는 장기요양급여를 제공할 수 없다. 다만, 다음 각 목에 해당하는 수급자에게는 필요한 경우 재가급여를 제공할 수 있다.
　가. 국가나 지방자치단체로부터 「사회복지사업법」 제42조제1항에 따른 보조금을 지원받지 않는 사회복지시설에 입소중인 수급자
　나. 「노인복지법」 제32조에 따른 노인복지주택에 입소중인 수급자

2. 의료기관(공공보건의료기관을 포함한다)에 입원 중인 수급자에게는 장기요양급여를 제공할 수 없다.
3. 시설급여를 제공하는 장기요양기관(노인요양시설, 노인요양공동생활가정을 말하며, 이하 "시설급여기관"이라 한다)에 입소한 수급자에게는 재가급여 및 특별현금급여를 제공할 수 없다.
4. 방문간호(치과위생사가 제공하는 것은 제외한다)는 「의료법 시행규칙」제24조에 따른 가정간호와 동일한 날에 제공하여서는 아니 된다.
5. 인지지원등급 수급자가 「치매관리법」제17조에 따라 설치된 치매안심센터에서 인지기능향상을 위한 쉼터 프로그램 등을 제공받는 기간 동안에는 주·야간보호급여를 제공할 수 없다.

제5조 【장기요양급여심사위원회】 ① 국민건강보험공단(이하 "공단"이라 한다)은 다음 각 호의 사항을 심의하기 위하여 장기요양급여심사위원회(이하 "급여심사위원회"라 한다)를 둔다.
1. 급여제공기준의 세부사항 설정 및 보완에 관한 사항
2. 급여비용 및 산정방법의 세부사항 설정 및 보완에 관한 사항
3. 급여비용 심사기준 개발 및 심사조정에 관한 사항
4. 기타 공단 이사장이 필요하다고 인정한 사항
② 급여심사위원회는 위원장 1인을 포함하여 10인 이하의 위원으로 구성한다.
③ 급여심사위원회의 구성, 운영 등에 관하여 필요한 세부사항은 공단 이사장이 별도로 정한다.

제12조 【재가급여 제공기준】 법 제23조제1항제1호에 따른 재가급여를 제공하는 장기요양기관은 수급자가 가족과 함께 생활하면서 가정에서 스스로 일상생활을 유지할 수 있도록 하는데 도움을 주는 방향으로 장기요양급여를 제공하여야 하며, 수급자의 재가급여 월 한도액 범위 내에서 개인별장기요양이용계획서를 바탕으로 급여제공 계획을 수립하여 비용효과적인 방법으로 제공하여야 한다.

제13조 【재가급여 월 한도액 및 산정 기준】 ① 재가급여(복지용구 제외) 월 한도액은 등급에 따라 다음과 같다.

등급	1등급	2등급	3등급	4등급	5등급	인지지원등급
월 한도액(원)	1,885,000	1,690,000	1,417,200	1,306,200	1,121,100	624,600

② 다음 각 호의 비용은 제1항 재가급여 월 한도액에 포함되지 아니한다.
1. 제21조의 방문요양 및 방문간호급여의 원거리교통비용
2. 제27조제3항 및 제5항에 따라 이용한 방문간호급여비용
3. 제29조의 방문간호급여의 간호(조무)사 가산금
4. 제34조의 주·야간보호급여의 이동서비스비용 및 제35조의 목욕서비스 가산금
5. 제36조제3항 단서 및 제36조의3에 따라 이용한 단기보호급여비용 및 치매가족휴가제 급여비용
6. 제19조의2의 방문요양급여 중증 수급자 가산
7. 제78조의 의사소견서 및 방문간호지시서 발급비용
8. 제5장제2절에서 정하는 가산금
③ 삭제
④ 제1항의 재가급여 월 한도액 적용기간은 매월 1일부터 말일까지로 한다. 다만, 다음 각 호 중 어느 하나에 해당하는 사유로 월 중에 재가급여를 개시하는 경우에도 월 한도액은 제1항에 따른

금액을 적용한다.
1. 최초로 장기요양인정을 받은 경우
2. 시설급여에서 재가급여로 변경된 경우

⑤ 월 중 장기요양등급이 변경되는 경우에는 높은 등급의 월 한도액을 적용한다.
⑥ 재가급여는 장기요양등급별 월 한도액 범위 내에서 이용하여야 하며, 월 한도액을 초과한 비용은 수급자가 전부 부담한다.
⑦ 제1항에도 불구하고 수급자가 다음 각 호에 해당할 경우 각 호에 따라 등급별 월 한도액을 추가 산정할 수 있다. 다만, 천재지변, 수급자의 입원·사망, 주·야간보호기관의 폐업·지정취소 및 업무정지 등 부득이한 사유로 급여를 이용하지 못한 경우에는 월 5일의 범위 내에서 이용일수에 포함할 수 있다.
1. 제74조제1항에 따른 주·야간보호 내 치매전담실을 월 15일(1일 8시간 이상) 이상 이용한 경우 : 등급별 월 한도액 50%범위 내에서 추가 산정
2. 주·야간보호급여를 월 15일(1일 8시간 이상) 이상 이용한 경우(다만, 제1호에 해당하는 경우는 제외) : 등급별 월 한도액 20%범위 내에서 추가 산정. 단, 제23조에 따른 가족인 요양보호사로부터 방문요양급여를 제공받은 월에는 등급별 월 한도액을 추가 산정하지 아니한다.

⑧ 인지지원등급 수급자가 주·야간보호 내 치매전담실을 월 9일(1일 8시간 이상) 이상 이용한 경우 월 한도액의 30%범위 내에서 월 한도액을 추가 산정할 수 있다. 단, 천재지변, 수급자의 입원·사망, 주·야간보호기관의 폐업·지정취소·업무정지 등 부득이한 사유로 급여를 이용하지 못한 경우에는 월 3일의 범위 내에서 이용일수에 포함할 수 있다.
⑨ 가족요양비 등 특별현금급여를 받던 수급자가 재가급여를 이용하고자 하는 경우에는 제1항에 따른 월 한도액에서 기 지급된 특별현금급여액을 제외한 금액을 월 한도액으로 한다.

제15조【가정방문급여 일반원칙】 ① 가정방문급여는 수급자의 가정(가정집 등 수급자의 사적인 공간)을 방문하여 수급자에게 제공하는 것을 원칙으로 한다. 다만, 수급자의 신체활동, 가사활동 또는 일상생활 지원과 직접적인 관련이 있는 병원동행, 식사준비를 위한 시장보기, 관공서 방문 등 특별한 사유가 있는 경우에는 가정이 아닌 곳에서도 급여를 제공할 수 있으나, 수급자의 여행(수련회, 나들이 등) 또는 취미활동에 동행하는 것은 그러하지 아니하다.
② 가정방문급여는 해당 방문시간 동안 수급자 1인에 대하여 전적으로 제공하여야 한다.
③ 제2항에도 불구하고 다음 각 호에 해당하는 경우에는 2인 이상의 수급자에게 동시 또는 순차적으로 급여를 제공할 수 있다. 이 경우 급여비용은 장기요양요원이 급여를 제공한 시간을 수급자별로 배분하여 산정한다. 다만, 인지활동형 방문요양급여는 2인 이상의 수급자에게 동시 또는 순차적으로 급여를 제공할 수 없다.
1. 동일 가정에 거주하는 수급자 간의 관계가 제23조제1항에 따른 가족 및 자녀의 배우자의 직계혈족, 자녀의 배우자의 형제자매인 경우
2. 동일 가정에 거주하는 수급자 2인 이내

④ 가정방문급여는 수급자와 요양보호사의 관계가 제23조제1항에 따른 가족이 아님에도 불구하고, 요양보호사가 수급자 2인 이상과 동일 가정에 동거하면서 급여를 제공하여서는 아니된다.
⑤ 가정방문 급여비용의 산정은 수급자를 기준으로 적용하며 수급자 이외의 자에 대한 급여비용은 산정하지 아니한다.

제16조 【재가급여 제공시간 등】 ① 가정방문급여의 급여제공 시간은 간호사(또는 치과위생사, 간호조무사)·요양보호사가 수급자의 가정에 도착했을 때부터 필요한 서비스를 제공하기 위한 준비, 서비스의 제공 및 마무리에 소요된 총 시간을 말하며, 주·야간보호급여의 급여제공시간은 장기요양요원 등이 수급자의 가정에 도착했을 때부터 서비스 제공 후 다시 수급자의 가정에 도착한 시간까지로 한다.
② 가정방문급여 및 주·야간보호 급여비용은 장기요양요원 등의 이동에 소요되는 교통비를 포함한다. 다만, 제21조의 원거리교통비용 및 제34조의 이동서비스비용은 별도로 산정할 수 있다.

제17조 【방문요양급여 제공기준】 ① 방문요양급여는 요양보호사가 신체활동지원(세면, 목욕, 식사도움, 체위변경 등), 인지활동지원, 인지관리지원, 정서지원, 가사 및 일상생활지원(취사, 청소, 세탁 등) 등을 수급자의 기능상태 및 욕구 등을 반영하여 적절하게 제공하여야 한다.
② 가사 및 일상생활지원은 수급자 본인만을 위해 제공하여야 하며, 가사활동지원은 1회 방문당 최대 90분 범위내에서 제공하도록 노력하여야 한다.
③ 정서지원은 1회 방문당 최대 60분 범위내에서 제공하여야 한다.
④ 법 제13조제1항에 따른 의사 또는 한의사의 소견서(이하 "의사소견서"라 한다)에 치매상병이 있거나 최근 2년이내 치매진료내역이 있는 1등급부터 5등급까지 수급자(이하 "1~5등급 치매수급자"라 한다.) 에게는 인지기능 악화방지 및 잔존능력 유지를 위한 인지활동형 방문요양급여를 제공할 수 있다. 이 경우 주 3회 또는 월 12회 이상 제공할 수 있도록 노력하여야 한다.
⑤ 제4항의 인지활동형 방문요양급여는 인지활동형 프로그램관리자가 수립한 프로그램 계획에 따라 치매전문교육을 이수한 요양보호사(이하 "치매전문요양보호사"라 한다)가 제공한다. 위 급여는 수급자당 1일 1회에 한하여 1회 120분 이상 180분 이하로 제공하며, 그 중 60분은 반드시 인지자극활동을, 나머지 시간은 수급자의 잔존기능 유지·향상을 위한 일상생활 함께하기 훈련을 제공하여야 한다.
⑥ 제5항의 인지활동형 프로그램관리자란 시설장(관리책임자), 사회복지사, 간호(조무)사, 물리(작업)치료사로서 치매전문교육을 이수한 후 해당기관에 상근하며 다음 각 호의 업무를 하는 자를 말한다(이하 "프로그램관리자"라 한다).
1. 매달 급여제공 전에 수급자의 개인별 특성, 욕구, 기능상태 등을 종합적으로 고려하여 프로그램 계획(내용, 일정, 횟수 등)을 수립
2. 프로그램 계획에 따른 요양보호사의 급여 제공을 모니터링하고 요양보호사에게 적정한 급여 제공 지도
3. 치매가 있는 수급자의 가족을 대상으로 상담 진행
4. 방문요양의 프로그램관리자(프로그램관리자인 시설장 포함)는 월 1회 이상 인지활동형 방문요양 급여제공 시간 중 수급자의 가정을 방문하여 업무를 수행하여야 한다. 다만, 수급자의 사망, 입원, 월 중 계약종료 등의 부득이한 사유가 발생한 경우에는 예외로 한다.
5. 제4호에 따라 프로그램관리자(프로그램관리자인 시설장 포함)가 수급자의 가정을 월 1회 이상 방문하여 고시 제57조제1항에 따른 업무를 함께 수행한 경우 제57조제1항에 따른 방문으로 본다.
6. 프로그램관리자가 각 호의 업무를 수행한 경우 그 업무수행내용을 작성·보관하여야 하며, 업무수행 일지 작성방법 등 세부사항은 공단 이사장이 정한다.

⑦ 5등급 수급자에게는 제4항의 인지활동형 방문요양급여가 아닌 방문요양급여를 제공할 수 없다. 다만, 다음 각 호의 어느 하나에 해당하는 경우에는 주·야간보호급여 제공시간 전·후로 가정에서 옷 벗고 입기 및 식사도움 등 인지활동형 방문요양 외의 방문요양급여를 1일 2회 범위 내에서 1회 2시간까지 제공할 수 있다.
1. 5등급 수급자가 주·야간보호급여를 1일 8시간 이상 이용하는 경우
2. 5등급 수급자가 천재지변, 입원, 사망 등으로 주·야간보호급여를 1일 8시간 미만으로 이용하는 경우

⑧ 인지활동형 방문요양은 5등급 치매수급자에게 주야간보호급여와 동일한 날에 제공하여서는 아니된다.

제18조【방문요양 급여비용】 방문요양 급여비용은 1회 방문당 급여제공시간에 따라 다음과 같다.

분류번호	분류	금액(원)
가-1	30분 이상	16,190
가-2	60분 이상	23,480
가-3	90분 이상	31,650
가-4	120분 이상	40,280
가-5	150분 이상	46,970
가-6	180분 이상	52,880
가-7	210분 이상	58,930
가-8	240분 이상	65,000

제19조【방문요양 급여비용 산정방법】① 식사도움, 외출시 동행 등이 필요한 경우 동일 수급자에 대하여 '가-1'부터 '가-6'까지의 급여비용을 1일 3회까지 산정할 수 있다. 이 경우 급여제공기록지에 수급자 등의 동의 내용과 요청사유를 기재하여야 하며, 방문간격은 2시간 이상이어야 하고, 방문간격이 2시간 미만인 경우 각 급여제공시간을 합산하여 1회로 산정한다.
② '가-7' 내지 '가-8'의 급여비용은 1등급 또는 2등급 수급자에 한하여 1일 1회 산정할 수 있으며, '가-1'부터 '가-6'과 같은 날에 산정할 수 없다.
③ 제2항에 따라 1등급 또는 2등급 수급자에게 1회 240분 이상 270분 미만 방문요양급여를 제공한 경우에는 '가-8'의 급여비용을 산정한다.
④ 요양보호사는 수급자 등의 특별한 요청이 있는 경우 1등급 또는 2등급 수급자에게는 월 6일에 한하여 270분 이상, 3등급 또는 4등급 수급자에게는 월 4일에 한하여 210분 이상 연속하여 방문요양급여를 제공할 수 있다. 이 경우 급여제공기록지에 수급자 등의 동의 내용과 요청사유를 기재하여야 한다.
⑤ 제4항에 따라 270분 이상(3등급 또는 4등급 수급자의 경우 210분 이상) 연속으로 방문요양급여를 제공하는 경우의 급여비용은 다음 각 호와 같이 산정한다.
1. 급여비용은 2회로 분할하여 최초 270분에 대하여는 제18조의 표 중 '가-8'의 금액을, 270분을 초과하는 나머지 시간에 대하여는 제18조의 각 분류에 따른 금액을 그 급여비용으로 산

정한다. 다만 1회에 480분 이상 연속하여 급여를 제공한 경우에는 '가-8'의 금액을 2회 산정한다.
2. 제1항에도 불구하고, 3등급 또는 4등급 수급자에게 1회 210분 이상 방문요양급여를 제공하는 경우에는 '가-7'의 금액을, 240분 이상 270분 미만으로 제공한 경우에는 '가-8'의 금액을 산정한다.
3. 제1호 및 제2호의 급여비용 산정은 1일 1회에 한하며, 같은 날 동 비용 이외의 방문요양 급여비용을 산정하지 아니한다.
⑥ 급여제공 중 일자의 변경이 있는 경우 급여를 개시한 날의 급여비용으로 산정하며, 다음 날 급여비용 산정을 위한 방문간격은 2시간 이상이어야 한다.
⑦ 수급자 등의 신체적·정신적 상태 등에 따라 불가피하게 동일기관의 요양보호사 2인이 동시에 급여를 제공한 경우 급여비용은 요양보호사별로 각각 '가-1'부터 '가-5'까지의 비용을 산정한다. 이 경우 급여제공기록지에 수급자 등의 동의내용과 급여제공 당시 수급자 등의 신체적·정신적 상태에 관한 사항을 기재하여야 한다.
⑧ 제17조제7항에 따라 방문요양급여를 제공하는 경우 1회 방문당 급여제공시간에 따라 제18조의 '가-1', '가-2', '가-3' 및 '가-4'의 급여비용을 산정한다.
⑨ 삭제
⑩ 삭제
⑪ 삭제
⑫ 요양보호사와 수급자의 관계가 제23조제1항에 따른 가족이 아님에도 불구하고 요양보호사가 2인 이상의 수급자와 동일 가정에 동거하면서 급여를 제공한 경우에는 일체의 급여비용을 산정하지 아니한다.
⑬ 인지활동형 방문요양은 제17조제5항에 따라 급여를 제공한 경우에만 급여비용을 산정한다. 다만, 급여를 120분 미만 제공하거나 인지자극활동을 60분 미만 제공하더라도 다음 각 호의 사유가 있는 경우에는 급여비용을 산정할 수 있다.
1. 천재지변, 수급자 입원, 사망 등의 부득이한 사정이 발생한 경우
2. 급여 제공을 시작한지 1개월에 이르지 않아 제공자와 수급자간 친밀한 관계가 형성되지 않은 경우
3. 가족인 요양보호사가 제공하는 급여로 인지자극활동을 60분 이상 제공하는 경우
⑭ 프로그램관리자가 제17조제6항에 따른 업무수행을 하지 아니한 경우 해당 월에는 일체의 급여비용을 산정하지 아니한다. 다만, 각 호에 해당하는 경우에는 그러지 아니하다.
1. 월 중 프로그램관리자가 퇴사한 경우
2. 천재지변, 수급자 입원, 사망 등의 부득이한 사정이 발생한 경우

제24조 【방문목욕급여 제공기준】 ① 방문목욕급여는 요양보호사 2인 이상이 수급자의 가정을 방문하여 욕조를 활용한 전신입욕 등의 방법으로 제공하되 수급자의 신체 상태에 따라 다음 각 호의 방법으로 적절하게 제공하여야 한다.
1. 차량을 이용하는 방문목욕급여는 다음 각 목의 경우에 한하여 제공할 수 있으며, 차량 내에서 전적으로 목욕을 제공(차량내 목욕)하거나, 목욕차량의 욕조, 펌프, 호스릴 등 장비일체와 차량 내 온수를 사용하여 가정 내에서 목욕을 제공(가정내 목욕)한다.

가. 수급자의 신체적 상태로 인하여 특수욕조 등 장비를 이용한 목욕이 필요한 경우
　　나. 가정 내 욕조나 온수를 이용할 수 없는 경우
　2. 차량을 이용하지 않은 방문목욕급여는 목욕차량에 부속되지 않은 이동식 욕조, 가정 내 욕조 등의 장비를 이용하여 제공하거나, 법 제31조에 따라 목욕실이 갖추어진 장기요양기관 또는 「공중위생관리법」에 따라 목욕설비가 갖추어진 대중목욕탕에서 제공한다.
② 방문목욕급여에는 목욕준비, 입욕시 이동보조, 몸 씻기, 머리 감기기, 옷 갈아입히기, 목욕 후 주변정리까지가 포함되며 수급자의 안전을 위하여 입욕시 이동보조와 몸 씻기의 과정은 2인 이상의 요양보호사가 제공하여야 한다.
③ 방문목욕 차량은 욕조, 급탕기, 물탱크, 펌프, 호스릴 등을 갖춘 차량으로 특별자치시장·특별자치도지사·시장·군수·구청장에게 신고된 차량이어야 한다.
④ 방문목욕급여를 제공하는 기관은 몸 씻기 과정에서 발생할 수 있는 수급자의 수치심 등을 고려하여 동성의 요양보호사를 배정하는 등 수급자의 인권을 보호하기 위해 노력하여야 한다.

제27조【방문간호급여 제공기준】 ① 방문간호급여는 법 제23조제1항제1호다목에 따라 간호사 등이 제공하며, 그 급여의 내용은 다음 각 호와 같다.
　1. 의사, 한의사 또는 치과의사의 방문간호지시서에 따른 간호, 진료의 보조, 구강위생 등
　2. 다음 각 목의 예방관리적 간호행위
　　가. 기본관리 : 건강상태 확인, 활력징후 및 혈당 측정, 지남력 평가 등
　　나. 교육 및 상담 : 통증관리, 식이관리, 감염관리, 구강관리, 투약관리, 보호자 교육 등
　　다. 신체훈련 : 관절구축 예방 및 근력 강화, 낙상예방, 운동교육 등
　　라. 의뢰 및 검사 : 의료기관 의뢰, 장기요양기관 연계, 기초검사 등
② 간호사 등은 수급자의 상태변화 등으로 당초의 방문간호지시서와 다른 내용의 간호, 처치 등이 필요한 경우 방문간호지시서 발급의사와 상의한 후 지시에 따라 간호를 시행하며, 반드시 그 내용을 급여제공기록지에 기재하여야 한다.
③ 방문요양급여 또는 방문목욕급여를 이용하는 1등급부터 5등급까지의 수급자 중 인정조사표 제2호마목'간호처치 영역'의 증상유무의 '있다'란에 하나 이상 표시된 자는 월 1회에 한하여 월 한도액과 관계없이 예방관리 등을 위한 방문간호급여를 이용할 수 있다. 이 경우 수급자는 본인부담금을 부담하여야 한다.
④ 방문간호기관은 5등급 수급자에게 최초 방문간호지시서 발급일부터 6개월 동안 매월 1회 이상 방문간호급여를 제공하여야 한다.
⑤ 등급을 처음 판정받은 1~5등급 치매수급자는 등급을 받은 날부터 60일 이내에 월 한도액과 관계없이 방문간호급여를 총 4회 범위 내에서 월 2회까지 이용할 수 있다.
⑥ 제5항에 따른 방문간호급여는 치매돌봄 정보제공, 교육·상담 등을 위해 치매전문교육을 이수한 간호(조무)사가 제공한다.
⑦ 수급자의 가족인 간호사 등(이하 "가족인 간호사 등"이라 한다)이 방문간호를 제공하고자 할 경우 가족관계의 통보는 제23조제2항을 준용한다.

제43조【시설급여 제공기준】 ① 시설급여기관은 수급자를 장기간 보호하면서 수급자의 기능상태 및 욕구 등을 반영하여 신체활동 지원 및 심신기능 유지·향상을 위한 교육·훈련 등을 제공하여야 한다.

② 시설급여기관은 입소정원 및 모집방법, 입소계약, 이용료 등 비용에 대한 변경방법 및 절차, 서비스의 내용과 그 비용의 부담에 관한 사항 등 「노인복지법 시행규칙」 제22조제2항에 따른 운영규정을 마련하여야 한다.

③ 시설급여기관은 급여제공과정에서 수급자를 격리하거나 억제대 등을 사용하여 묶는 등 신체를 제한하여서는 아니 된다. 다만, 수급자 또는 시설급여기관 종사자 등의 생명이나 신체에 위험을 초래할 가능성이 현저히 높은 경우에 한해 수급자 본인의 치료 또는 보호를 도모하는 목적으로 신체적 제한이 행해질 수 있다. 이 경우 시설급여기관의 장은 수급자 본인이나 가족에게 이 사실을 통지하여 동의를 받고, 수급자의 심신상태, 신체적 제한을 가한 시간, 신체적 제한을 가할 수밖에 없는 사유 등을 급여제공기록지에 자세히 기재·관리한다.

④ 시설급여기관은 수급자의 건강상태 등을 고려하여 식사, 구강관리, 목욕, 배변관리, 이동지원 등의 급여를 다음 각 호에 따라 제공하고, 그 내용을 급여제공기록지에 기재·관리한다. 다만, 수급자의 상태에 따라 급여가 제공되지 못한 경우 그 사유를 구체적으로 기재한다.
1. 하루에 3회 이상 영양, 수급자의 기호 및 건강상태 등을 고려하여 규칙적인 식사를 제공한다.
2. 주 1회 이상 목욕서비스를 제공한다.
3. 수급자가 청결한 생활을 유지할 수 있도록 매일 배변관리 및 구강청결 등 위생관리를 제공한다.
4. 수급자의 신체적 건강상태를 고려하여 적절한 이동지원 및 체위변경 등을 제공한다.
5. 기타 일상생활지원과 관련한 서비스를 적절히 제공한다.

⑤ 시설급여기관은 수급자의 신체·인지기능 유지 및 향상, 여가지원을 위해 다음 각 호의 프로그램을 제공하고, 심리정서적 안정을 위해 정기적으로 상담을 실시하고 그 내용을 급여제공기록지에 기재·관리한다.
1. 상시적으로 기능회복 훈련을 제공하고, 정기적으로 물리(작업)치료를 제공하도록 노력하여야 한다.
2. 정기적으로 수급자의 심신상태를 고려하여 적절한 인지기능 프로그램 및 여가프로그램을 제공한다.
3. 정기적으로 가족교육 등 가족지지 및 참여프로그램을 제공하고, 반기 1회는 가족이 직접 내방하여 참여하는 프로그램을 운영하도록 노력하여야 한다.

⑥ 시설급여기관은 수급자의 건강관리를 위해 간호사를 우선 배치하도록 노력하고 급여제공은 각 호에 따른다.
1. 의사협회·한의사협회·치과의사협회의 추천을 받아 지정된 계약의사(이하 "계약의사"라 한다)를 배치하거나 협약의료기관과의 협력을 통하여 수급자의 심신상태나 건강 등이 악화되지 아니하도록 적절한 의료서비스를 제공하고 그 내용을 급여제공기록지에 기재·관리한다.
2. 계약의사는 수급자를 월 2회 이상 정기적으로 진찰하도록 한다.
3. 시설급여기관은 제44조의2제1항에 따른 진찰비용 중 본인부담금을 계약의사가 소속된 의료기관의 계좌로 지급한다.
4. 제2호에 따른 진찰의 대상은 1일 최대 50명까지로 한다.
5. 수급자의 건강상태를 정기적으로 관찰 기재하고, 수급자의 투약 관련 정보를 숙지하며 의약품의 정기적인 점검을 실시한다.

⑦ 시설급여기관은 수급자의 낙상 및 욕창 등을 예방하고 시설 내 안전사고를 방지할 수 있도록 노

력하며, 화재발생 등 응급상황에 신속히 대처하기 위한 매뉴얼을 구비하고 정기적인 직원교육을 실시한다.
⑧ 시설급여기관은 수급자의 감염병 예방 및 확산을 막기 위하여 식품 등에 대한 위생관리 및 소독 관리를 적극적으로 수행하고, 그 내용을 기재·관리한다.
⑨ 삭제

제44조【시설급여 비용】① 노인요양시설의 1일당 급여비용은 장기요양등급에 따라 다음 각호와 같다. 이때, 각호의 입소자 2.3명당 1명이라 함은 입소자 수를 2.3으로 나누어 계산한 결과 소수점 이하는 반올림한 값을 의미한다. 다만, 계산한 결과가 0.5 미만인 경우에는 기본 1명을 배치하여야 한다.

1. 노인요양시설에서 배치한 요양보호사 수가 입소자 2.3명당 1명 이상인 경우

분류번호	분류	금액
바-1	장기요양 1등급	81,750
바-2	장기요양 2등급	75,840
바-3	제2조제2항 단서에 따른 장기요양 3~5등급	71,620

2. 노인요양시설에서 배치한 요양보호사 수가 입소자 2.3명당 1명 미만인 경우

분류번호	분류	금액
바-4	장기요양 1등급	78,250
바-5	장기요양 2등급	72,600
바-6	제2조제2항 단서에 따른 장기요양 3~5등급	66,950

3. 제1호 또는 제2호에 따라 산정된 급여비용이 지급된 이후에는 기적용된 제1호 또는 제2호의 급여비용을 변경하여 재산정하지 못한다.

② 노인요양공동생활가정의 1일당 급여비용은 장기요양등급에 따라 다음과 같다.

분류번호	분류	금액
바-7	장기요양 1등급	68,780
바-8	장기요양 2등급	63,820
바-9	제2조제2항 단서에 따른 장기요양 3~5등급	58,830

③ 시설급여 비용은 신체활동지원 및 심신기능 유지·향상을 위한 교육·훈련비용 등을 포함하며, 이를 별도로 수급자에게 요구하여서는 아니 된다.

제79조【가족요양비】법 제24조 및 영 제12조에 따른 가족요양비는 월 223,000원을 지급한다.

부칙 〈제2022-301호, 2022. 12. 28.〉

이 고시는 2023년 1월 1일부터 시행한다. 다만, 제78조제1항 및 제3항의 의사소견서(치매진단 관련 양식을 포함한다) 발급비용은 2023년 3월 1일부터 적용하며, 규칙 별지 제2호의 개정서식을 사용한 경우에 한하여 지급한다.

김동현 교수 (지역사회 / 정신간호)
박문각 임용학원 전공보건 대표강사
서울대학교 간호대학 졸업
서울대학교 보건대학원 석사, 박사 수료
이화여대, 한양대, 서울여대, 경희대 등 다수 대학강의
전 구평회고시학원
전 희소고시학원
전 아모르이그잼 / 해커스임용학원 전공보건 대표강사

에스더 교수 (성인간호)
박문각 임용학원 전공보건 강사
국군간호사관학교 졸업
가톨릭대학교 보건대학원 보건학 석사
서울기독대학교 상담학 석사, 서울신학대학교 박사
국군수도병원 간호장교 재직
가천대, 극동대, 을지대 등 간호학과 외래교수
전 아모르이그잼 / 해커스임용학원 전공보건 강사

이진 교수 (여성 / 아동간호)
박문각 임용학원 전공보건 강사
국군간호사관학교 졸업
서울대학교 대학원 가정전문간호 전공
국군수도병원 간호장교 재직
보건교사, 미국간호사, 가정전문간호사
2019년 보건임용 1차 합격
전 아모르이그잼 / 해커스임용학원 전공보건 강사

2026 김동현 전공보건 암기의 맥
저자와의 협의 하에 인지는 생략합니다.

초판인쇄	2025년 4월 16일
초판발행	2025년 4월 21일
편 저 자	김동현·에스더·이진
발 행 처	도서출판 마체베트
주　　소	경기도 광주시 오포읍 창뜰아랫길 32-49
T E L	031-716-1207
F A X	050-4209-1207
I S B N	979-11-92448-60-2(93510)

가격 38,500원

※ 이 책의 무단전재 또는 복제행위는 저작권법 제136조에 의거 5년 이하의 징역 또는 5,000만원 이하의 벌금에 처하게 됩니다.